Sección de Obras de Sociología

Sociedad civil, esfera pública y democratización en América Latina:
MÉXICO

Sociedad civil, esfera pública y democratización en América Latina: MÉXICO

ALBERTO J. OLVERA
(coordinador)

Fernando Celis Callejas / Alberto J. Olvera / Lucía Álvarez
Enríquez / Cristina Sánchez Mejorada / Morgan Quero Gaime /
Juan Manuel Ramírez Sáiz / Renée de la Torre

UNIVERSIDAD VERACRUZANA

FONDO DE CULTURA ECONÓMICA

MÉXICO

Primera edición, 2003

Comentarios y sugerencias: editor@fce.com.mx
Conozca nuestro catálogo: www.fce.com.mx

D. R. © 2003, Universidad Veracruzana
Edificio "A" de Rectoría, 3er. piso
Lomas del Estadio s/n, 91090
Zona universitaria de Xalapa, Veracruz

D. R. © 2003, Fondo de Cultura Económica
Carretera Picacho-Ajusco, 227; 14200 México, D. F.

ISBN 968-16-6825-1

Impreso en México

Printed in Mexico

PRESENTACIÓN

ESTA COLECCIÓN DE LIBROS presenta los resultados de un programa de investigación de largo alcance, llevado a cabo simultáneamente en seis países de América Latina, cuyo objetivo ha sido analizar las complejas relaciones entre la sociedad civil y el Estado, teniendo como ejes el estudio de los espacios, las formas y las mediaciones de estas relaciones, y el análisis de las contribuciones a la gobernabilidad democrática que han propiciado estos encuentros.

Hace ya más de una década que los conceptos de sociedad civil, espacio público, participación ciudadana y gobernabilidad democrática constituyen referentes normativos y analíticos para el estudio y la crítica de los procesos de democratización de la vida pública en América Latina. Con diferentes grados de asimilación en el discurso académico, y en medio de una inevitable polisemia, el uso de estas categorías refleja la emergencia de un imaginario colectivo, tanto entre actores sociales como entre académicos, que sitúa el horizonte de la democracia mucho más allá de elecciones libres y legales. Se trata de un proceso que es consecuencia tanto del aprendizaje colectivo de la sociedad civil acerca de los límites de las democracias formales que surgieron de las transiciones a la democracia en el Cono Sur (elitistas e incontrolables por la ciudadanía), como del reconocimiento de la capacidad protagónica que adquirieron diversos movimientos sociales tanto en los periodos de transición como en los de consolidación de la democracia. Atestiguamos, así, la emergencia difusa y desigual, pero generalizada, de una aspiración social a una democracia más inclusiva y menos excluyente, más vigilada y controlada por los ciudadanos y menos elitista, más responsable frente a la sociedad y menos monopolizada por las propias élites políticas.

En este contexto surgió en 1999 un ambicioso proyecto comparativo internacional, auspiciado por la Fundación Ford y coordinado por el Institute of Development Studies de la Universidad de Sussex, Inglaterra, que buscaba estudiar precisamente la naturaleza de la participación de la sociedad civil en los procesos de construcción de la democracia. El proyecto lleva por título *Civil Society and Governance* y fue desarrollado en 22 países de cuatro continentes. Los conceptos fundamentales adoptados por el proyecto reflejan, de una parte, preocupación general por la calidad democrática de los gobiernos y por la capacidad de la sociedad civil para contribuir a su mejor desempeño y a su apertura a la participación de la ciudadanía en los asuntos públicos, y de otra, la terminología dominante a fines de los noventa en los organismos internacionales de desarrollo.

En efecto, hacia fines de los años setenta las agencias internacionales de desarrollo reconocieron que la superación de los problemas de la pobreza y el éxito de los proyectos de desarrollo dependían no solamente de la eficacia de los gobiernos y de la calidad de la planificación, sino también de la participación de la sociedad. Una vez entendido que la intervención de la sociedad debía teorizarse, se recurrió a la noción de sociedad civil para definir mejor los hipotéticos agentes sociales portadores de las virtudes cívicas de que carecían los estados. Ciertamente, el concepto de sociedad civil tiene su propia trayectoria histórica, mucho más compleja que la de su uso por las agencias internacionales. Sin embargo, en la esfera pública internacional este rescate conceptual reflejaba una preocupación práctica con los límites de la modernización inducida desde arriba por los gobiernos.

Una fase más reciente de este proceso de búsqueda de respuestas a la contumaz persistencia del autoritarismo y del atraso se ha dado a través de la incorporación del concepto de *governance,* que en español carece de traducción aceptada (se usa indistintamente buen gobierno y gobernabilidad democrática). Esta noción alude al principio normativo de que hay instituciones y métodos que promueven el ejercicio legal, transparente y participativo del gobierno. Esta nueva aproximación ayudó a las organizaciones internacionales de desarrollo a visualizar al gobierno como uno de los ejes del desarrollo, al lado de la sociedad civil, de forma tal que sólo de su interacción podrían surgir políticas públicas eficaces.

Es evidente hoy que ambos conceptos, el de sociedad civil y el de *governance* (al que nos referiremos en adelante como gobernabilidad democrática), carecen de capacidades heurísticas relevantes. No definen objetos de estudio claramente aprehensibles, no es posible operacionalizarlos de una manera inequívoca y padecen una abrumadora polisemia. Sin embargo, definen un amplio campo de discusión, aluden a actores y procesos sociales y políticos de la mayor trascendencia pública y teórica, y son los referentes simbólicos de los debates contemporáneos sobre la democratización. Aceptando el riesgo que implicaba su uso, el proyecto general los adoptó como ejes conceptuales.

Ahora bien, se acordó que el centro de la investigación sería la articulación entre la sociedad civil y el Estado y sus efectos sobre el desempeño de los gobiernos desde el punto de vista de la construcción de gobernabilidad democrática. Se trataba de descubrir cómo es que los actores sociales en su interacción con las distintas instancias de gobierno desarrollan mecanismos y prácticas que les permiten intervenir en la definición, ejecución y monitoreo de las políticas públicas, creando así espacios públicos que favorecen el debate colectivo y formas de contrapoder civil al poder del Estado. Se aceptaba que la investigación empírica de diversos encuentros entre la sociedad civil y el gobierno debería permitirnos ubicar cuáles son las instituciones, los métodos y las prácticas que favorecen esta intervención ciudadana en el ejercicio del gobierno. Además, los coordinadores de la investigación en América Latina considerábamos que teníamos una oportunidad para poner a prueba los mecanismos teóricos sobre la sociedad civil producidos dentro y fuera de nuestros países, evaluando sus alcances y limitaciones, así como su adecuación a nuestra realidad, con el objetivo de formular una agenda teórica que pudiera contribuir en el futuro —desde América Latina— a la reflexión internacional sobre la sociedad civil y su papel en la construcción democrática.

Partiendo de esas premisas, cada uno de los responsables nacionales de este proyecto puso un énfasis diferente en sus respectivas investigaciones, adaptándose a la composición, historia y agendas específicas de sus respectivas sociedades civiles. Lejos de resultar esta decisión en un desfase de la investigación, o en una imposibilidad comparativa, se logró en la práctica una visión novedosa y complementaria de una problemática compleja y diversa, que difiere enormemente de un país a otro. Considerada en su conjunto, esta colección aporta una panorámica original y amplia de los alcances y las limitaciones de la sociedad civil latinoamericana contemporánea en su lucha por la democratización de la vida pública.

En el caso del libro sobre los Andes y el Cono Sur, que abarca Colombia, Perú, Chile y Argentina, se tomaron dos ejes transversales de análisis. De un lado se analizaron los efectos sociales del ajuste neoliberal y la reacción de los actores centrales de la sociedad civil en la fase desarrollista —a saber, sindicatos, organizaciones patronales y de pobladores— a la doble agresión del mercado y del Estado. Se estudiaron así las causas de la pérdida de centralidad de los actores clasistas en la última década y la naturaleza de sus nuevos y limitados espacios de acción. Por otra parte, se abordó el análisis de los actores sociales que surgen en la sociedad civil, entre otros, movimientos feministas, grupos ecologistas, redes de organizaciones no gubernamentales, asociaciones filantrópicas y movimientos populares contra la violencia, el hambre y la ausencia de derechos sociales. Se logró así un mapeo a la vez extenso e intenso de las sociedades civiles realmente existentes en los países del área. Además, al estudiar las relaciones de estos actores con sus respectivos gobiernos, se descubrieron las enormes variaciones de formas estatales y de regímenes políticos que caracterizan a cada una de esas naciones. El paisaje político que aparece ante nuestros ojos va desde un Estado débil en vías de fragmentación (Colombia) hasta un Estado fuerte e institucionalizado, pero aún no liberado de remanentes autoritarios (Chile), pasando por una democracia consolidada pero poco institucionalizada y altamente elitista (Argentina) y un gobierno autoritario, personalista y carente de institucionalización (Perú). La interrelación experimentada entre estas sociedades civiles complejas y estos regímenes políticos diversos es extraordinariamente multifacética.

En el caso del libro sobre Brasil se hizo hincapié en la construcción de espacios públicos novedosos que constituyen el resultado de iniciativas civiles impulsadas por movimientos sociales y organizaciones populares, recibidas con mayor o menor entusiasmo por diversas instancias de los gobiernos municipales, estatales y federal. Los distintos proyectos políticos defendidos por diversos actores de la sociedad civil y de los gobiernos fueron acentuados en la búsqueda de un procedimiento analítico capaz, por un lado, de criticar el reduccionismo que tiende a homogeneizar a esos dos conjuntos de actores y, por otro, de iluminar las complejas relaciones entre ellos, sin limitarse a enunciar sus distintas características estructurales. El análisis de los proyectos políticos defendidos por diversos actores de la sociedad civil (incluyendo sus distintas concepciones sobre el carácter de la participación de la sociedad civil y sobre la democracia misma) aporta una dimensión poco abordada en América Latina, donde hasta ahora ha sido dominante la idea de que los intereses materiales y políticos inmediatos determinan tanto la lógica de la acción colectiva como la del poder político. Al analizar los procesos políticos y culturales que concretan en programas y proyectos las aspiraciones democráticas de los actores civiles, los estudios de caso sobre Brasil abren una vía de análisis poco transitada hasta ahora. En ellos se analizan distintos tipos de relaciones entre diferentes sectores del Estado y de la sociedad civil cuando se buscan nuevas formas de participación y de afirmación de la ciudadanía en la vida pública, sea en la formulación de políticas públicas o en el monitoreo y control social de las actividades de los gobiernos. Se logra así una visión amplia de la diversidad de la sociedad civil brasileña, de sus principales logros en la lucha por la democratización de la vida pública y, principalmente, de los obstáculos que enfrenta en el desarrollo de la misma.

En el volumen sobre México se ha emprendido una doble tarea: por una parte se analiza la heterogeneidad y pluralidad de la sociedad civil mexicana en contraste con la imagen dominante en buena parte de los noventa de un ente homogéneo compuesto básicamente por las organizaciones no gubernamentales. Por otra parte, se estudian los alcances y limitaciones de diversos actores de la sociedad civil en su lucha por construir, ampliar y dar contenido a nuevos espacios públicos, así como la complejidad de los procesos de aprendizaje colectivo que desarrollaron. Se consideran también los proyectos de algunos gobiernos locales para ampliar los espacios de participación ciudadana en el contexto de una transición democrática inacabada. Se presentan así estudios de caso de actores sociales poco atendidos por la academia y un tanto olvidados por la opinión pública (grupos civiles conservadores, organizaciones campesinas, movimientos populares basados en identidades tradicionales), una visión crítica de los movimientos sociales prodemocráticos y un análisis de los proyectos e iniciativas del primer gobierno de izquierda en la ciudad de México.

El volumen sobre México aporta un análisis original, concienzudo y detallado de las múltiples dimensiones comprendidas en los encuentros entre actores de la sociedad civil y los distintos niveles de gobierno. Queda demostrado que la cooperación entre ellos está mediada por intereses políticos y materiales, por la ausencia de instituciones y leyes apropiadas, por el carácter episódico y conflictivo de los encuentros, por los desniveles de disposición y/o acceso a recursos materiales, simbólicos y de conocimiento, en suma, por la enorme desigualdad de poder de los participantes. La voluntad de cooperación no puede ignorar la dura realidad de estos obstáculos, que deben ser reconocidos y atacados si queremos imaginar formas e instituciones eficaces de participación ciudadana y nuevos métodos de gobernabilidad democrática.

Es por todo lo anterior que esta colección debe verse como un solo producto. Los libros se complementan mutuamente no por cuanto estudian los mismos procesos y actores en cada país (que no es el caso) sino porque analizan, desde perspectivas diferentes, los diversos componentes de las sociedades civiles realmente existentes y los proyectos estatales igualmente distintos por sus alcances, ambiciones y grado de institucionalización. Estos libros plantean tantas nuevas preguntas como aportan nuevos conocimientos, poniendo sobre la mesa perspectivas de análisis novedosas y diferentes de las dominantes. Los tres libros se complementan al aportar miradas contrastantes sobre objetos de estudio diversos a partir de una matriz común de conceptos y objetivos.

Nuestra mirada no es complaciente sino crítica, y no sólo respecto a los gobiernos sino frente a la propia sociedad civil. Creemos que hay mucho que avanzar en términos de una visión más crítica de los actores sociales y de profundización analítica y rigor teórico en el mundo académico. Sin embargo, estamos conscientes de nuestras limitaciones. Nuestro marco conceptual aún es débil y no hemos alcanzado a desarrollar un análisis comparativo sistemático que abarque todos los países aquí estudiados. En esa tarea estamos ahora empeñados.

Agradecemos a la Fundación Ford el apoyo y la confianza que nos ha brindado en el desarrollo de este proyecto, particularmente a Kimberly Keith Brown, Elizabeth Leeds y Augusto Varas, los funcionarios a cargo del seguimiento de este trabajo. Igualmente damos las gracias a todos nuestros colegas que con sus críticas y sugerencias ayudaron a mejorar esta labor. Nuestra sincera gratitud, en el caso de México, por sus acertados comentarios y sugerencias, a Jorge Alonso, Guillermo de la Peña, Gabriel Torres y Rossana Reguillo, en Guadalajara; y a José González, Ernesto Isunza, Luisa Paré, Efraín Quiñónes y David Skerritt, en Xalapa. Asimismo, apreciamos el entusiasmo de Sergio García García y de Araceli Contreras. En Brasil, agradecemos a Pedro Pontual (Ação Educativa), Sonia E. Álvarez (University of California, Santa Cruz), Sérgio Baierle (Cidade, Porto Alegre), Rachel Meneguello (Unicamp) y Zander Navarro (Universidade Federal do Rio Grande do Sul), así como a Peter Houtzager y John Humphrey (IDS-University of Sussex). En los Andes y Cono Sur manifestamos nuestra gratitud a Phil Oxhorn (McGill University), y a Cynthia Sanborn, Eloy Neyra, Cecilia Blondet, Doris Mesones, y al rector de la Pontificia Universidad Católica del Perú, doctor Salomon Lerner Febres. Por supuesto, la responsabilidad de nuestros desaciertos es sólo nuestra.

Finalmente, agradecemos al Instituto de Filosofia e Ciencias Humanas de la Universidade de Campinas, São Paulo, Brasil; al Instituto de Investigaciones Histórico-Sociales de la Universidad Veracruzana, Xalapa, México, y al Departamento de Ciencias Sociales de la Pontificia Universidad Católica del Perú, Lima, Perú, que albergaron el proyecto y proporcionaron el apoyo institucional necesario.

INTRODUCCIÓN

Alberto J. Olvera

El escenario

En la década de 1990 la historia de México se caracterizó por una vasta movilización ciudadana por el respeto a los derechos políticos que cubrió todo el país de norte a sur y de este a oeste. La resistencia del régimen autoritario más longevo del mundo a realizar una verdadera reforma política obligó a los ciudadanos a invertir una energía social inmensa en un largo proceso de transición a la democracia que concluyó, en lo fundamental, en las elecciones presidenciales del año 2000. La centralidad de la lucha política en la arena electoral condujo a la pérdida de visibilidad de otras formas de acción colectiva y al debilitamiento o cierre de los canales que, durante las décadas anteriores, habían alimentado el contacto entre los sectores medios de la sociedad y los movimientos populares.

Es por ello que la transición mexicana aparece frente a nuestros ojos como un movimiento incesante, pero carente de sujetos aprehensibles. Parecería que los partidos fueron protagonistas casi únicos, mientras que la sociedad sólo estuvo representada en coyunturas muy precisas por el Ejército Zapatista de Liberación Nacional y por las redes de ONG y ciudadanos que impulsaron las luchas por la democracia. Esta especificidad mexicana de la transición permitió que la sociedad política ganara una enorme autonomía frente a la sociedad civil. Los partidos no sólo acapararon la dirección de la movilización, sino que también crearon instituciones y reglas tales que los dotaron de una autonomía financiera, organizacional y legal[1] respecto a la sociedad toda. La naturaleza de este proceso destruyó poco a poco los pasados vínculos e intermediaciones entre el sistema político y la sociedad, pero no se construyeron otros nuevos, lo cual explica que la alternancia en el poder no haya significado hasta el momento una verdadera reforma de las rela-

---

[1] La ley electoral vigente obliga al gobierno a financiar generosamente a los partidos, cuyo ejercicio de recursos es, en contraste, débilmente vigilado por el Instituto Federal Electoral. El registro de partidos y asociaciones políticas está sujeto a reglas fáciles de cumplir por medio de la simulación y la falta de regulación de coaliciones electorales.

ciones entre el Estado y la sociedad y que tampoco se hayan abierto aún nuevas formas de participación ciudadana en la vida pública.

Este déficit social en la transición nos habla de una sociedad civil relativamente débil y de una gran dificultad en el sistema político para construir un nuevo modelo de gobernabilidad democrática. Sin embargo, en el discurso de los actores sociales, civiles y políticos de la década de los noventa, el recurso a las nociones de sociedad civil, participación ciudadana, democratización del espacio público y otros análogos dominó por completo el imaginario colectivo. Esta paradoja de la transición mexicana nos obliga a ir más allá de los lugares comunes y a realizar un ejercicio crítico y autocrítico de las acciones de la propia sociedad civil en su lucha por alcanzar un verdadero cambio de régimen político. Este libro debe leerse en esa clave. Lejos de hacer la apología de la sociedad civil, esta obra colectiva trata de estudiar su inmensa complejidad, los alcances y las limitaciones de su acción y la naturaleza de su autocomprensión, es decir, las formas como se visualiza a sí misma. Un balance de esta naturaleza es hoy más necesario que nunca, pues la confusión reinante después de la alternancia hace ver a la sociedad civil como una bailarina de ballet que gira incesantemente sin poder detenerse a mirarse en el espejo y a reflexionar sobre su acción.

Este libro quiere diferenciarse de los discursos dominantes hasta hace muy poco tiempo. Sostiene que la sociedad civil no está constituida solamente por las organizaciones no gubernamentales (ONG), que en el seno de la sociedad civil existen contradicciones sociales, políticas, ideológicas y culturales, y que, lejos de la imagen dominante que la define como una especie de polo de virtud opuesto a la maldad intrínseca del Estado, en su interior se reproducen vicios autoritarios y prácticas antidemocráticas, si bien prefigura también nuevas formas de convivencia y adelanta, en algunos de sus componentes, una crítica al orden existente. Romper la unilateralidad de la explicación es nuestro propósito, ya que ello ayudará a pensar en forma más compleja en el problema de la democratización de las relaciones sociales mismas, yendo más allá del límite que nos impone el hegemónico concepto minimalista de democracia, que la reduce al terreno electoral.

Debe advertirse que éste es un propósito inicial, el principio de un programa de investigación que apenas finaliza su primera etapa. En este libro nos limitamos a demostrar que las relaciones entre la sociedad civil y el gobierno abarcan una enorme gama de espacios, instituciones y prácticas y no se limitan a un modelo único. Demostramos a través de los estudios de caso aquí presentados que los propios gobiernos son entidades complejas y heterogéneas en las que a veces se producen interesantes experimentos de participación, si bien la inmensa mayoría de las veces reproducen más bien la dominación sobre la sociedad civil de una sociedad política hoy plural, pero autónoma y carente de ideas originales sobre lo que es el ejercicio democrático del poder.

La gobernabilidad democrática no puede limitarse a una mera serie de enunciados normativos. Sólo puede ser construida a través de un largo y conflictivo proceso en el que los actores sociales, civiles y políticos entran en un proceso de aprendizaje y experimentación. Como se verá en las páginas que siguen, los modelos preconcebidos no ayudan demasiado y, sobre todo, no abren nuevas vías de análisis.

En cierta forma, es lamentable que hayamos limitado este trabajo a la crítica. No hemos llegado aún a la construcción teórica ni a desarrollar una capacidad de propuesta que nos permita ubicar en el horizonte, sobre sólidas bases conceptuales, un futuro deseable. Ya vendrá ese momento. Al menos ésa es nuestra esperanza y nuestro compromiso.

EL CONTENIDO

Este libro presenta los resultados de la investigación "Sociedad civil y gobernabilidad democrática en México", desarrollada en los años 1999-2000 bajo el patrocinio de la Fundación Ford. Como se menciona en el prefacio, este estudio formó parte de una gran investigación comparativa internacional coordinada por el Institute of Development Studies de la Universidad de Sussex, Inglaterra.

En esta introducción se explican los objetivos que persigue el trabajo, los criterios de selección de los temas y de los investigadores, y la perspectiva y el marco teórico general del estudio. En el primer capítulo se ofrece una breve perspectiva histórica del desarrollo de la sociedad civil en México con el fin de situar la especificidad de los estudios de caso que componen el grueso de esta publicación.

En los siguientes cinco capítulos se presentan los estudios de caso que se comisionaron para esta investigación. Finalmente, se cuenta con una muy breve conclusión general que plantea algunas de las principales aportaciones al conocimiento de la sociedad civil que resultan de nuestra labor, así como una serie de reflexiones sobre cómo se puede pensar el fortalecimiento de la sociedad civil en nuestro país.

Los objetivos

La investigación cuyos resultados presentamos aquí, además de asumir los objetivos generales del proyecto internacional ya delineados en el prefacio de este libro, definió también objetivos específicos que nos parecieron relevantes para el caso mexicano:

1) Demostrar la complejidad y heterogeneidad de la sociedad civil mexicana. En un país en el que por razones históricas que analizaremos más adelante se ha tendido a reducir el concepto de sociedad civil a las organizaciones no gubernamentales, es muy importante demostrar que la sociedad civil es una realidad diversa, contradictoria y no asimilable a un modelo único. Combatimos así una concepción que tiene implicaciones políticas riesgosas, además de ser teóricamente incorrecta.

2) Dar visibilidad a actores sociales relevantes en la vida pública del país, pero que han sido desplazados del interés académico, periodístico y político, a pesar de ser sujetos fundamentales en cualquier proyecto de democratización. Nos referimos a algunos grupos civiles conservadores, organizaciones gremiales campesinas y movimientos sociales locales y regionales.

3) Ubicar los alcances y limitaciones de los espacios públicos creados por el propio gobierno y/o por la práctica de los actores sociales. En nuestro país, donde por tradición política se piensa siempre en la acción social como movilización masiva, es importante reflexionar sobre la importancia del debate, la negociación y la construcción de consensos en instancias y espacios definidos. Al mismo tiempo, es necesario hacer notar que la voluntad política de los nuevos gobiernos democráticamente electos no es suficiente para transformar el carácter de la cultura política e innovar las formas de ejercicio del poder público.

4) Demostrar que el gobierno constituye una red heterogénea y a veces contradictoria de agencias, funcionarios, intereses e instituciones con la capacidad de introducir o permitir enormes variaciones regionales en la aplicación de políticas públicas, desnaturalizar los objetivos de las mismas, colonizar los frágiles e incipientes espacios de la sociedad civil y disminuir la eficacia y la eficiencia de la propia acción gubernamental. Una vez más, las visiones homogeneizantes de lo gubernamental no ayudan a entender los retos de la democratización de las relaciones entre el Estado y la sociedad.

Como puede verse, este libro pretende incidir en un debate de gran trascendencia nacional dentro del contexto de la transición política que vivimos: ¿cómo puede fortalecerse la sociedad civil y cómo puede ésta contribuir a la democratización de la vida pública? Si bien no podemos ofrecer una respuesta general a una problemática tan compleja, por lo menos tratamos de señalar los parámetros principales de este debate y aportamos un conocimiento empírico bien fundado a partir del cual la discusión puede pasar a una fase superior, dejando atrás la etapa de las generalizaciones abstractas.

LOS ESTUDIOS DE CASO

Para cumplir los propósitos arriba descritos, y dados los limitados recursos disponibles, decidimos concentrar nuestros esfuerzos en el desarrollo de un conjunto de estudios de caso que, sin pretender agotar la complejidad del campo de análisis, nos aproximaran a un conocimiento inicial de la sociedad civil mexicana realmente existente.

En la selección intervinieron también criterios y juicios sobre el conocimiento disponible acerca del complejo conjunto de actores sociales que conforman la sociedad civil. Consideramos que los movimientos feminista y ecologista contaban con una importante capacidad de autoanálisis y autocrítica, y que había una escasa pero relevante producción intelectual acerca de ellos. Una apreciación similar se hizo acerca del conjunto de las llamadas organizaciones no gubernamentales, a cuyo estudio se están dedicando considerables recursos humanos en los tiempos recientes. Por otra parte, el movimiento social zapatista (el movimiento indígena chiapaneco dirigido por el Ejército Zapatista de Liberación Nacional) es el fenómeno sociopolítico más estudiado de la historia contemporánea de México. Poco podíamos añadir a los múltiples libros ya escritos y en marcha sobre este proceso. Optamos así por concentrarnos en los sectores menos visibles y estudiados, y no repetir esfuerzos ya realizados o en curso.

La selección de los investigadores siguió también criterios que apuntaban a la pluralidad de enfoques, formaciones, experiencias y regiones de origen. En contra de la tendencia a la centralización absoluta que caracteriza la vida académica de nuestro país, este proyecto buscó investigadores anclados en las regiones o vinculados directamente con sus temas de estudio. El resultado fue una interesante mezcla de académicos experimentados y jóvenes, adicionada con un par de activistas. Los estudios de caso que conforman este libro son:

1) "Nuevas formas de asociacionismo en la cafeticultura mexicana: el caso de la Coordinadora Nacional de Organizaciones Cafetaleras (CNOC)", por Fernando Celis, asesor de la propia organización.

2) "El arte de la asociación. Sociedad civil y gobernabilidad en Morelos", por Morgan Quero, investigador del Centro Regional de Investigaciones Multidisciplinarias de la UNAM, con sede en Cuernavaca.

3) "Gobierno, sociedad civil y participación ciudadana en la ciudad de México, 1997-2000", por Lucía Álvarez, investigadora del Centro de Estudios e Investigaciones Interdisciplinarias en Ciencias y Humanidades de la UNAM, y Cristina Sánchez Mejorada, profesora-investigadora del Departamento de Estudios Urbanos de la UAM-Azcapotzalco. Una primera versión de esta investigación fue realizada por Carlos San Juan, investigador del Departamento de Investigaciones Históricas del Instituto Nacional de Antropología e Historia y asesor de la Secretaría de Gobierno de la Ciudad de México en el periodo 1997-2000.

4) "Conservadurismo, sociedad civil y gobernabilidad: nuevas grupalidades en Guadalajara", por Reneé de la Torre, investigadora del Centro de Investigaciones y Estudios Superiores en Antropología Social, sede Occidente, y Juan Manuel Ramírez, investigador del Departamento de Estudios sobre Movimientos Sociales de la Universidad de Guadalajara.

5) "Movimientos sociales prodemocráticos, espacios públicos y democratización. Un estudio sobre Alianza Cívica", por Alberto J. Olvera, investigador del Instituto de Investigaciones Histórico-Sociales de la Universidad Veracruzana.

Esta selección permitió realizar la investigación empírica desde varios puntos de partida:

Diversidad de actores de la sociedad civil:

• Actores populares rurales, organizados de manera estable en un organismo gremial moderno (CNOC);
• Actores populares rurales identificados colectivamente en la forma de pueblo (Tepoztlán).
• Actores sociales urbanos modernos del tipo ONG, articulados en la forma de movimiento civil local (Morelos) o en la forma de movimiento prodemocrático nacional (Alianza Cívica), o como socios del gobierno en proyectos específicos (Distrito Federal).

- Actores sociales urbanos conservadores tradicionales que se convierten en grupos democráticos de derecha (Guadalajara).

Diversidad de actores del gobierno:

- Agencias del gobierno federal involucradas en el desarrollo agropecuario y la organización de productores rurales.
- Gobierno de la Ciudad de México, Asamblea Legislativa del Distrito Federal y gobiernos delegacionales.
- Gobiernos estatales y municipales (Jalisco, Morelos, Oaxaca, Veracruz).
- Agencias autónomas del Estado (organismos públicos descentralizados): Instituto Federal Electoral.
- Políticos autoritarios en decadencia (gobernador de Morelos), políticos de izquierda (Cárdenas, Robles) y políticos de derecha (Cárdenas en Jalisco).

Diversidad de instancias de contacto:

- Instituciones ciudadanizadas (IFE), en diálogo con movimientos prodemocráticos (Alianza Cívica).
- Agencias federales (SAGAR) y estatales en negociación con movimientos sociales rurales en instancias formales (consejos del café, grupos operativos regionales) e informales.
- Gobierno de la Ciudad de México, que crea instancias de relación con ONG y otros actores sociales.
- Guerra de posiciones entre movimientos sociales locales y los gobiernos estatal y federal (Tepoztlán), y guerra de movimientos (acciones colectivas por la renuncia del gobernador de Morelos).
- Creación de espacios públicos informales y discusión abierta con funcionarios estatales (grupos de mujeres de Guadalajara).

Como puede verse, el conjunto de los estudios conduce a una panorámica de la complejidad de la composición de la sociedad civil y del gobierno, así como de sus encuentros e interrelaciones.

Desde luego, es posible incrementar *ad infinitum* la lista de actores, espacios y modos de interacción. Estamos presentando apenas una muestra con el propósito de demostrar que es posible partir del potencial normativo y analítico de la categoría de sociedad civil para analizar los procesos de construcción de relaciones de contrapoder social al poder del Estado, así como el desarrollo de esquemas de colaboración/confrontación entre sociedad y gobierno que contienen el potencial de democratizar la vida pública.

A continuación dedicamos algunas páginas a aclarar el concepto de sociedad civil que usamos en este trabajo, y que constituye el eje de nuestra reflexión. El concepto de gobernabilidad democrática es entendido aquí a partir de la noción de *governance,* que nos remite no al concepto conservador de gobernabilidad como capacidad de ejercicio de gobierno, sino a una forma y a una estructura de gobierno apegada a derecho, ejecutada con transparencia y abierta a la participación ciudadana.[2] Se trata, en este sentido, de una categoría normativa que nos permite concebir modos alternativos de pensar y ejercer el poder político. Este referente normativo está por ahora menos sujeto a objetivaciones y manipulaciones simbólicas, y en realidad no se integró directamente en el análisis. Es por ello que hemos decidido no abordarlo en esta sección.

EL CONCEPTO DE SOCIEDAD CIVIL: ALCANCES Y LÍMITES DE UNA NOCIÓN EN DISPUTA

El contexto de la discusión en México

Tanto el estudio empírico como la interpretación teórica de la naturaleza y significación contemporánea de la "sociedad civil" se enfrentan a los problemas de la ambigüedad conceptual y la polisemia. Ante todo, se alude con este concepto a un altamente notorio proceso social: el creciente número y visibilidad pública de diversos tipos de asociaciones de ciudadanos que, haciendo uso de recursos simbólicos y materiales, capacidades organizacionales y afinidades emotivas y morales, actúan colectivamente a favor de alguna causa y persiguen algún interés material o simbólico situándose por fuera del sistema político y sin seguir la lógica del mercado. Lo relevante de este fenómeno es su ubicuidad contemporánea, es decir, su generalización en la mayoría de los países occidentales, y la centralidad que ha adquirido en el imaginario colectivo como eje de utopías limitadas que promueven la profundización de la democracia o formas "realistas" de democracia participativa.

La categoría de "sociedad civil" fue recuperada a fines del siglo XX

---

[2] Véase March y Olsen, 1995, y O'Donnell, 1999; para una perspectiva diferente y creativa, Cunill, 1997. La visión de un sector de las ONG mexicanas puede encontrarse en Arredondo, 1998. Debe diferenciarse este campo problemático de los recientes esfuerzos por modernizar la administración pública, que sólo lateralmente se preocupa por la sociedad. Para visiones alternativas véase Bresser, 1999, y Guerrero, 1999.

por diversos tipos de movimientos sociales, tanto en Occidente como en Europa del Este y en América Latina.[3] En el caso mexicano, la generalización del concepto es más reciente, y se ha acompañado del uso simultáneo de conceptos afines, como el de ONG y el de "tercer sector", los cuales han llegado a usarse de manera indiferenciada para referirse al mismo fenómeno social.[4] Sin embargo, cada categoría tiene sus propios alcances explicativos y sus limitaciones.

Al igual que en muchos otros países, la recuperación simbólica de la idea de sociedad civil ha revestido en México un carácter identitario. En primer lugar, se le usó como un medio para diferenciar a la sociedad del Estado.[5] Este uso fundamentalmente antiautoritario llevó, antes que nada, a homegeneizar lo que de suyo es diverso, es decir, la sociedad misma. A mediados de los noventa se llegó al extremo de concebir a la sociedad civil como un ente colectivo y de carácter popular, como un "macrosujeto". Así, se usó la noción de sociedad civil como sustituto moderno y aceptable del concepto de pueblo, excluyendo por tanto a los empresarios y a las asociaciones de carácter conservador.[6] Por su parte, la derecha, especialmente el Partido Acción Nacional, partiendo de un liberalismo con ribetes decimonónicos, expresó reiteradas veces su desconfianza hacia la sociedad civil, caracterizándola, años atrás, como una "señora" a la que la izquierda invoca en su provecho,[7] o como un conjunto de actores que pretenden usurpar las funciones reservadas a la clase política.[8]

[3] Véase al respecto Cohen y Arato, 2000, introducción; Lechner, 1995, y Diamond, 1994.

[4] Véase sobre este tema Olvera, 1999, donde se analiza la particularidad del caso mexicano, especialmente la introducción y el capítulo I.

[5] Norbert Lechner ha señalado que la recuperación contemporánea de la idea de sociedad civil tiene como primera función la de crear una antinomia básica: la sociedad civil vs. el Estado autoritario, en la cual se concentra la crítica de la negación de derechos políticos, del abuso de los derechos humanos y de la aspiración de reconstrucción de espacios de lo social (Lechner, 1995).

[6] La expresión más extrema de esta tendencia ha sido una desafortunada declaración del subcomandante Marcos en 1996: "la sociedad civil debe gobernar". Evidentemente, él tenía en mente la idea de que la sociedad civil "somos *nosotros*", es decir, los que participan en el movimiento de apoyo al zapatismo y/o forman parte de un frente "progresista". Tal concepción no sólo rompe con el principio de pluralidad implícito en la idea de sociedad civil, sino que además es un error teórico. Si la sociedad civil gobernara dejaría de ser sociedad civil para convertirse en sociedad política y, más aún, en Estado.

[7] Carlos Castillo Peraza (QEPD) acuñó esta frase durante su gestión como presidente del PAN, 1994-1997. Para él la sociedad civil era un subterfugio de la izquierda para actuar en el terreno social sin reconocer su carácter de partido político. Paradójicamente, el PAN ha sido un partido anclado en la sociedad civil, como lo demuestra el hecho de que sus cuadros provienen precisamente de diversos tipos de asociaciones católicas conservadoras y de organizaciones empresariales.

[8] La reacción del panismo frente a la posibilidad de que los representantes del EZLN

Hasta 1999, un significativo sector de la opinión pública solía acotar simbólicamente el significado del concepto de sociedad civil, limitándolo al campo de las organizaciones no gubernamentales y de algunos grupos de ciudadanos que luchan por la democracia.[9] Esta apropiación del concepto buscaba subrayar el principio de la autonomía de la sociedad respecto del sistema político y legitimar la práctica público-política de esas agrupaciones. Se trataba de lo que Lechner (1995) ha llamado "la interpelación de los nuevos actores sociales", es decir, el reclamo de reconocimiento de actores que antes no aparecían en la escena pública. Este intento de restricción conceptual reflejaba la centralidad que en los años noventa adquirió este tipo de asociaciones en la esfera pública.

La incorporación del concepto de "tercer sector" (Solomon y Anheier, 1995) dentro del mundo académico ha añadido nueva materia a la confusión reinante, al cambiar el eje de la explicación desde los actores a las funciones, dejando por completo de lado el problema del origen y la naturaleza de las distintas formas de asociación contenidas en el concepto, y por tanto borrando del mapa analítico el estudio de las consecuencias políticas de la relación entre las asociaciones contenidas en el "tercer sector", el Estado y el mercado. Según esta teoría, la sociedad crea el tercer sector simplemente a partir de la necesidad de llenar los huecos de atención a las necesidades sociales dejados por el Estado y el mercado. La despolitización de la práctica asociativa llevada a cabo por la idea de tercer sector representó la otra cara de la sobrepolitización de la idea de sociedad civil como "vanguardia" de la sociedad. Donde una versión ve puro conflicto, la otra ve sólo complementariedad. Esta última versión meramente liberal de lo social, no republicana ni democrática, busca la eficiencia de la acción compensatoria y no la ampliación de lo público ni de los derechos ciudadanos.

El moderno discurso de la gobernabilidad democrática (governance) y el principio normativo de participación ciudadana implican o exigen un concepto más republicano de sociedad civil. En efecto, el nuevo discurso de los organismos financieros multilaterales subraya la necesidad de abrir el gobierno al escrutinio público y a una mayor participación popular. El eje normativo de estas nuevas interpretaciones es la "participación ciudadana", lo cual significa una capacidad de los ciuda-

ocuparan la tribuna de la Cámara de Diputados en marzo de 2001 es un fiel reflejo de esta idea de separación tajante de lo civil y lo político, que oculta una antigua concepción liberal del campo de la política.

[9] Véase la editorial del primer número de la revista *Sociedad Civil* (1996). También Red Mexicana de Investigadores sobre Organismos Civiles, 1998, y Convergencia de Organismos Civiles por la Democracia (s. f.).

danos para incidir en las decisiones públicas, promoviendo así una mayor eficacia y eficiencia en el ejercicio del poder. A decir verdad, esta aproximación no deja de tener un tufo funcionalista. Se ve a la sociedad como el factor externo que debe forzar la modernización del Estado.

El problema de esta tendencia es que no se acompaña de una preocupación sociológica que le permita advertir que la "participación ciudadana" implica la existencia tanto de actores sociales que orientan su acción al espacio público como de instituciones apropiadas para su desarrollo. En la mayoría de los casos se proponen medidas de ingeniería social que asumen que diseñando instancias de contacto entre el gobierno y la sociedad (comités consultivos, consejos ciudadanos, etc.), se garantiza la ansiada participación y el buen gobierno. Se pierde de vista que las formas no pueden sustituir el contenido. En efecto, las instancias formales de participación no serán auténticas mientras no haya actores sociales reales que las usen constructivamente.[10] Es un error conceptual, muchas veces repetido en México, pensar que desde el gobierno se pueden crear a voluntad nuevos actores sociales.[11] Si bien es cierto que las instituciones importan, en tanto facilitan o promueven nuevos procesos de aprendizaje colectivo, ellas no garantizan por sí mismas la autenticidad de los participantes.

Por estas razones, una investigación sobre sociedad civil y gobernabilidad debe hacer énfasis en el aspecto social antes que en el de diseño institucional. Si algo es urgente de conocer hoy día en el mundo es la naturaleza de los procesos socioculturales que pueden facilitar tanto la formación de actores sociales como el aprendizaje colectivo de la participación.

El concepto contemporáneo de sociedad civil

Apelar al concepto de sociedad civil constituye un riesgo. Nos enfrentamos a un término polisémico que es objeto de un interminable debate sobre el cual al parecer no puede llegarse a un consenso. Como sucede con todas las modas intelectuales, la idea de sociedad civil se ha vuelto ubicua y ha sido apropiada incluso por los organismos financieros internacionales, los gobiernos y los medios de comunicación masiva, privándola de su sentido original. Para evitar confusiones conceptuales, es necesario partir de una breve reflexión sobre el contenido y el

---

[10] Al respecto véase Rivera, 1998.
[11] Véase Olvera, 1994, para una crítica de esta idea en el caso de la cafeticultura.

sentido de esta categoría en el debate contemporáneo. No es éste lugar para hacer un recuento de la historia del debate teórico sobre el concepto.[12] Para los fines de establecer los contornos de un concepto operativo, y dada la abundante bibliografía disponible,[13] nos limitaremos a reseñar aquí los aportes recientes y a presentar sus implicaciones para la investigación empírica.

El renacimiento contemporáneo de la idea de sociedad civil puede localizarse en tres procesos principales:

a) las luchas contra el totalitarismo socialista en Europa del Este;

b) la resistencia contra las dictaduras militares en América del Sur, y

c) el surgimiento y desarrollo de los "nuevos" movimientos sociales en Occidente.

En todos los casos la idea de sociedad civil fue utilizada para diferenciar a la sociedad del Estado y para fundar el principio de la autonomía de lo social en una época en que este principio constituía un anatema político. El uso antiautoritario del concepto de sociedad civil puso de manifiesto la existencia de dos principios centrales de la acción colectiva que se amparaba a sí misma bajo la denominación de sociedad civil: la autonomía y la autolimitación.

La autonomía se refiere a la abierta diferenciación que estos actores sociales hacen frente al Estado y el mercado. Se reclaman independientes del sistema político en el sentido de que no se asimilan a la lógica de la lucha por el poder ni se subordinan a las directivas estratégicas de los partidos. Aceptan la pluralidad y su relación con el sistema político es de crítica y cooperación. Respecto al mercado son igualmente autónomos en tanto la mayoría de estos actores no persigue actividades lucrativas y más bien se orienta a controlar los excesos y efectos negativos de la operación del mercado mismo. La autolimitación indica que la teleología de los nuevos actores ya no se guía por la búsqueda de, la toma de, o la integración en el Estado. Estos actores están más allá de la revolución, pertenecen a la época posrevolucionaria y tienden más bien a proponerse la reforma radical de la vida pública.

Acompañando a estos procesos sociales hubo un esfuerzo intelectual que buscó ir más allá del marxismo y mantener al mismo tiempo una crítica del liberalismo y del republicanismo clásicos. La versión más elaborada de esta vertiente es el libro de Jean Cohen y Andrew Arato (1992): *Civil Society and Political Theory* (versión en español, 2000).

---

[12] Para ello véase Cohen y Arato, 2000, caps. II a VII. No existe un tratamiento más completo que éste.

[13] Una reseña útil es Olvera (ed.), 1999.

Estos autores han desarrollado un concepto de sociedad civil basado en las ideas de Jürgen Habermas. Encuentran en la parte institucional del mundo de vida, es decir, en las instituciones y formas asociativas que requieren la acción comunicativa para su reproducción, el fundamento mismo de la sociedad civil. Dichas instituciones se refieren a la estructura de los derechos, a la operación del sistema judicial y a los aparatos que garantizan la reproducción sociocultural de la sociedad.

Cohen y Arato señalan que los movimientos e instituciones de la sociedad civil pueden localizarse tanto en la esfera privada como en la pública y estar vinculados al mercado y al Estado como puntos de contacto entre los subsistemas y la sociedad misma. Así, estos autores van más allá de la dicotomía habermasiana entre sistema y mundo de vida y ubican la unidad de los movimientos propios de la sociedad civil en su forma de organización, que debe ser interactiva, es decir, fundada en la comunicación.

Desde esta perspectiva, la sociedad civil tendría dos componentes principales: por un lado, el conjunto de instituciones que definen y defienden los derechos individuales, políticos y sociales de los ciudadanos y que propician su libre asociación, la posibilidad de defenderse de la acción estratégica del poder y del mercado, y la viabilidad de la intervención ciudadana en la operación misma del sistema; por otra parte, estaría el conjunto de movimientos sociales que continuamente plantean nuevos principios y valores y nuevas demandas sociales, así como la vigilancia de la aplicación efectiva de los derechos ya otorgados. De este modo, la sociedad civil contendría un elemento institucional definido básicamente por la estructura de derechos de los Estados de bienestar contemporáneos, y un elemento activo, transformador, constituido por los nuevos movimientos sociales (Arato, 1999).

El fortalecimiento de la sociedad civil depende del desarrollo de las asociaciones voluntarias que forman su tejido social y materializan nuevas formas de solidaridad; de la existencia de una esfera pública en la que asuntos de interés colectivo puedan discutirse, y de la disponibilidad de medios institucionales para establecer un puente de comunicación entre el nivel de la sociedad civil y la esfera pública y el ámbito de las instancias políticas representativas y el aparato de Estado. Es aquí donde los movimientos sociales y los partidos políticos devienen complementos indispensables.

Mucho se ha criticado este enfoque, tanto desde el punto de vista de las limitaciones del modelo habermasiano (Serrano, 1999) como por los huecos abiertos por la irresolución teórica de las relaciones entre la sociedad civil y los sistemas político y económico, y entre la sociedad civil y las formas de desarrollo del derecho.[14] Críticas desde perspectivas liberales y comunitaristas aparecieron también en diversos momentos.[15] Con todo, ninguna crítica ha acertado a proponer un marco teórico alternativo; tan sólo han surgido propuestas de definición empírica privilegiando alguno de los elementos ya mencionados.[16]

La literatura sobre sociedad civil ha crecido exponencialmente en la segunda mitad de la década de los noventa, dando lugar a conceptos muy diversos y a una extensión inusitada en su aplicación empírica. Pérez Díaz ha desarrollado una de las investigaciones más penetrantes sobre la sociedad civil para el caso de España. Su libro *La primacía de la sociedad civil* (1993) constituye un interesante análisis de la formación histórica de la sociedad civil en España desde una perspectiva liberal. La definición de Pérez Díaz subraya su carácter civilizatorio, esto es, el hecho de que la sociedad civil constituye una constelación articulada de elementos que confluyen en la vigencia de un Estado de derecho, un mercado operativo, un amplio espacio público aunado a una libertad asociativa y a una cultura política de la tolerancia (Pérez Díaz, 1997: 61-73). Este concepto amplio de sociedad civil sólo deja fuera al Estado del complejo institucional y cultural que la compone. Se posiciona así el autor español en el campo de las concepciones liberales de la sociedad civil, las cuales recalcan que su sustrato social está en el mercado, y su fundamento legal radica en las libertades negativas. Sin embargo, trascendiendo una visión meramente liberal, Pérez Díaz ha construido un concepto muy amplio de sociedad civil que incluye la dimensión cultural, acercándose a una posición republicana, para subrayar que sin los principios de la tolerancia y la aceptación del otro no puede haber coexistencia de los diferentes, es decir, de la diversidad de intereses que constituye el tejido social.

Alexander por su parte, ha desarrollado su propia versión del concepto centrándose en su dimensión moral-sistémica. Inspirado en una lectura semiparsoniana de la vida social, Alexander (1998) insiste en que el eje fundamental de la sociedad civil es una red de valores y principios institucionalizados que propician y estabilizan las capacidades asociativas de los ciudadanos, reproducen los valores de la tolerancia y respeto a la ley e inducen un activismo cívico que tendencialmente construye canales de influencia hacia el mercado y hacia el Estado.

[14] La mejor crítica de estas limitaciones la ofrece el propio Arato, 1999. Véase los comentarios del propio Habermas, 1998, cap. VIII.

[15] Una excelente reseña de este tipo de críticas, así como de críticas desde el marxismo, pueden verse en Keane, 1998.

[16] Véase, por ejemplo, Barber, 2000, para el caso de un debate sobre la idea de sociedad civil en los Estados Unidos.

Así, para él la sociedad civil es "una esfera de solidaridad social universalizadora" (1998: 7), una esfera social entre otras que tiene la función de proporcionar una base común de vida colectiva fundada en principios e identidades compartidas. Sin embargo, no queda claro cómo se conforman estos principios, cómo se integran a la vida cotidiana, cómo trascienden de lo privado a lo público.

Estos autores subrayan la dimensión sociocultural de la sociedad civil, la cual queda un tanto oculta en la definición de Cohen y Arato. Este déficit puede tornarse relevante en el análisis empírico, pues con frecuencia una descripción meramente organizacional deja de lado los fundamentos culturales de los movimientos sociales. Sin embargo, cabe reconocer que Cohen y Arato han evitado incluir la dimensión cultural como definitoria y han subrayado en cambio la dimensión de los derechos porque en las sociedades contemporáneas no hay homogeneidad en los valores centrales, sino una diversidad de los principios de la buena vida, de la corrección moral y hasta de la justicia. La ley marcaría entonces el "piso común" en que se desenvuelven los conflictos culturales de una manera tal que no afectan ni alteran la convivencia colectiva. Esta vía de análisis permite entender a la sociedad civil como un espacio de conflicto, cosa que es pasada por alto con demasiada frecuencia en las concepciones liberales.

Este debate de carácter conceptual con frecuencia es ignorado en la mayor parte de los textos que utilizan la noción de sociedad civil. De una forma completamente empírica las definiciones más comunes acotan su objeto de estudio a las características formales de ciertas organizaciones civiles y movimientos sociales, desconociendo así que la noción original de sociedad civil fue pensada, en el campo de la filosofía política, para definir un espacio social plural, constitutivo de una forma de vida y de un potencial crítico en relación al Estado y al mercado. Las definiciones empíricas no operacionalizan el concepto sino que lo reducen a uno de sus componentes, generalmente a las redes asociativas autónomas. Así, por ejemplo, Diamond (1994: 5) entiende a la sociedad civil como "el ámbito de la vida social organizada que es voluntaria, autogestiva, autofinanciable, autónoma del Estado y dirigida por un orden legal o un conjunto de reglamentos compartidos". Linz y Stepan (1996: 7) la definen como "el ámbito de la constitución política donde los grupos organizados por sí mismos, movimientos e individuos, relativamente autónomos del Estado, intentan articular valores, crear asociaciones y solidaridad para aventajar en sus intereses". En el caso de los modernos discursos de la banca multilateral, la sociedad civil es entendida como una especie de *partner* de las políticas de desarrollo impulsadas por el Estado, a la cual se asigna la doble función de recibir fondos y proyectos y vigilar su ejecución (Rabotnikof, 1999).

Los enfoques funcionalistas y descriptivos ignoran normalmente las dimensiones de los derechos (o el aspecto institucional) y de los valores y principios (o el aspecto cultural) de la sociedad civil, empobreciendo la noción y creando una falsa ilusión de homogeneidad, falta de conflictividad y unidireccionalidad en la sociedad civil. En efecto, es fácil percibir que las definiciones empírico-descriptivas apuntan a las organizaciones no gubernamentales como sujeto principal de la sociedad civil, a las cuales, en una operación altamente ideológica, se les atribuye una autonomía, capacidad operativa y programática, así como una función de intermediación que reducen al campo de lo social, una práctica social específica que de ninguna manera agota el vasto mundo de la conflictividad y complejidad de la sociedad real.

Sin embargo, aun si aceptamos como válido el concepto de Cohen y Arato sobre la sociedad civil, nos enfrentamos a una serie de paradojas y limitaciones de las cuales hay que estar conscientes para evitar caer en los errores más comunes de interpretación que tanto plagan nuestro mundo académico.

1) La sociedad civil no es un actor colectivo y homogéneo. En su aspecto movimiento, la sociedad civil es un conjunto heterogéneo de múltiples actores sociales, con frecuencia opuestos entre sí, que actúan en diferentes espacios públicos y que por regla tienen sus propios canales de articulación con los sistemas político y económico. Esto quiere decir que la sociedad civil está entrecruzada por múltiples conflictos, que es en todo caso una "arena de arenas" (Walzer, 1992) y no un territorio de la convivencia no conflictiva.

2) La sociedad civil no porta por sí misma ningún proyecto de transformación radical ni un programa político específico. Normativamente, tiende a promover el principio de un control social sobre el Estado y el mercado y a defender el Estado de derecho y la cultura de la tolerancia como los fundamentos mínimos que le permiten sobrevivir y desarrollarse.

3) El concepto de sociedad civil es polémico y no define un modo específico de relación con los sistemas político y económico. En algunas de las recuperaciones contemporáneas de la sociedad civil existe el riesgo de la antipolítica, es decir, de la idea de que el Estado debe ser reducido a su mínima expresión institucional y de que los actores políticos son dignos de desconfianza por definición. Los esfuerzos de institucionalización y permanencia de la sociedad civil son con fre-

cuencia incomprendidos o se les pierde de vista. Por ejemplo, instituciones con base constitucional como la defensoría del pueblo (Colombia, Perú, Brasil), la "ciudadanización" de los organismos electorales (México), la legalización de consejos consultivos (Brasil), la reglamentación de derechos constitucionales como los de petición e información (Argentina, Colombia), la institucionalización de mecanismos de consulta popular vinculantes, como el presupuesto participativo (Brasil), y la legalización del referéndum y el plebiscito, son avances sustantivos en el camino de abrir espacios y otorgar poderes importantes a la sociedad civil. Estas instituciones estabilizan nuevas formas de intervención civil en la vida pública, sin constituir por sí mismas un programa coherente. Lo que en todo caso se resalta es el principio de la participación ciudadana.

4) La conexión entre la sociedad civil y los sistemas político y económico no es reducible a un modelo único. La propia heterogeneidad de la sociedad civil plantea la existencia de formas diversas de relación entre dichas instancias. Así, por ejemplo, los sindicatos, organizaciones patronales, asociaciones profesionales y organizaciones campesinas son actores civiles y económicos al mismo tiempo y, en condiciones ideales, operan como grupos de interés. En cambio, asociaciones de carácter privado, como las culturales, deportivas y religiosas, carecen de una vocación de intervención en la esfera pública, aunque de hecho lo hagan, reduciéndose su acción a la reproducción de sus intereses morales o colectivos dentro de su propio seno o promoviendo sus ideales en microesferas de carácter voluntario y no material. Por otra parte, asociaciones del tipo ONG, especialmente grupos de derechos humanos, feministas y ecologistas, se plantean explícitamente su intervención en la esfera pública con el fin de ejercer influencia sobre el sistema político. Si bien teóricamente el concepto de sociedad civil no resuelve el problema de la interrelación con los sistemas, lo cierto es que en los desarrollos teóricos más acabados queda claro que la necesidad de un Estado de derecho y de instituciones estables que protejan los espacios de acción sociales, implica un modelo de relación que define y especifica los límites de acción de cada sistema y de la sociedad, y señala un espacio de posibilidades de interacción, sin que esto signifique la predicción de sus efectos.

5) Un concepto riguroso de sociedad civil nos indica que su construcción y desarrollo es un proceso de muy largo plazo que forma parte de la modernidad occidental.[17] Si bien puede hablarse de sociedades

---

[17] Esta línea de interpretación está extensamente desarrollada en Hall (ed.), 1995.

civiles tradicionales, lo cierto es que la sociedad civil moderna no puede concebirse sin instituciones como el mercado, el Estado, el derecho y la libertad de asociación. Dado que varias de estas instituciones se han desarrollado de manera débil y desigual en los diferentes países del mundo, es natural que los procesos de formación de las sociedades civiles difieran de nación a nación. Cabe decir que existen siempre núcleos de autonomía social en la sociedad independientemente de su grado de desarrollo económico y evolución política. En cada caso debe analizarse el potencial de esos espacios como protección y plataforma de una sociedad civil. Sin embargo, es sólo cuando un Estado democrático moderno se afianza y un Estado de derecho protege a la ciudadanía cuando una sociedad civil moderna se consolida y expande.

6) Lo anterior nos indica que la sociedad civil tiene una composición variable en cada país de acuerdo con las condiciones históricas específicas de su formación y desarrollo. En regímenes autoritarios, por ejemplo, los partidos políticos son parte de la sociedad civil en tanto que articulan luchas por la defensa de los derechos políticos y por la vigencia del Estado de derecho en general. Lo mismo puede decirse de los sindicatos y de las asociaciones profesionales, que en la defensa de la libertad de asociación crean los primeros espacios de autonomía social en muchos países. Movimientos sociales de pueblos indígenas pueden representar un ascenso civil si se traducen en luchas por la efectivización o expansión de los derechos civiles, políticos y sociales. En cambio, en democracias estabilizadas los partidos políticos suelen separarse progresivamente de la sociedad civil e integrarse cada vez más en el sistema político. Si bien continúan siendo siempre una mediación entre la sociedad y el Estado, los partidos tienden por su propia naturaleza a cerrarse relativamente a la participación civil. Por su parte, los sindicatos y las asociaciones patronales pueden constituirse en meros grupos de interés sin mayor preocupación por el resto de la sociedad e integrarse en estructuras corporativas que representan un modo poco civil de integración política.

Todo lo anterior debe prevenirnos contra una noción de sociedad civil demasiado estrecha o funcionalista. La sociedad civil no es un actor colectivo, no es un espacio único o unificado, no se limita a las ONG y no constituye una especie de actor histórico transformador por naturaleza. La sociedad civil es un resultado contingente de la construcción de la modernidad que sólo se consolida plenamente con la democracia y el Estado de derecho. La sociedad civil porta la promesa de una relación crítica con los sistemas económico y político, pero la actualización de ese potencial es contingente y no necesaria. Dentro de la sociedad civil coexisten intereses contrapuestos y contradicciones económicas, políticas y culturales. Es un espacio de conflicto dentro del cual se procesan intereses y principios al mismo tiempo que se crean modelos de interacción con el mercado y el Estado que pueden o no favorecer la institucionalización democrática. La sociedad civil tiene como un referente sociológico necesario el espacio público, el cual tampoco es una entidad abstracta, sino una red de espacios que van desde lo microlocal hasta lo internacional (Olvera, 1999).[18] La indeterminación de la sociedad civil debe prevenirnos contra cualquier hipótesis causal unidireccional. Sin embargo, en el fondo de esta categoría existe un contenido normativo que la vincula con la autonomía, el autocontrol, el debate y la construcción de consenso. Por más que este contenido sea contrafactual, es decir, sin relación necesaria con su actualización práctica, existe como trasfondo simbólico y de sentido de la categoría de sociedad civil, razón por la cual este concepto continúa y continuará siendo un referente simbólico de las luchas por la democratización de la vida pública.

Política y representación en la sociedad civil

La política de la sociedad civil es la política de la influencia,[19] es decir, la presión indirecta sobre el sistema político que se ejerce apelando a la crítica, a la movilización y al convencimiento. Naturalmente, esta forma de acción política es limitada y poco eficiente, pues por definición construye escenarios múltiples, tantos como diversos sean los actores, temas e intereses en juego. La diversidad, pluralidad y heterogeneidad política, cultural y simbólica de la sociedad civil coloca el problema de la representación en una nueva óptica. En la práctica, dentro de la sociedad civil conviven criterios y formas de representación múltiples y hasta contrapuestos. Los componentes gremiales de la sociedad civil (sindicatos, asociaciones patronales y profesionales, organizaciones campesinas, organizaciones de colonos, pobladores urbanos) reclaman la representación de los intereses económicos de sus miembros, pero no tienen más la legitimidad (en una época tendencialmente

---

[18] Sobre el concepto de esfera pública, véase Habermas, 1991; Calhoun, 1992, y el *dossier* de *Metapolítica* 9, 1999.

[19] Sobre esta noción véase Cohen y Arato, 2000, caps. IX-XI.

poscorporativa) para reclamar la representación política de los mismos. Las asociaciones culturales, deportivas y recreacionales no tienen vocación alguna por la representación de intereses, siendo como son asociaciones privadas para fines privados. Las asociaciones civiles tipo ONG tampoco pueden reclamar representación alguna, pues si bien son asociaciones privadas con fines públicos, sus opiniones y propuestas tratan de influir en la opinión pública y en las políticas públicas a partir de criterios de eficacia y justicia y no de derechos sectoriales. Los grupos de derechos humanos y los movimientos sociales prodemocráticos tampoco reclaman una representación, sino que apelan a la aplicación real de los derechos ciudadanos en general por motivos de moralidad pública. Las asociaciones religiosas también son de carácter privado. Es por ello que la sociedad civil, en cuanto tal, es irrepresentable en términos convencionales. Sólo en un terreno altamente simbólico y en coyunturas extraordinarias la "sociedad civil" puede reclamar una representación moral colectiva: en campañas contra las dictaduras, contra la delincuencia, contra la violación de los derechos políticos, contra la impunidad de la clase política, contra el hambre, por elecciones libres y equilibradas, por los derechos indígenas, por la paz, por una vida digna. Fuera de estas circunstancias, que un grupo, red o sector de organizaciones civiles reclame una supuesta representación de la sociedad civil es un error político que puede tener serias consecuencias.

La sociedad civil visible: las formas organizativas
del asociacionismo civil

La parte visible de la sociedad civil está constituida por conjuntos y redes de asociaciones civiles. En la sociedad contemporánea existen muy diversas formas de asociacionismo, cada una de las cuales tiene un origen histórico, una forma particular de institucionalización, una vía de legitimación de sus prácticas y un modo particular de relación con los sistemas político y económico. Algunas de esas formas se sitúan directamente en un plano privado, pues se reducen a prácticas colectivas de manifestación de afinidades culturales personales y a espacios de convivencia de grupos que se forman sin objetivos políticos o sociales. Otras son formas de asociación cuyo fin es precisamente ser públicas en el sentido de intervenir en la esfera pública.

El poder simbólico y la capacidad política real del asociacionismo civil sólo pueden ser analizados a partir de una periodización rigurosa y de un concepto de asociación lo suficientemente amplio como para permitir en su seno la existencia de diversas formas de acción colectiva. La noción de asociación civil nos remite a un grupo de individuos que voluntariamente unen sus acciones con un propósito común en un marco de pluralidad y respeto mutuo. De inmediato surge la pregunta de si las asociaciones de clase, como sindicatos obreros y patronales, o las políticas, como los partidos, caben dentro de esta definición. En principio, la idea de asociación en el pluralismo liberal evita tener contenidos políticos y aun funciones gremiales, para reducirse a un fenómeno cultural cuya ubicación está más allá del mercado y del Estado. En este sentido, la asociación tendría su origen en una tradición cultural de matriz religiosa, pero devenida en práctica laica (Seligman, 1992), la cual apunta a un modo de vivir muy anclado en el plano local y que a su vez es compatible con una especialización temática de la acción colectiva. Por tanto, la forma específica de acción colectiva que el liberalismo pluralista presupone es ante todo discursiva, vuelta al interior del propio grupo, afirmativa de una identidad, no conflictiva y sin definición de un enemigo identificado. Los ámbitos de la política y del mercado están institucional y jurídicamente separados de este tipo de acción.

En cambio, si nos movemos ahora en la dirección de los estudios sobre movimientos sociales, observaremos que la teoría pone el énfasis en la definición de un campo de conflicto. Para Touraine (1986) no existe identidad ni totalidad sin oposición, es decir, sin un campo de conflicto compartido. En este sentido, un movimiento social es aquel tipo de acción colectiva que cuestiona la historicidad, es decir, el núcleo sociocultural del orden establecido, o sea, las instituciones y los valores del Estado capitalista y del mercado, en el caso de las sociedades capitalistas tradicionales, y del monopolio de la información en la sociedad postindustrial.

Si bien Melucci es menos radical en su concepto de movimiento social, aún lo define como una forma de acción colectiva que: *"i)* invoca solidaridad, *ii)* manifiesta un conflicto, *iii)* conlleva una ruptura de los límites de compatibilidad del sistema dentro del cual la acción tiene lugar" (Melucci, 1996b: 28). Se trata básicamente de la misma definición tourainiana del triángulo *identidad, oposición* y *totalidad* (IOT), sólo que con la idea de totalidad adecuada a un sistema de acción específico, por lo que no se exige que lo que esté en juego sea la historicidad en su conjunto.

La perspectiva de los movimientos sociales subraya la naturaleza conflictiva de la sociedad capitalista contemporánea y por tanto pone énfasis en la intervención que los actores sociales hacen sobre el sistema político y sobre el mercado, si bien desde un punto de vista fundamentalmente simbólico. A diferencia del liberalismo pluralista, la perspectiva de los movimientos sociales insiste en el conflicto como eje articulador de la acción colectiva en general, y no sólo de los movimientos sociales en cuanto tales, que serían su categoría más compleja.

Es necesario combinar ambos enfoques en el estudio del asociacionismo civil en América Latina. De una parte, no es posible ignorar la dimensión del conflicto en la producción de la acción colectiva, especialmente en países en los que la prolongada inexistencia de un Estado de derecho ha reducido los espacios de acción autónoma de la sociedad y casi anulado la esfera pública. La hegemonía de diversas formas de autoritarismo en la región refuerza este argumento. Por otra parte, el asociacionismo civil contemporáneo se sitúa crecientemente en un plano cultural, no gremial, y pocas veces directamente político, por lo que la atención a las prácticas asociativas propias del pluralismo debe ocupar también un lugar central.

Se presenta a continuación una tipología básica, de tipo ideal, de las distintas formas de asociacionismo civil, todas las cuales son parte de la sociedad civil, pero cuya función y potencial de influencia en la vida pública difieren radicalmente. No es una tipología exhaustiva, pues no pretende abarcar toda la infinita gama de combinaciones posibles. La ofrecemos aquí para reafirmar nuestro argumento acerca de la complejidad de la sociedad civil realmente existente y con el fin de que nuestra selección de casos de estudio se entienda mejor:

A) *Asociaciones de carácter económico-gremial:* sindicatos, grupos y clubes empresariales, asociaciones profesionales y grupos de productores rurales. Estas asociaciones constituyen la mediación entre la economía y la sociedad, son el puente que vincula la solidaridad básica de clase con los intereses mercantiles. Este tipo de asociaciones se encuentran fuertemente condicionadas por las leyes del mercado y con frecuencia pesa sobre ellas una reglamentación legal más o menos precisa que les otorga reconocimiento jurídico y acota sus campos de acción con el fin de excluirlas de la acción política. Estas asociaciones suelen ser los actores sociales más visibles en cualquier país debido a su importancia estratégica y a su capacidad de representación de intereses. Estas asociaciones se concentran en la defensa de intereses gremiales y las más fuertes representan a las minorías mejor organizadas. Ahora bien, cuando estas organizaciones padecen el yugo de un régimen autoritario, pueden convertirse en el eje de una sociedad civil emergente. De hecho, ese fue el caso en España durante la transición a la democracia (Pérez Díaz, *op. cit.*), y en Brasil en la fase de liberalización política (Sader, 1988). En México estas organizaciones constituyeron la columna vertebral de la sociedad civil emergente en los años setenta y primeros de los ochenta. La defensa de la libertad de asociación y la crítica del corporativismo ha sido una aportación de este sector de la sociedad civil a la construcción de la democracia. Pero sus logros fueron muy reducidos, y hoy por hoy es en este terreno donde el déficit democrático es mayor en nuestro país.

B) Asociaciones políticas formales. El concepto de sociedad civil que hemos enunciado excluye a los partidos políticos en tanto que éstos forman parte del sistema político, constituido por el aparato político-electoral, el parlamento y el gobierno. Los partidos y el parlamento tienen en realidad un pie en la sociedad civil y otro en el Estado, pues por un lado representan aspiraciones colectivas y organizan a la sociedad creando identidades fuertes, y por otro se sujetan a las reglas de la lucha por el poder y las restricciones que impone la eficacia de la acción política en términos de liderazgos y la práctica de relaciones de dirección vertical sobre sus miembros. Ellos constituyen el puente entre la sociedad y el Estado. Por tanto, los partidos son formas de asociación que, habiendo surgido de forma voluntaria, y siendo indispensables en una sociedad democrática, no pueden funcionar sin reglas claras de disciplina interna, asimilándose siempre a la lógica de la lucha por el poder. No son, por tanto, formas de asociacionismo civil una vez que están profesionalizados y establecidos, pero pueden serlo en periodos de resistencia antiautoritaria o de transición a la democracia. En estos periodos los partidos son con frecuencia uno de los pocos espacios posibles para la acción contestataria. En México hoy día los partidos ya superaron esa etapa y se encuentran integrados plenamente en la sociedad política.

C) Asociaciones de matriz religiosa: son las que, como su nombre indica, tienen su eje en la religión como institución y dependen con frecuencia de las jerarquías eclesiásticas. Estas asociaciones son de muy diverso tipo; políticamente son plurales y deben a su vez ser clasificadas de acuerdo con su función: de culto religioso, de promoción social (las comunidades eclesiales de base, por ejemplo), las órdenes religioso-civiles (Caballeros de Colón, etc.), las asociaciones de orden religioso-cultural (ProVida, etc.), las asociaciones informales de las élites sociales y políticas en torno a valores religiosos (Movimiento Familiar Cristiano, movimientos juveniles, grupos de damas distinguidas, etc.), los grupos pentecostales que actúan en la esfera pública con enorme vigor y constancia, los grupos masónicos cuyas prácticas son en verdad religiosas, etc. Estas asociaciones son muy importantes en tanto que generan una visión del mundo y una interpretación de la religión que define un horizonte de prácticas sociales legítimas. Asimismo, estas agrupaciones contribuyen a crear o nutren a otros actores y movimientos sociales.

D) Organizaciones civiles, que son asociaciones libres y voluntarias de ciudadanos cuyo fin es actuar conjuntamente en el espacio público para contribuir a la resolución de problemas de la sociedad y a llenar los vacíos de atención a las necesidades de la población dejados por la acción del Estado y del mercado. A su vez, estas organizaciones pueden ser de tres tipos:

a) *Asociaciones y movimientos sociales para la defensa de los derechos ciudadanos*, las cuales amplían el horizonte de la política en tanto critican y tratan de reformar las reglas de operación del sistema político. Nos referimos ante todo a los movimientos sociales prodemocráticos (Alianza Cívica, MCD), y a las organizaciones de defensa de los derechos humanos. Los primeros buscan la ampliación de la esfera pública, el respeto a los derechos individuales y políticos, y crean nuevas formas de participación política de la sociedad. Las segundas ponen de manifiesto los enormes déficit existentes en materia de respeto a las libertades individuales y colectivas, sin las cuales una sociedad civil no puede existir. Este tipo de asociaciones carecen con frecuencia de reconocimiento legal y se expresan más como movimiento que como institución. Para los fines del fortalecimiento de la sociedad civil, estas asociaciones son fundamentales.

b) *Organizaciones de promoción, desarrollo y servicios a la comunidad,* más conocidas (incorrectamente) como organizaciones no gubernamentales (ONG). Estas asociaciones son el resultado de varios factores, entre ellos la existencia de una vocación transformadora en los sectores progresistas de la iglesia, el descrédito de la política partidaria, la falta de credibilidad de la izquierda, la expansión del sistema universitario, el colapso del socialismo, la existencia de un mercado mundial de apoyo a las iniciativas sociales y el surgimiento en el mundo desarrollado de los llamados nuevos movimientos sociales (ecologismo, feminismo, pacifismo, etc.). Estas asociaciones, vistas en su conjunto, constituyen un verdadero movimiento social por cuanto reflejan los nuevos valores morales, políticos y culturales gestados después de la segunda Guerra Mundial y reflejan una vocación deliberada y explícita por transformar un orden social que se considera injusto a la luz de principios éticos. Tomadas individualmente, estas asociaciones son organizaciones formales con algún tipo de registro legal, normalmente homogéneas y con poca vida institucional, que llevan a cabo tareas específicas en proyectos de promoción del desarrollo y creación de grupos y movimientos culturales. Estas asociaciones crean nuevas agendas sociales y políticas y son, por consiguiente, actores relevantes para una estrategia alternativa de desarrollo y para la democratización de la vida pública.

c) *Asociaciones de asistencia privada*. Estas asociaciones ofrecen servicios a la comunidad que ni el Estado ni el mercado son capaces de ofrecer en la dimensión y profundidad necesarias. Si bien no cuestionan el orden establecido ni pretenden modificarlo, prestan un servicio social que, cuando es realizado profesionalmente, tiene una importancia social indudable. Estas asociaciones no critican las causas de la pobreza, sino que buscan compensarla por una vía asistencial. Algunas de estas asociaciones dependen de la jerarquía eclesiástica y pueden constituir un sector de las asociaciones religiosas. En México las grandes asociaciones asistenciales cuentan con una forma de reconocimiento legal, las Instituciones de Asistencia Privada (IAP).

E) Asociaciones de tipo cultural, que van desde grupos musicales y de baile, teatrales y artísticos en general, hasta grupos de defensa del patrimonio histórico, de recuperación de tradiciones culturales, etc. Estas asociaciones representan la parte activa del patrimonio cultural de cada nación y contribuyen a la creación y reproducción de una identidad nacional. Tienen una gran importancia simbólica y la mayor parte de las veces carecen de reconocimiento legal y de apoyo oficial.

F) Asociaciones privadas de tipo deportivo y recreacional, las cuales son importantes como instancias primarias de socialización y de las que pueden surgir también iniciativas asistenciales.

G) Asociaciones de tipo urbano-gremial, que van desde asociaciones de vecinos de algún barrio, de un edificio o conjunto de ellos, hasta grupos populares-urbanos, organizados con frecuencia como demandantes de servicios o de terrenos. Se reúnen aquí el particularismo gremial o de grupo con el universalismo ciudadano. Estas asociaciones y movimientos son importantes en tanto constituyen uno de los primeros pisos para la acción colectiva, crean espacios públicos primarios y se convierten en interlocutores privilegiados en el diseño, ejecución y vigilancia de las políticas públicas.

H) Movimientos y asociaciones de comunidades indígenas. Actores colectivos que asumen un papel de representación y gobierno bajo bases consensuales, recuperan espacios públicos propios y actúan como una parte de la sociedad civil. Si, por el contrario, mantienen una separación del resto de la sociedad y aplican usos y costumbres para mantener esquemas de dominación tradicionales, actúan de una forma incivil. En México los movimientos indígenas de los años noventa han jugado un papel fundamental en la ampliación de los espacios políticos para un sector de la población históricamente marginado del Estado de derecho y carente de reconocimiento.

Junto a estas formas de asociación, que comparten las características de relativa permanencia, autonomía y autodeterminación, se sitúan como miembros importantes de la sociedad civil los *movimientos sociales* propiamente dichos, de cuyo desarrollo y capacidad de aprendizaje se nutren las asociaciones más permanentes. Los movimientos sociales constituyen el origen de la sociedad civil organizada. Los *movimientos estudiantiles*, por ejemplo, son la matriz originaria de muy diversas organizaciones, movimientos e instituciones innovadoras. Los *movimientos indígenas* han sido actores centrales de un relativo renacimiento civil y político de algunos grupos étnicos, los cuales pueden también constituir formas asociativas propias. El *movimiento de solidaridad con Chiapas* ha sido uno de los más importantes de los noventa.

Cada tipo de asociación es el resultado de un ciclo histórico de emergencia de formas de identidad y de acción colectivas que en su momento definieron un campo de conflicto. Sin embargo, varias de ellas permanecen hoy en el campo de lo privado (asociaciones de asistencia y de autoayuda, muchas de las culturales y las deportivas) o bien constituyen espacios de mediación entre los sistemas económico y político y la sociedad. Las gremiales caen en el primer caso, mientras las cívico-políticas y las urbano-populares caen con frecuencia en el segundo.

Como puede observarse, las distintas formas de asociacionismo son un reflejo de los diferentes espacios y formas de acción colectiva, que van desde el privatismo y el particularismo hasta la acción pública con fines culturales y/o políticos. Precisamente por ello es necesario reconocer la diversidad de prácticas y potencialidades sociales a que nos referimos cuando hablamos del campo de lo civil.

El esquema analítico estaría incompleto si no hiciéramos mención de los *medios de comunicación,* que constituyen una intermediación entre la sociedad civil, el mercado y el Estado, en tanto son el componente principal de la esfera pública. En ciertos momentos, los medios se convierten en actores de la sociedad civil, cuando por ejemplo denuncian excesos o abusos del gobierno y situaciones de injusticia y violación de derechos, o bien cuando facilitan el debate sobre temas de interés público.[20] Sin embargo, los medios también están sujetos a las leyes del mercado y a las presiones del sistema político.

Ahora bien, los grupos inciviles existen por cierto y pueden ser más poderosos que la sociedad civil. La incivilidad se expresa como la imposición de intereses particulares sobre otros actores y/o sobre el sistema político, pasando por encima de la ley o situándose al margen de ella. Los grupos de interés que adquieren un control monopólico sobre algún recurso o área de la vida social, los grupos de delincuentes, las mafias políticas y económicas, el narcotráfico, la corrupción, son todas expresiones de incivilidad que en determinadas condiciones históricas y en ciertos espacios son, pueden ser o han sido dominantes.

En suma, la sociedad civil es una construcción ciudadana, un resultado de largos ciclos de luchas sociales y de la lenta institucionalización de un Estado de derecho. La sociedad civil no es un dato, sino un proceso en continua renovación y en incesante lucha contra el autoritarismo, la ilegalidad y la antidemocracia. Sus ganancias nunca son permanentes, sino que exigen ratificarse en la práctica social cotidiana.

BIBLIOGRAFÍA

Alexander, Jeffrey C. (1998), *Real Civil Societies*, International Sociological Association-SAGE Publications Ltd., Londres.

Arato, Andrew (1994), *The Rise, Decline and Reconstruction of the Concept of Civil Society, and Directions for Future Research*, manuscrito.

—— (1999), "Surgimiento, ocaso y reconstrucción del concepto de sociedad civil y lineamientos para la investigación futura", en Alberto Olvera, *La sociedad civil: de la teoría a la realidad,* FCE, México.

Arredondo Ramírez, Vicente (1998), "Participación ciudadana y gobernabilidad", *Sociedad Civil. Análisis y Debates*, vol. II, núm. 3, Demos, IAP, FAM, México.

Avritzer, Leonardo (ed.) (1994), *Sociedade civil e democratizaçao,* Del Rey, Belo Horizonte.

Barber, Benjamin R. (2000), *Un lugar para todos. Cómo fortalecer la democracia y la sociedad civil*, Paidós, Barcelona.

Bresser Pereira, Luiz Carlos (1999), *Reforma de Estado para la ciudadanía. La reforma gerencial brasileña en la perspectiva internacio-*

---

[20] Para un análisis completo de los medios en la producción de la modernidad véase Thompson, 1995.

nal, Eudeba / Universidad de Buenos Aires-Centro Latinoamericano de Administración para el Desarrollo, Buenos Aires.

Calhoun, Craig (ed.) (1992), *Habermas and the Public Sphere,* MIT Press, Cambridge.

Cohen, Jean (1985), "Strategy or Identity: New Theoretical Paradigms and Contemporary Social Movements", *Social Research,* vol. 52, núm. 4.

Cohen, Jean L., y Andrew Arato (1992), *Civil Society and Political Theory,* MIT Press, Cambridge.

Cohen, Jean R. (2000), *Sociedad civil y teoría política,* FCE, México.

Cunill G., Nuria (1997), *Repensando lo público a través de la sociedad,* Centro Latinoamericano de Administración para el Desarrollo, Editorial Nueva Sociedad, Caracas.

Diamond, Larry (1994), "Rethinking Civil Society", *Journal of Democracy,* vol. 5, núm. 3.

Guerrero, Omar (1999), *Del Estado gerencial al Estado cívico,* Universidad Autónoma del Estado de México / Miguel Ángel Porrúa, México.

Habermas, Jürgen (1991), *The Structural Transformation of the Public Sphere,* MIT Press, Massachusetts.

——— (1998), *Facticidad y validez. Sobre el derecho y el Estado democrático del derecho en términos de teoría del discurso,* Trotta, Madrid.

Hall, John A. (1995), *Civil Society,* Theory History Comparison, Polity Press, Cambridge.

Keane, John (1998), *Civil Society: Old Images, New Visions,* Stanford University Press, Stanford.

Lechner, Norbert (1995), "La(s) invocación(es) de la sociedad civil en América Latina", en *Partidos políticos y sociedad civil,* H. Congreso de la Unión, México.

Linz, J., y A. Stepan (1996), *Problems of Democratic Transition and Consolidation: Southern Europe, South America and Post-Communist Europe,* John Hopkins University Press, Baltimore.

March, James G., y Johan P. Olsen (1995), *Democratic Governance,* The Free Press, Nueva York.

Melucci, Alberto (1996), *Challenging Codes,* Cambridge University Press, Cambridge.

——— (1996), *The Playing Self,* Cambridge University Press, Cambridge.

O'Donnell, Guillermo (1999), *Counterpoints: Selected Essays on Authoritarianism and Democratization,* University of Notre Dame Press, Notre Dame.

Olvera, Alberto J., y Cristina Millán (1994), "Neocorporativismo y democracia en la transformación institucional de la cafeticultura", *Cuadernos Agrarios*, núm. 10.

Olvera, Alberto J. (ed.) (1999), *La sociedad civil: de la teoría a la realidad*, El Colegio de México, México.

Pérez Díaz, Víctor (1993), *La primacía de la sociedad civil*, Alianza Editorial, Madrid.

—— (1997), *La esfera pública y la sociedad civil*, Taurus, Madrid.

Rabotnikof, Nora (1999), "La caracterización de la sociedad civil en la perspectiva del BID y del BM", *Perfiles Latinoamericanos*, revista de la sede académica de México de la Facultad Latinoamericana de Ciencias Sociales, año 8, núm. 15, México.

Rivera Sánchez, Liliana (1998), "El discurso de la participación en las propuestas de desarrollo social. ¿Qué significa participar?", *Sociedad Civil. Análisis y Debates*, vol. III, núm. 7.

Sader, Eder (1988), *Quando novos personagens entraram en cena*, Paz e Terra, São Paulo.

Seligman, Adam (1992), *The Idea of Civil Society*, Princeton University Press, Princeton.

Serrano, Enrique (1999), "Modernidad y sociedad civil", en J. Alberto Olvera, *La sociedad civil: de la teoría a la realidad*, El Colegio de México, México.

Solomon, Lester, y Helmut Anheier (1995), "En busca del sector no lucrativo I: La cuestión de las definiciones", *Umbral XXI*, núm. especial 1, Universidad Iberoamericana, México.

Thompson, John (1995), *Media and Modernity*, Polity Press, Cambridge.

Touraine, Alain (1986), "Los movimientos sociales", en F. Galván (comp.), *Touraine y Habermas: ensayos de teoría social*, UAP/UAM-A, México.

Walzer, Michel (1992), "The Civil Society Argument", en Chantal Mouffe (ed.), *Dimensions of Radical Democracy: Pluralism Citizenship, Community*, Verso, Londres.

LAS TENDENCIAS GENERALES DE DESARROLLO DE LA SOCIEDAD CIVIL EN MÉXICO

ALBERTO J. OLVERA

EL VIEJO RÉGIMEN Y LA ANULACIÓN DE LA SOCIEDAD CIVIL

El siglo XX mexicano está definido por la formación, consolidación y crisis del régimen de la Revolución mexicana. Este régimen tuvo su origen histórico en una auténtica revolución social que destruyó hasta sus cimientos la dictadura de los liberales decimonónicos.[1] Por tratarse de una revolución a través de una guerra civil, los grupos políticos se expresaron como ejércitos y no como partidos, y atrajeron a sus filas a los miembros de las asociaciones, líderes de sindicatos y jefes de pueblos indios. La confrontación armada borró cualquier espacio de debate.

El nuevo régimen se institucionalizó poco a poco en sus primeros 20 años de existencia. Sus principios programáticos quedaron plasmados en la Constitución de 1917, la cual combinó en una forma creativa la conocida imitación institucional de las constituciones latinoamericanas (forma de gobierno democrática, representativa y federal) con el reconocimiento de la existencia de actores sociales colectivos tradicionales (garantía del derecho a la tierra de las comunidades indígenas y de los campesinos en general) y modernos (legislación laboral extensiva). Además, la primacía de la nación frente a la propiedad privada fue explícitamente señalada, al igual que la misión del Estado de procurar la justicia social.

Así, el régimen nació criticando el liberalismo en dos sentidos: primero, al sostener la primacía de los derechos sociales sustantivos sobre los derechos individuales; y segundo, al fundar *de facto* la legitimidad del régimen en la capacidad de cumplir con su programa de justicia social y no en los procedimientos democrático-formales prescritos en la Constitución (legitimidad revolucionaria). Siendo la Constitución un programa y no una ley a acatarse, el vínculo entre legalidad y legitimidad quedó roto de origen, por más que la ficción democrática per-

---

[1] Obras fundamentales sobre la Revolución mexicana son las de Guerra, 1989; Knight, 1990; Aguilar Camín (coord.), 1985.

maneciera en la ley y en la práctica política a través de la realización de elecciones periódicas en las que en realidad no había competencia. El nuevo régimen concentró todo el poder en el Estado y dejó pocos espacios para la libertad asociativa. De hecho, la sociedad empezó a ser organizada desde el propio Estado, especialmente en materia de organizaciones campesinas, o bien a ser controlada cuando despuntaban aspiraciones autonómicas, como en el caso del sindicalismo. El Estado en formación absorbió en su seno las iniciativas de la sociedad y buscó deliberadamente monopolizar todas las arenas de acción.

El monopolio del espacio público-político fue garantizado por medio de la representación corporativa de la sociedad. En el gobierno del general Lázaro Cárdenas (1934-1940) el régimen culminó su institucionalización política al dotar al partido oficial, creado en 1929, de una estructura formal y permanente. El Partido de la Revolución Mexicana (PRM),[2] reorganizado por Cárdenas en mayo de 1938, contó desde entonces con un sector campesino, cuyo núcleo era la Confederación Nacional Campesina (CNC); un sector obrero, centrado en la Confederación de Trabajadores de México (CTM), y, desde 1941, un sector popular, cuyos miembros se agruparon en la Confederación Nacional de Organizaciones Populares (CNOP), que representaba desde pequeños empresarios urbanos hasta habitantes de colonias marginadas. La simultaneidad de funciones de las confederaciones, que eran al mismo tiempo organizaciones para la defensa de los intereses gremiales y para la representación política partidaria, expresaba la fusión entre el Estado y la sociedad que caracterizaba al modelo corporativo-populista.

La única clase social explícitamente excluida de representación política en el Estado fue la burguesía mediana y grande en todas sus ramas. Este hecho simbolizaba la autonomía política del Estado frente al poder económico. De esta manera se institucionalizó el particularismo y el patrimonialismo en las relaciones entre el Estado y los empresarios, cuya dependencia política fue además reforzada por el enorme peso económico del Estado, cuya intervención en la economía tuvo así un carácter constitutivo de la propia clase empresarial. De esta manera la fusión entre el Estado y la economía devino en una característica definitoria del desarrollismo mexicano.

Esta fusión entre el Estado, la economía y la sociedad, aunada a la centralización total del poder en el presidente de la República, condujo a la institucionalización del particularismo y el clientelismo como mo-

---

[2] El PRM cambió su nombre a Partido Revolucionario Institucional (PRI) en 1946. Sobre la historia temprana del partido oficial la obra fundamental es la de Luis Javier Garrido, 1986.

delo dominante de relaciones entre el Estado y la sociedad. La aplicación segmentada de los derechos sociales fue también la consecuencia lógica de la absorción dentro del Estado de toda iniciativa social. La virtual suspensión de los derechos políticos fue el efecto natural de la contradicción entre el carácter neopatrimonial del Estado (presidencialismo incontrolado) y la democracia formal prescrita en la Constitución.

Es también mérito de Cárdenas haber institucionalizado un mecanismo de renovación de la élite política: el presidente en turno designaba a su sucesor, quien a su vez intervenía en la designación de senadores y diputados (de acuerdo con las cuotas corporativas).[3] Además, el presidente nombraba a los gobernadores, y éstos a los presidentes municipales. Este mecanismo, el verdadero secreto de la estabilidad política mexicana, facilitaba también la cooptación de nuevos actores políticos y de nuevos representantes de grupos sociales.[4] Este tipo de arreglo autoritario se fundaba en la existencia de un partido oficial que no era sino una agencia de administración político-electoral sometida a las órdenes del presidente en turno.[5]

El modelo corporativo de fusión Estado-sociedad contó también con una notable capacidad de integración política de las clases medias urbanas. Diversas asociaciones profesionales, culturales y deportivas fueron también promovidas desde el Estado e incorporadas en la CNOP. El hecho de que el propio Estado fuera el principal empleador de profesionales y técnicos, así como el principal promotor de políticas sociales, favoreció el control estatal de las asociaciones de abogados, médicos, ingenieros, economistas, profesores y otros gremios profesionales.

La única excepción a este modelo fue la de los grupos conservadores creados o promovidos por la Iglesia católica, desde asociaciones de padres de familia hasta grupos de lectura y discusión de la Biblia, la Asociación Cívica Femenina, clubes culturales católicos y diversos gru-

[3] La pérdida de influencia política del Ejército desde los años cuarenta, su poca importancia numérica y su fuerte institucionalidad han permitido descontar a las fuerzas armadas como factor autónomo de la política en México.
[4] Tal ha sido el caso de la cooptación de la izquierda maoísta y de muchos de los dirigentes de los nuevos movimientos campesinos independientes en el gobierno de Carlos Salinas, quien les asignó el manejo del Programa de Solidaridad y la modernización de las instituciones agrícolas y agrarias del régimen.
[5] La alta movilidad sistémica de la élite política creó un marco estable para que la lucha por el poder se produjera dentro de las estructuras del propio régimen por medio de alianzas particularistas entre facciones y grupos de interés, sacando de la esfera ·pública la discusión de proyectos alternativos e impidiendo a los ciudadanos ejercer sus derechos políticos. Las elecciones habían constituido hasta 1988 un mero ejercicio de legitimación simbólica del recambio interno de las élites.

pos creados en torno a las escuelas y universidades que administraban el conjunto de órdenes religiosas presentes en el país.

CAMBIO SOCIAL Y SURGIMIENTO DE UNA SOCIEDAD CIVIL FRAGMENTADA

El éxito del modelo desarrollista mexicano en el periodo 1940-1980 cambió fundamentalmente la composición de la sociedad y debilitó las raíces corporativas del régimen al crear nuevos actores sociales no encuadrados dentro del sistema de representación. La población creció de 16 millones de habitantes en 1940 a 65 millones en 1980, a 82 en 1990 y a 98 en el 2000. La antes débil burguesía nacional, por ejemplo, se convirtió en una clase poderosa. Un crecimiento económico de 6.8% anual promedio entre 1940 y 1980 había permitido su fortalecimiento.

Las nuevas clases medias constituyeron una de las principales novedades de la fase de crecimiento acelerado. El país se urbanizó rápidamente, y su composición pasó de ser 80% rural en 1940 a sólo 30% en 1980, para disminuir a 20% en 1990. La clase obrera creció aceleradamente, pero encontró ya creados los espacios e instituciones legales y de representación.[6] También los gremios profesionales y técnicos asociados a los servicios, el comercio, la educación, la salud y el gobierno aumentaron con rapidez. Estos grupos sociales carecían de representación directa en el régimen, pero la progresiva modernización del Estado les abrió espacios en el aparato administrativo, lo cual les otorgó una cuota de poder y un mecanismo de ascenso social. Gracias a esa capacidad de inclusión no surgió una tradición de asociacionismo independiente a nivel de las clases medias urbanas.[7]

La acelerada pero desigual urbanización-industrialización del país y el estancamiento estructural del campo en una época de alto crecimiento demográfico a partir de 1965, en el marco de una pérdida de capacidad inclusiva del régimen, contribuyeron a la formación de nuevas e independientes organizaciones campesinas y urbanas. Los orígenes de una sociedad civil —en el sentido de grupos gremiales-clasistas que van diferenciándose del Estado y la economía— puede localizarse en el periodo 1971-1980. Sin embargo, la carencia de conexiones entre

---

[6] A diferencia de Brasil, en México el movimiento obrero no tuvo éxito en su lucha por la autonomía, que se desarrolló principalmente entre 1971 y 1976. Tampoco surgieron en este periodo nuevos segmentos significativos, y los existentes estaban firmemente encuadrados en sindicatos corporativos y contratos colectivos manejados en forma clientelista.

[7] La tradición que se consolidó entre las clases medias fue la del cinismo generalizado, el acomodamiento en la estructura de poder, la carencia de principios, el pragmatismo y la falta de respeto a la ley.

estos grupos emergentes y la sociedad política, aún monopolizada por el partido oficial, impidió su expansión y el planteamiento de proyectos políticos alternativos, manteniéndose los movimientos en el plano local y en el particularismo social.[8]

El modelo de asociacionismo civil alternativo dominante en este periodo inicial de crisis del régimen es el de carácter gremial-clasista, fuertemente influido por partidos y grupos radicales de izquierda. En efecto, los movimientos campesino, obrero y urbano-popular constituyeron en realidad el resultado de un encuentro de dos tipos diferentes de acción colectiva y de dos modelos de asociacionismo, los cuales configuran dos auténticos movimientos sociales de naturaleza específica.

De un lado, tenemos un movimiento social urbano-cultural constituido por estudiantes y académicos radicalizados por la experiencia de 1968,[9] que se expresó en la rápida formación y expansión nacional de múltiples grupos y corrientes de izquierda. Este movimiento tenía un *ethos* revolucionario y una forma organizativa de tipo partidario, por lo cual no constituía un tipo de asociacionismo civil (no era plural ni tenía como objetivo la acción sobre la sociedad civil misma), sino una forma de acción colectiva directamente política.

Uno de los antecedentes sociológicos e ideológicos de este sector de la sociedad civil emergente se encuentra en la nueva doctrina social de la Iglesia, emanada del Concilio Vaticano II (Muro, 1994). Un nuevo interés en la organización civil de la sociedad caracterizó a partir de mediados de los sesenta a una parte de la jerarquía católica, especialmente aquella más sensible a los problemas de los sectores populares. El secretariado social de la Iglesia contribuyó a la formación de las primeras ONG de desarrollo: Promoción del Desarrollo Popular, el Centro Operacional de Vivienda, la Fundación para el Desarrollo Rural, entre otras (1964-1966). También se crearon organizaciones sociales clasistas, como el Frente Auténtico del Trabajo y la Unión Social de Empresarios Mexicanos (1965). Más tarde se formaron otras organizaciones civiles, como el Centro de Comunicación Social (Cencos), que mostraban la vocación de la Iglesia por una intervención activa en la esfera

[8] En México no se presenta una relación entre cambios sociales estructurales y surgimiento de nuevas formas de acción colectiva. El origen revolucionario del régimen, su carácter inclusivo y su relativa flexibilidad histórica para negociar con los movimientos sociales han determinado la existencia de una tradición de movilización social y el uso de un lenguaje políticamente radical en la vida pública. El régimen anticipó en la ley y en la estructura política las respuestas para los movimientos sociales clasistas.

[9] En 1968 se produjo un vasto movimiento estudiantil en diversas partes del país, cuya principal demanda era la democratización del régimen. El movimiento fue brutalmente reprimido en octubre de 1968 y cientos de sus líderes detenidos. Véase Zermeño, 1974.

pública, ejemplificada también por Fomento Cultural y Educativo (radios culturales campesinos). Este activismo significaba que la Iglesia se convertía en un actor en el terreno simbólico de la justicia social, monopolizado hasta entonces por el régimen, lo cual era una novedad en la historia posrevolucionaria.

Complementariamente a esta vocación organizativa desde arriba, las corrientes más radicales de la Iglesia empezaron a organizar en México, al igual que en el resto de América Latina, comunidades eclesiales de base (CEB). Las CEB eran células de discusión y debate de los problemas que enfrentaban cotidianamente los pobres de la ciudad y del campo desde una perspectiva cristiana radical. En México algunas de las CEB ayudaron a formar movimientos sociales tanto urbanos como campesinos. Sin embargo, la traducción del discurso de las CEB en acciones concretas mostró ser altamente problemática (Muro, 1994; Hernández, 1990).

Otro acontecimiento histórico habría de ser aún más determinante para toda una generación de jóvenes mexicanos. La represión masiva del movimiento estudiantil de 1968 (Zermeño, 1974), que culminó en la matanza de cientos de ellos y en el encarcelamiento de otros cientos más, radicalizó políticamente a miles de jóvenes que vivieron esa experiencia como una afrenta colectiva a la juventud y un rebasamiento de los límites históricos a la represión masiva que de alguna manera el régimen autoritario se había autoimpuesto. Además, el movimiento estudiantil había propuesto una reforma democrática del régimen que, al ser violentamente rechazada, parecía justificar una radicalización política. La respuesta colectiva a esta afrenta fue la incorporación masiva de jóvenes universitarios al activismo político y la formación de decenas de organizaciones de izquierda, algunas de las cuales llegaron a convertirse en grupos guerrilleros. Estos últimos fueron plenamente derrotados por el gobierno hacia 1976.

Estas matrices originarias se desdoblaron en al menos dos tipos de procesos diferentes en los años setenta y ochenta. Del lado de las organizaciones civiles inspiradas por la Iglesia se abrió una gran diversidad de procesos evolutivos, en los que cada organización siguió su propio camino, lo cual las condujo a una relativa pluralización política y a una mayor autonomía respecto de la jerarquía. También surgieron nuevas organizaciones civiles, especialmente en el campo de los derechos humanos (años ochenta) así como algunos institutos de investigación (Centro Fray Antonio de Montesinos, Centro de Estudios Ecuménicos, etc.). Estos procesos tuvieron su eje original en la Iglesia católica progresista porque ésta era la única institución que en el contexto de un régimen autoritario contaba con la autonomía, la autoridad y los recursos materiales para fomentar la organización autónoma de la sociedad.[10]

Estas organizaciones civiles y algunas CEB se plantearon la vinculación y el encuentro con los sectores y movimientos sociales populares. Esta aspiración se nutrió simbólicamente del imaginario colectivo de la izquierda de la década de los setenta y principios de los ochenta. Se trataba de "acompañar" a los movimientos populares en su lucha histórica contra el capital y el régimen autoritario, cuyo fin histórico era la revolución. Desde la teología de la liberación o desde el marxismo-leninismo, la autocomprensión de los actores era similar en términos de finalidades últimas, y su práctica social análoga: dirigían movimientos, educaban a líderes populares, denunciaban injusticias, articulaban frentes sociales. Se construía un sujeto colectivo destinado a propiciar un cambio histórico, no ciudadanos dotados de derechos.

Por su parte, los grupos estudiantiles radicalizados fueron el fermento de una multiplicidad de grupos de izquierda que se abocaron, unos, a trabajar en un nuevo movimiento estudiantil políticamente radical, mientras otros se dirigían a las masas para tratar de organizarlas en la perspectiva de una lucha revolucionaria. Aun de otros segmentos minoritarios devinieron grupos guerrilleros (Moguel, 1987).

En otro tipo de movimiento social, o suma de ellos, se contaban las acciones colectivas espontáneas de obreros, campesinos y pobladores urbanos, algunas de las cuales fueron más allá de la protesta local y sectorial para constituirse en movimientos con cierta permanencia y un mínimo de institucionalización que, al mismo tiempo que planteaban reivindicaciones gremiales locales, utilizaban un lenguaje radical que politizaba sus luchas. Se explica este último factor por la influencia del movimiento urbano-cultural antes descrito. Estas luchas y movilizaciones tenían una larga tradición en México, y a lo largo de los años sesenta se habían producido también, por primera vez en gran escala, en sectores de las clases medias profesionales, como médicos y maestros de enseñanza básica.

Estos procesos coincidieron con el inicio de una fase de liberalización política a partir de 1972, la cual, a lo largo del gobierno del presidente Luis Echeverría (1970-1976), se acompañó de una recreación del viejo populismo y un incremento notable del intervencionismo estatal tanto

---

[10] Por ejemplo, los grandes recursos financieros que recibió la Iglesia para financiar proyectos de reconstrucción de la ciudad de México luego del terremoto de 1985, sirvieron en parte como capital semilla para la creación de nuevas instituciones de asistencia privada, centros de investigación, fundaciones y redes de organizaciones civiles.

en la economía como en la política. La liberalización permitió el surgimiento de una vasta cantidad de movimientos populares, tanto en el campo como en la ciudad, muchos de los cuales fueron influidos o dirigidos por la juventud radicalizada. Sin embargo, la carencia de conexiones entre estos grupos emergentes y la sociedad política, aún monopolizada por el partido oficial, impidió su expansión y el planteamiento de proyectos políticos alternativos, manteniéndose los movimientos en el plano local y en el particularismo social.[11]

Por consiguiente, en este sentido surgieron grandes organizaciones de masas: la Coordinadora Nacional del Moviento Urbano-Popular (Conamup, 1980), la Coordinadora Nacional Plan de Ayala (CNPA, 1979) y la Coordinadora Sindical Nacional (Cosina, 1983), entre otras, y tuvieron el doble carácter de organizaciones clasistas autónomas y de arena de influencia y confrontación de grupos políticos de izquierda. El radicalismo y la sobrepolitización de la acción colectiva popular sólo puede explicarse por su necesidad simbólica de criticar contrafactualmente a un régimen que en el discurso aceptaba sus demandas, pero no garantizaba su efectivización ni permitía la autonomía organizacional de la acción popular.

En realidad, los movimientos populares de la época planteaban no sólo el fracaso del régimen en el cumplimiento de sus promesas de justicia sustantiva, sino también la inexistencia de libertad de asociación. En efecto, todos estos movimientos o carecían de reconocimiento jurídico o tenían que luchar arduamente para obtenerlo. Particularmente importante es el caso del sindicalismo, donde el Estado conserva hasta la fecha el monopolio del registro legal de los sindicatos. En el caso de las organizaciones campesinas y los movimientos urbano-populares, el asunto era más ambiguo. Como actores sociales, estos movimientos no requerían un reconocimiento jurídico. Sin embargo, en el momento en que uno u otro planteaban proyectos de política social o de desarrollo local, requerían de un registro legal *ad hoc* para convertirse en organizaciones "sujetos de crédito", es decir, con capacidad para realizar operaciones con la banca o recibir subsidios oficiales. En este caso, el gobierno solía abstenerse de imponer limitaciones políticas en la medida en que la acción colectiva se canalizara a proyectos locales que no cuestionaran al sistema político.

[11] En México no se presenta una relación entre cambios sociales estructurales y surgimiento de nuevas formas de acción colectiva. El origen revolucionario del régimen, su carácter inclusivo y su relativa flexibilidad histórica para negociar con los movimientos sociales han determinado la existencia de una tradición de movilización social y el uso de un lenguaje políticamente radical en la vida pública. El régimen anticipó en la ley y en la estructura política las respuestas para los movimientos sociales clasistas.

Otro de los movimientos sociales significativos a partir de mediados de los años setenta fue la creciente autonomización política de los empresarios medianos del norte y occidente del país y el creciente activismo de las clases medias urbanas de esas mismas regiones, golpeadas duramente por las sucesivas devaluaciones (1976, 1982) y la ineficacia gubernamental. En ambos casos los viejos sistemas de acción fueron cuestionados, sea como ruptura del control corporativo empresarial, sea como crítica del modelo privatístico y pasivo del rol público de la clase media.[12]

La crisis final del desarrollismo en los años ochenta[13] agudizó las tendencias a la diferenciación. Los empresarios, acicateados por el decreto de nacionalización de la banca emitido por el presidente José López Portillo en 1982, fueron los primeros en considerar, como clase, que el Estado era ya un estorbo. Muchos pasaron a apoyar activamente al Partido Acción Nacional (PAN)[14] en los años 1983-1988, junto con las clases medias del norte. En ese periodo actuaron como parte de una sociedad civil emergente y contribuyeron a poner el problema de la democracia en el centro de la agenda pública por primera vez en décadas. Sin embargo, la alianza empresarios-PAN se limitó a algunos estados del norte del país, atrajo solamente a las clases medias urbanas y no logró constituir clientelas electorales populares.

La crisis del desarrollismo[15] produjo un efecto negativo sobre otros componentes de la sociedad civil en formación al colocarlos en una posición defensiva: sus espacios de acción reivindicativa se redujeron sustancialmente. Fue la época de la caída acelerada de los salarios reales y del empleo formal, de la reducción de los subsidios estatales

[12] Si bien diversos analistas estudiaron a los empresarios, los cambios culturales en las clases medias fueron muy poco evaluados. Lo mismo puede decirse de la mayoría de los movimientos de carácter conservador vinculados a la jerarquía católica, que no merecieron el interés de los científicos sociales, y que sin embargo resultaron fundamentales para abrir el periodo de insurrección político-electoral que se inició en Chihuahua en 1983.

[13] Entre 1982 y 1988 el PIB tuvo un crecimiento cero, al tiempo que los salarios reales bajaban alrededor de 50%. Entre 1988 y 1994 el PIB creció sólo 3% como promedio anual, apenas ligeramente por arriba del incremento de la población, y la caída de los salarios reales continuó.

[14] El PAN fue creado en 1939 por intelectuales de derecha, fuertemente vinculados a la Iglesia católica. Durante más de 40 años este partido subsistió penosamente como una minoría política ínfima, pero se dotó de una estructura profesional y de cuadros políticos valiosos que en los años ochenta pudieron canalizar una parte de la insurgencia democrática de las clases medias y de los empresarios.

[15] En el periodo 1982-1988 el empleo formal se redujo cerca de 1%. La gran válvula de escape para la fuerza de trabajo excedente fue la emigración masiva a los Estados Unidos: se calcula que cerca de cuatro millones de mexicanos cruzaron la frontera en esos años. Sin duda, esto fue fundamental para la estabilidad política interna.

indirectos al campo y de la caída de la inversión en infraestructura urbana.

La separación objetiva Estado-sociedad propiciada por la crisis del desarrollismo condujo al surgimiento de una sociedad civil pequeña, débil y fragmentada, basada en modelos asociativos de tipo clasista-gremial que carecían de estabilidad y seguridad jurídica. Los sectores populares no planteaban con sus acciones colectivas una crítica a la ruptura entre legitimidad y legalidad, sino que simbolizaban un reclamo popular por la ruptura práctica de la moralidad del régimen (la promesa de justicia sustantiva).

En cambio, los movimientos urbanos de carácter conservador produjeron una mutación cultural de indudable importancia, al cuestionar el monopolio de la política por parte del partido oficial y al asumir la posibilidad de gobernar directamente sus localidades utilizando para ello la vía electoral (Tarrés, 1992). Este movimiento se convirtió en un proceso de índole nacional casi a fines de la década de los noventa, cuando los sectores medios y empresariales de otras partes del país se incorporaron a esta tendencia.[16] Las clases medias del norte iniciaron una práctica asociativa que significó una ruptura con una vieja tradición de privatismo, la cual debe ser considerada como un importante cambio cultural por más que éste se haya producido en sectores muy conservadores y tomando como referencia el rescate de normas y valores tradicionales.

La insurrección electoral y el giro a la lucha por la democracia

Los contenidos políticos de ambos tipos de acción colectiva se manifestaron abruptamente en las elecciones presidenciales de julio de 1988.[17] El voto masivo por Cárdenas representaba una protesta simbólica que parecía exigir una vuelta a un pasado mítico (representado por Cárdenas), sin plantear una ruptura con la cultura política tradicional. En cambio, el voto por el PAN y su líder Manuel Clouthier representaba a

[16] La naturaleza de los cambios culturales implícitos en un patrón de respuestas colectivas que se articuló en una nueva vocación por la política y por la protesta pública, no ha sido adecuadamente analizada.

[17] En estas elecciones se presentaron, por primera vez desde el inicio del régimen, tres candidatos fuertes: Cuauhtémoc Cárdenas, figura escindida del PRI, y que representaba un frente de centro-izquierda; el candidato oficial, Carlos Salinas, y Manuel Clouthier, un líder empresarial carismático, por el PAN. Según los estudios disponibles, Cárdenas ganó las elecciones, pero un monumental fraude le otorgó el triunfo a Salinas. Véase Barberán, 1988. Nadie esperaba que la población se volcara masivamente a votar por la oposición.

un electorado moderno en búsqueda de gobiernos eficientes y del fin del sistema del partido de Estado.

La sorpresiva insurrección electoral que acompañó el súbito ascenso del cardenismo cambió radicalmente los parámetros de la acción política y creó por primera vez para la izquierda la posibilidad de propiciar un cambio de régimen por la vía electoral. Esta nueva coyuntura coincidió con la derrota estratégica del sindicalismo independiente (por más que la resistencia continuara viva en el magisterio y en parte de la industria automotriz), con la virtual desaparición de la CNPA y con la consolidación de la tendencia dominante de carácter económico en el movimiento campesino (Olvera, 1997). Al mismo tiempo, el movimiento urbano-popular entraba en una fase de rutinización y decadencia.

En un primer momento el fenómeno del cardenismo creó en la izquierda una nueva ilusión: el colapso del régimen a partir de la resistencia civil. Cuando se percibió que no estaba a la orden del día la autodestrucción o la deposición del régimen, la izquierda confió demasiado en un triunfo electoral inmediato, considerándose a sí misma una mayoría política virtualmente automática. Las consecuencias de este autoentendimiento fueron severas, pues la gran mayoría de los dirigentes de los movimientos sociales populares autónomos invirtieron su capital político en campañas electorales y pasaron a dedicar buena parte de su tiempo a las luchas intestinas dentro del naciente Partido de la Revolución Democrática (PRD), considerando que en ese momento se fijaban acomodamientos definitivos en la perspectiva del inevitable destino de la izquierda: bajo condiciones democráticas, se convertiría inmediatamente en gobierno.[18]

El nuevo interés en la acción político-electoral y la centralidad que adquirieron los conflictos poselectorales en el país condujeron a una pérdida de visibilidad de los movimientos populares en cuanto tales, que además habían entrado ya en una fase de franco declive. La dirección política de esos movimientos trasladó al plano electoral el eje central de sus preocupaciones y conflictos.

Si bien la derecha no tuvo el éxito esperado en el plano electoral nacional en 1988, lo cierto es que el PAN alcanzó una nueva consolidación organizativa y estableció vínculos estructurales firmes con las distintas asociaciones conservadoras ligadas a la jerarquía católica y con los

---

[18] Esta manera de entender la coyuntura condujo a una nueva forma de sobrepolitización de los movimientos sociales populares. Si antes sus direcciones apostaban todo a una especie de revolución futura y tendían por ello a la confrontación en las luchas inmediatas, ahora los movimientos fueron entendidos como clientelas políticas cautivas. La vieja tradición mexicana de fundir lo social y lo político fue reproducida una vez más por la izquierda, que siguió así la herencia del corporativismo del régimen político mexicano.

grupos emergentes de empresarios del norte y occidente. En este sentido, el PAN logró nutrirse de las élites emergentes surgidas de las diferentes asociaciones civiles de carácter conservador, la mayoría nacida
o fortalecida al calor de la nueva tradición de protesta pública que acompañó a la crisis estructural de los años ochenta.

A su modo, la derecha también politizó relativamente la lucha social
al canalizar a la vía electoral las viejas formas de resistencia civil conservadora. El efecto de este proceso fue que la tradicional falta de visibilidad de las asociaciones conservadoras se acentuó al optar éstas por
la vía electoral como forma de generalizar a nivel social sus valores,
principios y objetivos. Ya no se trataba entonces de apelar a las conciencias ciudadanas a través de la esfera pública, sino de imponer, desde el ejercicio del gobierno y por la vía de la reglamentación del orden
público, un estilo de vida conservador legitimado dentro del marco de
la noción de "buen gobierno".

El paso de la centralidad de la esfera social a la esfera política a partir de 1988 expresa el cambio de perspectiva de las élites político-culturales mexicanas, que decidieron aceptar la vía electoral como forma
civilizada y pacífica de propiciar el cambio de régimen. Los analistas
de las transiciones a la democracia han señalado reiteradamente la
naturaleza de este ciclo, en el cual a una gran movilización social en el
arranque del proceso de liberalización sigue una fase de normalización
política y creciente centralización de las negociaciones al interior de
las élites políticas (O'Donnell y Schmitter, 1986). Por supuesto, esto no
es un proceso fatal, sino que responde a una opción consciente de las
propias élites.[19]

Entre tanto, el gran movimiento sociocultural urbano de los años
setenta, a saber, el radicalismo estudiantil-intelectual, se fue debilitando en los ochenta a partir de la progresiva pérdida del fervor revolucionario que antecedió al colapso del socialismo "real" en 1989. Luego
se transformó en un movimiento partidario que optó por la lucha electoral, abandonando en cierta forma su anterior vocación por la dirección de movimientos sociales populares. Otra vertiente de este movimiento, que expresa también el desencanto revolucionario, posterior
a 1989, se habría de expresar en la proliferación de organizaciones no
gubernamentales, que analizaremos más adelante.

Dos factores de orden estructural fueron decisivos también en el aparente colapso de los movimientos sociales de la década de los ochenta.
Se trataba de los efectos del ajuste neoliberal sobre el tejido social, por

---

[19] Para una crítica de esta perspectiva, véase Olvera y Avritzer, 1992.

un lado, y por otro, de los esfuerzos sistemáticos del gobierno salinista por crear un vínculo directo entre los grupos sociales emergentes en el plano local y el gobierno federal, es decir, una modernización del corporativismo tradicional.

En efecto, el periodo de gobierno de Carlos Salinas (1988-1994) se caracterizó por la implementación de un atrevido proyecto de autotransformación del régimen y por la profundización del proyecto neoliberal. Por un lado, se inicia un acelerado proceso de apertura económica que culmina con la firma del Tratado de Libre Comercio (TLC) en 1993. Se privatiza la banca nacionalizada (1992-1993), se pone fin a la reforma agraria (1991), se cierran las empresas paraestatales vinculadas al campo (1990-1992) y se financia esta modernización mediante el endeudamiento masivo con el exterior. Por otra parte, en el plano político, se busca reconstituir al PRI mediante una nueva política social de alto impacto centrada en el Programa Nacional de Solidaridad (Pronasol) y la eliminación de los dirigentes más conspicuos del corporativismo oficial (detención de los dirigentes del sindicato petrolero en 1989). Al mismo tiempo, se pretende administrar casuísticamente el avance de los partidos de oposición en las regiones, reconociendo o no sus victorias, lo cual acentúa la inestabilidad política del país.

Los efectos disgregadores del ajuste neoliberal no son desconocidos por nadie.[20] Ha sido ampliamente documentado el hecho de que la política económica neoliberal condujo a un aumento del desempleo, al desmantelamiento de los contratos colectivos, a la pérdida de influencia del sindicalismo, a la inviabilidad económica de la producción campesina, al aumento de la economía informal y la marginalidad urbana, al incremento de la emigración y a la acentuación del privatismo como conducta dominante en el plano colectivo.

Evidentemente, los brutales efectos del ajuste neoliberal minaron los fundamentos sociales y económicos de las viejas formas de identidad colectiva y redujeron los espacios de maniobra en que tradicionalmente se había movido la mayoría de los movimientos sociales populares. El colapso del viejo y del nuevo movimiento campesino independiente y del sindicalismo en general y el abatimiento relativo del movimiento urbano-popular, tienen como trasfondo el ajuste neoliberal. Sin embargo, el colapso de las viejas formas de lucha y de organización no significa la desaparición de toda forma de acción colectiva ni la anulación de toda resistencia social. Más bien se observó un cambio de forma cuya interpretación es difícil.

---

[20] Nadie ha tratado mejor este proceso que Zermeño, 1996.

La sensación de derrota de los movimientos sociales que se percibió a mediados de los noventa tuvo que ver también con el hecho de que durante el gobierno salinista el régimen logró abrir canales particulares de negociación para los actores colectivos urbanos y creó formas expeditas de atención a las demandas de los movimientos campesinos regionales y nacionales. Así, la resolución de los principales conflictos se trasladó del ámbito de la confrontación pública al de la negociación privada.

Bajo estas condiciones las luchas populares tendieron a expresarse en su forma más normal y natural: como luchas ancladas en el territorio, de naturaleza sectorial o temática y sin pretensiones de generalización de derechos o de transformación política global. En otras palabras, las formas de resistencia se trasladaron básicamente a los espacios locales, se canalizaron por la vía de la negociación directa entre los actores interesados y las instituciones estatales correspondientes, y se perdió la capacidad de articulación nacional que en un momento dado llegaron a tener las organizaciones por la vía de los pactos entre los grupos de izquierda. En suma, la acción colectiva popular continuó existiendo, pero sin constituir un movimiento social propiamente dicho.

Esta forma de expresión de las luchas populares correspondió también con la extensión de la práctica del asociacionismo civil entre sectores importantes de las clases medias urbanas, la cual se manifestó en la multiplicación de grupos ciudadanos orientados a la defensa de intereses o aspiraciones específicas, tales como la preservación de centros históricos, la preocupación por la seguridad pública, la lucha contra la contaminación ambiental, contra la corrupción y en general por todos aquellos aspectos que influyen en la calidad de vida cotidiana. Esta ampliación de horizontes de lucha y el carácter público de la misma constituyeron un sistema de acción antes inexistente, en el que se le disputaba al Estado el monopolio de la definición de la "buena vida" y se criticaba su ineficacia.

Estas formas de acción colectiva correspondían también con el renovado interés que adquirió la lucha por la democracia local. En efecto, la vía de la competencia electoral por los gobiernos municipales se convirtió en los años noventa en una forma privilegiada de emergencia de nuevas élites políticas locales y regionales.[21] Todo ello reflejaba la creciente centralidad del plano local como espacio de articulación de diversas formas de la acción colectiva en el marco de la transición po-

---

[21] Actualmente un tercio de los municipios del país está gobernado por el PAN y el PRD, así como por otros partidos más pequeños.

lítica en marcha, que había abierto la puerta del proceso electoral como arena de lucha de las élites emergentes.

Esta nueva dimensión político-cultural trajo como consecuencia la formación de nuevos espacios públicos locales. En efecto, la importancia de la radio local, de los pequeños periódicos regionales y de los foros públicos creció en la medida en que la problemática local adquirió una visibilidad y un potencial de cambio que la mayoría de los actores sociales y políticos no le otorgaban antes.

El proceso de emergencia de nuevos actores sociales anclados en el plano local acompañó al proceso de transición política, que dio expresión partidaria y electoral a conflictos que antes se manifestaban en las calles, en negociaciones privadas o en luchas en el interior del partido oficial. La nueva pluralidad política canalizó conflictos sociales y luchas inter e intraélites a la arena electoral, generando la impresión de que las contradicciones sociales se habían subsumido en la competencia entre partidos y/o entre corrientes dentro de ellos.

LAS NUEVAS TENDENCIAS DE DESARROLLO DE LA SOCIEDAD CIVIL EN LOS NOVENTA

Mientras esto sucedía en los microespacios locales y en la arena política, en el plano nacional se observaba el surgimiento de prácticas asociativas que diferían radicalmente del patrón de acción de las décadas anteriores y que reflejaban un cambio en los actores y en los escenarios de la lucha social. Pueden señalarse, entre otros: el surgimiento y la multiplicación de organizaciones no gubernamentales, la aparición de movimientos y asociaciones cívicas en defensa y promoción de la democracia, la formación de un nuevo tipo de agrupaciones de carácter gremial en el ámbito agrario y la creación de un movimiento indígena nacional.

La creciente visibilidad de las ONG a lo largo de la década de los noventa no sólo expresaba el crecimiento de su número, sino la ocupación de nuevos espacios en la esfera pública, la aceptación de sus preocupaciones por parte de un amplio número de ciudadanos y una vocación protagónica de sus dirigentes. Las ONG, como se ha mencionado, son un fenómeno cuyo origen se remonta a más de 35 años atrás (Reygadas, 1998). Sin embargo, fue a partir de los años ochenta cuando las ONG adquirieron una gran visibilidad y empezaron a incidir fuertemente en la definición de la agenda pública (Aguayo y Tarrés, 1995). Dos factores fueron determinantes en este proceso: el acceso creciente de las

ONG al financiamiento internacional, y la sustitución paulatina del original concepto de servicio a los movimientos populares como justificación de la existencia de las ONG, por una creciente autonomización de su acción, su profesionalización y una orientación a la definición de políticas sociales alternativas (Aguilar, 1997).

De acuerdo con cifras del Centro Mexicano para la Filantropía, había en 1998 más de 5 000 ONG en México. Según Sergio García (1997), había 271 trabajando con indígenas y más de 300 con campesinos, ambos grupos en proyectos de desarrollo sustentable y protección de los derechos humanos. Había alrededor de 340 asociaciones abocadas exclusivamente a la defensa de los derechos humanos, pero otras 570 también tomaban esta área como parte de su trabajo cotidiano. Se contaban más de 1 000 asociaciones ambientalistas y cerca de 500 que se concentraban exclusivamente en asuntos de género. Asociaciones tipo ONG, dedicadas exclusivamente a la educación, sumaban cerca de 100, y más de 200 las orientadas a la salud popular. Las instituciones que atendían a discapacitados eran cerca de 700; 550, a niños; 450, a mujeres en la perspectiva de salud; 150 trabajaban con jóvenes y otras tantas con ancianos. Había muchas más asociaciones dedicadas a temas más específicos.

Las ONG más profesionales han creado redes para promover sus intereses y protegerse de la intervención gubernamental. Hay redes temáticas de salud, de derechos humanos, de acción frente al libre comercio, de salud y de apoyo a la niñez. Hay redes amplias de tipo sectorial, como la Convergencia de Organismos Civiles por la Democracia y el ahora disminuido Foro de Apoyo Mutuo, cada una de las cuales agrupa o llegó a agrupar cientos de ONG, así como redes regionales en 10 estados del país (García, 1997).

Las ONG constituyen otra vertiente resultante del viejo movimiento de radicalización estudiantil-intelectual de los años setenta. De hecho, en su origen muchas de las ONG eran una forma secundaria de acción de grupos políticos de izquierda o bien instituciones creadas por los sectores progresistas o radicalizados de la Iglesia, los cuales encontraron rápidamente correspondencia con algunas agencias financiadoras del exterior, también administradas por intelectuales o grupos eclesiásticos progresistas. Sin embargo, a partir de 1988 el crecimiento del número de las ONG pasó a expresar un fenómeno relativamente distinto: la aparición de sectores medios urbanos que no encontraron acomodo a sus aspiraciones en los partidos políticos existentes ni forma de materializar su vocación de servicio dentro del sector público, que hasta entonces había sido capaz de absorber muchas de las iniciativas de cambio propuestas por intelectuales comprometidos con la promoción de la justicia social.

Por otra parte, las ONG también expresaban la creciente importancia que los sectores ilustrados de las clases medias urbanas otorgaban a los nuevos valores culturales que han emergido en los países desarrollados: el feminismo, el ecologismo, la lucha por la aceptación e integración de los homosexuales, la lucha por los derechos de la niñez y las personas de la tercera edad, la protección en general de los derechos de las minorías y de los derechos humanos.

Así, en México surgió una asociación conceptual entre los llamados en Occidente "nuevos movimientos sociales" y las ONG. En cierta forma, esta afinidad refleja que los movimientos culturales de nuevo tipo se han institucionalizado en México en la forma de organizaciones no gubernamentales, lo cual les ha dado cierta estabilidad y permanencia, recursos y presencia pública, aunque al mismo tiempo ello ha conducido a una cierta cristalización de su dirección y a la generalización de una forma de práctica privatista. En efecto, las ONG son por su propia naturaleza pequeños grupos relativamente cerrados que se han caracterizado por una administración personalizada y por la falta de pluralidad política en su interior, aunque como conjunto podría considerarse que abarcan o representan distintas orientaciones políticas. Pero tomadas individualmente, las ONG constituyen una especie de pequeñas asociaciones no plurales y no abiertas que sólo como conjunto representan un movimiento social. En ese sentido, la forma de asociacionismo civil que practican las organizaciones no gubernamentales es simultáneamente particularista y universalista. Particularista porque las ONG constituyen agrupaciones cerradas que han llegado incluso a conformar un sector económico. Universalista porque al menos un sector de ellas promueve orientaciones culturales de carácter general y tiene la capacidad de cuestionar aspectos centrales del orden establecido.

Sin embargo, el amplio mundo de las llamadas ONG es y ha sido mucho más plural de lo que se ha imaginado. Conviven dentro del sector asociaciones de todo tipo y orientación cultural, incluyendo grupos conservadores y organizaciones con una orientación asistencialista. La conversión simbólica de este mundo complejo y plural en un sector unitario fue un error que el sector de ONG que hemos venido analizando cometió en los noventa en aras de magnificar su papel público y legitimar su práctica política. Es por ello que las de por sí imperfectas estadísticas disponibles no dicen mucho de la verdadera magnitud y composición del sector.

Las dificultades políticas para la acción conjunta de las ONG progresistas se pusieron de manifiesto en junio de 1995, cuando se produjo el Encuentro Nacional de Organizaciones Civiles (ENOC), una iniciativa conjunta de virtualmente todas las organizaciones no gubernamentales, cuyo origen común estaba en las corrientes progresistas de la Iglesia y en la izquierda social. Participaron también en la iniciativa diversas figuras políticas que, provenientes de los partidos o cercanos a ellos, contaban con una trayectoria de acercamiento y participación en los movimientos civiles. Tal era el caso de Demetrio Sodi (PRI), Julio Faesler, José Ortiz Pinchetti y Rubén Aguilar, entre otros. El ENOC logró congregar a más de 700 organizaciones, incluidas la mitad de las Alianzas Cívicas estatales, y generó una agenda ciudadana consensada previamente por las redes temáticas de las ONG. Se diseñó una campaña para lograr el posicionamiento de la sociedad civil en el espacio público, dándole gran visibilidad y demostrando que contaba con un programa. El entusiasmo generado fue tan grande que parecía que el proyecto era viable y permitiría conformar un vasto movimiento social nacional en el que la sociedad civil ganaría en términos de influencia y reconocimiento públicos (San Juan, 1999).

Sin embargo, a pesar del nombramiento de responsables estatales y temáticos, el ENOC no pudo sobrevivir más de tres meses debido a las pugnas que surgieron entre los principales líderes, especialmente entre aquellos más favorables a traducir la influencia civil en ganancia de espacios dentro de los partidos políticos y aquellos que rechazaban esta vía de acción. Este desacuerdo estratégico demostraba que no había una visión común y que la cultura de la antipolítica partidaria estaba muy arraigada entre muchos dirigentes civiles, al menos tanto como el manifiesto oportunismo político de algunos otros.

Paralelamente a este proceso de crecimiento de las ONG y de su visibilidad pública, se gestó otro tipo de movimiento social novedoso, constituido por las asociaciones que desde 1990 crearon un campo civil de lucha por la democracia. Este tipo de agrupaciones eran también de carácter urbano-cultural y tenían su origen en una autocrítica de los grupos que desde mediados de los años ochenta promovieron la defensa de los derechos humanos. En efecto, éstos se habían concentrado en sus primeros años en la defensa de los derechos de los inmigrantes centroamericanos ilegales, para luego extender su ámbito al campo de los derechos humanos de los mexicanos pobres y finalmente llegar a la conclusión de que los derechos políticos son también derechos humanos (Concha Malo, 1995). En este punto coincidieron con grupos de académicos y con algunos políticos que asumieron una actitud independiente, conformándose así desde 1991 grupos de ciudadanos dedicados a observar el desarrollo de elecciones locales, especialmente el Movimiento Ciudadano por la Democracia (1992), el cual, junto con la Academia Mexicana por los Derechos Humanos (1984) y la Convergencia de Organismos Civiles por la Democracia (1991), sería el cimiento de la Alianza Cívica en 1994 (Reygadas, 1998).

A diferencia de las ONG que la conformaron, la Alianza Cívica fue políticamente plural, organizativamente abierta y acotó el ámbito de su actuación de tal forma que pudo adquirir un amplio reconocimiento público por su independencia. En este sentido, en 1994 la Alianza Cívica representó una forma superior de asociación civil que expresaba un amplio y generalizado deseo ciudadano por una verdadera democracia electoral, un deseo compartido por muchos actores de muy diversa índole (Olvera, 1995). Más de 20 000 ciudadanos participaron en la observación y vigilancia de las elecciones presidenciales de 1994. Los reportes y conclusiones de la Alianza Cívica sirvieron para definir la agenda de una reforma electoral a fondo, aprobada en 1996, cuyos principios fundamentales: la autonomía de los organismos electorales y la equidad en la competencia entre partidos, fueron los ejes que permitieron que su primera prueba práctica, las elecciones de julio de 1997,[22] condujeran a un punto de no retorno en la democracia electoral.

Los retos de la rutinización y estabilización de un movimiento con una dirección informal, sin recursos ni personal en la provincia y muy requerido para todo tipo de apoyos o como legitimación de otras iniciativas sociales,[23] demostraron ser muy grandes para la Alianza Cívica. Además, la monopolización de la negociación de la reforma electoral en las direcciones partidarias tornó difícil para la Alianza Cívica mantener su ámbito de acción y encontrar uno nuevo que no forzara sus principios constitutivos. Sin embargo, puede considerarse que la Alianza Cívica ha sido un movimiento social exitoso en la medida en que logró movilizar, al margen de los partidos, a una ciudadanía interesada en la democracia electoral y defendió enérgicamente la necesidad de "ciudadanizar" el manejo del sistema electoral, es decir, de sacarlo del control del gobierno y de los partidos políticos.

En el ámbito agrario, donde a lo largo de los años ochenta se vivió

---

[22] Las elecciones legislativas federales de 1997 dejaron en minoría al PRI en la Cámara de Diputados por primera vez en la historia del régimen. Sin embargo, los partidos de oposición no pudieron articular un frente unido ante el partido oficial, el cual, mediante alianzas con el PAN, logró mantener la gobernabilidad en los años siguientes.

[23] Nos referimos a las consultas populares promovidas por el Ejército Zapatista de Liberación Nacional (EZLN) y por el frente de organizaciones que realizó la llamada Jornada Nacional de Condena a la Política Económica del Gobierno.

una enorme crisis estructural, dos organizaciones de carácter gremial que significan un nuevo tipo de asociacionismo en el mundo rural, lograron emerger y alcanzaron un grado mínimo de consolidación. Por un lado está la Coordinadora Nacional de Organizaciones Cafetaleras (CNOC), y por otro, El Barzón.

La CNOC, nacida en 1988, es la primera organización gremial de pequeños productores agrícolas –en su mayoría de origen indígena– que no es dirigida por militantes de partidos políticos, que ha sido capaz de evitar el caudillismo en su dirección nacional y desarrollar al mismo tiempo una capacidad propositiva en materia de política sectorial. La CNOC es una organización gremial de carácter plural –pues sus miembros pertenecen a todos los partidos–, descentralizada –en la medida en que las asociaciones que la componen tienen un amplio margen de acción– y propositiva. En este sentido, puede considerarse que la CNOC representa la emergencia de una nueva cultura asociativa a nivel campesino que critica las viejas formas de la acción colectiva en el mundo rural (Olvera y Millán, 1994; Hernández, en Moguel *et al.*, 1992, y Olvera, 1995).

Dadas las enormes variaciones regionales en términos de cultura política y experiencia movilizatoria, en el interior de la CNOC conviven tanto las nuevas prácticas y principios como las viejas tradiciones políticas. Sin embargo, debe destacarse que la CNOC ha logrado mantener su perfil gremial en un contexto en el cual parecía que sólo los empresarios agrícolas o la tecnocracia profesional campesina que conformó la Unión Nacional de Organizaciones Campesinas Autónomas (Unorca), eran capaces de proponer políticas alternativas o luchar por los intereses sectoriales de sus agremiados.

El caso de El Barzón es también muy relevante en la medida en que ha significado la activación y movilización de un sector de la sociedad agraria que se había caracterizado por su pasividad y conformismo (Torres y Rodríguez, 1994): los pequeños y medianos empresarios agrícolas. La lucha común contra los efectos de la crisis de crédito, derivada del colapso económico de 1995, obligó a los actores hasta entonces pasivos a actuar en la esfera pública, a mostrar las limitaciones del orden jurídico de carácter mercantil y a criticar la política económica del gobierno. La generalización ulterior de El Barzón a las áreas urbanas marcó la posibilidad de una alianza entre actores económicos de las clases medias del campo y de la ciudad que nunca antes se había dado. Sin embargo, lo que El Barzón representó como innovación cultural en las formas de lucha y en la autopercepción de los actores sociales se vio parcialmente contrarrestado por la reproducción de viejas tradiciones políticas, como el faccionalismo y el protagonismo de los líderes, lo cual condujo al fraccionamiento político del movimiento.

El Barzón representó la emergencia de una nueva práctica asociativa (si bien de carácter defensivo) entre empresarios agrícolas pequeños y medianos, así como entre sectores de la clase media urbana hundidos en problemas crediticios, en una época en que súbitamente pasaron de la ilusión de la entrada en la sociedad de consumo a la condición de delincuentes económicos. Al radicalizarse, El Barzón llevó a cabo una crítica explícita y radical de la política económica neoliberal y, mostrando gran inventiva en las formas de movilización y recurriendo siempre a los instrumentos que ofrece la ley, supo convertirse en un movimiento con potencial de permanencia y extenderse por todo el territorio nacional.

De esta forma, El Barzón constituyó, por una parte, una innovación cultural en los movimientos sociales en tanto que emergió en forma descentralizada y al margen de los partidos, cuestionó la política económica del gobierno y desarrolló una capacidad propositiva en los planos jurídico y económico, mientras que, por otra parte, fue una continuidad cultural en tanto que el faccionalismo y la centralización de la dirección en dirigentes casi profesionalizados condujo en casi todo el país a una dispersión organizativa y a la pérdida de control sobre las actividades políticas de sus dirigentes por parte de las bases.

La emergencia del Ejército Zapatista de Liberación Nacional (EZLN) el 1º de enero de 1994 renovó el interés nacional por la cuestión indígena. Si bien en un principio el propio EZLN carecía de un programa en materia de derechos indígenas, en el curso de su negociación con el Estado logró procesar y consensar las demandas aisladas que diversos movimientos indígenas locales estaban defendiendo desde tiempo atrás. Las innovaciones culturales introducidas por el zapatismo son de todos conocidas, desde la introducción en la esfera pública de un lenguaje de matriz indígena y tono milenarista hasta el uso altamente simbólico y expresivo de las máscaras, las armas y la condición indígena misma (Hernández, 1995). La "guerra" simbólica del EZLN en la esfera pública nacional e internacional fue en sí misma una innovación extraordinaria, al grado de haber sido considerada por muchos (llevando sin duda muy lejos el argumento) una de las formas pioneras de un nuevo ciclo de resistencia contra el orden neoliberal a escala global.

En torno al EZLN se desarrollaron en la segunda mitad de los años noventa dos diferentes tipos de movimientos sociales, acompañados de sus respectivas formas asociativas. En primer lugar destaca el vasto movimiento de solidaridad desarrollado a escala nacional por un conjunto de ciudadanos urbanos, dispuestos a apoyar lo que ellos percibieron como una causa justa. Este movimiento espontáneo constituyó el primer caso en muchos años de una solidaridad urbana de carácter nacional con actores populares agrarios y, sin duda, el primer ejemplo de apoyo en las ciudades a un movimiento indígena. Esta acción colectiva solidaria se fue acotando progresivamente hasta institucionalizarse en una forma no plural y no ciudadana en el Frente Zapatista de Liberación Nacional (FZLN), formado a mediados de 1997 con la venia del EZLN. Así, un movimiento que empezó siendo de solidaridad cívica, devino por un proceso de decantación y desgaste en un movimiento político cuyas esferas de acción y carácter nunca terminaron de definirse. Debe destacarse, sin embargo, que el movimiento civil de solidaridad sobrevivió a la desaparición virtual del FZLN en 1999, aislado al mismo tiempo del EZLN y de los ciudadanos que lo apoyaban. La capacidad de movilización urbana en apoyo al EZLN se demostró en abril de 1999 en ocasión de la visita de 5 000 zapatistas a todos los estados del país, distribuidos en la mayoría de los municipios.

El segundo movimiento social es el incipiente movimiento indígena, el cual no existía realmente como tal antes del alzamiento. La posibilidad de conjuntar en un solo movimiento los variados intereses políticos y las distintas perspectivas étnico-culturales de las direcciones locales de las organizaciones indígenas, surgió con la coyuntura abierta por la insurrección zapatista. A lo largo de los encuentros indígenas regionales y nacionales en Chiapas y en la ciudad de México, así como en la negociación llevada a cabo entre el EZLN y el gobierno entre 1994 y 1996, se fue concretando un programa de derechos indígenas y creando una conciencia nacional de unidad entre los distintos grupos étnicos, proceso que contenía un gran potencial de cambio político-cultural. Sin embargo, la ruptura de las negociaciones con el gobierno a fines de 1996 abrió un largo periodo de aislamiento del zapatismo, en parte forzado y en parte autoinfligido, y obligó al movimiento indígena a asumir una actitud de espera que le cerró el espacio político. En 1999 la consulta-gira zapatista abrió de nuevo las posibilidades de movilización nacional indígena, pero una vez más la falta de dirección política clara por parte del EZLN determinó la pérdida de continuidad del movimiento.

En efecto, oportunidad no es destino. El EZLN no logró pasar de la lucha simbólica por el reconocimiento de los derechos indígenas (ya ganada en lo fundamental) a la lucha política por la construcción de un movimiento indígena nacional (que aún no existe como tal) y de un movimiento civil urbano en apoyo al anterior (que existe sin articulación ni dirección nacionales).

ESTADO DE DERECHO Y CULTURA POLÍTICA

En los otros dos ámbitos que constituyen el horizonte de la sociedad civil, es decir, el Estado de derecho y la cultura política, se experimentaron cambios significativos pero todavía no definitorios de una transformación histórica.

La debilidad legal e institucional del Estado mexicano sigue siendo tan grave hoy como lo era antes, lo cual quedó ejemplificado en años recientes por la falta de resolución de dramáticos actos de violencia contra la población, el crecimiento de la criminalidad y la crisis generalizada del sistema bancario, entre otros muchos elementos que configuran el colapso de las instituciones de procuración de justicia.

En mayo de 1995 se registró una masacre de campesinos en el ejido de Aguas Blancas, en el estado de Guerrero, y si bien se detuvo a algunos de los policías participantes y el gobernador del estado se vio obligado a renunciar ante la presión de la opinión pública, lo cierto es que no se encontró una solución plenamente apegada a derecho ni se dio castigo a los autores intelectuales. Una situación similar se repitió en diciembre de 1997 en el municipio de Acteal, en el estado de Chiapas, donde fue perpetrada una terrible masacre de indígenas por un grupo paramilitar. También en este caso se detuvo a algunos de los asesinos y renunció el gobernador, pero la responsabilidad intelectual y moral de la masacre no fue debidamente aclarada.

En el orden civil, la inseguridad pública aumentó año tras año en la mayoría de las ciudades del país, llegándose a extremos intolerables, como el analizado en este libro en el capítulo sobre Morelos. La ciudad de México también ha sido víctima de un impresionante incremento en el número de robos de vehículos, asaltos a personas y secuestros. El Ministerio Público en México carece de autonomía legal, siendo como es una dependencia del poder ejecutivo que además ejecuta al mismo tiempo labores de investigación y acciones directas contra los delincuentes. A este problema estructural se suma el atraso manifiesto de los códigos civil y penal y de la legislación mercantil, la falta de profesionalización del personal que trabaja en la procuración de justicia y la tradición de corrupción absoluta que priva en los juzgados.

El progresivo colapso del régimen autoritario destruyó los pactos informales que históricamente se habían dado entre las policías y las bandas criminales, dando como resultado una mayor libertad de operación a estas últimas y un aumento en los niveles ya de por sí muy altos de la ineficiencia operativa y de la corrupción en las distintas policías que operan en el país.

La debilidad legal e institucional del Estado se ha puesto de manifiesto también en el caso de la terrible crisis bancaria que México ha padecido desde 1995 y que obligó al gobierno a rescatar los bancos a un costo altísimo para las finanzas públicas y para el futuro del país. El gobierno se vio obligado a constituir un fondo de protección al ahorro bancario para evitar la quiebra masiva de los bancos después de la catastrófica devaluación de diciembre de 1994. La forma en que este fondo adquirió la cartera vencida de los bancos fue altamente discrecional y oculta al escrutinio público. Sólo unos cuantos banqueros medianos fueron castigados por sus excesos, pero el grueso de ellos recibió puntual pago de sus inversiones y varios miles de empresarios, grandes y medianos, aprovecharon la ocasión para socializar sus pérdidas y cargar al erario público las consecuencias de su irresponsabilidad e imprevisión.

La larga lucha de algunos movimientos sociales y del PRD por lograr una mayor transparencia en este proceso y castigar a los responsables no tuvo resultado positivo, ya que incluso la auditoría que ordenó el Congreso se transformó en un documento secreto.

La reforma del poder judicial ha avanzado con extraordinaria lentitud, si bien la Suprema Corte de Justicia ha ganado poco a poco una autonomía política de la que nunca gozó en el viejo régimen.

De esta manera el mayor respeto a los derechos políticos se ha articulado con una debilidad extraordinaria de los derechos civiles debido no a la agresión de un Estado autoritario sino al incremento de la delincuencia y de la inseguridad pública.

En el campo de los derechos sociales las señales son mezcladas. Estadísticamente se ha experimentado una ligera mejoría en la cobertura de los servicios médicos y educativos. Sin embargo, evaluaciones independientes y comparaciones internacionales demuestran que la calidad de sus servicios es pésima y que las instituciones de salud se han debilitado técnica y financieramente. Hay una crisis estructural en los sistemas de retiro que están en manos de los gobiernos estatales y federal, todos los cuales acumulan ya un déficit de operación muy grande y exigen una enorme capitalización, para la cual no hay fondos disponibles. Como resultado de esta situación, las clases media y alta han optado por los servicios privados, creándose una mayor fragmentación espacial y social en medio de la ciudadanía, la cual se ha profundizado más por el incremento en la desigualdad del ingreso.

En resumen, hay una percepción compartida de que la vida social se ha vuelto más difícil y que los derechos civiles y sociales de la ciudadanía se han debilitado.

En cambio, en el campo de la cultura política se ha experimentado una mezcla más equilibrada de continuidad y cambio. El movimiento indígena encabezado por el EZLN confrontó a todo el país con uno de sus grandes pendientes en términos de inclusión política y social y trajo como resultado un reconocimiento nacional de la obligación de reconocer los derechos indígenas y el deber moral de atender sus necesidades sociales.

La creciente pluralidad política también ha creado un clima de mayor tolerancia del adversario y ha generado los gérmenes de una sana cultura de la competencia entre partidos, los cuales son ahora aceptados como una parte esencial de la vida pública. Incluso en el seno de la sociedad civil hay ahora una mayor tolerancia a los diferentes, lo cual se refleja en un mayor intercambio entre organizaciones de carácter empresarial y asociaciones de las ONG, e incluso entre éstas y algunos movimientos sociales.

Sin embargo, persiste la cultura clientelar y corporativa y se ha trasladado desde el otrora partido oficial a los demás partidos políticos e incluso a muchas de las organizaciones populares independientes. La experiencia internacional demuestra que mientras persista la enorme desigualdad de ingresos y de acceso a los bienes y servicios públicos las prácticas clientelares continuarán dominando el espacio de la micropolítica.

Una conclusión tentativa

Los procesos hasta aquí analizados muestran que en México se han experimentado importantes cambios en los campos de conflicto, en los patrones de acción colectiva, en las principales formas de asociacionismo; por tanto, en los actores sociales, en sus demandas y en los modos de relación entre la sociedad civil y el sistema político.

Los campos de conflicto en la fase del populismo desarrollista se ubicaban dentro del propio régimen y su eje central era la inclusión política, de la cual dependía la resolución de las demandas materiales y simbólicas de los grupos sociales. Se trataba de conflictos propios de una fase de modernización inclusiva a lo largo de la cual se perfeccionaron los métodos y las formas de la inclusión corporativa de los grupos sociales y se impuso la hegemonía de las organizaciones corporativo-gremiales como principal forma de asociación. Estas asociaciones eran no voluntarias, no plurales, cumplían funciones políticas, y no eran democráticas en su funcionamiento interno. La misma caracterización era válida para las asociaciones empresariales y para las profesionales. No existía la sociedad civil ni como institución ni como movimiento.

En la primera fase de crisis del régimen autoritario y del modelo desarrollista (1968-1988), los principales campos de conflicto se trasladaron afuera del régimen y consistieron en una serie de acciones colectivas realizadas por movimientos sociales de carácter popular, que se enfrentaron al sistema político con un reclamo implícito de libertad asociativa, pero cuyas demandas materiales se planteaban dentro del horizonte simbólico del régimen, por lo que no cuestionaban frontalmente su legitimidad, sino sus limitaciones en el cumplimiento de su programa histórico. La forma de asociación dominante fue la del movimiento popular no institucionalizado, en condiciones de precariedad legal y falta de protección política, por lo que era inestable y temporal. Aun los empresarios encontraron difícil la estabilización de sus nuevas organizaciones autónomas. La liberalización política creó por primera vez cierto espacio para la práctica de una política de oposición vía partidos políticos, pero los triunfos de la oposición no fueron reconocidos. La sociedad civil emerge en la forma de una serie de movimientos sociales de carácter popular que aún no son capaces de cuestionar la historicidad del régimen, y de asociaciones empresariales cuyos líderes pasan a la acción política. La sociedad civil como institución es precaria, si bien en la esfera pública hay una apertura considerable a nivel de la prensa y aparecen en ella las primeras ONG.

En la última fase de crisis del régimen autoritario y del modelo desarrollista (1988-2000), se da, simultáneamente, una rápida implantación del neoliberalismo, se experimenta una transformación desde arriba del propio régimen autoritario en el marco de una profunda liberalización política y el mapa de los campos de conflicto se hace más complejo. Por un lado, la relativa consolidación de un sistema de partidos, con una oposición de izquierda y una de derecha, en el contexto de una creciente competitividad, hace de la arena electoral el campo de acción favorito de la élite política emergente y le otorga centralidad a los conflictos electorales y a la lucha por la democracia. Un nuevo asociacionismo político surge como alternativa para algunos sectores de la población, al mismo tiempo que un nuevo asociacionismo cívico se generaliza en todo el país, teniendo como eje de acción común la lucha por la democracia electoral.

Al mismo tiempo, y con la progresiva consolidación de esferas públicas locales y nacionales, surgen diversos campos de conflicto cultural, algunos de los cuales se ubican en el interior de la sociedad civil misma, como el de los valores culturales en torno al género, o conectan a la sociedad civil con los sistemas económico y político, como el ecologismo, o constituyen un espacio de influencia de la sociedad civil en el Estado, como la lucha por los derechos humanos.

En este campo se distinguen dos formas asociativas principales dentro de una forma de acción colectiva compartida, que es la intervención deliberada en la esfera pública. La primera es la de tipo movimiento, en la que se crean organizaciones abiertas, informalmente dirigidas, políticamente plurales y orientadas al reclamo simbólico de nuevos valores culturales, muy cercanas al asociacionismo cívico. El caso paradigmático es aquí el de la Alianza Cívica, si bien destacan también otros casos locales. La segunda es la de tipo ONG, que es más privatística, con poca o nula pluralidad política, formalmente organizada, con frecuencia profesional, orientada a resultados concretos y mensurables y, por tanto, a intervenciones localizadas en el tiempo y en el espacio y especializadas en términos temáticos.

La gran novedad en el desarrollo de la sociedad civil en los últimos años del siglo XX es la emergencia del EZLN y, junto con él, de un incipiente movimiento indígena nacional. El EZLN introduce grandes innovaciones en las formas de lucha y articula simbólicamente a una buena parte de los sectores de izquierda de la sociedad civil. Sin embargo, no logra convertirse en un factor permanente de la vida pública debido al cerco político-militar que el Estado le impone y a sus propias decisiones y estrategias políticas, influidas por un tipo muy particular de sectarismo.

Sin embargo, en el contexto de un campo en crisis surgen nuevas formas de resistencia popular. Por un lado, un nuevo tipo de asociacionismo gremial, ejemplificado por los casos de la CNOC y de El Barzón. Por otro, movimientos de resistencia popular como el de Tepoztlán. En ambos casos los espacios de acción son limitados, sea por factores económicos o políticos.

El conjunto de cambios estructurales asociados a la crisis de inclusión de actores y de legitimidad del régimen, a la crisis del modelo desarrollista y la implantación consecuente de un modelo neoliberal y a la liberalización política, han conducido a la pérdida de centralidad contemporánea de las formas de acción colectiva y de asociación basadas en corporaciones clasistas-gremiales y a la centralidad de formas de acción colectiva que apelan a la esfera pública a través de movimientos culturales temáticos y con frecuencia locales, los cuales son parte fundamental del proceso de democratización de la vida pública. Estas nuevas formas de asociación fortalecen el tejido de la sociedad civil en cuanto movimiento. Sin embargo, el carácter incompleto de la democratización mexicana conduce a la debilidad de la sociedad civil como institución. Al mismo tiempo, en el plano cultural se registran avances significativos, que para ser estabilizados tendrán que reflejarse en nuevas leyes e instituciones.

BIBLIOGRAFÍA

Aguayo, Sergio, y María Luisa Tarrés (1995), *Las enigmáticas* ONG *mexicanas: una caracterización*, México, manuscrito.

Aguilar Camín, Héctor (coord.) (1985), *Interpretaciones de la Revolución mexicana,* Nueva Imagen, México.

Aguilar, Rubén (1997), "Las ONG de desarrollo y la democracia interna: una aproximación", en J. Alonso y J. M. Ramírez, *La democracia de los de abajo en México,* La Jornada/CIIH–UNAM, México.

Barberán, J., *et al.* (1988), *Radiografía del fraude,* Nuestro Tiempo, México.

Concha Malo, Miguel (1995), *Los derechos políticos como derechos humanos,* IIS-UNAM/*La Jornada*/Siglo XXI, México.

García, Sergio (coord.) (1997), *Organizaciones no gubernamentales: definición, presencia y perspectivas,* Demos, FAM, IAP, México.

Garrido, Luis Javier (1986), *El Partido de la Revolución Institucionalizada,* Siglo XXI, México.

Guerra, François (1989), *México: del Antiguo Régimen a la Revolución,* 2 vols., FCE, México.

Hernández, L. (1990), "Las convulsiones rurales", *El Cotidiano,* año 7, núm. 34.

——— (1995), *Chiapas: la guerra y la paz,* ADN Editores, México.

Knight, A. (1990), "Historical Continuities in Social Movements", en J. Foweraker y A. Craig (eds.), *Popular Movements and Political Change in Mexico,* Lynne Rienner Publishers, Boulder.

Moguel, Julio (1987), *Los caminos de la izquierda,* Juan Pablos, México.

———, C. Botey y L. Hernández (coords.) (1992), *Autonomía y nuevos sujetos sociales en el desarrollo rural,* Siglo XXI/CEHAM, México.

Muro, Víctor Gabriel (1994), *Iglesia y movimientos sociales,* Red Nacional de Investigación Urbana/El Colegio de Michoacán, México.

O'Donnell, G., y Philippe Schmitter (1986), *Tentative Conclusions about Uncertain Democracies,* Johns Hopkins University Press, Baltimore.

Olvera, Alberto J., y L. Avritzer (1992),"El concepto de sociedad civil en el estudio de la transición democrática", *Revista Mexicana de Sociología*, núm. 4.

Olvera, Alberto J., y Cristina Millán (1994), "Neocorporativismo y democracia en la transformación institucional de la cafeticultura", *Cuadernos Agrarios*, nueva época, núm. 10.

Olvera, Alberto J. (1995), *Regime Transition, Democratization and Civil Society in Mexico*, tesis de doctorado en sociología, New School for Social Research, Nueva York.

Olvera, A. *et al.* (1997), "Identidades fragmentadas: formas, actores y espacios de la modernización en el campo. El caso de la cafeticultura veracruzana", en Sergio Zermeño (ed.), *Movimientos sociales e identidades colectivas,* Siglo XXI/CIIH-UNAM, México.

Reygadas, Rafael (1998), *Abriendo veredas. Iniciativas públicas y sociales de las redes de organizaciones civiles,* UAM-Xochimilco, México.

San Juan, Carlos (1999), "Tendencias de la sociedad civil: la puja de la sociedad y el Estado a fin de siglo", en Alberto Olvera (ed.), *La sociedad civil: de la teoría a la realidad,* El Colegio de México, México.

Tarrés, María Luisa (1992), *La voluntad de ser. Mujeres en los 90,* El Colegio de México, México.

Torres, Gabriel, y Guadalupe Rodríguez (1994), "El Barzón: un nuevo movimiento social", *Cuadernos Agrarios,* núm. 10, México.

Zermeño, Sergio (1974), *El movimiento estudiantil de 1968,* Siglo XXI, México.

―――― (1996), *La sociedad derrotada, El desorden mexicano de fin de siglo,* Siglo XXI, México.

NUEVAS FORMAS DE ASOCIACIONISMO EN LA CAFETICULTURA MEXICANA: EL CASO DE LA CNOC

FERNANDO CELIS CALLEJAS

INTRODUCCIÓN

El desarrollo del asociacionismo civil en el campo mexicano, en particular de los campesinos, está marcado por el largo periodo durante el cual en las comunidades hubo una falta de libertad asociativa y de pluralismo político. Este proceso estuvo determinado por la manera como el Estado intervino en el proceso de distribución de tierras a lo largo de cuatro décadas, de 1930 a 1960, y después, durante los años setenta y parte de los ochenta, por la intervención económica gubernamental en los procesos agrícolas. Esta intervención modela y subordina a los grupos campesinos, inhibe y bloquea el surgimiento de procesos organizativos autónomos y plurales, y determina los términos de relación con el Estado, mismos que restringen el desarrollo de un asociacionismo democrático.

La ruptura inicial del modelo intervencionista estatal y del control corporativo de los campesinos en años recientes se expresa ante todo como una gran fragmentación de los espacios organizativos; el predominio de estrategias de sobrevivencia a nivel familiar y el surgimiento de muchísimos grupos a nivel local, regional y nacional con escasa coordinación. Así, la sociedad civil campesina no puede plantear una respuesta amplia, organizada, en torno a un cambio de régimen político, de reforma institucional y de nuevas políticas públicas.

La cafeticultura es una de las ramas agrícolas más importantes en México, junto con las del maíz, frijol y caña de azúcar. Si bien también aquí se da una fuerte fragmentación de los procesos asociativos, se distingue de las otras ramas por una mayor presencia de las organizaciones campesinas, por ser éstas relativamente más autónomas y plurales, y también por la constante interacción con el Estado en la definición de políticas públicas para esta rama.

En todo este proceso ha sido fundamental el papel de la Coordinadora Nacional de Organizaciones Cafetaleras (CNOC). La presencia e impor-

71

tancia de esta organización llama nuestra atención si consideramos que está integrada en su mayoría por productores indígenas tradicionalmente marginados de las decisiones de política pública.

Para entender esta historia, en este trabajo presentamos, en primer lugar, algunos elementos que a nuestro juicio son condicionantes de la dinámica de los procesos asociativos, lo que llamamos modelos organizativos, así como de los patrones productivos y su papel específico en el mercado del café.

En segundo lugar, nos referiremos al proceso de formación y desarrollo de la CNOC como una organización de carácter nacional.

En tercer lugar, analizaremos los diferentes espacios de interacción con el Estado que se crearon durante la década de los noventa, para concluir con algunas consideraciones sobre su impacto en la gobernabilidad y gobernancia en este sector.

En cuarto lugar, se estudiarán los procesos y las estructuras que se constituyen en restricciones al desarrollo asociativo democrático de los cafeticultores.

ALGUNAS CONDICIONANTES DE LOS PROCESOS ASOCIATIVOS DE LOS CAFETICULTORES

En esta parte analizaremos algunos elementos que a nuestro juicio condicionan el desarrollo del asociativismo en la cafeticultura mexicana, y que han sido determinantes o centrales durante las últimas décadas.

Los productores de café y sus patrones productivos

Si bien la cafeticultura mexicana existe desde el siglo XIX, es en las últimas décadas cuando adquiere importancia específica por sus dimensiones. Dos hechos aparecen con claridad en esta expansión: la creciente demanda del mercado mundial y la existencia de una gran población rural que había accedido a tierras como resultado de la reforma agraria y el fraccionamiento de muchas grandes propiedades (Early, 1992).

Los momentos de incorporación de nuevos cafeticultores están ligados claramente a los periodos de alza de los precios del café. Así, en julio de 1953 una fuerte helada en Brasil, que es el principal productor mundial, elevó los precios internacionales e internos, llevando a lo que Early llamó la "fiebre del café". En una década se pasa de contar con 165 284 ha sembradas con café en 1950 a 304 297 ha, en 1960. Los productores pasan de 50 000 a 120 000 a principios de los setenta, con 418 628 ha sembradas. El café adquiere una mayor importancia en la economía nacional. En 1975 ocurre otra helada en Brasil que hace subir fuertemente los precios en el ciclo 1976-1977. Gracias a la creciente intervención estatal, vía el Instituto Mexicano del Café (Inmecafé), y su esquema de precio de garantía, los precios que recibían los pequeños productores casi se triplicaron en esos años. Esto alentó la incorporación de nuevos productores, y para 1982, según el censo del Inmecafé, había 168 521 productores. Para principios de los noventa eran ya 282 629 con 760 000 ha. Los nuevos productores en su mayoría son indígenas, alrededor de 185 000, o 65% del total. En Oaxaca, que es el estado con más población indígena del país, la incorporación es masiva, pasando de 14 000 productores en 1978 a 55 291 en 1992.

El censo del Inmecafé de 1992 nos da una imagen de la cafeticultura mexicana. Ésta se ubica en el centro sur del país en 12 estados, 56 regiones y cerca de 4 000 comunidades. En cuanto a número de productores, se destacan los estados de Chiapas con 73 742; Veracruz, 67 227; Oaxaca, 55 291; Puebla, 30 933, e Hidalgo, 25 630; San Luis Potosí, 12 920, y Guerrero, 10 497. En cuanto a modalidad de la tenencia de la tierra, 110 858 productores son ejidatarios, 99 288 pequeños propietarios, 59 462 comuneros y 13 021 arrendatarios y otros. Cabe señalar que en el caso de los propietarios privados, la gran mayoría también son pequeños productores que en promedio tienen menos tierra que los ejidatarios y comuneros. Del total de productores, 69% no rebasa las dos hectáreas y en promedio cuentan con 1.3 ha; otro 23%, con hasta cinco hectáreas, tiene un promedio de 3.6 ha. Una característica distintiva de la cafeticultura mexicana es la participación mayoritaria de los indígenas. De los 52 grupos indígenas del país, unos 25 tienen participación como cafetaleros.

Para entender la dinámica productiva y los modelos asociativos en la cafeticultura es necesario realizar una clasificación de patrones productivos, que son básicamente dos. El primero se ubica en las regiones indígenas y algunos lo han llamado *sistema de producción indígena;* la producción es baja, de unos cinco quintales por hectárea. Los productores indígenas realizan muy pocas labores culturales. De manera artesanal hacen el beneficiado de cereza a pergamino, por lo que requieren una infraestructura mínima. Las comunidades indígenas se encuentran generalmente muy aisladas; en su interior existe menos diferenciación económica y más prácticas de apoyo mutuo, así como acciones colectivas y solidarias. Los ingresos de estas familias son bajos y se tienen altos niveles de pobreza en comunidades pequeñas, con dotación precaria de servicios de salud, educación, agua potable, etc. Si consideramos como pequeños productores de café a los que tienen hasta cinco hectáreas, los 175 000 cafeticultores indígenas representarían 67% del total.

El restante 33% de los pequeños productores, que serían unos 85 000, se ubican en su gran mayoría en la zona central del estado de Veracruz (cerca de 60 000), en las regiones de Tlapacoyan, Misantla, Coatepec, Huatusco y Córdoba, y en otras regiones cafetaleras, como el Soconusco en Chiapas, Teziutlán y Xicotepec en Puebla y Atoyac en Guerrero. Estos productores tienen un patrón productivo distinto.

Los pequeños productores mestizos cuentan con mayor productividad por hectárea. En promedio casi 2.5 veces más que los indígenas, pues realizan en su cafetal más labores; y para el corte del café —dado el volumen de producción— requieren contratar cortadores, sean vecinos del mismo pueblo o de otras regiones.

Estos productores cuentan con mayores ingresos; viven en poblados más grandes, muy cerca de las ciudades, los cuales están mejor comunicados y cuentan con más servicios de educación, salud, agua potable y otros. Existe una mayor diferenciación económica y una cultura más individualista, y sus formas básicas de solidaridad se dan al nivel de la familia extensa.

La camisa de fuerza del mercado

Desde sus inicios la expansión del cultivo obedece a la demanda extranjera, particularmente de Estados Unidos, en cuya bolsa del café, establecida en Nueva York, se definen los precios internacionales. Antes de la participación del Estado vía el Inmecafé, los productores no recibían más de 50% de los precios brutos de la bolsa; con el Inmecafé y sus precios de garantía se llegó hasta 70%, y en la década de los noventa, con el dominio de las empresas transnacionales, el porcentaje llegó hasta 90, como en el ciclo 1997-1998. Hasta mediados de la década de los setenta el contacto principal de los productores de café con el mercado era el comprador local, quien formaba parte de una red de intermediarios que permitía el traslado del café hacia los principales centros regionales, donde los grandes compradores tenían el monopolio de las relaciones con los importadores de los EUA; el productor no tenía ninguna información sobre el funcionamiento del mercado internacional. Los tratos personales vendedor-comprador eran poco propicios para la formación de asociaciones de productores que pudieran controlar los procesos de industrialización y comercialización.

Desde el ciclo 1973-1974 hubo una participación significativa del Estado en el mercado cafetalero, llegando a manejar hasta 42% de la producción nacional. La expansión estuvo sustentada por un creciente endeudamiento externo y posteriormente por los ingresos petroleros, esquema que entró en crisis en 1982, ante la fuerte caída de los precios del petróleo y el alza de las tasas internacionales de interés.

En esos años el comercio internacional del café estaba regulado por el convenio de la Organización Internacional de Café (OIC), que estableció una banda de precios y un sistema de cuotas de exportación; el principal comprador mundial había aceptado estos esquemas a partir de 1962, por el temor de los efectos de la Revolución cubana en los países cafetaleros. La regulación internacional facilitó los esquemas internos de regulación estatal.

A partir de 1982 este esquema entra en crisis; hay menores recursos fiscales y el instituto no puede transformarse en una empresa más eficiente. Las mismas expectativas creadas desde 1975 se revirtieron y no pudo hacer frente a la creciente demanda de una mayoría de nuevos productores que con gran esfuerzo habían sembrado sus plantaciones de café y esperaban obtener buenos frutos. Las luchas de los cafeticultores de 1982 hasta 1989 se centraban en lograr mejores precios y servicios, pero sólo obtuvieron respuestas limitadas. En 1987 se da la ruptura, que aparece como un reclamo al gobierno más que a una empresa comercial. En 1989 el nuevo gobierno decide liquidar el Inmecafé y transferir las "funciones" del Estado a los productores.

De 1976 a 1989 surgen las organizaciones regionales de productores que se adentran también en el manejo directo del acopio y la comercialización de café. Las ligadas a la Confederación Nacional Campesina (CNC), organismo corporativo del PRI, tendrán un auge a partir del manejo discrecional de grandes cantidades de recursos del Banco Nacional de Crédito Rural (Banrural) —el banco campesino oficial— y las cuotas de exportación que les asignaba el Inmecafé sin participar en los recuentos establecidos para otorgarlas. La gran ineficiencia y corrupción de estos organismos, que eran utilizados para financiar las campañas del PRI, los lleva a desaparecer en las crisis de bajos precios de 1987 y 1989.

Otro tipo de actor económico eran las organizaciones autónomas, que también incursionaron en el comercio del café; en éstas imperaba la visión de que podrían ser más competitivas si se manejaban con transparencia, honestidad, incluso con mayor eficiencia; la mayoría también quebró. Sin embargo, sus estructuras organizativas eran más sólidas y varios grupos pudieron renovarse. En conclusión, esta etapa de fuerte participación estatal concluye, en el marco de una crisis de bajos precios y de altas tasas de interés en el periodo 1987-1989, con la quiebra de los principales actores en la comercialización del café: el Inmecafé, las empresas de las organizaciones de productores y los grandes empresarios privados. La década de los noventa es una etapa de surgimiento de nuevos actores económicos, con nuevas políticas estatales orientadas a una aplicación muy selectiva de subsidios, en el marco de la desaparición simultánea de las regulaciones internacionales y nacionales. Esto significó un impulso a una oferta desordenada de los países productores, con lo cual se derrumbó el precio del café durante cinco años, del ciclo 1989-1990 hasta el 1993-1994, y los precios llegaron a ser de sólo 30% del promedio de la década anterior.

La comercialización del café pasa a ser manejada principalmente por nuevas compañías filiales de empresas transnacionales, como AMSA, Becafisa, Cafés Tulipán, Cafés California y la Nestlé, que basan su fortaleza en el manejo de grandes recursos financieros, inaccesibles para las empresas nacionales y organizaciones de productores. Hasta 1994, como reacción a los bajos precios, los pequeños productores demandan al gobierno federal apoyos compensatorios, que son otorgados en pequeños montos bajo diferentes modalidades, como el crédito a la palabra, apoyos directos, incluso un crédito en dólares en 1995. Se arraiga la cultura de que si los precios bajan se pueden negociar préstamos con el gobierno. En 1995 los precios mejoran, pero en los siguientes años no se restablece un sistema crediticio; las empresas de las organizaciones de productores siguen dependiendo de los apoyos fiscales y las transnacionales afirman un control casi oligopólico de la comercialización del café.

Las posibilidades de acotar el poder de las grandes compañías en el terreno del mercado son muy limitadas. Ante los reclamos de los productores, el gobierno federal señala que no puede intervenir. La reacción de los pequeños productores es desatender el cultivo sin abandonarlo, emigrar para tener otros ingresos, cubrir parcialmente los escasos créditos recibidos, esperar los pequeños apoyos fiscales, en fin, buscar estrategias familiares de sobrevivencia. El saldo que dejan los últimos años es de una gran fragmentación de las relaciones de los productores con el mercado y la mayoría regresa a las ventas individuales a los intermediarios locales.

Los modelos organizativos

Si analizamos las formas asociativas de los caficultores en las últimas décadas, encontraremos ciertas lógicas organizativas diferenciadas que determinan las acciones, las demandas y las relaciones con el Estado; por otra parte, también desde el gobierno se han desarrollado esquemas para la negociación que atienden esta diferenciación.

El primer modelo es lo que llamaremos grupo local y es el que ha persistido más en el tiempo, siendo el esquema organizativo dominante en el campo mexicano. La mayoría de los campesinos accede a la tierra en México a partir de un proceso de reforma agraria que transcurre principalmente de la década de los treinta a los sesenta. La mayoría de las tierras se otorga bajo la forma de ejidos y comunidades, los cuales no son una estructura propia de estos grupos campesinos sino una imposición gubernamental que moldea las formas de organización que adoptarán estos grupos. A través de los procedimientos para el usufructo de la tierra, el gobierno reglamentará la mayoría de los aspectos de la vida asociativa de los ejidos y comunidades. El Estado aparecerá como el "dueño" de las tierras que otorga bajo ciertas condiciones para que las trabajen los campesinos; los ejidatarios serán representados por un comisariado ejidal, que formará parte de un comité regional campesino, y éste a su vez será miembro de la Liga de Comunidades Agrarias en cada estado; las ligas estatales participarán en la Confederación Nacional Campesina (CNC), que a su vez será uno de los brazos corporativos del Partido Revolucionario Institucional (PRI), partido casi único y en el poder durante más de 70 años. La fusión de Estado y sociedad tendrá fuertes efectos socioculturales, moldeando las acciones organizativas de estos grupos. Durante 60 años, en la gran mayoría de comunidades campesinas no ha habido libertad asociativa ni pluralismo político. La única vía para procesar las demandas sociales, como servicios, escuelas, caminos, luz, agua potable y otros, será a través de grupos locales, que dirigirán escritos a los presidentes municipales, gobernadores y hasta al presidente de la República; cualquier concesión a estos grupos conllevará el compromiso de una votación uniforme hacia el partido oficial.

Los grupos locales no tendrán una vida asociativa permanente, delegarán a los comisariados u otros representantes la gestión de los apoyos del gobierno. Todo este dispositivo organizativo no genera transparencia en el manejo de recursos ni prácticas de rendición de cuentas. El peso del Estado ahoga así la manifestación de iniciativas más autónomas, plurales e innovadoras. En la década de los setenta, ante una fuerte crisis agrícola, el Estado decide intervenir en los procesos económicos creando grandes empresas públicas. En el caso de la cafeticultura, se creó el Instituto Mexicano del Café, desde el cual se impulsa la organización de los productores. Se formaron las Unidades Económicas de Producción y Comercialización (UEPC). Estos grupos locales duraron 17 años. Para el ciclo 1986-1987, 164 344 productores estaban integrados en las UEPC, que eran grupos informales que no podían obtener crédito e incorporaban a todos los productores independientemente del tipo de tenencia de la tierra.

Este esquema organizativo propiciaba una relación vertical entre los directivos del grupo y los promotores y funcionarios de la dependencia. Los productores no se reunían constantemente para revisar sus problemas, gestiones y resultados, sino únicamente cuando se distribuían bienes como semillas y fertilizantes. Pese a sus limitaciones, las UEPC generaron un proceso asociativo flexible, superando ciertas restricciones que imponía el ejido. En los momentos de crisis del Inmecafé (1982 en adelante), estos pequeños grupos fueron la base para la formación de agrupaciones más amplias.

Con la desaparición del Inmecafé, el Estado —a través del Instituto Nacional Indigenista (INI) y del programa Solidaridad— vuelve otra vez a organizar a los cafetaleros, estableciendo una supuesta "nueva relación" entre el Estado y la sociedad. Para 1990, unos 170 000 productores de café estaban encuadrados en la nueva figura de los *Comités de Solidaridad,* que no diferían mucho de las anteriores UEPC. El apoyo se otorgaba ahora a través de "créditos a la palabra", los cuales fueron perdonados cuando los precios bajaron en 1993 y 1994. En 1994, por medio de estos grupos, se entregó un apoyo directo (subsidio) como compensación al bajo precio, llegando este beneficio a 275 000 productores agrupados en cerca de 4 000 Comités de Solidaridad.

Ante el alza de los precios, en 1995 las organizaciones nacionales de productores negocian un crédito en dólares que se otorga mediante el banco oficial Banrural; el crédito se distribuye a través de figuras informales llamadas grupos solidarios, participando en este esquema 165 000 productores desde 1996. Otros pequeños apoyos fiscales para mejorar la producción llegaron a otros 120 000 productores a través de un programa llamado Alianza para el Campo y, para variar, la figura asociativa que se les impuso a los productores fue la formación de un comité local. Con sus variantes, persiste una especie de trato histórico entre el Estado y los campesinos: el otorgamiento de apoyos y la imposición de una figura asociativa a cambio de la lealtad política, es decir, la desmovilización. Esta cultura organizativa genera actitudes, visiones del mundo y formas de representación que constituyen el principal obstáculo para el desarrollo de procesos asociativos más autónomos y plurales.

El segundo modelo corresponde a lo que se denomina organizaciones regionales, que son grupos con integrantes de varias comunidades y que se orientan principalmente hacia el acopio y la comercialización de café. Hay tres orígenes básicos de estas organizaciones. El primero viene de la promoción estatal y de algunos propietarios locales que impulsan empresas sociales con el fin de acceder a recursos fiscales o créditos blandos de la banca estatal. Este proceso se da, en las décadas de los setenta y ochenta, ligado al auge de la intervención estatal. La mayoría se maneja con ineficiencia y corrupción y fracasa durante la crisis de precios de 1987 y 1989. El segundo origen es la formación de cajas solidarias, impulsadas por el programa de Solidaridad del presidente Salinas de Gortari (1988-1994), para manejar la "transferencia" de los créditos a la palabra y parte de la infraestructura de beneficiado del Inmecafé. Algunos de estos grupos subsisten hasta hoy gracias a los apoyos fiscales que reciben.

La tercera vertiente corresponde a los grupos autónomos, que en su mayoría formarían la CNOC en 1989 y que tienden también a formar figuras legales que puedan acceder al crédito (1982, 1987 y 1989). Varias de estas nuevas organizaciones tienen su origen en los movimientos que demandan que el Inmecafé pague mayores precios y funcione mejor, y que también pugnan porque los productores realicen directamente el acopio y la comercialización del café.

Un problema de estas organizaciones es que las figuras legales no son muy flexibles, ya que en una misma estructura se cobija tanto a la organización campesina-gremial como a la organización económica para acceder a créditos. Tal es el caso de las Uniones de Ejidos y de otras figuras legales como las Asociaciones Rurales de Interés Colectivo (ARIC).

Hacia fines de los ochenta surgen nuevas formas organizativas que resuelven en parte este dilema. El ejemplo más claro es la Coordinadora Estatal de Productores de Café de Oaxaca, que con más de 20 000 integrantes se constituye como una asociación civil, la cual formará después aparatos económicos especializados como una comercializadora, una Unión de Crédito, Fideicomisos de Ahorro, etcétera.

Estos agrupamientos permiten el surgimiento de dirigentes campesinos con mayor perspectiva del mercado, de las políticas estatales y del sistema político. Junto a ellos estarán los asesores, algunos de los cuales vendrán de las propias instituciones gubernamentales o de los grupos de activistas de izquierda y de la Iglesia progresista que surgieron en los años setenta. En estos espacios es donde hay más posibilidades de aprendizaje y de formación de dirigentes especializados que pueden aspirar a formar parte de la dirigencia de las organizaciones nacionales. Algo característico de estos grupos es que, ante las dificultades económicas y la fuerte competencia de las empresas transnacionales, dependen mucho de los recursos fiscales.

El tercer modelo es el de las organizaciones nacionales. Hasta 1989 fue dominante el esquema corporativo de representación creado por el régimen político priista, que dividía a los productores en dos grupos: el "sector social", formado por ejidatarios, comuneros y pequeños propietarios, los cuales estaban incluidos en la Confederación Nacional Campesina (CNC), y el "sector privado", integrado por medianos y grandes propietarios privados afiliados a la Confederación Nacional de la Pequeña Propiedad (CNPP). Durante la década de los ochenta, con la crisis del aparato corporativo, aparecen en el escenario cafetalero nuevos agrupamientos que se ostentan como representaciones nacionales de los productores de café.

Algunos serán escisiones de la CNC, como la Central Campesina Independiente (CCI), la Confederación Agrarista Mexicana (CAM), la Unión General de Obreros y Campesinos de México (UGOCEM). Otros serán impulsados por grupos de izquierda y serán cercanos al cardenismo y al nuevo partido de izquierda que surge en 1989, el Partido de la Revolución Democrática (PRD); aquí encontramos a la Central Independiente de Obreros Agrícolas y Campesinos (CIOAC), la Central Campesina Cardenista (CCC), la Unión General Obrera Campesina y Popular (UGOCEP), la Unión Nacional de Trabajadores Agrícolas (UNTA) y la Coordinación de Organizaciones Democráticas Urbanas y Campesinas (CODUC).

Agrupamientos más autónomos y plurales serán la Unión Nacional de Organizaciones Regionales Campesinas Autónomas (UNORCA) y la Coordinadora Nacional de Organizaciones Cafetaleras (CNOC), fundada en julio de 1989. En el caso de los medianos y grandes productores, se consolida una organización gremial más autónoma que será la Confederación Mexicana de Productores de Café (CMPC). A raíz de las elecciones presidenciales de 1988 y del controvertido triunfo del candidato priista Carlos Salinas de Gortari, éste impulsa una política que da reconocimiento e interlocución a todas estas organizaciones; así, todas participan en las diferentes instancias que se crean en los siguientes años para la revisión de las políticas cafetaleras: el Consejo Consultivo para la Reestructuración del Inmecafé en 1989; el Grupo Operativo Nacional en 1992; el Grupo Nacional de Financiamiento en 1995 y otras instancias como el Consejo Mexicano del Café, que sustituye al Inmecafé en 1993. Entre todas estas organizaciones se presenta una fuerte disputa por los espacios de representación y negociación con el gobierno federal. Esta situación se aclara en buena medida cuando en 1993 se decide realizar un padrón de afiliados de cada organización. Bajo reglas acordadas por todos, se levantan cédulas individuales firmadas por el productor y certificadas por la autoridad municipal, señalando su afiliación. El resultado fue el siguiente:

Entre las organizaciones de pequeños productores, a la Unión Cafetalera de la CNC se le reconocen 89 666 afiliados; a la CNOC 65 704; a la CIOAC, 15 257; a la CCC, 6 658; a la UGOCEP, 4 542; a la UGOCEM, 3 607; a la CAM, 1 333; a la CCI, 780; a la CODUC, 1 123; de las organizaciones de pequeños y grandes productores, la CMPC tiene 5 746 afiliados y la CNPP, 2 688. Esta especie de elección reflejó claramente un nuevo mapa organizativo entre los cafeticultores, cuyos elementos centrales son: a) el relativo equilibrio entre los grupos corporativos tradicionales de la CNC y la CNPP con los grupos más plurales y autónomos, como la CNOC y la CMPC; b) la transición de grupos más centralizados que giran en torno a dirigentes caudillescos hacia grupos más descentralizados con dirigencias colectivas, como la CNOC y la CMPC; c) un cambio en la predominancia de las organizaciones político-campesinas con posiciones partidistas, hacia organizaciones gremiales más plurales en términos políticos; d) la representación en los diferentes espacios públicos en la cafeticultura que tiene que tomar en cuenta la afiliación de cada organización; e) el reconocimiento mutuo y la acción conjunta en determinadas coyunturas e instancias, que posibilitan una coordinación de las principales organizaciones, las que a partir de 1997 formarán el Foro de las Organizaciones Nacionales de Productores de Café.

En términos organizativos la cafeticultura mexicana aparece entonces claramente diferenciada de la dinámica de otras ramas agrícolas de igual o mayor importancia, como las del maíz, sorgo y caña de azúcar, en las cuales las organizaciones corporativas ligadas al régimen priista siguen siendo claramente dominantes.

Una característica común de la mayoría de estas organizaciones nacionales es que instalan oficinas en la ciudad de México, desde las cuales un reducido grupo de dirigentes o asesores realiza gestiones y participa en la multiplicidad de instancias creadas por diferentes dependencias gubernamentales. La interacción con los funcionarios gubernamentales es constante, incluso con cierto grado de personalización. Por varias vías se obtienen recursos para costear oficinas y los gastos de los dirigentes nacionales, además de que se negocian recursos para proyectos productivos, los cuales serán ofrecidos a los grupos regionales o locales en una relación abiertamente clientelar, intercambiándose recursos por afiliación.

Si vemos el conjunto de estos tres procesos organizativos (el local, el regional y el nacional), se percibe que pueden operar de manera relativamente separada, y sólo en determinadas coyunturas, cuando los precios son muy bajos y se demandan apoyos compensatorios, se presenta una mayor integración de estos espacios. En las organizaciones más autónomas y plurales, como la CNOC y la CMPC, se da una mayor integración entre lo local, lo regional y lo nacional.

Una de las habilidades desarrolladas por el régimen político priista fue el diseño de esquemas de políticas públicas y de entrega de recursos fiscales que toman en cuenta esta diferenciación, incluso la fomentan, en un modelo de fragmentación de la demanda y la negociación. Se llegó al extremo de crear diferentes programas en dependencias distintas que se especializaban en atender una clase de clientela propia. Sin duda, una de las razones de la persistencia durante varias décadas del régimen priista radica en el uso flexible de los aparatos de Estado para negociar con una multiplicidad de organismos campesinos, en una compleja relación de subordinaciones, dependencia, lealtades y desmovilización.

UN NUEVO ACTOR SOCIAL EN LA CAFETICULTURA MEXICANA: LA CNOC

La formación de las organizaciones regionales

Un conjunto de procesos en la década de los setenta y parte de los ochenta es determinante para crear las condiciones específicas de la formación de los grupos que integrarían la Coordinadora Nacional de Organizaciones Cafetaleras (CNOC). Entre ellos están:

La aparición de una generación de activistas sociales provenientes de las universidades y de las normales rurales, cuya vocación política era irse a vivir a las regiones campesinas e indígenas con la perspectiva de impulsar la formación de organizaciones independientes que ayudaran a los campesinos a superar sus condiciones de explotación y subordinación política (1969-1979). Algunos profesionistas y técnicos se acercaron también a los grupos campesinos en los setenta a través de los nuevos organismos estatales de intervención en el campo (1972-1980). Algunos sacerdotes y catequistas de la Iglesia católica se vincularon a las comunidades indígenas "para luchar contra la pobreza, el hambre y la injusticia" (catecismo tzeltal) (1970-1988).

En la mayor parte de los casos los activistas se convirtieron en asesores y se concentraron más en los aspectos relativos al registro legal, la negociación de créditos y la comercialización del café. Hubo una tendencia a la concentración de las decisiones de los asesores como resultado de la dinámica de especialización de la organización, donde el saber técnico se convirtió en un factor estratégico.

Las bases de identidad de los activistas externos y de los dirigentes campesinos locales descansaban en las coincidencias ideológicas y de diagnóstico de la situación: la injusticia social que padecían los campesinos y la necesidad de conjuntar grupos de diferentes comunidades para presionar al gobierno, considerado como el "principal enemigo", lo cual definía con claridad un campo de conflicto. Los momentos de crisis en 1982 y 1987 crearon un ambiente generalizado de descontento contra el Inmecafé, momento propicio para que los activistas y dirigentes locales con nuevas ideas y nuevos mecanismos organizativos pudieran generar acciones colectivas de miles de productores. Así, entre 1982 y 1988 surgieron diversos movimientos de productores de café en varios estados del país: Veracruz, ante todo, pero también en Chiapas, Oaxaca, Puebla y Guerrero.

La formación de la CNOC

Después de las elecciones presidenciales de agosto de 1988, con el controvertido triunfo del candidato del partido oficial, Carlos Salinas de Gortari, se inicia un proceso de reacomodo, tanto en las políticas del Estado como en las acciones y estrategias de las organizaciones políticas y sociales. En el sector cafetalero, los grupos tradicionales ligados al PRI estaban debilitados por los resultados electorales, por los efectos de la crisis económica de 1987 y por la fuerte caída de los precios del café. Entre septiembre y octubre de 1988 se dan varias reuniones de los representantes de diversas organizaciones independientes regionales para revisar la formación de una nueva organización nacional cafetalera.

A fines de 1988 se forma en Oaxaca la nueva Coordinadora Nacional de Organizaciones Cafetaleras (CNOC), sobre la base de demandas básicas, como acceso a mayores cuotas de exportación, la restructuración del Inmecafé y la participación en las instituciones públicas del sector, como el Instituto Mexicano del Café (Inmecafé) y el Fideicomiso del Café (Fidecafé). La organización se dota de una estructura organizativa flexible, que respetaba la autonomía de las organizaciones regionales, cuyo órgano de dirección era una comisión de coordinación. Hay una serie de principios políticos compartidos: el respeto al pluralismo político, la independencia respecto de los partidos políticos y las centrales campesinas, la acción conjunta ante el gobierno. Rápidamente se inician negociaciones con el Inmecafé, el cual tiene que reconocer a un nuevo interlocutor que cuenta con una representación importante entre los cafeticultores. Durante el primer semestre de 1989, grandes movilizaciones en Oaxaca llevan a la formación de la Coordinadora Estatal de Productores de Café de Oaxaca (CEPCO), que agrupa a unos 20 000 productores y se incorpora a la CNOC. En julio de 1989 se firma en Oaxaca el convenio constitutivo de la nueva organización, con la participación de 25 organizaciones regionales.

Diferentes etapas en la acción colectiva de la CNOC

En la historia de la CNOC distinguimos tres etapas principales.

Primera etapa

De noviembre de 1989 a mediados de 1992. Se caracteriza por la apertura del gobierno federal para revisar las políticas cafetaleras nacionales y aceptar la participación de la CNOC. Sus demandas principales se incorporan al acuerdo de restructuración del Inmecafé.

Simultáneamente, los representantes de la CNOC en sus diferentes regiones participan en negociaciones específicas. Así, a nivel local, se negocia con el Instituto Nacional Indigenista (INI) la formación de Comités de Solidaridad[1] para recibir "créditos a la palabra", es decir, pequeños créditos sin garantías. Varias organizaciones regionales negocian recursos con el programa de Solidaridad[2] para la construcción o compra de infraestructura de beneficios secos[3] (por ejemplo la

---

[1] Estos comités eran grupos locales formados voluntariamente por campesinos para recibir créditos y realizar obras públicas o proyectos de desarrollo local.

[2] Este programa era una especie de "paraguas" de todos los programas de política social del gobierno. Tenía una administración federal con la cual los campesinos negociaban directamente.

[3] Los beneficios son las instalaciones industriales donde se procesa el café. Los beneficios húmedos permiten desprender la pulpa que rodea al grano del café, fermentarlo y lavarlo. Los beneficios secos permiten desprender la última membrana que protege al grano de café y seleccionarlo de acuerdo con su calidad.

Unión de Ejidos Luz de la Montaña, la Unión de Ejidos de la Selva, etc.) y recursos para la compra y comercialización de café (CEPCO, ARIC Veracruz, Tosepan, Isman, Coalición de Ejidos, etc.), que son vitales para el desarrollo de las organizaciones regionales. Con el Inmecafé se negocia la transferencia de su infraestructura de beneficiado húmedo y seco a los grupos organizados de productores. En una pequeña oficina de la ciudad de México un grupo de asesores (tres) trabaja en varios frentes: *a)* la formación de una comercializadora de café en México y otra en los EUA; *b)* las negociaciones con los bancos y la Secretaría de Agricultura (SARH) para un programa de restructuración de deudas de los grupos de productores; *c)* la participación en el Fidecafé, con el fin de definir un programa de créditos para la compra y comercialización del café.

Segunda etapa

Desde fines de 1992 hasta fines de 1994. Es un periodo de fuerte descenso de los precios internacionales e internos del café, lo que crea problemas en el pago de los "créditos a la palabra" y en el acceso a créditos bancarios. La CNOC se mueve más en el terreno de demandas generales, como la creación de un programa emergente de subsidios a los productores ante los bajos precios y en pro de una mayor participación de México en los esfuerzos por establecer un nuevo convenio en la Organización Internacional del Café (OIC), la cual había logrado regular los precios internacionales durante años. Asimismo, se pidió la formación de un nuevo organismo nacional para definir la política cafetalera nacional. En estos años se realizan varias movilizaciones nacionales, que consisten en marchas y plantones en las capitales de los estados cafetaleros y comisiones amplias en la ciudad de México para participar en negociaciones con los secretarios de Agricultura y de Desarrollo Social. Las movilizaciones y un buen manejo en los medios de comunicación le dan un poder importante a la CNOC en la definición de las políticas cafetaleras, llegándose incluso al manejo conjunto entre las organizaciones y el Estado de los recursos fiscales asignados al sector. Esta situación lleva a una mayor centralización en el funcionamiento de la CNOC. El manejo informativo hacia las regiones ayuda a las negociaciones locales.

Tercera etapa

De 1995 a 1999. En 1995 los precios internos del café se elevan sustancialmente debido a que suben los precios internacionales y hay una fuerte devaluación del peso mexicano. El nuevo gobierno del presidente Zedillo cambia el manejo de los recursos fiscales. Los apoyos a la producción ahora se manejan en los estados, vía los nuevos Consejos Estatales del Café, dependientes de los gobiernos de los estados. Por otra parte, las reglas del nuevo programa de apoyo a la cafeticultura las define unilateralmente el gobierno federal. Los recursos fiscales en apoyo a la comercialización se manejan centralmente en el Fondo Nacional de Empresas en Solidaridad (Fonaes) y se negocian separadamente con cada organización regional en los estados.

La larga crisis de los cinco años anteriores llevó a los productores de café a poner en práctica estrategias de sobrevivencia muy diversas. Como respuesta, varias organizaciones regionales empezaron a prestar mayor atención a otros proyectos, como cultivos básicos y abasto, organización de mujeres, cultivo de café orgánico, etc., que implicaban negociaciones más diversificadas y más descentralizadas.

El desarrollo desigual de las organizaciones en sus proyectos, la diversidad de relaciones con las instituciones, la negociación sobre los recursos en los estados y a nivel nacional con el Fonaes de manera separada, llevan a una menor participación de los representantes en las reuniones de la CNOC nacional y a una pérdida de la importancia de la organización como actor en las negociaciones con el gobierno. Además, la CNOC tiene menos recursos para el sostenimiento de los gastos de directivos y asesores.

¿Hacia una nueva etapa?

En enero de 2000 caen nuevamente los precios internos del café. Coinciden una baja de los precios en la bolsa del café de Nueva York, el aumento de los descuentos aplicados por las transnacionales al café mexicano, la creciente sobrevaluación del peso en relación con el dólar y los abusos de los intermediarios locales.

Se genera una gran tensión en las zonas cafetaleras y la CNOC empieza a promover movilizaciones en varias regiones. Estas acciones se dan unos cuantos meses antes de las elecciones presidenciales de julio del 2000. La alternancia lograda con el triunfo del PAN abre una nueva etapa, incierta, en las relaciones de las organizaciones y el Estado.

El funcionamiento como organización nacional

Desde sus inicios, la CNOC se define como una coordinación de organizaciones regionales, cuyas relaciones se dan a través de una comisión de enlace formada por representantes de los estados y de las organizaciones más importantes; la acción conjunta a nivel nacional se promueve sólo sobre ciertos problemas comunes previamente discutidos y acordados. En sus primeros años la CNOC se organiza en cuatro niveles:

1) una comisión permanente integrada por tres personas, asesores de organizaciones regionales de Guerrero, Oaxaca y Veracruz, que dan un seguimiento a las gestiones ante diversas instituciones y a las relaciones con otras organizaciones cafetaleras;

2) la Comisión de Enlace, que se reunirá con cierta regularidad;

3) las comisiones amplias para negociar con funcionarios del Inmecafé, SARH, INI-Solidaridad, con la participación de representantes de las organizaciones regionales, y

4) encuentros y asambleas de representantes en las regiones, los cuales cuentan con la participación de un promedio de 100 personas y donde se discuten ampliamente las estrategias a seguir.

En varios encuentros se discutió la estructura organizativa de la CNOC, formándose comisiones de comercialización, financiamiento, relaciones institucionales, etc.; sin embargo, en los hechos siguió funcionando el mismo esquema antes indicado. Después de seis años de un funcionamiento relativamente informal, en el Primer Congreso Nacional de la CNOC, celebrado en Oaxaca en 1994, se formaliza el nombramiento de una junta directiva y una Comisión de Enlace. El congreso contó con la participación de un poco más de 400 delegados, nombrados con base en el criterio de un delegado por cada 200 afiliados y uno por los grupos con menor número de participantes debidamente acreditados en la CNOC (cédula firmada por el productor y certificada por la autoridad municipal).

Se pretendía institucionalizar más el funcionamiento de la organización, por lo que se nombra una directiva y se aprueban los estatutos internos, en los cuales se señalan los objetivos de la organización, los requisitos de ingreso y exclusión, y la estructura organizativa de la CNOC. La elección de la directiva es a partir de la propuesta de cada estado (siete en total), hecha el mismo día de la elección y sometida al voto directo de todos los delegados. Los delegados propuestos para directivos son en la mayoría de los casos dirigentes de las organizaciones regionales, y si bien hay cabildeos de última hora entre algunos asesores y dirigentes de las organizaciones, en general la elección recae siempre en los propuestos por las organizaciones más grandes, y después en los de las organizaciones más participativas de los demás estados. Los dos primeros presidentes fueron de Oaxaca, y el tercero, electo en 1998, de Chiapas, donde hay coordinadoras estatales que agrupan a un poco más de 20 000 productores. La Comisión de Enlace tiene dos representantes por cada estado, los cuales, de manera conjunta con la directiva, constituyen la dirección formal de la CNOC. Ahora bien, se sigue con el esquema de los encuentros regionales y las asambleas de representantes, así como comisiones amplias para reuniones con funcionarios del gobierno. Ha habido también elecciones formales de directivas y comisiones de enlace por estado.

En el tercer congreso en 1998, que contó con sólo 60 delegados por falta de recursos para hacerlo más amplio, se acuerda un manejo más descentralizado, nombrándose comisionados que coordinan las relaciones que han establecido varias organizaciones para proyectos específicos, como los de café orgánico, organización de mujeres y promoción al consumo de café.

En la CNOC todas las organizaciones regionales cuentan con registro legal, por lo que hay una rotación constante de directivos. En casi todas las organizaciones hay un núcleo de dirigentes campesinos que participaron en su fundación y que formal o informalmente siguen jugando un papel dirigente; en cuanto a los asesores, casi todos participaron en la creación de las organizaciones regionales y en su desarrollo en un periodo no menor de 10 años. Los principales asesores han permanecido como miembros de la Comisión de Enlace de la CNOC desde su formación en 1989. Es muy visible la preeminencia de los asesores y de algunos dirigentes, lo cual se explica por su mayor experiencia organizativa y su conocimiento técnico, así como por su habilidad en las negociaciones con los funcionarios.

Las organizaciones campesinas en México han tenido siempre un liderazgo muy personalizado, que actúa discrecionalmente en las relaciones políticas, en las negociaciones, en el manejo de recursos y de proyectos. En el caso de la CNOC varios factores han llevado a una limitación de estos aspectos:

a) la autonomía de las organizaciones regionales y la inexistencia de una organización hegemónica, lo cual crea contrapesos importantes;
b) la presencia de varios asesores y dirigentes con capacidades técni-

cas y habilidades de negociación, quienes tienen que actuar con base en los acuerdos de sus organizaciones;
c) los acuerdos de las reuniones mensuales de la dirección, y de los encuentros y los congresos nacionales, y
d) la formación político-ideológica, incluso ética, de los principales asesores y dirigentes campesinos, que valora altamente el manejo transparente de los recursos, el fomento a la participación y la autolimitación en cuanto a las relaciones con los partidos políticos y funcionarios gubernamentales.

Notas sobre el financiamiento de la organización

El factor que siempre ha permitido al gobierno controlar a las organizaciones campesinas ha sido el financiamiento. Sin dinero del gobierno prácticamente ninguna organización ha podido sobrevivir. Esta situación se explica por la dificultad de que los propios miembros de las organizaciones aporten dinero para su sostenimiento. Por una parte, no tienen recursos, pues son muy pobres, y por otra, no hay tradiciones de pago de cuotas. Donde las hay, como entre los productores de caña de azúcar, son compulsivas y los campesinos no tienen ningún control sobre su uso.

En la cafeticultura no hay mecanismos para cobrar cuotas compulsivamente. Sin embargo, la existencia de un fondo nacional de los propios productores de café, el Fideicomiso del Café, ha permitido que en los años noventa las organizaciones de productores contaran con financiamiento independiente. El fideicomiso fue creado por el Inmecafé desde los años setenta como un fondo de compensación de precios. Cuando había precios internacionales bajos, se tomaba dinero del fondo para pagar mejor el café a los productores. Cuando los precios eran altos, se descontaba una cantidad para alimentar el fondo. Este mecanismo dejó de operar cuando el Inmecafé fue desmantelado por el gobierno en 1990. El gobierno y los productores decidieron usar ese fondo para apoyar proyectos de desarrollo, dar garantías de crédito y financiar a las organizaciones de productores.

Esta política ha permitido a la CNOC mantener una gran autonomía en cuanto a su financiamiento, pero esto ha ocasionado que no exista presión hacia los miembros para que realicen aportaciones; si en los próximos años no se cuenta con los recursos del Fidecafé, se podrían tener fuertes problemas de financiamiento.

La CNOC ha tenido una política de entrega de informes mensuales de ingresos y egresos, lo que ha permitido una gran transparencia en los gastos y en la definición de los criterios para su ejercicio; también ha generado disciplina financiera, pues los gastos extraordinarios tienen que ser discutidos y aprobados en una reunión conjunta de Directiva y Comisión de Enlace. Este tipo de reglamentación acota la discrecionalidad de directivos y asesores.

Para el funcionamiento de organizaciones nacionales como la CNOC, lo ideal sería que se establecieran mecanismos nacionales para que de las propias exportaciones se generaran recursos para fondos de fomento a la cafeticultura nacional, para financiar parcialmente un organismo público para el sector y para apoyar a las organizaciones a partir de un registro de productores y organizaciones, de tal manera que los recursos se manejaran a partir de criterios públicos, transparentes y equitativos. Esta cuota de las exportaciones se cargaría de hecho al precio que se paga a los productores, por lo que éstos finalmente serían los que aportarían recursos.

Las experiencias regionales

A. La CEPCO y el Consejo Estatal en Oaxaca

Los cafeticultores oaxaqueños

Atendiendo al último censo de productores del Inmecafé de 1992, que señala que en Oaxaca existen 55 291 productores con 173 705 ha, y comparando esto con los censos de principios de los setenta, se ve que en Oaxaca se incorporan en unos 15 años cerca de 41 300 nuevos productores, un aumento de 300 por ciento.

Esta etapa coincide con la fuerte participación del Estado en las actividades de promoción de la producción y el control de la comercialización a través del Inmecafé. Entonces los cafeticultores oaxaqueños "aparecen" en su mayoría durante el periodo de auge del instituto. El hecho de que este organismo entregara plantas de café, diera asistencia técnica para el cultivo, préstamos a cuenta de la cosecha y un precio de garantía, así como centros de acopio relativamente cercanos a las comunidades, daba cierta seguridad para involucrar en un nuevo cultivo a decenas de miles de indígenas.

Oaxaca es un estado eminentemente agrícola, que se destaca porque 90% de su superficie se encuentra en manos de unos 350 000 ejidatarios y comuneros. El padrón de 1992 maneja que 25 818 productores de café son comuneros con 94 752 ha, lo cual arroja más de tres ha por productor y marca una diferencia con pequeños productores de otros estados que cuentan con menos hectáreas. La productividad por hectárea es muy pequeña; por ejemplo en la región mazateca, que cuenta con 30% de las hectáreas cafetaleras, sólo se producen en promedio tres quintales por hectárea.

Otro rasgo distintivo de los cafeticultores oaxaqueños es que en su gran mayoría son productores indígenas. El modelo productivo que manejan es el de una producción extensiva, es decir, pocos de ellos realizan renovaciones de los cafetos o labores culturales, como podas y fertilización; generalmente se hace una limpia y después la familia, con su propia infraestructura, realiza el corte del café y su procesamiento hasta llegar a la fase de pergamino. No se conocen estudios detallados sobre el funcionamiento de las UEPC y su relación con el Inmecafé; pero al parecer en Oaxaca existía una mayor participación del productor desde su comunidad indígena, y esta situación determinaba una mayor disciplina en el cumplimiento de los compromisos, referentes a entrega de café y pago de anticipos, contraídos con el Inmecafé.

A partir de 1982 se hacen más visibles los conflictos con el Inmecafé, generados en relación con el precio final de liquidación. Si bien las movilizaciones más fuertes de los productores se dan en el centro de Veracruz, en la sierra mazateca con centro en Huautla también se realizan manifestaciones importantes. La fuerte caída de los precios internacionales en el ciclo 1996-1997 da lugar a que el instituto no entregue una última reversión (pago) que los cafeticultores esperaban. Este hecho, aunado a la fuerte inflación que se dio en 1986 y 1987, lleva a modificar las percepciones y actitudes de los grupos cafetaleros respecto de las acciones gubernamentales. En los siguientes años los cafeticultores inconformes entregarán menos café y disminuirá el pago de los préstamos. Algunos analistas señalan que en Oaxaca el cuestionamiento de los cafeticultores hacia el Inmecafé no fue tan severo como sucedió en Puebla, Veracruz, Chiapas y otros estados.

La situación política en Oaxaca

A mediados de los ochenta en Oaxaca se presentó una crisis de legitimidad de los gobiernos priistas y una creciente fractura de los mecanismos tradicionales de control político. En varios municipios surgieron fuertes movimientos de oposición, como el caso de la COCEI en Juchitán. También los maestros se venían organizando de manera más independiente y en el campo surgían nuevas organizaciones con rasgos indígenas y comunitarios, como la ODRENASIJ (1980), en los distritos de Ixtla y Villa Alta, que luchaba contra las concesiones forestales a la papelera FAPATUX. En el mismo año y región se crea la CODREMI para defender sus recursos mineros; después, en esta misma región, se crea la Asamblea de Autoridades Zapotecas, que se amplía a la región mixe y chinanteca, luchando por sus recursos naturales, servicios básicos y regularización de la tenencia de la tierra.

En 1981 se forma el Movimiento de Unificación y Lucha Triqui en San Juan Copala para enfrentar la violencia de los caciques. En estos años también se forman varias organizaciones que buscarán realizar una comercialización más directa de su café. Así, en Ixtla y Villa Alta se forma la organización de los Pueblos Unidos del Rincón; en 1980 es creada en Pochutla y Juquila, región de la costa, la Unión de Comunidades Indígenas 100 Años de Soledad; durante 1983 en la región istmo se forma la Unión de Comunidades Indígenas del Istmo (UCIRI) y en 1985 tiene origen la Unión de Comunidades Indígenas del Norte del Istmo (UCIZONI). Por otra parte, los consejos comunitarios de abasto se agrupan en una coordinadora estatal y emprenden movilizaciones en torno a la mejoría del abasto y respeto a las funciones de los consejos.

Al mismo tiempo, en la ciudad de Oaxaca surgen grupos, como el Centro de Apoyo al Movimiento Popular de Oaxaca A. C. (CAMPO), que agrupan a profesionistas, asesores y dirigentes de organizaciones campesinas y realizan actividades de gestoría, asesoría especializada y apoyo organizativo.

Un nuevo gobernador en 1986

Heladio Ramírez, el nuevo gobernador, no fue bien recibido por los sectores privados, empresarios y comerciantes de Oaxaca, ya que lo consideraban un populista e izquierdista. Parecía extraño que llegara a Oaxaca un gobernante que no concordaba con las políticas neoliberales impulsadas por el presidente De la Madrid. Algunos analistas señalaban que el sistema priista seguía siendo una amplia coalición de distintas facciones y corrientes políticas que obligaba a una distribución de posiciones en los distintos niveles de los gobiernos federal y de los estados.

Otro factor señalado es que las condiciones de cierta inestabilidad en Oaxaca requerían un gobierno más flexible y con capacidad de negociación. La carrera política de Heladio Ramírez lo ubicaba como fuertemente interesado en los problemas del campo y en el papel que el Estado debería jugar para resolver los rezagos sociales. La visión del nuevo gobernador era que el Estado debía jugar un papel más dinámico para promover la justicia social y el bienestar, y para ello se rodeó de un grupo de funcionarios que coincidía con sus ideas. Las nuevas políticas fueron apoyadas por el gobierno federal con un aumento importante de recursos, que se multiplicó por seis durante el sexenio. Como uno de los estados más pobres, Oaxaca se vio involucrado fuertemente en los nuevos programas, como el de Solidaridad, impulsado por el presidente Salinas. Con los recursos públicos se intentó reconstruir los mecanismos de control social y de legitimación gubernamental.

El analista Snider hace un recuento acerca de cómo mantiene Ramírez, en términos políticos, una posición de negociación con los partidos opositores, aceptando que algunos conflictos poselectorales se resolvieran mediante plebiscitos. En el campo se impulsó a la CNC a través de proyectos económicos y de la formación de figuras jurídicas de segundo y tercer grado. En el sexenio se forman nueve ARIC y las uniones de ejidos pasan de nueve a 90. Por esta vía se reprodujo el esquema Banrural-Organizaciones Económicas, que maneja una gran cantidad de recursos en proyectos que en muchos casos no eran viables, pero que significaban una derrama de recursos para sostener a dirigentes y funcionarios corruptos.

La formación de la Coordinadora Estatal de Productores de Café de Oaxaca (CEPCO)

Ante la liquidación del Inmecafé, el gobernador Ramírez vio la oportunidad de crear un organismo estatal que controlara esta actividad. Para ello invitó a Fausto Cantú Peña, ex director del Inmecafé, para que elaborara el proyecto. A principios de 1989 se organiza un foro para presentar el nuevo proyecto y a él asiste un pequeño grupo ligado a las organizaciones independientes que realiza críticas a la propuesta de Cantú Peña; los señalamientos de éstas eran en torno a que no se incorporaba a los productores independientes y el Estado quería controlar el financiamiento y la comercialización del café.

Unos cinco meses después, para junio de 1989, ya se había constituido la CEPCO, que aglutinaba a un poco más de 20 000 productores y se había declarado una organización plural no partidaria. Para entender este proceso conviene señalar algunos elementos centrales:

1) Despué, de la crisis con el Inmecafé en 1987, al restablecerse el convenio internacional del café para los ciclos 1987-1988 y 1988-1989, se mejoran los precios. Los productores estarían por recomponer sus relaciones con el instituto y entonces se demanda nuevamente que se entreguen anticipos a cuenta de cosecha y apoyos para despulpadoras. Probablemente a los productores les interesaba más esto que la composición de un nuevo organismo. No se descarta que la demanda del pago de la última "reversión" de 1987 sea todavía un motivo de muchas UEPC para reunirse.

2) La negativa del gobierno del estado a realizar foros de consulta propicia que los "activistas" y representantes de varios grupos independientes puedan convocar a foros alternativos, en los cuales se conjuntan las demandas inmediatas con las propuestas de las funciones de un nuevo organismo.

3) El delegado del Inmecafé no impide que varios trabajadores del instituto promuevan la realización de reuniones y que las UEPC se liguen al proceso que llevaría a la formación de la CEPCO.

4) Funcionarios del nuevo programa de Solidaridad que habían tenido relaciones con algunas de las organizaciones regionales no ven con malos ojos la formación de un nuevo agrupamiento de productores de carácter no partidista, que podría dar viabilidad a los procesos de liquidación de las empresas estatales.

5) Las Uniones de Ejidos y la ARIC estatal cenecista quiebran a partir de la caída de los precios de 1987 y 1989, por lo que se debilitan notablemente para hacer frente al nuevo proceso organizativo.

6) En el crecimiento del movimiento se encuentran las expectativas de los productores y los dirigentes locales, junto a la capacidad de quienes promueven el movimiento que pueden dotarlo de demandas aglutinadoras y de formas organizativas que propician una mayor participación.

Además de que se crea una nueva organización estatal, se logra influir en la forma y funciones del nuevo Consejo Estatal del Café. Entre las razones por las cuales el gobernador Ramírez no se opone frontalmente al avance de la CEPCO se pueden considerar las siguientes:

1) Era una amplia organización que el gobernador temía pudiera aliarse al movimiento magisterial independiente.

2) Tal vez el gobernador pensaba que se podía manejar la situación para desplazar al Inmecafé y fortalecer su proyecto estatal.

3) Después de las elecciones municipales, en agosto de 1989, y los movimientos poselectorales durante septiembre, la CEPCO se movilizó en torno a demandas económicas y un perfil no partidario. El gobernador aceptaba esta nueva fuerza porque debilitaba los movimientos políticos del nuevo partido, el PRD, lo cual era fundamental en la estrategia salinista de recuperación política después del descalabro de 1988.

4) La habilidad de los dirigentes de la CEPCO para moverse en un terreno de demandas gremiales, incluso movilizándose conjuntamente con la CNC.

5) La disposición de Heladio Ramírez a la negociación y a soluciones inclusivas en los conflictos.

Ante el anuncio del Inmecafé de que reduciría su acopio para el ciclo 1989-1990 y se retiraría, en tres años la CEPCO tuvo que prepararse rápidamente para acopiar y comercializar café directamente. Para este ciclo se acopian cerca de 20 000 quintales y se obtienen resultados positivos; para lograrlos influye el entusiasmo que existe en la nueva organización; se constituye rápidamente una comercializadora agropecuaria con la figura legal de sociedad mercantil. Se recibe un préstamo de dos millones de pesos del programa de Solidaridad. Y el Inmecafé facilita sus instalaciones para la maquila del café y a través de su dirección de comercialización apoya la realización de algunas ventas. Al Inmecafé ahora le interesa respaldar a las organizaciones para validar su retiro y la transferencia de sus instalaciones.

El Consejo Estatal del Café

En octubre de 1989 se inicia la discusión en la legislatura estatal del proyecto del nuevo organismo, el cual se aprueba el 6 de febrero de 1990 con modificaciones importantes. El nuevo consejo no manejará el financiamiento y la comercialización del café; propiciará que lo hagan directamente las organizaciones. Se abre la representación en su Consejo Directivo a las organizaciones independientes, incorporándose la CEPCO y la UCOCAM, la cual participa también en la CEPCO. Cantú Peña es despedido y como director queda Isaac Rodríguez, pequeño propietario e integrante de la CNPR. Este Consejo Estatal, el primero en el país, se ha constituido en un modelo de organismo público y de colaboración entre las organizaciones de productores y las instituciones gubernamentales en la planeación e instrumentación de políticas públicas y programas.

Factores clave para el buen funcionamiento del Consejo:

1) La CEPCO, que era la organización más fuerte, privilegió el establecimiento de consenso con las demás organizaciones a partir de la propuesta de programas y de criterios básicos de instrumentación. La
CEPCO, a través de la CNOC, contaba con información rápida de los
asuntos del Fidecafé, del Consejo Consultivo para la reestructuración del Inmecafé y del programa de Café INI-Solidaridad, lo cual le
permitía llevar la iniciativa.

2) El coordinador del consejo siguió la política de propiciar el diálogo
entre organizaciones, de definir de manera conjunta los programas
y mecanismos de instrumentación, así como un manejo transparente
de los recursos. El apoyo de las organizaciones fortalecía su gestión
ante las dependencias estatales y federales.

3) Se revisaron los padrones de productores, iniciándose una depura-
ción; además, se impulsó la canalización de los apoyos fiscales a los
productores que entregaban café para su comercialización a las organizaciones.

4) Se realizó un diagnóstico de los problemas centrales de la cafeticultura oaxaqueña y se instrumentaron programas para mejorar la
calidad del café y las condiciones de comercialización; entre estos
programas destacan los de beneficios húmedos familiares (tanque
de lavado y planilla) y microbodegas.

5) El Consejo Estatal fue un marco para las negociaciones con INI-Solidaridad. El programa de pequeños préstamos (Crédito a la Palabra)
se convirtió en la política estatal más importante que impulsaba
formas organizativas locales, los Comités de Solidaridad, que en
muchos casos chocaban con los procesos de las organizaciones más
amplias. Finalmente se pactó un compromiso: los recursos se recibirían como Comité de Solidaridad, pero la recuperación podía hacerse a la organización entregando café, la cual después pagaba al INI.

6) En 1992 la entrada del nuevo gobernador, Diódoro Carrasco, no alteró el funcionamiento del Consejo Estatal en un momento de fuerte
crisis en el café, como resultado de la caída de los precios; el esquema del consejo garantizaba el diálogo y la negociación con las organizaciones cafetaleras; la instrumentación de programas importantes para éstas establecía condiciones de estabilidad y legitimidad
para el nuevo gobierno estatal.

La consolidación de la CEPCO

Para el ciclo 1990-1991 se elabora un ambicioso programa de acopio y comercialización de 100 000 quintales, reuniéndose finalmente 56 000 quintales. Las necesidades de financiamiento se incrementan, la CEPCO recibe entonces, vía Banrural con garantía del Fidecafé, un crédito por nueve millones de pesos que cubre 100%. Esto se facilitó porque la CNOC ya participaba en el comité técnico del Fidecafé y existían buenas relaciones con Banrural y Bancomext. Grupos de la CNOC habían cubierto créditos a estos bancos y la CNC no lo había hecho. La CEPCO operaba 40% de los créditos garantizados por el Fidecafé y al cubrirlo crea una gran capacidad de negociación con los bancos en momentos en que la mayoría de los grupos cafetaleros que comercializan están quebrados.

Para el ciclo 1991-1992 se comercializan 66 117 quintales; en 1992-1993, 41 890 quintales, en 1993-1994, 39 998 y en 1994-1995, 27 523 quintales; la baja en el acopio de la CEPCO se explica por la reducción en la producción por los precios tan bajos, la llegada de nuevas compañías filiales de transnacionales que aumentan de manera importante los precios pagados a los productores y las estrategias de los productores de vender rápidamente una parte de su café para obtener la mayor liquidez de inmediato.

Factores que explican la consolidación de la CEPCO:

1) *La forma organizativa que se adopta.* La coordinadora estatal se conforma por unos 30 grupos regionales que tienden a contar con su propio registro legal y a manejar directamente el acopio del café y otros proyectos; la CEPCO estatal aparece como organización gremial con una figura de asociación civil que establece las políticas a seguir, pero se diferencia de los aparatos económicos que operan los programas; así, para la comercialización se forma una sociedad mercantil, la CAEO; para la operación de créditos se forma una Unión de Crédito; en cuanto al manejo de ahorro de los socios se forma un fideicomiso (FIDUCEPCO). Esta forma organizativa más flexible les permite evitar los problemas que se presentaron en otras organizaciones, en donde las figuras jurídicas, como Unión de Ejidos o ARIC, se convertían en un obstáculo para su funcionamiento, o los instrumentos económicos, como las Uniones de Crédito, pasaban a convertirse en la organización.

2) *La participación de los productores y las organizaciones regionales.* Cada mes se realiza una asamblea en la ciudad de Oaxaca. Durante unas ocho horas se revisan en detalle los diferentes asuntos de la or-

ganización: desde el acopio y la comercialización, el manejo de la Unión de Crédito y el FIDUCEPCO, los programas de apoyos vía Solidaridad hasta proyectos específicos como los de vivienda, café orgánico, proyectos de mujeres y otros. Se nombra una mesa de moderación diferente en cada reunión; una vez que se discute el punto se pasa a la votación directa nombrándose a cada organización. Es visible que los directivos y asesores promuevan la participación de los asistentes a la asamblea, que son en promedio unas 40 personas. Algunos integrantes de las mesas directivas anteriores pasan a ocupar otras funciones en los aparatos económicos, participan en la asamblea y aportan información y opiniones a partir de su experiencia.

3) *La estrategia de comercialización.* A partir de su membresía y niveles de acopio en 1989-1990, la CEPCO pudo negociar con el Inmecafé la entrega de un beneficio seco en Ixtepec, Oaxaca, y compartir con una organización de Veracruz el Beneficio Seco La Estación, en Córdoba. El hecho de que la mayoría de los productores fueran pergamineros les evitó los problemas de manejo de beneficiado húmedo, que era la mayor dificultad en otras organizaciones. Desde sus inicios, la CEPCO definió una política de exportar directamente el café, lo cual con los volúmenes que manejaba le permitió establecer relaciones con varios importadores y poder vender a mejores precios que el promedio de las demás organizaciones. Con algunos ex trabajadores del Inmecafé se logró establecer controles de calidad y de clasificación del café en los beneficios, ligado esto al hecho de que a partir de programas fiscales se obtuvieron despulpadoras, tanques de lavado, patios de secado, microbodegas, y todo ello dio lugar a un incremento significativo en la calidad del café.

4) *El manejo de instrumentos financieros.* Para operar créditos se constituyó una Unión de Crédito, la cual parte de una base sólida al ser pagadores del crédito en 1990-1991; en 1991-1992, cuando hay bajas en el precio, el Fidecafé acuerda cubrir 50% de la pérdida de los grupos a los cuales había otorgado garantía; al no tener ese nivel de pérdidas, la CEPCO contó con un recurso importante para capitalizar su Unión de Crédito, además de captar la transferencia de los recursos de acopio y comercialización de Solidaridad y de un programa conjunto Solidaridad-Fidecafé en los periodos 1992-1993 y 1993-1994. La CEPCO opera entonces otros instrumentos, como un fideicomiso de ahorro, que se beneficia con la obtención de mayores ingresos financieros al estar ligado a los montos de operación de la comercializadora y la Unión de Crédito; los productores se benefi-

cian de este mecanismo, ya que en sus comunidades o municipios no hay instrumentos de ahorro y las tasas de interés, en su caso, son muy bajas.

Además, se tiene el "Banquito", un mecanismo de préstamo para casos extraordinarios que no son atendidos por la banca y que significan fuertes erogaciones para los campesinos que tienen que recurrir a los usureros; se presta para casos de defunciones, enfermedades, gastos de escuela, proyectos de mujeres, etcétera.

La eficiencia en el control administrativo de los recursos y la habilidad en el manejo financiero y de inversión de los recursos manejados por la CEPCO ha redundado en una fuerte capitalización de la Unión de Crédito; como ejemplo cabe señalar que la comisión que cobra por el FIDUCEPCO permite pagar buena parte de la operación de la Unión de Crédito.

5) *El funcionamiento de los apoyos fiscales.* La CEPCO jugó un papel central a través del Consejo Estatal del Café de Oaxaca y, conjuntamente con la CNOC, en las negociaciones con INI-Solidaridad para reorientar los apoyos fiscales, vía Solidaridad, en una modalidad más adecuada a las necesidades de los productores y las condiciones de acopio y comercialización de las organizaciones. Así, desde 1992 se otorga un monto en apoyo a la producción en junio-julio, y otro monto antes de la cosecha para corte y acarreo; los productores podían cubrir ambos montos a la organización con café, y ésta a su vez pagaba al INI.

Desde 1992 se negocia que los montos de pago puedan estar ligados a los precios para que en momentos de caída de los mismos se estuviera en posibilidad de cubrir, según el ciclo, de 25 a 50% de los préstamos. En 1994 se otorga un apoyo directo de 700 pesos por hectárea y se da también en dos partes: en las modalidades de apoyo a la producción y para corte y acarreo.

Un acuerdo fundamental que la CEPCO impulsa en el Consejo Estatal del Café es que tengan prioridad para los apoyos fiscales los productores que cubran los créditos y entreguen café a su organización.

El hecho de que el Consejo Estatal del Café se convirtiera en una especie de "ventanilla única" para definir los criterios de entrega de los recursos fiscales, era un freno a la discrecionalidad de las instituciones gubernamentales y a los vicios y clientelismos de las organizaciones tradicionales, como la CNC. Asimismo, el que los apoyos fiscales se otorgaran sólo a los pagadores fue un candado extraordinario que favoreció a una agrupación como la CEPCO.

La interacción de la CEPCO-Consejo Estatal del Café

La fortaleza de la CEPCO, su capacidad de propuesta y negociación, su política de búsqueda de consensos con otras organizaciones, el papel del coordinador para respetar los acuerdos de las organizaciones y el aval del gobierno del estado propiciaron la creación de un espacio público participativo, que orientaba las políticas públicas en favor de los pequeños productores y el fortalecimiento de las organizaciones.

Veremos esta conjunción de esfuerzos en tres momentos distintos:

1) *El programa de crédito en dólares en 1995.* En 1995 existía una fuerte elevación de los precios internacionales a consecuencia de una helada en Brasil, que junto con la devaluación del peso había elevado los precios internos a cuatro veces más que en el ciclo anterior. A partir de una propuesta de la CNOC se instrumentó un programa nacional de créditos de avío agrícola, en dólares, que recibieron 165 000 productores para 315 000 ha, estableciéndose un esquema complejo para garantizar este crédito. Si éste era de 1 000 pesos por hectárea, se creaba un fondo de garantía a nivel nacional en el cual se depositaban 200 pesos por hectárea aportados por el productor, 42 pesos por hectárea del Fidecafé y 300 pesos por hectárea del INI-Solidaridad. En el caso de los productores indígenas la diferencia de la garantía se cubría mediante el establecimiento de fondos complementarios en los estados.

En los momentos críticos de la negociación de este programa, el Consejo Estatal de Oaxaca acordó que se aportaría la garantía de los productores no sólo por 200 pesos, sino que ellos promoverían que fueran 300 pesos por hectárea. La operación de este crédito en Oaxaca fue a través de la Unión de Crédito de la CEPCO, para sus afiliados, y un fideicomiso estatal (FOFAE), para los demás grupos.

Este programa fracasó en su primer año por la promoción del no pago de varios grupos ligados a la CNC, por la caída de precios en el ciclo, el aumento de la devaluación y una promoción inadecuada de algunos gobiernos estatales, que lo manejaron como si fuera un apoyo. Las discusiones por el no pago y la disputa por las garantías fracturaron el funcionamiento del grupo operativo nacional y dividieron a las organizaciones en los consejos estatales y regionales.

En 1996 el Consejo de Oaxaca fue el que más rápidamente definió un mecanismo para hacer frente a los problemas de muchos deudores; así, con recursos del programa Alianza para el Campo, a partir de la situación de cada productor, se pudo realizar el pago al 100% a Banrural, otorgante del crédito, ahorrándose buena parte de los problemas que se presentaron en otros estados.

2) Los programas de la Alianza para el Campo y Empleo Temporal. Desde 1996 el programa de la Alianza para el Campo se convierte en la política pública más importante en la cafeticultura. El objetivo central era renovar los cafetales a partir de la introducción de una mayor densidad de cafetos con variedades mejoradas, aumentando la productividad por hectárea. Desde su inicio este programa fue muy controvertido ya que las organizaciones de productores, en particular la CNOC, argumentaban que el paquete tecnológico resultaba inadecuado para los pequeños productores, que eran principalmente indígenas. La instrumentación de este programa fue motivo de grandes controversias en los estados.

En Oaxaca, en el Consejo Estatal, las organizaciones decidieron darle una orientación distinta; en primer lugar se amplió el padrón de productores hasta atender a 41 000; en segundo lugar, se disminuyó el monto asignado para los semilleros-viveros y se aumentó el monto en efectivo para entregar a los productores; se limitó el número de matas a introducir y los apoyos se orientaron más hacia la realización de labores culturales, como podas y limpias; se canalizaron recursos para el apoyo a los productores de café orgánico con cantidades diferentes para quienes ya tenían una producción orgánica y para quienes estaban en transición. En relación al programa de empleo temporal que manejaba la SAGAR, su objetivo era que los productores tuvieran ingresos en ciertos periodos en los cuales aunque hubiera actividades que realizar no se contara con recursos.

En la mayoría de los estados no había mucha coordinación entre el programa de la Alianza para el Campo, cuyos recursos se entregaban vía los consejos estatales, y los de empleo temporal, que se daban a través del FIRCO, un fideicomiso de la SAGAR. En el caso de Oaxaca se programó de manera conjunta a los mismos productores, aunque fuera en periodos distintos, y se orientó para que los recursos se entregaran sólo a los pagadores de los créditos; algo significativo es que los dos recursos se entregaron a través de las organizaciones regionales.

3) Los programas de Pizca y Factoraje Social. En 1997, vía el Consejo Estatal, se negocian estos programas con la Sedesol; el de Pizca era un apoyo fiscal que se entregaba antes de la cosecha para que el productor tuviera un ingreso en el periodo en el que cortaba y beneficiaba su café, lo cual permitiría que entregaran más café a las organizaciones. En la CEPCO se empezó a manejar que el apoyo fuera diferenciado, estableciéndose montos distintos de acuerdo con las cantidades de café entregadas a la organización, con un tope máximo de hasta 700 pesos por productor. Los productores debían recuperar el apoyo aportando café a la organización y ésta, una vez vendido, documentaba de manera individual que el productor aportaba un capital a sus instrumentos financieros, en el caso de la CEPCO a su Unión de Crédito. Éste era un mecanismo de capitalización tanto del productor como de la organización e incrementaba de manera significativa el acopio de café.

El otro programa, llamado de Factoraje Social, consistía en la formación de un fondo mediante el cual se hacía un préstamo sin intereses a las organizaciones que demostraban acopio de café, es decir, era una especie de crédito prendario. Las organizaciones que más acopiaban café, como la CEPCO y UCIRI, eran las que más se beneficiaban con estos programas. Posteriormente, las organizaciones demandaban que estos recursos se transfirieran a un fideicomiso de las propias organizaciones. Estos dos programas, muy favorables a los productores, se aplicaron sólo en Oaxaca, y esto se debía no sólo a la capacidad de negociación del Consejo Estatal, sino también a la percepción de funcionarios del gobierno federal de su utilidad para contrarrestar la influencia de grupos guerrilleros en varias regiones de Oaxaca. Eran una especie de medida preventiva para que los productores y las organizaciones no se ligaran a estos grupos. El gobierno federal no quería que se presentara una situación similar a la de Chiapas.

La colaboración estrecha entre la CEPCO y la coordinación del Consejo Estatal del Café posibilitaron la negociación e instrumentación de estos programas. En 1997 se realizó un nuevo diagnóstico sobre la cafeticultura oaxaqueña y se elaboró un programa de desarrollo social integral; uno de los elementos centrales del diagnóstico fue un estudio sobre los ingresos y egresos en determinados periodos y circunstancias que los llevaba a endeudarse con los usureros. El Consejo Estatal trató de ordenar los apoyos fiscales, Alianza para el Campo, Empleo Temporal, y Pizca, para que se manejaran en los tiempos cuando los productores requerían recursos.

Cambio de gobernador y cambio de políticas

En diciembre de 1998 entra como nuevo gobernador José Murat, del PRI, después de ganar una elección muy reñida con el PRD. Murat cambia al coordinador del Consejo Estatal como un ajuste de cuentas con el anterior gobernador, y también porque consideraba que los grupos independientes, como la CEPCO y UCIRI, se habían beneficiado mucho de los recursos fiscales que manejaba el consejo. Murat llega a la gubernatura en momentos en que se da una fuerte competencia electoral con el PRD y el PAN en los estados del sur, como Veracruz, Puebla, Oaxaca y Guerrero, que gana el PRI, y se trata de reconstruir la fuerza de este partido apoyando más a la CNC y bloqueando a los grupos más independientes.

En Oaxaca se da con el nuevo coordinador un cambio total en el funcionamiento del Consejo Estatal, que se convierte en un organismo gubernamental que excluye a las organizaciones de productores en la definición de las políticas y los programas para el café. No se da continuidad al programa de Pizca y Factoraje Social, mientras que los recursos de la Alianza para el Campo y Empleo Temporal se entregarán directamente a los grupos locales y no a través de las organizaciones. Tampoco se condiciona la entrega de los apoyos a la entrega de café a las organizaciones. Por otra parte, se canalizan más recursos a los grupos cenecistas y otros afines al nuevo gobierno, sin que sea a través del Consejo Estatal; incluso se realizan auditorías y revisiones para detectar supuestos desvíos de la CEPCO y justificar los golpes a esta organización, aunque finalmente no se encuentran irregularidades.

En Oaxaca hay un gran retroceso con el nuevo gobierno estatal, pues con fines partidarios se echa abajo un esquema que había dado resultados muy positivos para los cafeticultores al permitir un manejo de los recursos en forma transparente, más eficiente y no condicionada políticamente.

La evolución reciente de la CEPCO

Desde fines de 1994 hasta marzo de 1998 hubo buenos precios del café. Para el ciclo 1998-1999 se enfrentan fuertes dificultades por una caída de los precios internacionales, la sobrevaluación del peso mexicano y un castigo adicional de 15 dólares al café mexicano. Por otra parte, en el campo oaxaqueño se acentuó la migración hacia las ciudades de la frontera y hacia los EUA. Aunque las organizaciones podían comercializar su café, los precios no mejoraron de manera importante en relación con lo que pagan las grandes empresas privadas; no se mejoraron tampoco de manera significativa los ingresos de los productores; además, el aumento excesivo de los precios de algunos insumos, como fertilizantes, transporte y algunos alimentos, golpeó fuertemente a las familias campesinas.

Si en un principio había entre los campesinos expectativas de que podrían darse cambios económicos y políticos más rápidamente organizándose después de una década, éstos no se produjeron de manera sustantiva, lo cual provocó cierto retraimiento de la participación en las organizaciones y escepticismo sobre las posibilidades de desarrollo de sus proyectos económicos. Las nuevas políticas públicas de focalizar (individualizar) los apoyos a los campesinos más pobres en programas como Progresa, Procampo, Alianza, Empleo Temporal y otros, se convirtieron en una fuerte competencia para los esfuerzos de las organizaciones más amplias.

La llegada del gobernador Murat, con sus políticas de desarticular los avances de la CEPCO y el Consejo Estatal, y de entregar los recursos fiscales a los grupos locales e impulsar más a la CNC, significó una presión adicional a la CEPCO.

En los últimos años la CEPCO ha redefinido sus estrategias para enfrentar la nueva situación, y sobre esto se destaca lo siguiente:

1) Especializar más su comercialización de café, diferenciando sus mercados en los "especiales" de calidad, los solidarios que pagan un sobreprecio y los cafés orgánicos, que en el último ciclo se vendieron hasta 50 dólares por arriba de los cafés tradicionales. Se ha realizado un gran esfuerzo para que más productores se incorporen a la producción de café orgánico, se han promovido mayores ventas de café tostado y molido y se han instalado cafeterías y puntos de venta en Oaxaca.

2) La diversificación de sus servicios financieros, promoviéndose la instalación de sucursales de la Unión de Crédito en la ciudad de Oaxaca, orientadas a créditos a pequeños comerciantes y en otras regiones cafetaleras para el manejo de créditos y ahorro; además, se ha iniciado el impulso a un proyecto para manejar remesas de la gente que está en los EUA y la frontera.

3) Otros proyectos económicos, como la instalación cerca de Oaxaca de dos empresas de maquila y lavandería de ropa, y otra en Ixtepec, conjuntamente con UCIRI. Además, en Oaxaca se ha establecido una granja para abastecer de animales a los proyectos de las mujeres en las comunidades, y se manejan otros proyectos de producción de plantas (nochebuenas, orquídeas, etcétera).

4) Impulso a los proyectos de mujeres y las actividades de traspatio, incluyendo diversos proyectos de microfinanciamiento de abasto, de salud, de educación, proyectos productivos de borregos, aves, hortalizas, etcétera.

5) Fortalecimiento y especialización en la dirección y el control administrativo de los diferentes proyectos económicos, comercializadora, unión de crédito, maquiladoras, cafeterías y puntos de venta, proyectos de mujeres, café orgánico y asistencia técnica, entre otros.

6) Mayor participación en las organizaciones nacionales, como en la misma CNOC, la AMUCS (uniones de crédito), ANEC (empresas comercializadoras) e incluso el fortalecimiento de relaciones con funcionarios federales más progresistas o interesados en nuevos esquemas para el campo, como una forma de contrarrestar la agresividad del nuevo gobernador.

7) Una estrategia más integral orientada a fortalecer los ingresos de la familia campesina, vía una mejor comercialización del café, servicios de crédito y ahorro, diversificación del empleo, proyectos de mujeres y de traspatio, cultivo de básicos.

8) Mayor capacitación a los productores en producción, figuras legales, control administrativo y contable, acopio de café y su comercialización. Propiciar la participación en las asambleas mensuales en Oaxaca y la realización de asambleas regionales y comunitarias.

En la CEPCO se considera que los pilares básicos de su estrategia actual son, por una parte, la producción de café orgánico que además de tener mejores precios lleva a que los productores indígenas mejoren su productividad, tengan una mayor disciplina y responsabilidad que debe reflejarse en los distintos ámbitos del funcionamiento de la CEPCO. El otro pilar es la participación y los proyectos de mujeres. Se considera que una mayor organización de las mujeres, quienes asumen una actitud más responsable, le dará una mayor fortaleza a la economía familiar y a las organizaciones regionales, además de fomentar la cohesión de la familia campesina, aunque una parte de sus integrantes emigren a otras regiones.

Los problemas y los riesgos

1) La competencia electoral en las elecciones presidenciales en el año 2000 y en las de diputados puede llevar al gobierno del estado priista a ver a la CEPCO como un fuerte enemigo y agudizar las presiones y los bloqueos a sus proyectos organizativos y económicos.

2) El empeoramiento de la crisis económica en las comunidades y familias campesinas y que éstas perciban que son más importantes las estrategias desvinculadas de grupos más amplios; entre estas estrategias estarían una mayor migración y dependencia de los apoyos fiscales.

3) Que los programas focalizados como Procampo, Progresa, Alianza para el Campo, Empleo Temporal, Becas y otros generen una mayor dispersión y formación de grupos locales que tiendan a separarse o diferenciarse, debilitando a las organizaciones regionales de la CEPCO.

4) Que la volatilidad de los precios produzca pérdidas en la comercialización, se presenten problemas en el funcionamiento de las sucursales de la Unión de Crédito y no se pueda hacer rentables a las maquiladoras, presentándose problemas económicos en la operación global de la CEPCO.

5) Varias organizaciones regionales prefieren manejar directamente sus proyectos económicos y establecer relaciones también directas con las instituciones gubernamentales, socavando el proyecto global.

6) La especialización de los aparatos económicos puede llevar a una separación de los administradores del conjunto de la organización, lo cual propiciaría la falta de transparencia y de rendición de cuentas.

7) Que se dé un desgaste en los representantes regionales por la multiplicidad de asambleas, gestiones, comisiones y por la concentración de la representación de las organizaciones regionales ante los diferentes proyectos de la CEPCO.

Más que de factores externos, la evolución de la CEPCO dependerá de los internos, es decir, de que se tenga claridad en los problemas y se definan estrategias para superarlos. Los niveles actuales de participación, de transparencia en las acciones y manejo de recursos, de rendición de cuentas, de integración de representantes, asesores y personal especializado nos permiten ser optimistas.

B. Atzalan-Tlapacoyan en el estado de Veracruz

La región cafetalera de Atzalan-Tlapacoyan se encuentra ubicada en la parte central del estado de Veracruz, colindante con el estado de Puebla, en las laderas de la Sierra Madre Occidental y en la Cuenca del Río Nautla, que desemboca en el Golfo de México. Al igual que otras regiones del centro de Veracruz, la población indígena fue desapareciendo principalmente por epidemias. La población mestiza que llegó de diferentes regiones fue creciendo básicamente con la formación de ejidos, vía la reforma agraria, y por la posibilidad de acceder a terrenos baratos, a partir de la división de propiedades medianas y grandes.

La mayoría de los productores de café se incorporan a partir del alza de los precios en 1976 y la promoción estatal vía Inmecafé, que estableció oficinas regionales en Tlapacoyan, cuyas fértiles tierras han propiciado que esta región cafetalera se distinga porque un porcentaje importante de cafetales está intercalado con otros cultivos, como cítricos y plátano, en lo que se denomina sistema productivo de policultivo comercial.

Según el padrón del Inmecafé de 1992, en la región había unos 8 000 productores con unas 12 000 ha con café ubicados en 90 poblados; la gran mayoría vende su café en cereza y su productividad promedio es de unos 12 quintales por hectárea. Su experiencia asociativa más importante se da con la participación en las UEPC que promovía el Inmecafé. Además, en los años ochenta surgen la ARIC Tlapacoyan, la Unión de Ejidos José Cardel y la ARIC Plan de Arroyos, las cuales incursionan en el acopio y la comercialización del café. Las ARIC son promovidas por medianos propietarios, como una cobertura para acceder a créditos baratos y posiciones políticas y estarán ligadas a la CNC y al PRI. La ARIC Tlapacoyan llegó a ser el grupo exportador más fuerte entre los productores de café; quebró con la baja de los precios en 1987 y también debido al excesivo endeudamiento, buena parte de él originado en el financiamiento a campañas políticas del PRI. La ARIC Plan de Arroyos sobrevivió gracias a que su principal dirigente, Gabriel Barreda, pudo sortear la crisis al dejar de pagar a Banrural y cobijarse en los apoyos del programa de Solidaridad. La existencia de estas organizaciones explicaría por qué en los movimientos de lucha en 1982 para que el Inmecafé mejorara los precios, no hay una participación importante de esta región.

En 1987 se dan movilizaciones en Jalapa de productores de la región agrupados en la Unión de Ejidos José Cardel, bajo la dirigencia de Urbino Arcos.

La única organización no cenecista era la Unión Campesina Independiente, que había surgido con fuerza en los años setenta a partir de luchas por la obtención de tierras; para los ochenta, después de obtener algunas tierras y ante la represión gubernamental y su poco exitosa incursión en asuntos del café, prácticamente desaparece.

En 1989 se forma la Cooperativa Quicempacayotl, que se ligaría a la CNOC; este grupo se origina básicamente de la promoción que realizan, por un lado, Tomás Navarrete, dirigente local de un grupo de solicitantes de tierras en Vega Chica, Tlapacoyan, que había militado en las filas de la UCI y participó en 1986 en las luchas de los consejos comunitarios de abasto por mejorar los surtimientos a las pequeñas tiendas rurales del sistema Conasupo-Coplamar; y por otro lado, María Eugenia Munguía, estudiante de sociología en la Universidad Veracruzana, en Xalapa, y que por varios años trabajaría como supervisora de las tiendas rurales en el almacén de González Ortega, el cual surtía a las tiendas de la región. El proyecto de la cooperativa era establecer tiendas rurales de abasto con mayor autonomía e incursionar en la comercialización de otros cultivos, como la pimienta y el café; de los 371 socios iniciales de 14 comunidades, 200 eran productores de café. Las comunidades estaban muy dispersas en varios municipios, por lo que fue difícil avanzar en el proyecto de tiendas comunitarias, orientándose el grupo más hacia el acopio y la comercialización del café. Para 1989, con el retiro del Inmecafé, se crea una nueva organización, principalmente a partir de las UEPC, denominada Unión de Sociedades Atzintla, la cual recibirá el beneficio más grande del Inmecafé. Este nuevo grupo no tendrá mucho éxito por la carencia de un proceso organizativo más sólido, la existencia de pugnas internas y dificultades para resolver los problemas de obtención de créditos, operación del beneficio y comercialización.

En diciembre de 1989 ocurre una fuerte helada que afecta la mayoría de las plantaciones de café; al darse la mayor afectación en la zonas indígenas de los estados de San Luis Potosí, Hidalgo y Puebla, el gobierno federal habilita al Instituto Nacional Indigenista (INI) para que opere un programa de pequeños préstamos para la rehabilitación de los cafetales. Desde su pequeña oficina en Atzalan, el director regional de este programa será uno de los activistas más radicales de la nueva estrategia de Solidaridad. Se formarán comités de Solidaridad en la mayoría de las comunidades y se impulsará una "nueva relación del Estado con la sociedad" a partir de nuevos principios, como la participación, la transparencia, la responsabilidad, etc. Paradójicamente, esta región no indígena dominada por dirigentes tradicionales de la CNC es uno de los lugares donde tienen mayor éxito. La estrategia de Solidaridad también impulsará la formación de organizaciones regionales y nuevos dirigentes; de los comités de Solidaridad se pasará a los fondos regionales y después a las cajas de ahorro, las cuales también participarán en el acopio y la comercialización del café. Así se forman las cajas de ahorro Alta Sierra Cafetalera, la Azotal y la Tlapacoyan-Plan de Arroyos, que afiliarán a la mayoría de los productores de café. Los nuevos dirigentes, como José Luis Arcos, de la Azotal, que inicialmente parecerán tener cierta independencia, en realidad son dirigentes cenecistas y priistas, pero tendrán la habilidad para adecuarse al nuevo discurso gubernamental y sus "métodos de trabajo".

En 1991, en Plan de Arroyos, sede de la ARIC del mismo nombre, se celebra la primera reunión nacional de evaluación del programa Solidaridad en la caficultura, con la presencia del presidente Salinas, dando un fuerte impulso a los dirigentes regionales de Solidaridad.

Si al principio hubo tensiones entre los nuevos grupos impulsados por Solidaridad y los que aparecieron como organizaciones tradicionales, a partir de 1994, con el triunfo contundente del PRI en las elecciones presidenciales y el retiro de Solidaridad, se fue dando una integración de estos grupos en un bloque hegemonizador conducido por la CNC.

¿Cuáles son las razones de este éxito en la reconstrucción de una aplastante hegemonía priista? En primer lugar, que no existían otras organizaciones independientes fuertes, como sí era el caso en otras regiones del país, incluso con capacidad de negociación con los funcionarios de Solidaridad y que abría espacios a esquemas plurales.

En segundo lugar, había un relativo éxito en los dos aspectos que más interesaban a los productores, ya que según las entrevistas hechas a dirigentes de grupos locales lo que más demandaban los productores era conseguir apoyos o créditos para atender las fincas y mejorar la comercialización de su café.

Con apoyos de recursos fiscales y con habilidad, Gabriel Barreda, el gerente de la ARIC Plan de Arroyos, había logrado construir una gran empresa comercial, que en algunos años llegaría a manejar más de 80 000 quintales, buena parte de los cuales se exportaban. El café se compraba no sólo a los socios de la organización sino que se vendía también el de otros grupos, lo mismo que se compraba de manera indiscriminada en cualquier poblado, incluso del vecino estado de Puebla, a manera de un intermediario más. Asimismo, además de comercializar café se distribuía fertilizante y se hacían préstamos a cuenta de la cosecha.

Por otra parte, estos grupos, como las cajas y la ARIC, tenían el monopolio de los Créditos a la Palabra de Solidaridad y eran el conducto para obtener otros recursos para la comercialización, la construcción de infraestructura de beneficiado, el mejoramiento de vivienda, etcétera.

El esquema de Solidaridad había introducido cierta disciplina y transparencia, por lo que los créditos se recuperaban y se manejaban de manera revolvente, lo cual daba una relativa eficacia al manejo de las cajas de ahorro. Todos los apoyos fueron transferidos en 1994 a estos organismos. En este año, y ante los bajos precios, la CNOC y otros grupos promovieron a nivel nacional el otorgamiento de un apoyo directo de 700 pesos por hectárea, el cual fue otorgado para todos los pequeños productores; obviamente, en la región la entrega de estos recursos consolidó a estos grupos y dirigentes.

En las comunidades la vida asociativa era precaria, tal como lo señalan los dirigentes locales entrevistados; sólo se reunían para ver cómo iban los asuntos de los apoyos y la comercialización del café; las responsabilidades y a veces las decisiones se delegaban al representante del grupo, al cual se le medía por su eficacia para obtener resultados favorables; para el nombramiento de los representantes locales lo que más contaba era que "fueran activos" y que tuvieran "conocimientos", sin duda que conocieran cómo levantar los papeles de las sociedades, a quién ver y cómo negociar.

A fines de 1992, con la creación del programa emergente de apoyos fiscales a los pequeños productores, se forma el Grupo Operativo Nacional con la participación de todas las organizaciones nacionales y las dependencias gubernamentales, como INI, Sedesol y SAGAR. En cada región cafetalera se constituirían los Grupos Operativos Nacionales y la función de las dependencias sería divulgar el programa, recibir solicitudes, depurarlas y aprobar la entrega de los recursos. En Tlapacoyan, al formarse el Grupo Operativo Regional, estuvieron: Gabriel Barreda, de la ARIC Plan de Arroyos; Alberto Andrade, de la Sociedad Tazolapa y socio comercial del anterior; José Luis Arcos, de la caja de ahorros Azotal; Urbino Arcos, de la Unión de Ejidos José Cardel; Israel Sánchez, de la Sociedad de Atzintla y Tomás Navarrete, de la Cooperativa Quicempacayotl.

Durante 1993, en el marco del Grupo Operativo Regional, se manejaron los créditos a la palabra; en 1994, los apoyos directos y la transferencia de los recursos de Solidaridad; en 1995, el crédito de avío agrícola en dólares, y en 1996 los apoyos fiscales del nuevo programa de la Alianza para el Campo.

En 1996 el Grupo Operativo Regional se transformó en el Consejo Regional del Café, el cual se constituyó legalmente como una asociación civil. Al nombrar la directiva, se eligió a Alberto Andrade como presidente, a José Luis Arcos como secretario y a Gabriel Barreda como tesorero. Era indiscutible la hegemonía de este bloque cenecista-priista. Se justificaba su elección dado que eran quienes contaban con más "experiencia" y "relaciones". Así parecía, pues Gabriel Barreda era el operador de la principal empresa comercial de los productores de café de la CNC en Veracruz y miembro de su comité ejecutivo estatal, mientras que Urbino Arcos era presidente de la Unión Estatal y del comité ejecutivo nacional; José Luis Arcos era presidente nacional de una coordinación de cajas solidarias y de ahorro promovida por Sedesol, e Israel Sánchez pasaría a ser presidente de la Unión de Crédito Interestatal de la CNC. Ninguna región cafetalera en el país tenía tal aportación a las dirigencias estatales y nacionales del aparato cafetalero priista.

Con el Grupo Operativo Regional y el Consejo Regional del Café se creó por primera vez en la región un espacio público de interacción de los actores sociales y gubernamentales y hubo mayor poder de las representaciones sociales. Se realizaron constantes reuniones y se escucharon diferentes opiniones pero fue un espacio de un pluralismo muy limitado, no democrático y que no generó nuevos principios o valores que propiciaran un nuevo asociativismo entre los productores de café. Al contrario, se fortalecieron la dependencia y el clientelismo con relaciones muy personalizadas de los dirigentes regionales y locales.

En cuanto a la Cooperativa Quicempacayotl, en 1990 construyó un centro de secado y centros de despulpe en algunas comunidades. En los años siguientes no se tuvieron resultados positivos en el acopio y la comercialización del café debido a los altos costos de operación, problemas de calidad, pérdidas por variación de precios, deudas con fuentes financieras, falta de recursos para promover la organización y capacitación, etc. Con estos resultados la cooperativa no pudo ser una opción para más productores ni hacer contrapeso a la ARIC Plan de Arroyos y demás intermediarios en la región.

En lo referente a su funcionamiento interno, a partir de las entrevistas realizadas a productores locales y directivos, se puede ver que en relación con las otras organizaciones hubo mayor participación, compromiso y responsabilidad. Pero se siguió considerando a la organización tan sólo como un instrumento para la obtención de ciertos bienes, para la comercialización del café, la consecución de apoyos para las tiendas de abasto, créditos y apoyos fiscales de la Alianza para el Campo, etc. No se expresó con claridad la idea de construir un espacio de aprendizaje y socialización de nuevos valores y principios. En los últimos años la membresía ha disminuido principalmente por problemas en la comercialización del café o bien por diferencias en el manejo de los centros de despulpe. Aún se reconoce el papel de los promotores iniciales, quienes siguen jugando un papel central, y la cooperativa depende en gran medida de las iniciativas de estas personas, las cuales, a diferencia de otras organizaciones, están más integradas a los problemas cotidianos de los grupos locales, como es el caso de Tomás Navarrete quien es productor en Vega Chica. En esta localidad la cooperativa funciona con base en un acuerdo voluntario de un grupo de personas que han construido afinidades, compromisos y lealtades a partir del involucramiento en otras actividades, como en la lucha por la tierra en Vega Chica, la lucha por el abasto y la operación de tiendas, la comercialización de café y la obtención de algunos apoyos para el manejo de las fincas.

Si se compara el papel de este grupo con el de otros, también ligados a la CNOC en regiones cercanas, como Coatepec y Huatusco, se ve que la mayor presencia en éstas viene de su incidencia en las luchas por mejorar los precios del Inmecafé en 1982 y 1987. Además, cuando se forman Grupos Operativos y Consejos Regionales para distribuir los apoyos fiscales es visible que cuentan con la mayoría de sus integrantes, lo cual es clave en la definición de afiliación por parte de los grupos locales. La única ventaja que ha tenido la representación de la Cooperativa en el Consejo Regional del Café es que por sus relaciones con la CNOC ha contado con mayor información, lo cual le ha permitido ser más ágil para las negociaciones nacionales de las políticas públicas, de las propuestas y de las reglas y los criterios de los programas.

Cambios a partir de 1996

En primer lugar, la desaparición del programa de Solidaridad implica en la región la eliminación de un contrapeso que propiciaba una cierta disciplina en el pago de los préstamos y en la transparencia de las operaciones en algunos grupos.

En segundo lugar, con el nuevo gobierno de Zedillo los mecanismos para el manejo de los recursos fiscales se descentralizaron; ahora los gobiernos de los estados y los Consejos Estatales del Café tenían mayor poder de decisión. En el caso del Consejo Estatal del Café de Veracruz, sus principales funcionarios eran abiertamente pro-priistas y cenecistas, por lo que mantenían relaciones estrechas con los dirigentes del Consejo Regional de Tlapacoyan.

Se generan en la región nuevas dinámicas:

1) A partir de 1998 descienden los precios de café; los productores tienen dificultades para pagar los créditos recibidos y se orientan más a estrategias familiares de sobrevivencia, incluida la migración en busca de otros ingresos; en consecuencia, se da una menor participación en las organizaciones regionales.

2) Se fortalecen relaciones personales entre los dirigentes regionales y locales con un sesgo de mayor discrecionalidad y corrupción, lo cual se refleja en un mayor manejo de hectáreas falsas para recibir apoyos fiscales o créditos, así como manejos arbitrarios de los centros de acopio que afectan a los productores en las pesadas y los precios.

3) Al interior de algunas organizaciones de productores tienden a predominar los negocios privados de grupos reducidos. Así la ARIC Plan de Arroyos y la Sociedad Tazolapa pasan a formar parte de una sociedad mercantil llamada Asociación de Agroindustrias Serranas,

incorporándose además como socios individuales a medianos y grandes propietarios; incluso algunos de éstos son compradores de café.

En el caso de la caja de ahorros Plan de Arroyos Tlapacoyan, algunos de los directivos y un grupo reducido constituyeron una sociedad anónima que solicitó créditos particulares con la cobertura de la caja; de este modo compraron café, pero con la caída de los precios sufrieron fuertes pérdidas que les impidieron cubrir los créditos a Banrural, por lo que este banco afectó al Fondo de Garantía, mismo que había sido formado durante varios años a través de la caja de ahorros. Asimismo, un beneficio ecológico construido con recursos de Alianza para el Campo y gestionado como caja fue puesto a nombre de la Sociedad Anónima.

Una situación similar ocurrió con la caja de ahorros Azotal. En los dos casos los dirigentes fueron destituidos y los nuevos representantes iniciaron denuncias por fraude.

En 1998 gana la gubernatura del estado el priista Miguel Alemán, y el nombramiento de los responsables de varias dependencias agropecuarias parece fortalecer el poder de Gabriel Barreda en la región de Tlapacoyan; así, su hermano Santiago Barreda será el delegado de la SAGAR en el estado, su cuñado Mario Hernández será el nuevo coordinador del Consejo Estatal del Café, y el padre de éste será uno de los principales asesores del secretario de Desarrollo Agropecuario.

En el grupo hegemónico en el Consejo Regional se desarrollan rasgos más autoritarios y de manipulación política que originan fricciones con algunos dirigentes regionales.

Así, por ejemplo, para un acto con el presidente Zedillo en Coatepec, Gabriel Barreda se compromete a llevar un grupo grande de productores de café asignando un número a cada organización; sin embargo, la asistencia es pequeña y en represalia no se realizan trámites ante el Banrural para la obtención de constancias de no adeudos, lo cual era necesario para que los productores de varias organizaciones pudieran acceder a los apoyos fiscales a fin de mejorar la producción dentro del programa de la Alianza para el Campo. Esta situación genera el descontento de varios dirigentes y en la elección para una nueva directiva del Consejo Regional se elige mediante voto secreto a Tomás Navarrete, y a los anteriores representantes no se les acepta ni como suplentes. Las razones por las cuales se propone al representante de la organización más pequeña e independiente son, según la opinión del mismo Navarrete, que manejaba más información sobre la política cafetalera y programas a través de la CNOC, así como una actitud más crítica sobre los manejos de los representantes destituidos y propuestas de mayor acción en las negociaciones con el Banrural y el Consejo Estatal del Café. Probablemente contó también el hecho de que los problemas internos en las cajas llevaran a los nuevos representantes a contemplar que de surgir mayor conflictividad era necesario contar con otras relaciones y canales de negociación, en este caso la CNOC, que si bien tiene una presencia pequeña a nivel de la región, sí es más fuerte en el plano nacional. La nueva directiva impulsa una mayor participación y discusión en el Consejo Regional, promueve que se lleve la información a las comunidades y organizaciones y que en éstas se elaboren propuestas para revisar en el consejo, además de apoyar las demandas de las cajas en relación con los fraudes y el manejo particular de algunos beneficios húmedos.

¿Será éste el inicio de cambios en los esquemas de dominación tradicionales en la región, al menos en lo tocante a los procesos asociativos de los caficultores?

A partir de las entrevistas es perceptible que en los pueblos cafetaleros existe muy poca información sobre los factores diversos y más amplios que condicionan la actividad cafetalera y sobre cómo se da la estructura de representación y negociación de las demandas y las respuestas, mediante la relación entre dirigentes locales y regionales, con un grupo hegemónico cenecista priista que ha monopolizado las relaciones con el aparato estatal y ha llevado a la desmovilización local. Sin pluralismo asociativo y partidista se ha bloqueado la aparición de iniciativas más autónomas. En estas condiciones los grupos locales no se habían atrevido a desafiar el poder de los dirigentes priistas.

En el primer semestre del año 2000, tres factores podrían influir en la dinámica organizativa de esta región:

1) Si se responde con presiones a las demandas de varios grupos sobre manejos corruptos y discrecionales de los recursos de las organizaciones y los programas públicos, por parte de los representantes destituidos, puede generarse una mayor conflictividad que dé paso a rupturas mayores, o si a su vez los funcionarios estatales apoyan a aquéllos.

2) A partir de fines de diciembre de 1999 los precios internos del café han caído casi 40% como resultado de una baja de los precios en la bolsa del café de Nueva York, de un aumento de los castigos a las exportaciones del café mexicano y de un sobrecastigo de los intermediarios locales. Esto ha generado un gran descontento en las regiones cafetaleras y ha causado manifestaciones de protesta en varias regiones. La CNOC promovió una manifestación nacional para el 15 de

marzo de 2000, mientras que el Consejo Regional del Café de Coatepec también acordó realizar una manifestación en Jalapa, la capital de Veracruz. En el Consejo Regional de Tlapacoyan, con asistencia de productores y representantes locales, se acordó asistir a la manifestación en Jalapa, donde se esperaba la asistencia de al menos unos 5 000 productores de varias regiones del estado para demandar el apoyo fiscal para compensar la caída de ingresos y solicitar al Estado frenar los castigos de las grandes compañías exportadoras de café. Las experiencias de años anteriores en Veracruz señalan que en algunas regiones, principalmente en Coatepec, la movilización puede rebasar a los dirigentes locales y regionales e incluso constituir nuevos grupos. En Tlapacoyan será decisivo si los nuevos directivos del Consejo Regional deciden entrar en esta dinámica, lo cual implica una gran campaña de promoción, casi pueblo por pueblo, que motive a los productores locales. Cuando los precios sufren una terrible caída se genera una gran inquietud en los productores y hay cierta disponibilidad para participar en acciones más amplias y en nuevos procesos organizativos.

3) Las elecciones presidenciales de julio de 2000 pueden generar nuevas expectativas y llevar a un mayor pluralismo político entre los productores de café de la región. Si en 1988 muchos campesinos votaron por Cárdenas y después se dio una recuperación de los priistas, para el año 2000 el candidato opositor con mayores posibilidades era Vicente Fox, del Partido de Acción Nacional (PAN). Este partido tiene poca influencia entre los campesinos, pero sin duda el hecho de ganar a nivel nacional puede generar, en un contexto en que existe una relativa comunicación vía la televisión, una nueva afiliación partidaria de productores y dirigentes cafetaleros. También podría servir para acotar el poder de los dirigentes cenecistas-priistas locales y de los funcionarios del gobierno estatal.

No es descartable incluso que estos tres procesos pudieran conectarse, lo cual generaría en la región una mayor ruptura de los esquemas de dominación y control político. Grupos pequeños como los de la cooperativa pueden jugar un papel fundamental en estos procesos.

Actores políticos y sociales y espacios de interacción: 1990-1999

Las organizaciones de los productores de café en México están inmersas en el mercado a través de los precios, el financiamiento y la comercialización y mantienen una constante interacción con las instituciones gubernamentales, tanto a nivel nacional como en los estados, principalmente en relación con el manejo de los subsidios a los cafeticultores y la definición de las políticas cafetaleras.

En esta sección nos referiremos al periodo de 1990 a 1999 y describiremos a los actores políticos y sociales y sus modalidades de participación, así como los diferentes espacios de interacción que se formaron en el periodo. Se analizarán los resultados de las relaciones entre productores, mercado y gobierno en términos de gobernabilidad, desde la perspectiva de si se está avanzando en la democratización y en el fortalecimiento de los actores sociales autónomos.

La gobernabilidad tendría tres dimensiones: eficacia, estabilidad y legitimidad. La primera se relaciona básicamente con la capacidad del Estado para llevar a cabo sus objetivos e incidir en la vida pública. La segunda se refiere a la capacidad de los actores, programas e instituciones estatales para regular el conflicto social, y la tercera, al origen y composición de los distintos niveles de gobierno y su relación con el Estado de derecho. Desde esta perspectiva se pone atención a los actores, procesos e instituciones que conducen y ejecutan el ejercicio de gobierno. Con base en lo anterior y en el marco de la cafeticultura mexicana en la última década, dividiremos la exposición en dos partes que corresponden, la primera, al gobierno de Carlos Salinas de Gortari (1988-1994) y la segunda, al de Ernesto Zedillo (1994-2000).

En 1989, el nuevo grupo gobernante enfrenta una serie de conflictos en la cafeticultura derivados, en lo económico, de la fuerte caída de los precios y del anuncio del retiro de la participación estatal vía el Inmecafé. En lo político, los problemas electorales del PRI en las elecciones de 1988 llevan a que el interés fundamental del gobierno salinista sea retomar el control político. En este periodo distinguimos dos etapas.

El intervencionismo político-estatal en varios frentes

Esta etapa va de 1990 a 1992 y, en cuanto a la acción del Estado, se expresa a través de varios grupos; uno de ellos será encabezado por Carlos Hank González, secretario de Agricultura, viejo político priista aliado a los grupos corporativos oficiales, como la Unión Nacional de Productores de Café, entre los pequeños productores, y la Confederación Nacional de Productores Rurales, entre los grandes productores. Este grupo se alía con los sectores tecnócratas de la Secretaría de Hacienda y del Banco Nacional de Comercio Exterior.

Por otra parte, están los grupos de "reformistas sociales" (Dresser, 1994), que actúan en dos espacios; el primero en la misma SARH, en la subsecretaría de Política y Concertación Social, encabezado por Gustavo Gordillo, ex asesor de la UNORCA;[4] y el otro en el Programa de Café del INI-Solidaridad, cuyos responsables eran Jesús Rubiell y Ariel Quintero, también ex asesores de la UNORCA. Cada uno de estos grupos tenía todo un equipo formado por ex activistas de las organizaciones campesinas independientes y recientes egresados de las universidades públicas.

En cuanto a los actores sociales principales, además de la CNOC, se encontraba la Unión Nacional de Productores de Café (UNPC, corporación oficial). Esta organización vivía una fuerte crisis debido a la quiebra de la mayoría de sus organizaciones económicas ante la baja de los precios de 1987 y 1989, y debido a los malos resultados electorales que le había dado al PRI en las elecciones presidenciales de 1988.

Los dos principales espacios de interacción entre los actores sociales y políticos en estos años fueron el Consejo Consultivo para la Reestructuración del Inmecafé y el Fidecafé.

El primero, presidido por Gustavo Gordillo, se formó como un espacio plural en el cual participaban las organizaciones oficiales UNPC y CNPR, y los nuevos agrupamientos independientes, como la CNOC, UGOCP,[5] CIOAC,[6] así como un conjunto de organizaciones campesinas pequeñas como la CCI, CAM[7] y otras cuya participación le interesaba a Gordillo para validar su política de concertación a través de un Congreso Agrario Permanente. El objetivo era definir la política cafetalera ante el retiro del Inmecafé. Aunque se dieron avances importantes en términos de elaborar propuestas sobre la transferencia de la infraestructura del Inmecafé a las organizaciones regionales, capacitación y asistencia técnica, reestructuración de adeudos, transformación del Fidecafé, entre otros temas, los acuerdos no se pudieron instrumentar debido a la debilidad política del propio Gordillo, quien no fue apoyado por las fuentes de financiamiento; además, fue bloqueada su participación en el Fidecafé.

En cuanto al Fidecafé, que era un organismo de los productores de café y que para esos años contaba con unos 200 millones de pesos de capital, su comité técnico estaba dominado por los grupos cafetaleros cor-

---

[4] La Unión Nacional de Organizaciones Regionales Campesinas Autónomas (UNORCA) fue durante los años 1984-1988 la principal organización campesina independiente del país.
[5] Unión General de Obreros y Campesinos, grupo semioficial.
[6] Central Independiente de Obreros Agrícolas y Campesinos, organización ligada históricamente al Partido Comunista.
[7] Central Campesina Independiente, Congreso Agrario de México, organizaciones pequeñas y oficiales.

porativos, dado que ellos contaban con mayoría de votos: dos de la
UNPC, dos de la CNPR, uno de la Confederación Mexicana de Productores de Café (organización de los grandes productores más plural y
autónoma) y uno más del Inmecafé. Después de arduas negociaciones,
el voto del Inmecafé, vía el mecanismo de las suplencias, le fue otorgado
a los productores independientes de la CNOC y CIOAC. Se dio una feroz
lucha por la asignación de los recursos, por un lado la CNC y CNPR, tratando de canalizar recursos sin muchas reglas hacia sus afiliados; por
otro Hacienda, Banrural[8] y Bancomext procuraban que se les pagaran
los créditos vencidos de los productores y se apoyaran nuevos programas con garantías al 100%; mientras tanto, la CNOC promovía programas
de crédito con reglas claramente establecidas con independencia de
las filiaciones organizativas. Hasta 1992 habían triunfado las posiciones de los dos primeros bloques, por lo que el Fidecafé perdió cuando
menos 50% de sus activos.

El intervencionismo político-estatal centralizado

A mediados de 1992 hay una nueva situación. Los precios internacionales del café se desploman, por lo que la CNOC inicia movilizaciones
solicitando un programa de emergencia que otorgara subsidios a los
cafeticultores. Otro ex asesor de UNORCA, Hugo Araujo, toma la dirección de la CNC, la corporación campesina oficial, y con el apoyo del presidente Salinas impulsa una renovación de dicha central, con nuevos
elementos de mayor autonomía, pluralismo y concertación con las
demás organizaciones.

Por otra parte, el INI-Solidaridad había construido ya una base social
propia entre los cafeticultores e impulsado nuevas organizaciones
regionales y nuevos dirigentes. Con la demanda de subsidios se logra
articular un bloque de grupos cafetaleros que incluye a la CNOC, CIOAC,
la fracción araujista de la CNC e incluso a grupos ligados al INI-Solidaridad. La gravedad de la crisis llevó a que el presidente Salinas decidiera
que los apoyos fiscales se canalizarían vía INI-Solidaridad, desplazando
a la SARH como instancia principal para las políticas cafetaleras. Las
negociaciones entre las organizaciones y la Secretaría de Desarrollo
Social, de la cual dependía el programa de subsidios, condujeron a un
nuevo diseño institucional, que consistía en la formación de un Grupo
Operativo Nacional y de Grupos Operativos Regionales en las 56 regio-

---

[8] Banco Nacional de Crédito Rural, banco del gobierno federal.

nes cafetaleras, en los cuales participaban tanto las instituciones gubernamentales como las organizaciones de productores. En términos de innovación institucional fue un avance importante, ya que las reglas para la entrega de recursos se acordaron entre las dos partes y se hizo una difusión pública masiva de las mismas, lo cual propició una mayor participación de los productores. Se llevaron a cabo reuniones en las regiones, en los estados y a nivel nacional para evaluar los resultados y redefinir los esquemas de distribución de recursos en términos de una nueva moralidad pública; se avanzó en términos de fomentar una cultura de pago, de transparencia en el manejo de recursos y de negociaciones públicas.

Se fortalecieron los tres actores principales en este proceso; así, la CNOC aumentó su membresía y su influencia en otros grupos sociales en el terreno de las propuestas de políticas públicas; la UNPC oficial, con mayor cobertura territorial que la CNOC, pudo reactivar a muchos de sus dirigentes locales, quienes en ausencia de otras organizaciones coparon los Grupos Operativos Regionales. La caficultura se convirtió en un modelo de fomento a la participación ciudadana controlada desde el gobierno, con capacidad para desactivar la conflictividad social derivada de la crisis económica cafetalera.

Para el gobierno salinista y los operadores de Solidaridad la aceptación parcial de las demandas de los productores, el diseño conjunto de los programas, el fomento a la participación y la aceptación del pluralismo, les permitió encuadrar al sector de los pequeños productores en un nuevo esquema semicorporativo, lo cual dotó de una mayor eficacia a la acción gubernamental, propició una estabilidad relativa e incluso dio legitimidad a la acción personalizada del presidente Salinas de Gortari.

El gobierno de Zedillo y la descentralización en la instrumentación de las políticas cafetaleras

El presidente Ernesto Zedillo inició su gobierno en medio de una fuerte crisis económica, resultado de las pugnas internas y el descontrol en la transición hacia el nuevo equipo de gobierno, así como de políticas económicas erróneas y factores inéditos como los asesinatos de dirigentes políticos del PRI durante el último año de gobierno de Salinas. El primer año del nuevo gobierno fue más bien de medidas de emergencia. Se perfilaban, sin embargo, nuevos mecanismos, como era la descentralización hacia los gobiernos estatales del manejo de buena parte de los recursos fiscales.

En la rama cafetalera, la fuerte elevación de los precios internacionales a mediados de 1994 y la devaluación del peso en diciembre del mismo año, cuadruplicó los precios internos del café. Después de cinco años de crisis y de la caída de la producción, las organizaciones de productores, principalmente la CNOC, consideraban que no era viable demandar nuevos apoyos compensatorios y se empezó a manejar la necesidad de un crédito en dólares para reactivar la producción. La demanda fue aceptada por Francisco Labastida, nuevo secretario de Agricultura, por razones que tenían que ver con lo atractivo que resultaba aumentar la producción de café y generar cuando menos mil millones de dólares de divisas en momentos de crisis. Además, el nuevo esquema rompería la estructura que había formado el programa de Solidaridad en el sector cafetalero.

Un nuevo espacio de interacción:
el grupo nacional de financiamiento

El nuevo proyecto impulsado por las organizaciones, principalmente la CNOC, condujo a una redefinición de la participación de diversas instituciones en la cafeticultura. Meses de negociaciones llevaron a la constitución de un Fondo Nacional de Garantía para un programa de crédito en dólares, constituyéndose dicho fondo con recursos del Fidecafé, los recursos fiscales que tenía el INI para ejercer en 1995 y una aportación por hectárea que cada productor realizó. En cada estado se crearía un fondo de garantía complementario, con aportaciones fiscales de los gobiernos estatales, hasta cubrir 100% de las garantías requeridas. Los créditos los otorgaría Banrural con recursos de Bancomext. El comité técnico del fondo estaba formado por todas las organizaciones nacionales, con el acuerdo de que se redistribuirían los niveles de decisión conforme a los mandatos que diera cada productor solicitante de créditos. El nuevo esquema incluía una participación central de los grupos operativos regionales de productores, los que recibirían y aprobarían las solicitudes. Participaron 165 000 productores, con 315 000 ha. Este ambicioso proyecto incorporaba por primera vez en un mismo esquema a todos los actores sociales y políticos involucrados en la cafeticultura, con excepción de industriales y comercializadores. El plan del grupo central impulsor (CNOC, CIOAC y CNC) era que de tener éxito, el sector productor tendría mayor fortaleza y se pasaría entonces a la negociación de las políticas de fomento y del funcionamiento del Consejo Mexicano del Café. A fines de 1995 se realizó la reunión más importante del sector productor en muchos años, con participación de unos 400 delegados de todos los grupos regionales de las organizaciones nacionales, Consejos Estatales del Café y todas las instituciones involucradas en la rama; en un marco de gran participación se acordó que las propuestas se llevarían a discutir a las regiones y se regresaría a un nuevo encuentro nacional.

Sin embargo, en 1996 el programa fracasó totalmente, ya que sólo se cubrieron 115 000 ha de 65 000 productores. Las disputas por las responsabilidades en el no pago y las negociaciones de las condiciones de un nuevo programa dividieron a las organizaciones nacionales, lo cual llevó a la cancelación de este esquema. Los factores que influyeron para el fracaso del programa de créditos en dólares fueron:

a) los antecedentes de corrupción de los créditos de Banrural en varias regiones cafetaleras, lo cual fue aprovechado principalmente por dirigentes de la CNC para quedarse con parte del dinero;
b) la promoción inadecuada de los gobiernos de los estados, que lo anunciaron como un apoyo gubernamental;
c) la idea de algunos grupos de productores de que el programa debería ser una compensación ante los cinco años de crisis;
d) la promoción, desde los grupos ligados al INI, del no pago para que ellos mismos manejaran nuevamente los recursos asignados a las zonas indígenas.

Las discusiones en el grupo nacional de organizaciones y en las regiones debilitaron al sector productor en su conjunto, perdiéndose buena parte de la capacidad de interlocución que se había logrado en años anteriores.

Los actores políticos, la SAGAR y los gobiernos de los estados

En cuanto a la SAGAR, desde que llegó Francisco Labastida fue muy claro su interés por establecer una relación más cercana con los gobiernos de los estados. Labastida fue uno de los mayores promotores de la descentralización en el manejo de los recursos fiscales. Uno de los mecanismos fue el programa de la Alianza para el Campo;[9] en el caso del café los recursos se han orientado principalmente al aumento de la producción vía la introducción masiva de nuevas plantas de varieda-

[9] Este programa consistió en una serie de proyectos dirigidos a campesinos para otorgar créditos selectivos y apoyo técnico.

des mejoradas. El programa de la Alianza para el Campo-Café ha tenido fuertes problemas debido a que el presupuesto no ha aumentado en términos reales en los últimos años. El obstáculo administrativo-político es que después de aprobado el presupuesto federal a fines de diciembre, le lleva un mes y medio a la SAGAR redefinir internamente los montos asignados para café; luego inicia la negociación con los estados, que en los últimos años en promedio ha llevado de cuatro a cinco meses. Así, los recursos se entregan a los productores entre agosto y octubre, totalmente desfasados del ciclo agrícola, lo cual genera un fuerte descontento social. El paquete tecnológico de introducir muchas plantas nuevas no es muy aceptado por los productores debido a las fluctuaciones de los precios y la falta de créditos baratos.

El responsable de llevar los programas de café en la SAGAR en los años 1999-2000 fue el ingeniero José Antonio Zazueta, subsecretario de Desarrollo Rural, quien se ha sensibilizado hacia los problemas de la caficultura. El funcionario mantuvo contacto con las organizaciones regionales, asignó mayores recursos al café en otros programas, como el de Empleo Temporal y Equipamiento Rural, y mantuvo un diálogo permanente con las organizaciones nacionales. Sin embargo, en cuanto a las demandas de éstas para restructurar el Consejo Mexicano del Café, reorientar el programa de la Alianza para el Campo y frenar las importaciones de café, no hubo muchos avances porque las decisiones al respecto se tomaron a niveles más altos en el gobierno federal.

En cuanto a los gobiernos de los estados, la política que han seguido con los Consejos Estatales del Café, que formalmente son mixtos (instituciones gubernamentales y organismos de productores y comercializadores), es hacerlos funcionar como una dependencia gubernamental, con una burocracia supeditada a los secretarios de Desarrollo Agropecuario y a los gobernadores. En la mayoría de los casos, con excepción de Oaxaca hasta 1998, los consejeros no se reúnen con regularidad, no se recibe información ni se evalúan los programas y las acciones giran en torno a la entrega de los recursos de la Alianza para el Campo. En las últimas elecciones para gobernador en los estados cafetaleros, como Veracruz, Oaxaca, Guerrero, Puebla e Hidalgo, además del interino de Chiapas, han triunfado los candidatos del PRI. Aunque el porcentaje de votantes es de alrededor de 50% del padrón y el PRI ha obtenido entre 40 y 50% de los votos, o sea 25% del total de los votantes cuando mucho, los nuevos gobiernos estatales han regresado a las prácticas de favorecer sólo a los miembros del partido oficial. Esto repercute en el funcionamiento de los Consejos Estatales, que tienden a no respetar el pluralismo existente en el sector cafetalero, a reproducir las prácticas de las negociaciones políticas con los grupos de productores y a revitalizar el clientelismo político a través del manejo de los recursos públicos. Un caso lamentable es el de Oaxaca, cuyo consejo se consideraba ejemplar en el medio cafetalero, por la autonomía que había aceptado el gobernador Diódoro Carrasco y la excelente coordinación entre los funcionarios del consejo y las organizaciones de productores. Esto había propiciado un mejor manejo de los apoyos fiscales y el fortalecimiento de las organizaciones regionales. Cabe señalar que ante la presencia mayoritaria entre los productores de los grupos ligados a la CNOC, que jugaban un papel fundamental en el buen funcionamiento del consejo, el nuevo gobernador de Oaxaca prácticamente lo ha cancelado, alegando que las organizaciones se han beneficiado de manera indebida y que en adelante los apoyos fiscales se entregarían directamente a los productores y grupos locales a través de las instancias gubernamentales de cada región. Es obvio que con esto se trata de bloquear a las organizaciones independientes y recuperar el control político de los productores.

En los gobiernos de los estados cafetaleros, ante la cercanía de las elecciones presidenciales, hubo una tendencia a reforzar a los grupos priistas y a bloquear a los grupos más independientes, como la CNOC, con la visión de que estaban ligados a partidos de oposición o podían obstaculizar las políticas de compra y coacción del voto.

Los nuevos espacios de interacción a nivel nacional

Aquí tenemos al Consejo Mexicano del Café, que es un organismo público mixto en el cual participan tanto los actores sociales como los políticos, y al Foro Nacional de las Organizaciones de Productores de Café, que se ha venido conformando desde mediados de 1997 a raíz de la autorización de importaciones de café verde sin aranceles.

El Consejo Mexicano del Café

Formado en 1993 para sustituir al Inmecafé, sus integrantes son cuatro secretarios del gobierno federal, cinco gobernadores de los estados cafetaleros más importantes, una representación de los industriales (Anacafé), otra de los comercializadores (AMEC) y, por parte de los productores, la CNC, CNPR, CMPC, y una representación del Congreso Agrario Permanente. No se incluyó a la CNOC pese a que había demostrado una membresía importante. El consejo se reúne dos veces al año y en realidad sólo se da un intercambio de opiniones entre los gobernadores y los secretarios; la participación del sector cafetalero es marginal. El consejo es financiado con recursos fiscales vía la SAGAR, desde donde se nombra a su director, por lo que en realidad más que un organismo del sector cafetalero ha funcionado como un aparato gubernamental. En 1996 el CMC asumió las funciones de coordinar las relaciones con los Consejos Estatales para el seguimiento del programa de la Alianza para el Campo, realizándose reuniones cada 15 días con las organizaciones de productores en un marco de fuertes discrepancias por el paquete tecnológico que se utiliza para el mejoramiento de cafetales.

El aval del director del CMC a las importaciones de café verde en 1998 hizo que se fracturara el funcionamiento de este organismo y en los últimos dos años, pese a la impresionante cantidad de reuniones, persisten diferencias entre sus integrantes y la posición de las organizaciones ha sido la de restructurar el consejo, asignando una mayor representación a los productores. En el fondo, los desacuerdos obedecen a la polarización de los intereses políticos y económicos. La SAGAR negocia la aplicación de los recursos fiscales con los gobiernos de los estados; la organización de los industriales, dominada por la Nestlé, bloquea cualquier mecanismo de regulación comercial y demanda una libertad absoluta para importar; la asociación de los comercializadores, cuya actividad está cada vez más concentrada en grandes empresas filiales de transnacionales, también se opone a las regulaciones de las exportaciones e importaciones.

El director del CMC, que tiene el apoyo de los grandes empresarios y de altos funcionarios del gobierno federal, ha logrado mantenerse en su puesto, pese a los intentos de la SAGAR y del sector productor de nombrar un nuevo responsable del organismo. En estas condiciones no se da un diálogo constructivo, de elaboración de propuestas conjuntas para renovar la cafeticultura mexicana.

El foro de las organizaciones nacionales de productores de café

Después de las diferencias en torno al programa de crédito en dólares, las principales organizaciones nacionales de productores de café empiezan a reunirse otra vez para hacer un frente común en contra de las importaciones de café. En los dos últimos años (1999-2000) se realizan reuniones cada semana en las oficinas del Fidecafé, con participación de un promedio de siete representantes de la CMPC, CNOC, CIOAC, CNC y la CNPR. La mecánica de las reuniones es trabajar sobre los puntos en los que hay consenso: importaciones, Alianza para el Campo y la restructuración tanto del Consejo Mexicano como de los estatales, en menor medida el Fidecafé y el financiamiento. Un tema de interés para grupos como la CNOC, el de la política social para las zonas cafetaleras, no ha sido retomado por las demás organizaciones. En las reuniones se presentan comentarios sobre la evolución de los precios del café y las condiciones de comercialización y cada vez más se da un intercambio abierto sobre la situación económica y política del país. En el último año se ha revisado la posibilidad de formalizar el foro como una asociación civil. En relación con los temas centrales, se han elaborado propuestas y se actúa de manera conjunta en el seno del Consejo Mexicano y en reuniones con la SAGAR y la Secofi. Por otra parte, se ha buscado una relación con los principales diarios y con la Comisión de Agricultura del Congreso de la Unión, para divulgar las demandas, lo cual abre relaciones con los diputados federales.

El foro constituye un espacio de comentarios, análisis y elaboración de propuestas, y podría ser el embrión de un proyecto de construcción organizativa del sector de productores campesinos en una perspectiva más autónoma y plural.

Regresión en la gobernabilidad y la gobernancia

Si se entiende la gobernabilidad como "la capacidad del gobierno para gobernar en términos de legitimidad, eficacia, eficiencia y transparencia" y la gobernancia como la "capacidad de tener un gobierno responsable, transparente, apegado a la ley, interesado en la resolución de los problemas públicos y capaz de dialogar con la sociedad", entonces es evidente que en el sector cafetalero mexicano hay un retroceso si comparamos la situación actual (2000) con lo que ocurría entre 1992 y 1995.

En ello influyen varios factores. Las organizaciones de productores se han debilitado debido a cuatro razones principales:

1) La persistencia de la crisis económica hace que los productores opten más por estrategias familiares desvinculadas de la organización, dándose una fuerte emigración a la frontera norte y a los Estados Unidos.

2) Las organizaciones han tenido problemas en sus proyectos de comercialización por fluctuaciones de precios, experiencia insuficiente y un contexto más competitivo con grandes compañías filiales de transnacionales.

3) Los programas públicos de apoyos fiscales se orientan hacia los productores individuales y grupos locales sin tomar en cuenta a las organizaciones regionales.

4) La descentralización en el manejo de los recursos ha disminuido la interlocución y capacidad de negociación de las organizaciones nacionales y su vinculación con los grupos en los estados y las regiones.

Se dice en México que la cafeticultura es una de las ramas agrícolas más organizadas. La misma SAGAR afirma que el sector cafetalero es aquel con el cual existe mayor diálogo e interlocución. Es impresionante la cantidad de reuniones que se celebran para revisar los distintos aspectos de las políticas cafetaleras; sin embargo, es importante hacer notar que el gobierno federal sigue teniendo capacidad para manejar los programas y que ha disminuido la eficiencia y la transparencia, principalmente debido a que con la descentralización de los recursos, los gobiernos de los estados se manejan con mucha discrecionalidad. Las organizaciones cafetaleras en el plano nacional tienen mucho diálogo con las agencias gubernamentales y sí hay funcionarios interesados en los problemas y que actúan con cierto grado de transparencia, pero el problema mayor radica en la estructura de funcionamiento de las instituciones gubernamentales y en la rigidez de los programas. Existen fuertes problemas en cuanto a la información de sus resultados; por ejemplo, en el programa Alianza para el Campo la SAGAR y el CMC presentan datos fuera de la realidad para justificar que hay grandes avances. La rigidez de las políticas globales lleva a la imposibilidad de políticas alternativas; por ejemplo, no se pueden regular las exportaciones e importaciones o establecer mecanismos de estabilización de los precios porque se oponen los industrializadores y comercializadores y porque va en contra de la política de liberalización comercial.

Por otra parte, no se pueden dar cambios presupuestales porque se tiene que cuidar el equilibrio fiscal; no se pueden establecer nuevos programas porque ya están definidos (Alianza, Progresa, Procampo); tampoco hay mucha disposición para que los recursos se orienten más a consolidar a las organizaciones regionales.

La experiencia reciente en el sector cafetalero es que se ha estrechado el margen de negociación de políticas públicas, y aunque existan espacios de interacción, éstos no procesan políticas distintas. Los avances son parciales; por ejemplo, se pueden negociar aspectos marginales, pero no las cuestiones de fondo que afectan a los cafeticultores.

Este proceso genera un desgaste no sólo de las instituciones especializadas que tienen que ver con esta rama, sino también de las organizaciones. Sólo una reforma institucional profunda y una reorientación global de las políticas económicas y sociales puede producir cambios sustanciales, aunque para esto se necesitaría una mayor presión de los productores y sus organizaciones, en particular aquellas que manejan posiciones más independientes, como la CNOC.

Esto coloca a las organizaciones en el terreno de la política, las elecciones, las opciones partidarias y las posibilidades de cambio de régimen político.

LAS PERSPECTIVAS DE DESARROLLO DEL ASOCIACIONISMO DE LOS PRODUCTORES DE CAFÉ

Nos referiremos principalmente a las perspectivas de la CNOC de contribuir a un proceso de democratización y sus potencialidades de relación con el sistema político, esto con el fin de establecer nuevas formas de ejercicio del gobierno que se traduzcan en políticas más favorables para el desarrollo de los productores y sus organizaciones.

En primer lugar, se verán las restricciones por parte del mercado, del sistema político y de los actores específicos que participan en el medio cafetalero; en segundo lugar, se indicarán algunos elementos determinantes en las posibilidades de desarrollo de esta organización.

Las restricciones del mercado

En el aspecto económico hay tres problemas principales que afectan a productores y organizaciones: los bajos precios, la falta de un sistema de financiamiento y el monto y la forma en que se ejercen los recursos fiscales de fomento. En cada uno de estos aspectos se requieren opciones alternativas. En relación con lo primero, tras los cinco años de precios bajos que se tuvieron de 1991 a 1994, los productores de café terminaron muy desanimados la cosecha 1998-1999. Una combinación de baja de los precios internacionales, sobrevaluación del peso y mayores castigos a los precios internos, debido a problemas de calidad y a los esquemas internos de exportación, redujeron drásticamente sus ingresos. En los meses siguientes, como no había ocurrido en años anteriores, se ha producido una creciente salida de personas, principalmente jóvenes, de las regiones cafetaleras en búsqueda de trabajo y mayores ingresos en la frontera y en los EUA.

En los últimos años las fuertes fluctuaciones de precios y las constantes devaluaciones y revaluaciones de la moneda nacional han afectado las decisiones de inversión en la producción y las condiciones de comercialización de las organizaciones. Es difícil pensar en la posibilidad de regresar a mecanismos regulatorios entre países productores y consumidores que estabilicen los precios internacionales o en la creación de un nuevo organismo estatal que intervenga en la comercialización del café en México y regule los precios internos. Algunas opciones más viables son que, a nivel internacional, el gobierno mexicano tenga un papel más activo en la coordinación con los demás países productores para instrumentar medidas conjuntas que influyan en el sostenimiento de los precios, como son retenciones, asignaciones de cuotas de exportación, destrucción de existencias, retiro de plantaciones, promoción del consumo, etc. Otros elementos serían: el establecimiento conjunto entre organizaciones de productores y gobierno federal de organismos de certificación de las calidades que eviten los castigos exagerados; un mayor apoyo con recursos fiscales a las empresas comercializadoras de los productores, de tal manera que sean más eficaces en las exportaciones del café, y una mayor promoción del consumo a nivel nacional, de modo que no se dependa tanto de las exportaciones.

En cuanto al sistema de financiamiento, al ser el café un producto comercial de exportación requiere un esquema de financiamiento acorde a las condiciones del ciclo agrícola y la comercialización. La crisis del sistema bancario mexicano, la ineficiencia de Banrural y el legado de corrupción que dejó este banco en sus relaciones con los grupos cafetaleros, imposibilitan un avance en las condiciones actuales. Aquí se requiere establecer un organismo especializado para el financiamiento a las actividades cafetaleras que signifique una ruptura con los esquemas anteriores. Lo ideal sería una financiera cafetalera con recursos fiscales iniciales y con nuevos funcionarios y técnicos que establezcan una relación muy transparente con los cafeticultores, sin ningún uso de la relación crediticia como fuente de compromisos políticos, y con una posición firme para bloquear y sancionar a productores y representantes que incurran en actos de corrupción o de no pago sin justificación.

En relación con el manejo de los recursos fiscales, éste ha sido el factor fundamental para sustentar una relación clientelar con los productores, y su manejo discrecional ha permitido la negociación política con los grupos regionales y las organizaciones nacionales. La tendencia de las políticas gubernamentales en el último año es aumentar los recursos para aquellos programas de entrega de dinero en efectivo, de manera individualizada, a través de pequeños grupos, como serían los programas de Empleo Temporal, Becas, Progresa, Procampo, Alianza para el Campo, Crédito a la Palabra, entre otros.

Este esquema selectivo de entrega de pequeños montos desmoviliza a los productores, los vuelve dependientes de las instituciones gubernamentales y no propicia la articulación en procesos asociativos más amplios. Por otra parte, el flujo de recursos a la familia campesina de las personas que trabajan en las ciudades o en los EUA, sumado a la manera como se dan los apoyos fiscales, explica en parte la apatía de los productores para participar en organizaciones regionales en el caso del café.

A través de una acción conjunta de las organizaciones nacionales y regionales debería negociarse con el gobierno federal la formación de un nuevo organismo público, con una mayor presencia del sector productor y una limitación de la capacidad de decisión de los industriales y comercializadores.

Este nuevo organismo, que sustituya al Consejo Mexicano del Café, debería integrar a los consejos estatales y regionales y su financiamiento debería ser en parte con recursos fiscales, además de una cuota a partir de las exportaciones. El nuevo organismo deberá concentrar el manejo de los recursos fiscales para el café que ahora manejan SAGAR, gobiernos de los estados, Fonaes e INI; se elaborarían, entonces, programas nacionales con reglas claras, públicas y difundidas masivamente, en una perspectiva de fortalecimiento de las organizaciones regionales y la coordinación de las nacionales.

Las restricciones del sistema político

La manera como han operado las instituciones gubernamentales durante los últimos años ha sido un factor negativo para la autonomía organizativa de los productores de café. La forma como se está administrando el programa Alianza para el Campo y la descentralización del manejo de los recursos a los estados ha llevado a una exclusión de las organizaciones en el diseño e instrumentación de los programas, lo cual fortalece el aparato central (SAGAR y CMC) (que elabora las reglas generales del sector), así como a las burocracias de las secretarías de Desarrollo Agropecuario estatales. La "federalización" ha significado bloquear una mayor participación de las organizaciones nacionales para criticar, fiscalizar o presionar por un manejo distinto de los recursos.

Por otra parte, un buen número de productores y grupos indígenas sigue funcionando en el ámbito regional, controlado por varios centros coordinadores del INI, lo cual bloquea sus posibilidades de relación con otros grupos; además, Fonaes sigue realizando sus negociaciones de apoyos fiscales con cada organización regional. Vista en conjunto, la acción gubernamental en su nivel federal y estatal secciona a los productores y los encajona en diferentes niveles de gestión y negociación, lo que bloquea la acción conjunta en el plano nacional.

Las elecciones presidenciales en México son un elemento central en el reacomodo de actores políticos y sociales. Para las elecciones de 2000, desde la presidencia de la República se articuló una estrategia de uso de los aparatos gubernamentales y los programas, principalmente de la SAGAR y Sedesol, para apuntalar la candidatura priista del ex secretario de gobernación Francisco Labastida Ochoa. Esto se expresa a través de la centralización de la orientación de los recursos, con esquemas focalizados y más individualizados, como Progresa, con recursos a pequeños grupos en Empleo Temporal o hacia organizaciones regionales a través de otros programas. Los diagnósticos que se realizan en las regiones y que se orientan a ubicar las demandas sociales y los grupos sociales más activos, son fundamentales en una estrategia política de "enganche" o desmovilización. La creciente faccionalización del PRI y las diferencias entre los esquemas más tecnocráticos a nivel nacional y la discrecionalidad que reclaman los gobiernos priistas estatales, están generando un mayor retraso en los programas y en la entrega de recursos, lo que podría llevar a una mayor inconformidad social.

Por otra parte, en el terreno de los partidos políticos, es evidente cómo, desde el PRI y ante la importancia del voto rural para este partido, se ha estado reactivando a la CNC, inyectándole recursos vía mecanismos que parecían superados, como por ejemplo la cuota de 20 pesos por hectárea de los recursos del Procampo para la elaboración de proyectos productivos; esto implica una transferencia de recursos de unos 150 millones de pesos que necesariamente tuvieron que ser avalados por la SAGAR y Banrural. El creciente activismo de la CNC en reuniones con funcionarios gubernamentales y la realización de congresos por rama agrícola, sin duda está agrupando a un buen número de dirigentes para la promoción de actividades de carácter electoral que tendrán como elemento central el manejo de los programas públicos.

En relación con los otros partidos, el PAN no cuenta con una estrategia organizativa importante en el medio rural y en el PRD se presenta una mayor desarticulación a partir de las pugnas faccionales de sus distintas corrientes y las tendencias caudillescas en sus dirigentes campesinos locales. Estos partidos de oposición, cuando llegan a los gobiernos municipales, tienden a reproducir las prácticas clientelares de demandar apoyo partidista si se entregan recursos públicos.

Para las perspectivas del asociacionismo en el sector productor cafetalero a partir de una mayor autonomía y pluralismo político, las estrategias políticas impulsadas desde los organismos gubernamentales y aparatos corporativos como la CNC, con el interés de ganar las elecciones presidenciales a toda costa, producirán fuertes tensiones en las regiones cafetaleras e incluso podrían fracturar algunos procesos de coordinación plural entre diferentes organizaciones.

En cuanto a las posibilidades de un acercamiento de los partidos opositores, no está claro cómo influiría en el medio cafetalero, ni en qué medida las organizaciones locales y regionales, que son plurales políticamente, se articularían a estos procesos. Una presidencia no priista y gobiernos estatales priistas en los estados cafetaleros, la mayoría recientemente electa, podría generar diferencias en las políticas públicas hacia la rama cafetalera. Se prefiguran situaciones de confrontación que dificultarán el accionar autónomo y plural de los grupos de productores de café.

La cultura organizativa entre los productores

Es evidente la creciente desarticulación del sector productor, principalmente por el acceso de los recursos fiscales vía figuras locales y porque las organizaciones económicas regionales pueden negociar apoyos fiscales directamente con los gobiernos estatales y algunos organismos nacionales. Por su parte, las organizaciones nacionales no han podido incidir mucho en las políticas públicas, ya sea comerciales, de fomento o de creación de nuevos esquemas de financiamiento. Un proceso de articulación que tome en cuenta las experiencias más positivas generadas en el Grupo Operativo Nacional y de Financiamiento y el Foro de las Organizaciones Nacionales implica pactar en el marco de un nuevo organismo público un conjunto de políticas y criterios como los siguientes:

1) Establecimiento de un registro nacional de productores de café que identifique claramente al productor y sus hectáreas.

2) La obligatoriedad de formar figuras legales para el acceso a los apoyos fiscales, que podrían ser también a través de las organizaciones regionales y la promoción de que estos apoyos sean recuperables para la formación o el fortalecimiento de los instrumentos financieros de las organizaciones.

3) La articulación de los recursos fiscales y los créditos a la producción en un proceso de fortalecimiento de los procesos asociativos regionales.

4) Compromisos específicos de los productores para mejorar sus plantaciones de café si se reciben apoyos fiscales y exclusión en el caso de incumplimiento. Sanciones severas a los no pagadores de créditos y a los involucrados en acciones de corrupción. Vigilancia para que los productores sancionados no pongan a otro miembro de la familia o formen nuevos grupos o se asocien a otra organización.

5) Entrega de recursos a las organizaciones nacionales para su funcionamiento, derivado de una cuota de la exportación y vía el nuevo organismo público, conforme a criterios transparentes que incluyan número de productores, hectáreas y producción, y con la obligación de presentar un informe público de la aplicación de los recursos.

6) Canalización de los recursos fiscales y de la cuota de exportaciones al fortalecimiento de programas de capacitación y formación de equipos técnicos y directivos de las propias organizaciones, para que puedan atender los aspectos de producción, beneficiado, comercialización, instrumentos financieros y promoción del consumo, así como otros proyectos.

Es evidente que avanzar en los tres grandes temas de restricciones al desarrollo del asociacionismo y de algunos elementos para su desarrollo, implica una reforma en el funcionamiento del Estado y sus relaciones con las organizaciones de productores. De acuerdo con las políticas actuales no se ven muchas posibilidades de avances importantes. No está claro si en las próximas elecciones presidenciales, en el caso de triunfar un candidato diferente al del PRI, exista mayor disposición al tipo de reformas señaladas; por otra parte, está el hecho de que en los estados cafetaleros más importantes los gobiernos recientemente electos son priistas y no están interesados en procesos de mayor autonomía y pluralismo de los productores. En todo caso, el aspecto más importante es si las organizaciones de productores pueden ponerse de acuerdo en las reformas propuestas de fortalecer su capacidad de presión y negociación.

A manera de conclusión: la CNOC y las perspectivas de fortalecimiento

Además de las dinámicas del mercado, del sistema político y del conjunto de procesos asociativos en la cafeticultura, la CNOC tiene su propio desarrollo y a partir de su reciente evolución algunos elementos son fundamentales para su avance.

La CNOC concentra su afiliación en algunos estados y regiones; es la organización con más productores en Oaxaca, Guerrero y San Luis Potosí; cuenta con una presencia significativa en Chiapas, pero su participación es menor en otros dos estados cafetaleros importantes, como Veracruz y Puebla, y es muy pequeña en Hidalgo. Si quiere jugar un papel más importante en los próximos años, la CNOC necesita aumentar su presencia en la mayoría de las regiones cafetaleras, con grupos que no se afilien necesariamente sino a través de una coalición más amplia para fines específicos. Esto implica contar con personas dispuestas a participar en otras regiones y recursos para sostenerlos, y con un plan de crecimiento muy preciso en cuanto al diagnóstico, objetivos, acciones y relaciones a buscar.

En la perspectiva de un crecimiento y una consolidación de sus actividades actuales, la CNOC necesita contar con mayores recursos. Su principal fuente, que es el Fidecafé, se agotará en pocos años, por lo cual, para preservar su autonomía se debe insistir ante las demás organizaciones para negociar con el Estado una cuota de las exportaciones y que una parte se destine al apoyo de las organizaciones. Al mismo tiempo, debe ampliarse el número de fuentes de recursos con una promoción de las aportaciones de los afiliados, así como con fundaciones u ONG a partir de proyectos específicos, como los de comunicación, capacitación y evaluación de las políticas públicas.

Un problema en la CNOC es la falta de mecanismos más adecuados de comunicación entre sus distintos niveles locales, regionales, estatales y la oficina nacional. Desde la oficina en México cada semana se manda información de los precios y de la evolución de algunos aspectos de las políticas públicas; de las regiones se recibe poca información. Sólo en las reuniones mensuales se intercambia información sobre la situación nacional y regional en los aspectos relativos al café y la situación política y económica. La CNOC requiere hacer un esfuerzo para montar un esquema que garantice una mayor generación de información y una mejor distribución; para ello deberán establecerse los compromisos, los mecanismos y los responsables para fortalecer esta área.

El desarrollo de las organizaciones regionales que integran la CNOC es muy desigual; reiteradamente las organizaciones con más problemas piden el apoyo del organismo nacional o de los grupos más avanzados, lo cual no siempre es posible. Es necesario encontrar los mecanismos adecuados para fortalecer la colaboración entre grupos; una vía para ello está siendo el trabajo conjunto en proyectos específicos como el café orgánico, proyectos de mujeres y promoción del consumo, y a partir de ventas de café tostado y molido.

La dirección y gestión de la CNOC se concentra en pocas personas y lo mismo ocurre en la mayoría de las organizaciones regionales. En México hay una amplia literatura sobre estos aspectos en las organizaciones campesinas (Olvera, 1997, 1998; Fox, 1994). En el caso de la CNOC, el nombramiento de comisiones por proyectos ha ayudado a descentralizar el seguimiento y las decisiones. En el corto plazo, lo adecuado sería la distribución de estas comisiones entre directiva y asesores con mecanismos ágiles de comunicación y reglas claras sobre la toma de decisiones. Para el mediano plazo se requiere una revisión crítica del proceso de la CNOC en este terreno y definir una estrategia que oriente hacia nuevas actitudes y formas de relación entre dirigentes y bases.

La CNOC necesita redefinir una estrategia de relación con los medios de comunicación, la prensa y la radio en la ciudad de México y en las capitales de los estados, de tal manera que pueda divulgar más adecuadamente sus ideas y demandas; los medios juegan un papel muy importante en la presión al sistema político.

En un contexto político dominado por la cercanía de las elecciones presidenciales y ante una creciente cerrazón del régimen priista, que se empeña en frenar la transición política e instrumentar medidas para compra y coacción del voto, la CNOC debe retomar principalmente a partir de la situación del café su disposición a la realización de acciones más amplias de presión, buscando además la alianza con otros grupos cafetaleros a nivel regional y estatal.

En diferentes periodos la CNOC se ha ligado a nivel nacional a distintos organismos. Uno de ellos fue la Alianza Cívica para la observación electoral en 1994. Otro fue el Consejo Nacional Indígena en 1996, para la defensa de los derechos indígenas, relación que abandonó desde 1998. La relación con las organizaciones cafetaleras ha sido más constante en el marco de las diversas instancias que se han formado en los últimos 10 años: el Consejo Consultivo, el Consejo Mexicano del Café, el Grupo Operativo Nacional, el Grupo de Financiamiento y el Foro de las Organizaciones Nacionales de Productores de Café. Con otras organizaciones campesinas, como UNORCA, ANEC, que es un agrupamiento de organismos campesinos comercializadores de básicos, AMUCSS, que agrupa Uniones de Créditos, y la Red MOCAF, que son forestales, se ha actuado conjuntamente en relación con propuestas de reorientación del presupuesto público para el campo, a través de desplegados, conferencias de prensa, comisiones ante la Cámara de Diputados y con funcionarios públicos. Sin embargo, las diferencias de funcionamiento, incluso de estilo de algunos asesores de estas organizaciones, han ocasionado un alejamiento de la CNOC de estas relaciones. Con los partidos políticos a nivel nacional no se ha dado ningún acercamiento. Otras relaciones han sido con la Comisión de Derechos Humanos, principalmente para la promoción de talleres, y con organismos diversos para la realización de exposiciones de café. En el terreno de las relaciones y alianzas con otros grupos sociales, más allá de las organizaciones cafetaleras, no existen definiciones y a la CNOC se le dificulta moverse en este terreno. Pero ante los crecientes problemas económicos y políticos en el país y la necesidad de empujar más por la democratización y la transición política, es necesario ubicar con mayor claridad su participación en coaliciones más amplias, no sólo de carácter económico y social sino con objetivos políticos más explícitos.

ACOTACIONES POSTERIORES AL 2 DE JULIO DE 2000

*La dinámica de las organizaciones de productores de café
y la situación de la CNOC*

*Dificultades internas de las organizaciones
nacionales de productores de café*

Todas las organizaciones participantes en el Foro Nacional enfrentan actualmente visos de división, en tanto se está dando una fuerte desarticulación de la relación entre los grupos regionales y los dirigentes nacionales. Por ejemplo, algunos de estos grupos pertenecientes al CMPC ahora vuelven a definir sus decisiones influidos por los intereses políticos priistas, al seguir ligados a funcionarios de la SAGAR y del Consejo Mexicano del Café, mientras que otros, vinculados al PRD, han sufrido escisiones vinculadas a las disputas faccionales de ese partido.

En términos generales, las dificultades que afrontan hoy las organizaciones nacionales cafetaleras obedecen fundamentalmente a la falta de financiamiento, ya que dejaron de percibir recursos del Fidecafé, y a la utilización que de ellas quieren hacer los partidos opositores al actual régimen.

Dentro de la CNOC, aunque se ha mantenido cierta cohesión, también hay discrepancias en torno a las formas de negociación y de comercialización, es decir, corresponden a la definición de las políticas cafetaleras y no a los problemas partidistas. En este caso la crisis del café y la falta de recursos han disminuido la participación de las regiones en las reuniones nacionales.

Las dificultades para crear espacios públicos
autónomos, representativos y eficaces

A pesar de que los representantes de las organizaciones participantes en el Foro Nacional han propiciado mayor pluralidad político-partidista y han fortalecido una identidad gremial en su interior, les está resultando muy difícil mantener este espacio de interlocución para analizar su problemática y establecer políticas de negociación debido a que cada organización mantiene todavía sus propias relaciones y canales de negociación con funcionarios públicos, a que se actúa a través de acuerdos a nivel cupular y a la intención de organizaciones ligadas al PRI y al PRD de secundar posiciones de confrontación con el gobierno foxista. Esta situación pone en riesgo las posibilidades de una acción gremial más plural y de interlocución conjunta con el gobierno federal.

Lamentablemente, la posibilidad de consolidar estos espacios, a corto plazo, parece estar determinada más por cuestiones ideológicas y de valores que por la búsqueda de eficacia en la negociación de las políticas.

Asimismo, la situación de los precios bajos determinará el debilitamiento de los espacios regionales, ya que al colapsarse las zonas cafetaleras se genera la migración de las familias. Por ello, impulsar medidas para mejorar los precios del café se convierte en un elemento central para que con la acción conjunta de las organizaciones de productores se construyan espacios públicos, autónomos y plurales, de deliberación, y se forme una nueva cultura organizativa que pueda dialogar y negociar con la actual administración foxista.

La dinámica de la CNOC y sus estrategias

a) Las elecciones presidenciales del 2 de julio. En el periodo previo a las elecciones se hablaba de una posible alianza entre el PAN y el PRD, lo que entusiasmó a la mayoría de los dirigentes, pues aseguraba la alternancia política y abría la posibilidad de una participación más abierta a la CNOC como organización social, de tal forma que de haberse concretado, la CNOC la hubiera impulsado.

Todavía un mes antes del proceso electoral del 2 de julio la CNOC convocó a un taller de discusión. Las decisiones surgidas de él fueron: optar por el voto útil, no manifestarse por ningún candidato (respetando la decisión de cada productor y de cada organización regional), promover el voto y no participar en actividades de vigilancia el día de las elecciones.

b) Las relaciones con los funcionarios y los diferentes programas de apoyo a los caficultores. La CNOC había logrado tener ya una relación fluida con funcionarios de programas como SAGAR y Sedesol, así como acceso a recursos fiscales importantes debido a que varios grupos de la coordinadora mantenían cierta cercanía con algunos de ellos. Pero también gracias a la capacidad de presentar proyectos y de saber instrumentarlos. Sin embargo, con la nueva administración foxista se presenta una gran dificultad para construir nuevas interlocuciones debido a que la concepción de los nuevos funcionarios es que todas las organizaciones son clientelares. En la actualidad se está analizando esta situación sistemáticamente dentro de la coordinadora.

c) La incorporación de nuevos afiliados. En las nuevas condiciones políticas del país y con el debilitamiento de las organizaciones priistas, la CNOC podría aumentar considerablemente sus afiliados. Se han acercado en los últimos meses nuevos grupos, algunos solicitan apoyo para la comercialización, otros para la gestión del programa emergente. Pero lo que en el interior se está discutiendo es si esos productores y dirigentes locales pueden cambiar después de haber formado parte de grupos con prácticas no muy democráticas e incluso cercanas a la corrupción, así como de las implicaciones que su incorporación tendría para la competencia en las regiones.

Sin duda, las determinaciones que se tomen para afiliar a más grupos influirá en el perfil futuro de la CNOC.

d) La relación con la movilización zapatista. La CNOC discutió los Acuerdos de San Andrés para decidir el apoyo a la Marcha Zapatista (febrero 2001) y respaldar la cuestión de los derechos indígenas. Asimismo, asistió a la reunión del CNI con la intención de que si los zapatistas se convertían en una organización política, se estaría en disposición de participar en un nuevo proyecto político.

e) La relación con otras organizaciones campesinas. La CNOC no se ha incorporado al Congreso Agrario Permanente, pues difiere de sus propósitos de impulsar un frente campesino que confronte las políticas foxistas respecto al campo. Ante el debilitamiento y la dispersión de las organizaciones campesinas debido a las divisiones y al surgimiento de nuevos grupos, hay escepticismo en la coordinadora respecto a una recomposición organizativa del movimiento campesino en una perspectiva autónoma, plural y progresista.

f) El funcionamiento interno de la CNOC. No sólo han caído los precios del café y la comercialización. La situación de la CNOC como organización también se halla en recesión, pues sólo se conserva una comunicación vía teléfono, fax o correo electrónico para el intercambio de información, de experiencias y de acuerdos. Tampoco se está promoviendo la gestación de nuevos proyectos económicos ni la búsqueda para acceder a financiamientos. Se puede concluir que a falta de una cultura sólida gremial y de disciplina, ni los productores ni los grupos regionales se preocupan por cumplir con las cooperaciones que pudieran sostener a la organización.

La dinámica del mercado mundial
y su impacto en la cafeticultura mexicana

En febrero de 2000 México asistió, por primera vez en siete años, a una reunión internacional en Costa Rica para revisar medidas que mejoraran los precios internacionales del café. Esta asistencia fue resultado de la movilización de los cafeticultores que exigieron, en la ciudad de México, la participación en foros internacionales y el cambio del director del Consejo Mexicano del Café. En esa reunión se acordó impulsar la retención de 20% de las exportaciones. Posteriormente, en mayo, en Londres, durante la reunión de la Asociación de Países Productores de Café (APPC) se signó la retención de 20% en un plan de dos años. En septiembre, también en Londres, se ratificaron las medidas de retención y México estableció el compromiso de retener 350 000 sacos, aumentar el consumo en 200 000 sacos durante el ciclo y diferir las exportaciones hacia el fin del ciclo 2000-2001. Con esto, México regresaba a la participación en las medidas de intervención en el mercado.

Ante esta situación la SAGAR mostró algunas reticencias por las implicaciones que tenía con el TLC. Sin embargo, la presión del sector productor y la cercanía de las elecciones presidenciales dieron curso a la medida, que sería realizada a través de los exportadores privados y las organizaciones de productores y no por medio del organismo gubernamental. Ante la derrota del PRI el 2 de julio, el gobierno federal disminuyó su interés por apoyarlas y Banrural, que iba a financiarlas, se retiró.

Más adelante se tuvo que discutir si además de la retención se promovía la destrucción de los cafés de baja calidad, lo cual paralizó la formación de los fideicomisos estatales y la operación de fondo.

Las circunstancias se volvieron críticas en octubre, por lo que desde varias regiones cafetaleras se empezó a demandar un programa emergente que otorgara un apoyo fiscal para ayudar a levantar la cosecha. En diciembre todavía no se tenía respuesta, por lo que aumentaron las demandas. Ante ellas, el nuevo secretario de Agricultura aceptó continuar con el plan de retención, pero en los hechos no se instrumentó ninguna medida acordada.

Las disputas entre diputados y senadores priistas y el nuevo gobierno federal obstaculizaron el apoyo a los cafeticultores, y la ahora SAGARPA (antes SAGAR) retrasó la entrega de recursos hasta marzo del próximo año, cuando la cosecha ya estuviera concluida.

Todo esto llevó al incumplimiento de contratos y, en consecuencia, los cafeticultores mexicanos vivieron su peor año en décadas sin que hubiera perspectiva de mejoramiento para los precios del café ni para el seguro desplome de la siguiente cosecha.

En 2001 se hizo la evaluación del plan de retención en Londres y quedó claro que no se cumplieron los objetivos de mejoramiento de los precios, esto debido a que la producción y las exportaciones del ciclo 1999-2000 habían sido mayores y porque varios países no hincaron la retención. Así, la Organización Internacional del Café (OIC) calificó la situación de catastrófica.

En conclusión, se puede decir que las políticas de producción en varios países llevó a una sobreproducción mundial de café que al acumularse provocó una caída de 150% en los precios.

Parece que el actual gobierno federal tiene mayor disposición a coordinarse con los demás países e impulsar medidas para intervenir en el mercado y mejorar los precios internacionales.

Las políticas gubernamentales

Las elecciones presidenciales de 2000 demostraron la gran capacidad que había tenido el gobierno federal, así como los estados priistas, para utilizar los programas públicos con fines partidistas. Pero también dejaron ver las enormes dificultades que tienen las comunidades y organizaciones campesinas para generar un avance democratizador. Esta realidad ha significado un severo golpe para los avances conseguidos en el sector cafetalero que se distingue por su mayor pluralidad política y organizativa.

El gobierno actual tiene sus reservas ante las negociaciones con los cafeticultores debido a las evidencias del papel que desempeñó la SAGAR durante el proceso electoral (fortaleció a los estados priistas, apoyó básicamente a la organización cafetalera cenecista y favoreció los intereses de un grupo exportador dirigido por un priista). En consecuencia, se han debilitado los espacios públicos de diálogo y negociación que se habían logrado con mucho esfuerzo. Los panistas han tenido poca incidencia entre los campesinos y sus organizaciones, pero la dificultad mayor para establecer la interlocución se da por los antecedentes de lo que hoy es SAGARPA, pues en este momento el organismo estatal considera a las organizaciones nacionales muy politizadas, poco confiables y clientelares, por lo que ha roto con los mecanismos formales de grupos de trabajo a través de los cuales se tenía seguimiento de la instrumentación de los programas.

Todo esto deja claro que habrá que vencer serias dificultades para restablecer los espacios públicos ganados anteriormente.

Las experiencias regionales

A. *Coordinadora Estatal de Productores de Café de Oaxaca* (CEPCO). A partir de la derrota del PRI se atenuó la presión que el gobierno estatal de José Murat había ejercido sobre la CEPCO y otros grupos independientes, ya que ahora desvió la acometida gubernamental contra el PAN al estimar que las posiciones políticas de las organizaciones independientes distaban considerablemente de las del partido triunfador.

Ante las reformas que Murat ha establecido en el Consejo Estatal, totalmente desfavorables a las organizaciones independientes, la CEPCO tuvo la capacidad para establecer alianzas y poder preservar el funcionamiento del Consejo Estatal del Café así como aplicar los programas ya comprometidos. Asimismo, el trabajo que la CEPCO ha sostenido logró que se incorporara a la CNOC otra organización regional, Cafetaleros Unidos de la Costa (Cucos). Con esta nueva afiliación también se consiguió elevar el padrón a 19 452 productores, mantener un relativo control sobre las listas de beneficiarios y conservar la orientación de los apoyos fiscales hacia la promoción del café orgánico.

En lo tocante a la comercialización, durante el año 2000 han venido cayendo los precios en la bolsa de Nueva York, lo que inevitablemente implica pérdidas para las organizaciones de la CEPCO. Sin embargo, gracias al establecimiento de la llamada estrategia de *especialización* de las ventas con cuatro opciones: mercado de cafés especiales, mercados solidarios con sobreprecio, cafés orgánicos con sobreprecio y venta de café tostado y molido, éstas no han resultado atrozmente elevadas como sí lo ha sido para organizaciones incorporadas a la CNC.

Uno de los aspectos centrales para hacer frente a la ofensiva del gobierno estatal está organizado a través de los *proyectos estratégicos* creados por la CEPCO: el cultivo de café orgánico y la organización de mujeres. Ambos se diseñaron pensando en propiciar una actitud de mayor conciencia, disciplina y responsabilidad en las familias cafetaleras. Los resultados a la vista son muy alentadores. En el caso del café orgánico de 1 320 socios productores que se tenían en el ciclo 1998-1999 han aumentado a 3 854 en el ciclo 2000-2001, mientras que el proceso de la organización de mujeres no sólo ha significado la creación de proyectos productivos diversos, sino que primordialmente se aprecia el avance de los grupos femeninos en la integración y participación en las discusiones en las reuniones estatales y regionales así como en la administración de los recursos, sobre todo si se considera el nivel de aislamiento de la mayoría de las comunidades campesinas en Oaxaca. Su papel ha sido tan destacado que el programa Fonaes de Sedesol les reconoció su trabajo y esfuerzo otorgándoles el premio al mérito social emprendedor y productivo.

Durante el año 2001, ante la depreciación de la cosecha se ha tenido que demandar un programa emergente. Las organizaciones de productores acordaron entonces depurar los padrones de la Alianza para el Campo y el Empleo Temporal y reducirlo a uno solo. Sin embargo, presidentes municipales, grupos ligados al PRD y, otros, a la CNC, han deteriorado el saneamiento propuesto aumentando indiscriminadamente las listas. Dependerá del gobierno del estado si se decide establecer negociaciones políticas con diferentes grupos y ampliar los padrones.

Ante este panorama el propósito de la CEPCO es continuar fortaleciendo la organización a pesar de que la disminución de ingresos está conduciendo a una reducción del gasto, lo cual conlleva a que los dirigentes regionales empiecen a delegar la gestión, el seguimiento y hasta la representación en los técnicos de las organizaciones. Esto puede conducir a una "tecnocratización" de la organización que siempre es un riesgo, pese a la eficacia que se puede generar.

B. Atzalan-Tlapacoyan en el estado de Veracruz. Situación de la cooperativa Quicempacayotl. En este caso, la pérdida de las elecciones presidenciales por parte del PRI indujo al gobierno de Miguel Alemán a concentrar sus esfuerzos en las elecciones municipales, pues temía un considerable avance del PAN y del PRD. Sin embargo, un abstencionismo de 50% más la división de la oposición hicieron posible que el PRI pudiera ganar todavía 20 de las 24 diputaciones y mantener el control del aparato estatal, así como del manejo de los recursos públicos.

La aplastante victoria del PRI en el campo veracruzano también se debió a la manipulación de los programas públicos, lo mismo que a la instrumentación de fraudes electorales y a la construcción de oscuras alianzas, como sucedió en el caso del municipio de Atzalan, que tiene el mayor número de productores de café en la entidad. En este escenario se dio una alianza entre el PRI y el PRD para apoyar la candidatura de un tal Belisario Domínguez, valiéndose del uso de recursos destinados a programas de café y de la alteración de las actas de escrutinio. No obstante que una coalición opositora se movilizó y denunció el fraude electoral, no se pudieron demostrar las irregularidades y, finalmente, se pactó con el gobierno estatal para que Belisario Domínguez se incorporara a la comuna municipal como responsable del área agropecuaria.

Entre tanto, los dirigentes de la ARIC Plan de Arroyos han recibido apoyo del gobierno estatal para impulsar alianzas con grandes productores e intermediarios locales, de tal forma que puedan mantener su capacidad de acopio y la comercialización del grano. Además, desde el gobierno se promueve ahora la formación de una empresa integradora que ha atraído a numerosos dirigentes, con lo cual se debilita y bloquea al Consejo Regional del Café, que venía construyendo una posición más autónoma y plural.

Al ser Atzalan una de las primeras regiones en cosechar, también resultó una de las primeras en enfrentar la imposibilidad del levantamiento de la cosecha debido a la caída de los precios del café. Ante esta situación, el Consejo Regional se movilizó para demandar un programa de emergencia, pero entonces se enfrentó a la disposición de la SAGARPA de considerar a la ARIC Plan de Arroyos como el único grupo en la región aprobado para recibir recursos provenientes de un programa de 70 millones. Ante tales condiciones, las movilizaciones para impedir la entrega de recursos a la ARIC no se hicieron esperar, pero finalmente el programa no prosperó.

La intención de aislar al Consejo Regional, el cual promovió un nuevo plan emergente a través de movilizaciones a nivel estatal, se hizo patente una vez más cuando se autorizó el plan, pero sólo para ser operado por el Consejo Estatal del Café y la delegación de la SAGARPA, aliados del dirigente de la ARIC Plan de Arroyos Gabriel Barreda. De este modo, los últimos han podido manipular el levantamiento de los padrones en programas como Alianza para el Campo y Empleo Temporal, utilizando un esquema que deja fuera al Consejo Regional.

A estas maniobras también han contribuido la caída de los precios y la cultura organizativa de los pequeños grupos locales que se someten a las condiciones que impone el gobierno del estado, a través del grupo de Gabriel Barreda, con tal de obtener los apoyos fiscales necesarios. Hay que sumar a esto el papel que desempeñan organizaciones de filiación perredista que se confrontan entre sí y que en su disputa hacen el juego al gobierno estatal.

En lo que se refiere a la cooperativa Quicempacayotl, ésta ha mantenido su nivel de acopio y comercialización gracias a su acceso al Profeca, un programa de apoyo con recursos fiscales para la capacitación y la asistencia técnica. Aunque mantienen su estructura organizativa y son de los más activos promotores del programa emergente no han podido aumentar el número de afiliados y su fortalecimiento se ha visto entorpecido tanto por los procedimientos de Belisario Domínguez y de las organizaciones de filiación perredista como por la competencia desventajosa que encaran ante la ARIC Plan de Arroyos. Por todo esto, se prevé un desgaste de su participación dentro del Consejo Regional del Café.

En síntesis, a diferencia del impulso que se está dando a los procesos de democratización a nivel nacional, lo que ocurre en la región es el fortalecimiento de un enclave autoritario. Esto como consecuencia de las actitudes pragmáticas asumidas por los grupos locales ante los problemas de pobreza y migración suscitados por la crisis de los precios.

El gobierno estatal, por su parte, para mantener el control político en la entidad y confrontar al gobierno foxista favorece y refuerza la estrategia priista que fiscaliza el manejo de los recursos públicos, apoyando preferentemente a los grupos afines al PRI y bloqueando a los grupos autónomos. Revertir esta tendencia a corto plazo es una tarea difícil para las organizaciones independientes.

BIBLIOGRAFÍA

Carbot, Alberto (1989), *Fausto Cantú Peña: café para todos,* Grijalbo, México.

Celis C., Fernando (1999), "Apuntes sobre la CNOC y la cafeticultura mexicana", Xalapa, Ver., mecanografiado.

Díaz Cárdenas, S., H. Cortés Santollo y Benigno Padrón Rodríguez (1995), *Sistema agroindustrial de café en México,* Universidad Autónoma de Chapingo, México.

Dresser, Denisse (1994), "Bringing the Poor Back in: National Solidarity as a Strategy of Regime Legitimation", en Cornelius, Craig y Fox (comp.), *Transforming State-Society Relations in Mexico,* University of California, San Diego, Cal.

Early, Daniel K. (1992), *Café: dependencia y efectos,* INI, México.

Ejea, Gabriela (comp.) (1991), *Cafetaleros: la construcción de la autonomía,* Cuadernos de Desarrollo de Base 3, Fundación Interamericana, México.

Fox, Jonathan (s. f.), "Organizaciones rurales de base *versus* la ley de hierro de la oligarquía", en Fox y Hernández, *La Unión de Ejidos*

Lázaro Cárdenas, Cuadernos de Desarrollo en Base 1, Fundación Interamericana, México.

Fox, Jonathan (1994), "Targeting the Poorest. The Role of the National Indigenous Institute in Mexico's Solidarity Program", en Cornelius, Craig y Fox (comps.), *Transforming State-Society Relations in Mexico,* University of California, San Diego, Cal.

González Rosales, Margarita (1996), "Construyendo la democracia: cultura política y resocialización en organizaciones campesinas", en Tejera Gaona (coord.), *Antropología política,* INAH, México.

Hernández Navarro, J., y Fernando Celis C. (1992), "Pronasol y la cafeticultura", *El Cotidiano,* junio-agosto, UAM, México.

Olvera, Alberto (1998), Proyecto de investigación "Sociedad civil y gobernabilidad en México", Xalapa, mimeografiado.

——— (1996), "Neocorporativismo y democracia en la democratización del campo mexicano: el caso de la reconversión de la cafeticultura en Veracruz", en Tejero Gaona (coord.), *Antropología política,* INAH, México.

——— (1999), *La sociedad civil: de la teoría a la realidad,* El Colegio de México, México.

Pizzano, Diego, y Roberto Junguito (coords.) (1993), *El comercio exterior y la política internacional del café,* Fondo Cultural Cafetalero 9, Santa Fe de Bogotá, Colombia.

Renard, Marie-Chistine (1999), *Los intersticios de la globalización,* Centro Francés de Estudios de México y Centroamérica, México.

Villa Fuerte Solís, Daniel (coord.) (1994), *El café en la frontera sur,* Instituto Chiapaneco de Cultura, Tuxtla Gutiérrez.

FUENTES DOCUMENTALES

Revisión de las actas e informes de asambleas mensuales, informes a congresos y encuentros nacionales, folletos.
Informes diversos sobre precios, políticas cafetaleras, Fidecafé, situación política.
Actas del Fideicomiso del Consejo (Fidecafé).
Minutas del Grupo Operativo Nacional.
Minutas del Grupo Nacional de Financiamiento.
Actas de reuniones del Consejo Mexicano del Café.
Actas del Fideicomiso de Garantía (Fogacafé).
Notas periodísticas, *El Financiero, La Jornada, Reforma,* revistas de Cafés de México.

Anexos

Anexo I. *Estructura organizativa de la* CNOC

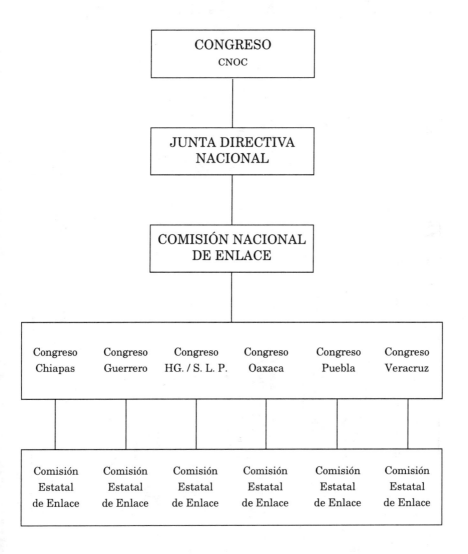

Anexo II. Estructura organizativa de la CNOC

	¿Quién lo compone?	¿Quién lo nombra?	¿Cuándo se reúnen?	¿Qué requisitos?	¿Cuánto duran?	¿Qué funciones?
Congreso CNOC	Un representante por cada 200 productores o fracción.	La asamblea de sus organizaciones regionales.	Cada dos años		Lo que dure el congreso.	Definir la política general.
Junta Directiva Nacional	Un presidente, un secretario y un tesorero, con sus respectivos suplentes.	Los delegados al congreso.		Deberán ser productores.	Dos años.	Tener la representación oficial y formal de la CNOC, contratar al personal administrativo, técnico y asesores necesarios.
Comisión Nacional de Enlace	La junta directiva nacional, más dos representantes por estado cafetalero, más el administrador y un asesor.	El congreso de CNOC y los congresos estatales.	Cada mes.	Deberán estar representados todos los estados cafetaleros y podrán participar asesores.	Dos años.	Coordinar y definir las políticas de las comisiones que integre el congreso, como son financiamiento, comercialización y producción; relaciones institucionales ante Fidecafé, Consejo Mexicano del Café, Grupo Operativo Nacional del Café, relaciones internacionales, proyectos productivos, organización y administración, etcétera.
Congresos estatales	Delegados de las organizaciones regionales.	Las asambleas de sus regiones.	Cada dos años	Cada dos años.	Dos años.	Establecer las políticas específicas en sus estados, definir propuestas al congreso de la CNOC, evaluar las actividades de la CNOC y nombrar a los representantes de la Comisión Nacional de Enlace y Comisiones Estatales de Enlace.
Comisión Estatal de Enlace	A definir por los congresos estatales.	A definir por los congresos estatales.	A definir por los congresos estatales.	A definir por los congresos estatales.	A definir por los congresos estatales.	A definir por los congresos estatales.

NOTA: Esta estructura fue acordada en el Primer Congreso Nacional de la CNOC en 1994.

Anexo III. Ingresos de la CNOC
(de octubre de 1989 al 12 de noviembre de 1998)

Fuente	1989-1991	1991	1993	1994	1995	1996 enero-agosto	Septiembre de 1996 al 12 de noviembre de 1998	Total
I Fundación Interamericana	142 958.60	106 615.08	—	—	—	—	—	249 573.68
II Fidecafé	130 000.00	170 540.11	391 105.16	752 108.43	953 108.99	654 305.01	661 700.00	3 712 867.70
III Inmecafé	124 000.00	—	—	—	—	—	—	124 000.00
IV Pronasol	36 500.00	—	70 200.00	83 769.00	—	—	—	190 469.00
V Fonaes	—	—	—	100 000.00	—	—	677 800.00	777 800.00
VI Intereses	25 092.99	6 467.09	8 258.82	82 157.14	220 375.16	207 956.39	197 817.00	748 124.59
VII Aportaciones de cuotas socios	—	—	—	—	61 680.00	34 352.00	192 963.00	288 995.00
VIII Proyectos	—	—	—	—	—	159 724.00	306 368.00	466 092.00
IX Otros	187 442.93	18 708.23	4 804.82	26 000.00	61 580.33	20 000.00	190 822.00	509 358.31
TOTAL	645 994.52	302 330.51	474 368.80	1 044 034.57	1 296 744.48	1 076 337.40	2 227 470.00	7 067 280.28

Observaciones:

I. La Fundación Interamericana es un organismo que recibe recursos del Congreso de los EUA y apoya proyectos de desarrollo económicos y sociales en muchos países.

II. El Fidecafé es un fondo nacional de los productores de café, creado a partir de una cuota sobre las exportaciones y es administrado por un comité de las propias organizaciones.

III. El apoyo del Inmecafé vía la Promotora Comercial fue para capacitación en cuestiones de comercialización.

IV. Lo del programa de Solidaridad fue un programa de becas que se entregó principalmente a las organizaciones regionales para capacitación en comercialización.

V. Lo de Fonaes se utilizó para diferentes proyectos de capacitación y asistencia técnica; se incluyen 383 187 pesos transferidos a la COCIHP de SLP Tozepan de Puebla, ARIC UPCV de Veracruz y a Hidalgo.

Anexo III. Ingresos de la CNOC *(conclusión)*

VI. Aquí se incluye una gran variedad de ingresos, como 64 632 pesos de la venta de una camioneta que se recibió como pago de adeudos de un grupo, 33 227 pesos de recuperación del IVA, ventas de café tostado y molido en la oficina, cooperaciones de organizaciones para promoción del consumo, apoyos para asistencia técnica a talleres en Centroamérica, etcétera.

VII. Incluye 159 724 pesos para una exposición itinerante en Europa de la exposición "La vida en un sorbo", aportado por el CMC, Fonaes y Fondo de Apoyo Local (F. I.); 152 118 pesos aportados por el INI para talleres nacionales y regionales sobre derechos humanos, principalmente indígenas, y 154 250 pesos del proyecto Baassolay, que maneja recursos de las Naciones Unidas y Sedesol para talleres regionales y nacionales de evaluación del programa Alianza para el Campo-Café.

EL ARTE DE LA ASOCIACIÓN
–O UNA PERIFERIA QUE PUEDE SER CENTRO–
Sociedad civil y gobernabilidad en Morelos

> Creo que en los siglos democráticos que ahora empiezan,
> la independencia individual y las libertades locales serán
> productos del arte.
> ALEXIS DE TOCQUEVILLE, *La democracia en América*

MORGAN QUERO*

INTRODUCCIÓN

La sociedad civil ha hecho irrupción en Morelos. Participando activamente en los actos de presión que dieron como resultado la renuncia del gobernador Jorge Carrillo Olea (1994-1998), la sociedad civil promovió y apoyó los movimientos sociales que surgieron como respuesta al estilo de gobierno y las políticas que trató de impulsar el ejecutivo estatal. A causa de la inseguridad, los polémicos proyectos de desarrollo y la pérdida de la mayoría en el Congreso estatal en 1997, se originó una crisis de gobernabilidad en donde las organizaciones civiles locales tuvieron un papel protagónico.

Aunque la presencia de las organizaciones de la sociedad civil en Morelos coloca a dicho estado en quinto lugar a nivel nacional, muy por encima de su tamaño y población, la densidad de organismos de la sociedad civil no siempre va acompañada de una visibilidad en el espacio público.[1] El protagonismo surgido de la crisis de gobernabilidad colocó a la mayoría de las organizaciones de la sociedad civil en una situación nueva: por un lado, una mayor exigencia por parte de amplios sectores de la sociedad, y, por otro, una atención creciente por parte de los gobiernos municipales, e incluso, del nuevo "gobierno de

---

* Investigador del Centro Regional de Investigaciones Multidisciplinarias de la UNAM.
[1] Enrique Brito, "Sociedad civil en México: análisis y debates", *Sociedad Civil. Análisis y Debates*, núm. 1, vol. II, otoño de 1997, FAM, DEMOS, IAP, pp. 185-204.

reconciliación", que las incluyó, aunque de manera poco específica, como actores importantes en su *Plan mínimo de acción*.[2]

Esta incorporación a la dinámica central de la vida política y social del estado tiene como objetivo principal el ensanchar los márgenes de gobernabilidad en la entidad después de una crisis. Al amparo del novedoso concepto de gobernabilidad trataremos de analizar los nexos siempre problemáticos entre gobierno y sociedad civil. Entendemos por gobernabilidad *la capacidad que tienen los gobiernos de aplicar sus decisiones*. Y por sociedad civil, un *conglomerado amplio de organizaciones que busca la intervención en distintos ámbitos de la vida social*. La conjunción de ambos términos debería permitirnos comprender mejor la complejidad de orientaciones y proyectos que dan sentido a la vida en comunidad.

El problema de esta relación entre gobernabilidad y sociedad civil es el de la institucionalidad. Si imaginamos a la sociedad civil como ese conjunto de organizaciones relativamente estructuradas, de corte asociativo y, por ello mismo, interesadas en el bien común, probablemente no sea suficiente para comprender toda la dimensión de sus alcances en materia de gobernabilidad en México. Así, muchas veces imaginamos escenarios en donde se dan condiciones ideales de comunicación en el espacio público entre grupos de ciudadanos y sectores del gobierno, o inventamos formas de negociación directa, basada en una información transparente y en una toma de decisiones racional y consensada. Al contrario, la pugna entre las lógicas de la gobernabilidad por parte del gobierno y de la sociedad civil son múltiples y contradictorias. Así, el gobierno, o los gobiernos (sobre todo locales), recurren a la legitimación de sus decisiones político-administrativas ante sectores de la sociedad civil más de lo que se suele imaginar. Del mismo modo, la sociedad civil obliga a adaptar, cambiar o reformar sus decisiones políticas o la aplicación de las mismas mucho más de lo que se cree. Por si fuera poco, la sociedad civil puede operar con formas de la cultura política no siempre democráticas, lejos de la tolerancia y el respeto a la diversidad. De igual modo, la sociedad civil puede desbordar el

[2] El nuevo gobernador del estado es Jorge Morales Barud, priista que obtuvo su candidatura como figura de consenso ante el PRD y el PAN, mayoría en el Congreso estatal. Su toma de protesta, en mayo de 1998, tuvo que realizarse con la anuencia de estos partidos con el fin de recomponer los márgenes gubernamentales de acción y legitimidad. En varias páginas del documento maestro del nuevo gobierno se señala la importancia del fortalecimiento de las relaciones del gobierno estatal tanto con los distintos sectores de la sociedad civil, particularmente las ONG, como con la participación ciudadana y la autonomía municipal, pp. 3, 4, 6 y 12; en Poder Ejecutivo del Estado de Morelos, *Plan mínimo de acción del gobierno de reconciliación,* 1998, Cuernavaca, 13 pp.

marco asociativo en términos institucionales a pesar de ser un fuerte estímulo para la construcción de la ciudadanía. Así, nos encontramos con que los grupos organizados que supuestamente podrían representar a la sociedad civil no son los que en realidad la animan; y, por otra parte, los factores y determinantes de la gobernabilidad no están del lado de los aparatos políticos tradicionales, ni de las instancias oficiales de gobierno, sino en los ámbitos más movedizos de lo social. Esta paradoja es la que nos permite adentrarnos en el estudio de los problemas políticos del estado de Morelos en los municipios de Tepoztlán y Cuernavaca, desde una perspectiva teórica y descriptiva que incluye varios niveles de análisis que van desde la ciencia política hasta la historia, pasando por la antropología.

Finalmente, el contexto de la transición política mexicana agudiza, al mismo tiempo que revela, los mecanismos más sutiles y originales para entrar y salir de situaciones de crisis política que evidencian el nexo siempre problemático entre la gobernabilidad y la sociedad civil.

La originalidad y el interés por estudiar la relación entre sociedad civil y gobernabilidad en el caso de Morelos en el periodo reciente (1997-2000) radica, por un lado, en una experiencia de crisis política y, por otro, en la apertura del espacio público a un mayor pluralismo.

En efecto, desde las elecciones locales de 1997, ningún partido tiene la mayoría en el Congreso. De los 33 municipios, 16 son gobernados por los partidos de oposición y sólo 17 por el PRI. Al mismo tiempo, los reclamos por una mayor autonomía municipal se reflejan contradictoriamente en las nuevas atribuciones otorgadas a los presidentes municipales en términos financieros, acordadas por la Cámara de Diputados del Congreso de la Unión en 1997, en cuanto a las partidas federales provenientes del Ramo 33. Pero también los municipios buscan consolidar sus finanzas internas a través de la captación más eficiente de recursos propios. Estos dos factores deberían, en los próximos tiempos, darle un sentido más real a la reforma del artículo 115 constitucional de 1983 y mejorar las condiciones de gobernabilidad local. Este nuevo escenario podría permitirles a los actores de la sociedad civil consolidar su papel de liderazgo para promover proyectos de desarrollo social, cultural y económico en el ámbito local. Esto es, una mejor interacción de la sociedad civil con municipios cada vez menos dependientes del poder político central, para asociarse en tareas comunes, promover la participación, reforzar los nuevos márgenes de decisión en materia de gestión local y aprovechar nuevos espacios para reinventar la gobernabilidad.

El desafío es fundamental para ambos sectores. Aunque compartan el interés por la acción pública, muchas veces son portadores de lógicas, métodos y fines diferentes. ¿Se trata entonces de conciliar lo inconciliable? De la cultura de la oposición se deberá pasar a una cultura de la cooperación para ensanchar los márgenes de gobernabilidad en la región. ¿Pero de qué gobernabilidad y de qué sociedad civil estamos hablando?

Para comprender las formas y los contenidos de ambos conceptos en términos más concretos, trataremos de describir los procesos de interacción entre sociedad civil y gobernabilidad en los municipios de Tepoztlán y Cuernavaca. El primero ha sido elegido por la importancia del conflicto social surgido alrededor de un proyecto para la construcción de un club de golf entre 1995 y 1997. Esto motivó una fuerte movilización de distintos sectores de la sociedad civil, con impactos decisivos en materia de gobernabilidad local y estatal. El segundo municipio es fundamental por ser la capital del estado. Ahí se concentran los poderes públicos y las organizaciones económicas y sociales más fuertes, y se dan las movilizaciones, marchas y debates principales en la conducción política del estado de Morelos. Además, después de las elecciones municipales y legislativas de 1997, el PAN ganó la presidencia municipal y lanzó un agresivo plan de participación apoyándose en una cierta retórica *pro* sociedad civil.

En ambos casos, el estudio de lo local nos ayudará a comprender de cerca las preguntas y redefiniciones que plantea la acción del Estado como instancia de solidaridad o dominación y a la sociedad civil como espacio de integración y mediación político-social. Además, la perspectiva comparativa nos permitirá comprender las dinámicas diferenciadas de acción y los niveles de complejidad que enfrentan las organizaciones de la sociedad civil a la hora de verse reflejadas en el espejo de la gobernabilidad.

Para ello, nuestro estudio estará organizado en tres partes. En la primera se describen los procesos políticos recientes en el estado, en donde se puso de manifiesto la importancia de tomar en cuenta a la sociedad civil como factor de gobernabilidad; en la segunda, se buscará entender los límites que la sociedad civil tiene en su propia constitución para reinventar procesos de gobernabilidad; y en la tercera, se interpretan las razones que nos permiten hacer visible o invisible a la sociedad civil en contextos diferenciados de gobernabilidad.

DE LA INDISPENSABLE SOCIEDAD CIVIL
O DE LOS RIESGOS DE GOBERNAR "SIN" LA SOCIEDAD CIVIL

Apuntes teóricos

Para nuestro análisis de la situación en Morelos, quizá sea interesante recurrir a una propuesta de Guillermo O'Donnell, el teórico de las transiciones a la democracia, quien presentó el término de *accountability horizontal* para referirse a los controles internos del sistema gubernamental que permiten restaurar equilibrios en situaciones de ingobernabilidad.

En nuestro estudio se observará que una de las razones por las cuales la sociedad civil hace presión sobre los cuerpos de gobierno, incluso al grado de desbordarlo institucional y políticamente (llegando incluso a instaurar un poder *de facto* y paralelo, léase *ayuntamiento libre y popular),* tiene que ver con el clásico divorcio entre *el país legal* y *el país real.* De alguna manera, aquello que produce una crisis de gobernabilidad tiene que ver con la incapacidad de las instituciones del sistema político para encauzar adecuadamente el sentir de la sociedad civil. O'Donnell define la *accountability horizontal* como la "existencia de agencias estatales que tienen la autoridad legal y están fácticamente dispuestas y capacitadas para emprender acciones, que van desde el control rutinario hasta las sanciones legales o incluso *impeachment,* en relación con actos u omisiones de otros agentes o agencias del Estado que pueden, en principio o presuntamente, ser calificadas como ilícitos".[3] Por lo tanto, la ausencia de estos mecanismos o virtudes del sistema político, más allá de la acción ciudadana, puede acelerar o agudizar las situaciones de descomposición de un gobierno.

Sin embargo, esta reflexión teórica podría alejarnos de la relación sistémica que queremos establecer entre sociedad civil y gobernabilidad. El problema no es tanto separar los dos conceptos, sino reunirlos y ver cómo se recomponen mutuamente. El riesgo es creer que la relación sistémica es automática, constante, determinante incluso. El "efecto de espejo" entre ambas pasa por mediaciones complejas y no determinadas causalmente.*

---

[3] Guillermo O'Donnell, *"Accountability horizontal",* La Política, núm. 4, 1988, octubre, pp. 173-174.

* Para ilustrar este punto nos parece sugerente la siguiente anécdota literaria que Lewis Carroll nos refería a través de un juego de niños: "la idea del espejo le vino un día que había dado a Alicia una naranja preguntándole (frente al espejo) en qué mano la

La sociedad actual está obligada a pensarse en el marco de la complejidad y es allí en donde la sociedad civil tiene un papel fundamental, como parte de los equilibrios económicos, políticos, sociales y culturales necesarios para lograr *nuevos márgenes* de gobernabilidad. Porque este concepto involucra dimensiones de legitimidad y eficiencia que ya no parten del propio corazón del gobierno es que nos parece fundamental hacer una reflexión que vincule las nociones de gobernabilidad y gubernamentalidad.

Aunque parezca extraño, este concepto acuñado por Michel Foucault en un sugerente artículo, se refiere a la cada vez mayor autonomía del gobierno de los hombres y las cosas en relación con el Estado. Después de señalar que lo más importante para la modernidad no es la estatalización de la sociedad sino la gubernamentalización del Estado, Foucault define:

> La gubernamentalización del Estado es un fenómeno singularmente paradójico, ya que si bien los problemas de la gubernamentalidad, las técnicas de gobierno, han constituido la única apuesta del juego político y el único espacio real de la lucha política, la gubernamentalización del Estado ha sido sin duda el fenómeno que le ha permitido sobrevivir, y muy probablemente el Estado es actualmente lo que es gracias a esa gubernamentalidad, *que es a la vez interna y externa al Estado,* ya que son las tácticas de gobierno las que permiten definir paso a paso qué es lo que le compete y qué es lo que no le compete, qué es lo público y qué es lo privado, qué es lo estatal y qué es lo no estatal, etcétera.[4]

Estos apuntes teóricos nos permiten señalar dos líneas de análisis distintas. La primera consiste en comprender la acción de la sociedad civil en un proceso de crisis, como la consecuencia probable de las fallas sistémicas dentro del *corpus* de gobierno, es decir, como la incapacidad de las instituciones legales, el poder ejecutivo, legislativo y judicial, para resolver la ausencia de gobernabilidad. Esto es particularmente cierto en el caso de Morelos ya que la principal acusación contra el gobernador Carrillo Olea tenía que ver con la seguridad pública y las supuestas responsabilidades directas de aquél en asuntos criminales. Esta incapacidad del país legal para resolver demandas

---

tenía. —En mi mano derecha, respondió Alicia. —Mira ahora la niña del espejo y dime ¿en qué mano tiene su naranja? —En su mano izquierda. —¿Y cómo explicas esto? Ella reflexionó un instante y respondió: —Si yo pudiese pasar del otro lado del espejo, ¿no tendría acaso siempre la naranja en mi mano derecha?"

[4] Michel Foucault, "La gubernamentalidad", en *Espacios de poder,* Genealogía del poder, núm. 6, Ed. de la Piqueta, Madrid, 1991, pp. 25 y 26.

urgentes por parte de la sociedad motivaría y justificaría la movilización social.

Por otro lado, Foucault nos recuerda que debemos pensar en la gubernamentalidad como algo más complejo, desligado del aparato de
Estado, que ocurre también en el ámbito de lo social, y que, a su vez,
está habitado por la racionalidad de los equilibrios, técnicas y tácticas
de lo gubernamental. Esta perspectiva nos lleva a entender mejor que
los márgenes de control político entre las diferentes esferas están
mucho más cerca el uno del otro que lo que en algunos casos se cree.
Dicho esto, hay que adentrarnos en los casos específicos de Tepoztlán y
Cuernavaca, comenzando por el primero. Ahí se reveló la presencia de
un cierto tipo de sociedad civil frente a la primera crisis de gobernabilidad. Posteriormente, examinaremos los principales resortes del conflicto que sacudió al poder ejecutivo.

El conflicto y la resistencia en Tepoztlán:
hacia nuevas formas de gobernabilidad

El municipio de Tepoztlán está ubicado al norte del estado de Morelos
en una zona montañosa que va de los 1 500 hasta los 3 000 msnm. Su
proximidad al Distrito Federal y Cuernavaca lo hace un lugar de fácil
acceso. Pero sobre todo, su enigmático paisaje montañoso lo hace
atractivo para familias pudientes que vienen de la capital, turistas
esotéricos y comerciantes. Su población es de 28 000 habitantes y está
conformado por la cabecera municipal con sus respectivos barrios y
colonias, y ocho comunidades periféricas.

Aunque en Tepoztlán 92% de las tierras disponibles son comunales
la mayor parte de la población no se dedica a la agricultura. Las cifras
son claras: 2 057 personas laboran en el sector primario; 2 079 en el
secundario; 3 441 en el terciario.[5] Tepoztlán es uno de los municipios
más prósperos de Morelos, con un alto nivel de bienestar comparado
con otros municipios del estado.

Los sucesos son conocidos por todos: a mediados de 1995 el proyecto
para la construcción de un club de golf en las faldas (tierras comunales) del Tepozteco, provocó que los habitantes de Tepoztlán se opusie-
ran desde un principio a las maniobras combinadas de la inmobiliaria
KS, el gobernador de Morelos, un grupo de inversionistas del país y de
la transnacional GTE. El desarrollo incluía un conjunto residencial, un

5 XI Censo General de Población y Vivienda, INEGI, México, 1990.

parque corporativo, una zona comercial y un helipuerto en una zona ecológica protegida (el corredor del Chichinautzin). Para frenar el proyecto de inversión, los tepoztecos contaron con el apoyo de intelectuales, agrupaciones ecologistas, organizaciones de la sociedad civil nacional y extranjera, algunos medios de comunicación y varios partidos políticos. Un sector de la población tomó la presidencia municipal y desalojó a su anterior presidente, tomaron rehenes políticos del gobierno, pusieron retenes a las entradas de la cabecera municipal y negociaron arduamente con el gobierno pidiendo el retiro de la fuerza pública; expresaron su voluntad colectiva, tanto mediante asambleas populares como por usos y costumbres, y por último eligieron a un ayuntamiento libre y autónomo bajo el mandato imperativo de un eslogan: "¡No al club de golf!"

La lucha del pueblo de Tepoztlán fue constante y durante 18 meses lograron sobrevivir sin el reconocimiento legal por parte del gobierno estatal. Vivieron sin policía estatal ni judicial y se apoyaron en sus propios recursos para financiar varios proyectos imprescindibles. El ayuntamiento libre y popular de Tepoztlán se mantuvo así hasta las elecciones de marzo de 1997. La Asamblea Popular se convirtió en el foro general para tomar las principales decisiones que pudieran afectar a la población, lo que concitó el interés y la participación de muchos sectores, como jóvenes y mujeres, quienes fueron experimentando su fuerza ciudadana. El movimiento también tuvo un mártir en la figura de un campesino, quien murió en abril de 1996 después de una acción policial que buscaba evitar que manifestantes tepoztecos bloquearan la visita del presidente Zedillo a Morelos por el aniversario de la muerte de Emiliano Zapata. Ese mismo día, por la noche, los inversionistas del club de golf declararon que se cancelaba el proyecto por problemas de ingobernabilidad local que impedían su realización.

Como nos lo relata María Rosas,[6] estaban presentes, por la sociedad civil, Greenpeace, el Grupo de los Cien, Espacio Verde, Fundación Alejandro Wuthenau, Global Antigol Movement, Multinational Monitor, Guerreros Verdes, 50 Mujeres por Morelos, Habitat, Huehuelcóyotl, Pacto de Grupos Ecologistas, Grupo de Estudios Ambientales, Consejo de Pueblos Náhuatl del Alto Balsas, Comité Nacional para la Defensa de los Chimalapas, Salvemos al Bosque, etc. Recordemos también que la Fundación Ford, que en un inicio fue copartícipe del proyecto del Parque Industrial de Alta Tecnología que se pensaba construir junto con el club, se retiró del proyecto apenas comenzaron las disputas. Todo

---

[6] María Rosas, *Tepoztlán. Crónica de desacatos y resistencia*, Era, México, 1997, p. 65.

esto sin contar el apoyo que, desde el inicio del movimiento, algunos intelectuales y artistas como Carlos Monsiváis, "el Fisgón" y Ofelia Medina le brindaron o, mucho más aún, del mismísimo subcomandante Marcos y el EZLN.

El 24 de septiembre del 1995, muy rápido, se elige un municipio libre y autónomo. El esquema de representación y elección se construye a partir de los barrios, colonias y poblados por un lado, y por otro, desde la cabecera municipal hasta los linderos del municipio. Con el fin de clarificar el conflicto sobre la base de una doble soberanía, se excluye de la elección a los partidos, las "asociaciones" y "agrupaciones" (salvo al Comité de Unidad Tepozteca, estructura política conformada *ad hoc* por diversos sectores de las élites locales dispuestas a recuperar un poder amenazado, que organiza metódicamente las principales estrategias de acción) y se apela a una memoria idealizada proclamando que "[aquí] se inicia algo nuevo, recuperar nuestra democracia y nuestra dignidad, con algo muy viejo, las tradiciones, los usos y las costumbres de nuestros antepasados".[7] A diferencia de lo ocurrido en las elecciones municipales de 1994 cuando el PRI obtuvo una reñida victoria con cerca de 3 900 votos, seguido del PRD con 3 500, en 1995 se eligió a siete representantes de una lista cerrada de 18 aspirantes.[8] Estos parecían surgir *desde* la sociedad civil más pura como ciudadanos comprometidos con su pueblo.

La Asamblea Popular: formas de participación y organización

En principio, la Asamblea Popular de Tepoztlán tiene su origen en las formas de participación y toma de decisión de los comuneros campesinos. Sin embargo, este órgano político colectivo es convocado por la presidencia municipal (PM, de ahora en adelante) en distintos momentos de la historia para poder tomar decisiones que el cabildo considera delicadas o comprometedoras. La asamblea es la prueba del agotamiento o de los límites de la representación política tradicional. Lo interesante es que este límite sea reconocido por aquellos mismos que detentan la representación popular.

---

[7] Palabras textuales del dirigente del CUT, Salvador Guzmán, *Chava,* en *La Jornada,* 24 de septiembre de 1995, p. 20. También en las mismas declaraciones se plantea que "no hacemos sino retomar la tradición que durante siglos se siguió en esta comunidad para elegir a sus autoridades, el *coatequitl,* el espíritu de trabajo comunitario, de resolver entre todos los problemas de todos".

[8] En orden de votación: Lázaro Rodríguez, Pablo Vargas, Julián Ayala, Humberto Ayala, Javier Rivera, Crescencio Conde y Ricardo Castillo.

Por otro lado, la asamblea también puede ser convocada por distintos sectores sociales provenientes de los barrios y colonias de la cabecera municipal, que se constituyen en grupo de presión para revocar o forzar una decisión por parte de la PM. El éxito o fracaso de la iniciativa depende de la presencia masiva de la gente que se reúna respondiendo al llamado del grupo. Por lo general, dicha convocatoria se hace con buen tiempo de antelación para asegurar una participación suficiente.

La asamblea se vuelve así un órgano de legitimación en tiempos de crisis. Por más que la "crisis" sea relativa o muy coyuntural, la asamblea permite sortear con éxito un momento de riesgo o bloquear una iniciativa de la PM.

Parte de la ambigüedad es que sus orígenes comuneros se contraponen a sus objetivos ciudadanos. En sí, el comunero es un actor que se proyecta colectivamente en el ámbito de su comunidad de trabajo vinculada a la tierra. Mientras el ciudadano es un actor individual que tiene un reconocimiento como sujeto político, independientemente de su vinculación laboral o local. Los derechos del comunero están protegidos y amparados por su *status*. Los del ciudadano por la ley.

En marzo de 1995 se organizó la primera gran Asamblea Popular vinculada al conflicto por el club de golf. Ésta fue convocada por los sectores políticos del PRD que habían perdido las elecciones municipales un año antes por un estrecho margen de votos. Esa primera asamblea tenía como objetivo aclarar y definir la situación de la venta de tierras y el permiso que debía conceder el ayuntamiento a los inversionistas del club de golf. Desde ese momento, las asambleas se dieron en la "explanada" de la PM. Esporádicamente se utilizaba el auditorio Ilhuicalli (lugar de reunión, en náhuatl), situado a espaldas de la presidencia. Pero el formalismo suplementario del auditorio se veía desbordado por la efervescencia popular de esos meses. Las masas pedían la calle, la explanada, la plaza pública: entre el zócalo y las oficinas del ayuntamiento. Fue así como el 24 de agosto, después de una asamblea, en desorden y a empujones, el clamor popular pedía el desalojo del alcalde y la toma de la PM.

Podemos distinguir tres fases importantes para ordenar temporalmente el desarrollo de la lógica asambleísta. Las tres abarcan un largo periodo de casi cuatro años que va de 1995 a 1999.

La primera es la fase del *increscendo* del conflicto. La asamblea se desarrolla en la explanada con amplia participación de la gente pero con mucho desorden, sin agenda previa ni tema general, sólo la letanía de denuncias de traición por parte del alcalde y la construcción de un consenso basado en el rechazo al club de golf. En esta fase de la asamblea llegaron a participar entre 2 000 y 2 500 personas y las decisiones se tomaban por aclamación. Al mismo tiempo, en la asamblea se iban construyendo los grupos representativos, se repartían tareas, se organizaban guardias y retenes en las principales entradas al pueblo, se informaba de las acciones realizadas, de diversas cuestiones políticas, desde opiniones hasta rumores, pasando por las últimas noticias. La asamblea era así la caja de resonancia donde se medía la relación con el gobierno del estado, se señalaban los vínculos de algunos ciudadanos de Tepoztlán con los inversionistas y los amenazantes avances en los trabajos del club de golf, etc. En esta fase las asambleas llegan a ser diarias, incluso aunque la afluencia máxima sólo se logra en momentos clave como los días que anteceden a la toma de la PM.

De hecho, es en esta fase que el CUT (Comité de Unidad Tepozteca) surge como instancia de dirección, al no haber un grupo que oriente la fuerza social que se generaba en la asamblea. Todo esto en el periodo crítico, entre agosto y septiembre de 1995, antes y después de la toma de la PM. Así, el CUT se convierte, de inmediato, como emanación de la asamblea, en interlocutor principal ante el gobierno del estado cuando se inician las negociaciones en octubre de 1995.

La segunda fase se inicia una vez consolidado el *ayuntamiento libre y popular* elegido por los tepoztecos por usos y costumbres en septiembre de 1995. Las asambleas empiezan a darse con menor frecuencia en la explanada y el auditorio Ilhuicalli se vuelve central. Pero esto restringe el espacio público que se había logrado construir en la explanada. En esta segunda fase las asambleas tienen como objetivo generar un diálogo informativo y legitimante con los tepoztecos a partir de las conversaciones-negociaciones entre el CUT y el gobierno del estado. Las asambleas pasan a ser semanales o quincenales y la participación desciende drásticamente y empieza a oscilar entre 500 y 1 000 personas en el auditorio. En esta fase la asamblea se "burocratiza": recibe informes de las comisiones de vigilancia e información; dirime disputas entre los líderes del CUT por autonombrarse voceros del movimiento; veta a varios medios de comunicación; recibe al nuevo presidente municipal, quien rinde diversos informes sobre proyectos y recursos; organiza marchas a la capital del estado, al D. F., a las oficinas de gobierno estatal y federal, a los tribunales; recibe a visitantes ilustres (delegación zapatista incluida), delegaciones de otros pueblos de Morelos que se solidarizan, proclamas de grupos sociales marginales, entre lo más destacado. En esta fase, el CUT actúa como "mesa directiva", aunque el centro del estrado del auditorio no esté físicamente ocupado muchas veces por nadie. En esta fase la asamblea tiene una función de aglutinación y de reafirmación que le confiere seguridad a sus participantes ante la inestabilidad jurídica y la amenaza de una probable intervención por parte de la fuerza pública del estado (cosa que nunca sucedió).

Es en ese momento cuando la asamblea adquiere sus ribetes parlamentarios más claros. Las disputas y divisiones, aunque leves, aparecen y se dan, sobre todo, entre dos sectores que se colocan en dos alas opuestas en el auditorio: a) los arielistas, llamados así porque su líder era el profesor Ariel Bárcenas Quinteros, con posturas más "radicales", en comunicación con el EZLN, decididos a construir un municipio libre y popular de forma definitiva y reticentes a todo trato con el gobierno del estado, y b) los cutistas-perredistas, que apoyan al nuevo alcalde Lázaro Rodríguez, dispuestos a negociar con el gobierno estatal y preocupados por restablecer la legalidad en el mediano plazo. Pero la fotografía del espacio público en el auditorio no se limita a estos dos actores en disputa por la hegemonía, sino que va más allá e incluye a dos grupos más con posturas distintas: c) el grupo mayoritario menos politizado, constituido por mujeres y jóvenes, deseosos de participar en distintas acciones, voluntarios en tareas de vigilancia, preocupados por la situación pero interesados en que la asamblea resuelva de forma ejecutiva los asuntos sin tantas discusiones. Muchas veces, este último grupo, a pesar de no estar organizado, era el que decidía múltiples asuntos corrientes, ya sea por el voto, ya sea al retirarse tras las interminables discusiones de los ultrapolitizados, y, finalmente d) los priistas, quienes, a pesar de haber sido desplazados del poder local, trataban de reorganizarse y hacían discreto acto de presencia en las asambleas, para pedir, sobre todo, el regreso del ministerio público al pueblo, apoyando en algunas diligencias ante la Procuraduría para liberar a varios detenidos del movimiento, en fin, buscando funciones de mediación que le pudieran devolver un protagonismo perdido.

La tercera fase es la de la restauración de un nuevo equilibrio de fuerzas en términos político-electorales. Ésta se abre con la elección-nombramiento de una candidatura unitaria del "pueblo", finalmente adscrita al PRD, de cara a las elecciones municipales de marzo de 1997. Ya con el control de la presidencia municipal para el periodo 1997-2000, las asambleas reducen aún más su nivel de influencia política y su capacidad de convocatoria para temas de interés general. La participación de la gente disminuye de manera tan considerable que termina siendo un órgano secundario. Al mismo tiempo, la crisis de gobernabilidad ha sido superada. El proyecto del club de golf se ha retirado y, sobre todo, el nuevo grupo que controla el poder político ha logrado consolidar sus posiciones, legitimando su presencia y sus propuestas, estabilizándose en el poder. En resumen, la asamblea cumple la función de aglutinar a una gran cantidad de gente, movilizar energías, ritualizar las iniciativas en términos colectivos, socavar las fuentes de legitimidad del enemigo exterior y coronar a un nuevo grupo político hegemónico. La asamblea es clave para entender la confluencia entre sociedad civil y gobernabilidad, la restauración de los equilibrios entre ambos conceptos pero también el desencadenamiento violento de la crisis.

Por eso, la función de la asamblea ratifica la división tripartita que Claudio Lomnitz sugiere en su análisis de la vida política en Tepoztlán.[9] Según el autor, los tepoztecos se dividen en tres: los políticos, los "tontos" y los campesinos. Los políticos son aquellos que están interesados en ocupar puestos de poder y decisión y que deciden *profesionalizar* su actividad pública dedicándose de tiempo completo a esas actividades. Los "tontos" son aquellos que participan en las actividades políticas y colectivas y que de uno u otro modo pueden ser manipulados por los políticos. Por último, los "campesinos" son la reserva moral, la conciencia crítica, el grupo social lúcido, garante de los intereses superiores de la colectividad. Ellos sólo intervienen en caso de crisis grave, de enfrentamiento externo o de definición interna cuando los políticos no se ponen de acuerdo. Los campesinos pueden participar en forma masiva e inclinar la balanza, o incluso decidirse a tomar las armas, a pasar a la acción para zanjar la disputa.

Pensar la resistencia civil

Uno de los aportes teóricos (relacionado con la temática de sociedad civil y gobernabilidad) más importantes para comprender el movimiento social en Tepoztlán es el de la *resistencia civil*. En su libro del mismo nombre, el activista inglés Michael Randle, especialista en disidencias, define la resistencia civil como "un método de lucha política colectiva basado en la idea básica de que los gobiernos dependen en *último término* de la colaboración, o por lo menos de la obediencia de la mayoría de la población [...] Funciona sobre la base de movilizar a la población civil para que retire ese consenso, de procurar socavar las fuentes de poder del oponente y de hacerse con el apoyo de terceras partes.

[9] Claudio Lomnitz, *Evolución de una sociedad rural,* FCE, México, 1982.

Sus métodos abarcan desde la no cooperación social, económica y política hasta la intervención no violenta".[10]

Con base en esta definición de Randle podemos decir que el papel que juegan los *tercios de apoyo,* es decir, las organizaciones de la sociedad civil en su conjunto, aunque presentes y capaces de dar difusión nacional y global a la lucha de Tepoztlán, no fueron instancias decisivas en la solución del conflicto, ni siquiera en relación con lo que podríamos denominar una asesoría estratégica (pero esto habría que matizarlo o precisarlo después de una investigación más profunda); Tepoztlán sobrevivió con sus propias fuerzas y recursos.

Tepoztlán reaccionó en los términos más tradicionales como *pueblo.* Incluso en el momento de la crisis y el conflicto, en que el vínculo con la sociedad civil puede hacer crecer otras alternativas importantes de desarrollo, la obsesión por la unidad lo pulveriza todo a su paso. La reacción, en este caso, aparece como arcaica, evitando toda instancia de mediación que tuviera un mínimo de libertad o margen de acción, siempre con el temor de perder el control del curso de las acciones. La sociedad civil existe, pero juega más un papel hacia *afuera* —opinión pública nacional e internacional, medios de comunicación, adhesiones y simpatías de los *otros*— que hacia adentro (en donde a lo mejor era todavía más necesaria).

Este fenómeno aparece claramente en la constitución misma de los pueblos en México, como lo señala François Chevalier, quien explica el doble origen, indígena pero sobre todo hispano, de los pueblos: "Sólo los vecinos gozaban de esos derechos (administración de la tierra, comercio, etc.) que *excluían* a los recién llegados o las personas extrañas al pueblo. Éstas eran libertades, franquicias y privilegios o fueros de las ciudades o pueblos titulares, dotados de una personalidad jurídica, los cuales constituían la unidad de base de la población, bajo la autoridad del rey y sus funcionarios, que estaban, en principio, obligados a respetar sus derechos". Más adelante, Chevalier señala que "aún en 1778, respecto a las nuevas fundaciones españolas, se indica que si alcanzan [un mínimo], gozarán de la Jurisdicción Alfonsina para defenderse de cualquier medida atentatoria".[11]

Por eso, y siguiendo con el aspecto relativamente polémico de esta argumentación, otro historiador, François-Xavier Guerra, plantea la continuidad de lo tradicional en México a partir del importante papel

---

[10] Michael Randle, *Resistencia civil. La ciudadanía ante las arbitrariedades de los gobiernos,* Paidós, Barcelona, 1998, p. 25.

[11] *Cf.* François Chevalier, "La libertad municipal, antigua y permanente reivindicación mexicana", *RMS,* núm. 2, 1989, p. 434. Las cursivas son nuestras.

político desempeñado por los pueblos durante la Revolución y antes de ésta.

El pueblo, según Guerra, es el espacio que reproduce y mantiene los vínculos de tipo antiguo, constituyendo movimientos de vuelta al pasado, reivindicando privilegios: "Un pueblo está en contradicción clara con la lógica de la política moderna que tiene una óptica individualista. Si un pueblo es capaz de funcionar como un conjunto de individuos aislados, ya no es un pueblo. Un pueblo —el pueblo es el actor de tipo más antiguo, más fuerte y más potente [...]— es capaz de levantarse, de luchar por sus tierras, de manifestar sus agravios, de hacer presión sobre el gobierno; pero no es capaz de hacer política en el sentido moderno de la palabra".[12]

Sin cerrar el capítulo referente a Tepoztlán podemos hacer un primer balance crítico. La presencia de la sociedad civil se vio sustituida por la presencia masiva de amplios sectores de la población que tuvieron una participación muy activa a lo largo del proceso. Paradójicamente, este proceso de participación, que desemboca en un nuevo pacto de gobernabilidad local, fortalece más a los sectores de una cierta élite localista que al conjunto de los actores que conocemos como sociedad civil. Los beneficios para estos sectores tienen que ver con un control más directo sobre su propio ayuntamiento y la limitación de las interferencias por parte de la élite regional o estatal. El apoyo del conjunto de la sociedad de la cabecera municipal a través de manifestaciones, retenes, marchas, discursos y discusiones en la asamblea tiene una doble función de legitimación. Por un lado, conforta las razones y derechos ideales del pueblo como actor central en la disputa por el club de golf. Es decir, sostiene la idea de que el pueblo como unidad existe realmente y que su voz se expresa en el foro ideal: la asamblea. En efecto, ninguna decisión trascendental se puede tomar fuera de este foro. Es importante advertir que es un grupo amplio y diverso el que tiene los mayores márgenes de acción e influencia en relación con los temas que se presentan, se discuten y aprueban, cuidándose de no crear situaciones de desborde mayor y tomando otras decisiones lejos de la asamblea. Es entonces en ésta en donde se reúnen las partes del cuerpo tepozteco: las élites y su pueblo.

Sería absurdo descalificar estas singulares manifestaciones de lo que también podemos llamar sociedad civil, que no siempre coincide con las definiciones que comúnmente se utilizan. El nivel de organización es

[12] François-Xavier Guerra, "Teoría y método en el análisis de la Revolución mexicana", *RMS, op. cit.,* pp. 3-24.

bajo y tanto la transparencia como la tolerancia estuvieron comprometidas fuertemente.

En Tepoztlán, la sociedad civil se recompone desde la categoría de pueblo, señalándonos la fragilidad del gobierno local, así como de las organizaciones no gubernamentales en su capacidad de mediación y ajuste institucional. Pero el cambio político se da y de manera rápida, directa, decidida. La sociedad civil desplaza al gobierno en su inquietud por restaurar los equilibrios de la gobernabilidad y asume firmemente esa tarea como suya. Los riesgos de estas reacciones son la imposibilidad de estructurar un cambio más profundo a partir de la instauración de canales de comunicación, representación y cooperación que articulen las relaciones entre sociedad civil y gobierno.

De la movilización al cambio político: la sociedad civil en busca de una nueva gobernabilidad

Para entender el efecto que tuvo la movilización de la sociedad civil morelense contra el gobernador Carrillo Olea es importante recordar el ánimo general de los ciudadanos después del doble proceso electoral estatal y federal de 1997, lo cual anunciaba de algún modo el gran cambio electoral que se dio en julio a nivel nacional. Estas elecciones, tanto las locales, realizadas en marzo, como las federales de julio, marcaron un cambio fundamental en el escenario político local. Sin este preámbulo poco podríamos entender de la fuerza que logró concitar la sociedad civil en su iniciativa por enfrentar de manera más decidida la crisis de gobernabilidad. Al mismo tiempo, es indispensable asociar el conflicto en Tepoztlán, que se inició en 1995, con el efecto dominó que le siguió en torno al cambio político-partidario. El "efecto Tepoztlán" se tradujo en un nuevo escenario político a partir de 1997, en donde el PRI sufrió una muy profunda, y quizás irreversible, derrota electoral. Pero también logró despertar a las redes sociales que conectan a los distintos pueblos y comunidades del estado en un mismo esquema de cultura política. El sistema político-institucional empezaba entonces a recibir los signos inequívocos de una sociedad civil que se expresaba también electoralmente en la crisis del momento.

En términos político-electorales, el partido que capitalizó el descontento fue el PRD. Aunque en 1994 Jorge Carrillo Olea ganó el gobierno del estado con un holgado 63.7%, en las elecciones federales de 1997 el PRI sólo pudo ganar un distrito electoral y perdió los tres restantes a manos del PRD. Unos meses antes, en el momento de renovar el congreso estatal, el PRI logró mantener sólo 13 escaños contra 11 del PRD, cinco del PAN y uno del PCM.[13] Al mismo tiempo, también se renovaron las 33 presidencias municipales, en donde el PRI había tenido un monopolio casi exclusivo; sólo conservarían 17 presidencias municipales, 13 irían al PRD, dos al PAN y uno al PCM. La mayoría absoluta se perdía en el congreso y a nivel municipal el PRI sólo recogía el voto fiel de los municipios más marginados y periféricos de la entidad, los más necesitados del apoyo y la cobertura institucional que, como mediador, el PRI podía seguir otorgándoles.

Por otro lado, la sociedad civil se expresó a través de una fuerte participación electoral, reduciendo el abstencionismo a un promedio de 44% en todo el estado para las elecciones locales. La fuerte participación electoral venía a confirmar el interés y la posibilidad de una disputa más amplia en relación con el tema de la gobernabilidad. La fragmentación electoral obligaba al gobernador a redefinir sus alianzas estratégicas con diversos sectores sociales y a recomponer su imagen pública. Si quería seguir en el poder, el PRI tenía que cambiar su pacto de gobernabilidad, extendiéndolo y no reduciéndolo a sus simpatizantes solamente. El golpe electoral al PRI redibujó el mapa político de Morelos, creando de facto una disputa bipartidista, esencialmente, entre el PRI y el PRD. Y esto a pesar de la muy ajustada victoria que obtuvo el PAN en la capital del estado, Cuernavaca.

Este nuevo escenario tuvo la virtud de fortalecer a los múltiples grupos y organizaciones civiles que se habían construido en los años setenta y ochenta desde diferentes espacios de lucha y participación: movimientos de mujeres, organizaciones de campesinos, colonos y pueblos, comunidades eclesiales de base, asociaciones ambientalistas, de derechos humanos, de obreros textiles, migrantes, marginales y sindicatos magisteriales autónomos, entre otros.

La densidad del tejido asociativo de Morelos se vio de pronto alentado con estos resultados electorales. De la memoria reciente surgían las figuras de Rubén Jaramillo* y el obispo de Cuernavaca, Méndez Arceo, que ocupó su cargo de 1952 a 1983. Internamente, el desgaste del gobierno se expresaba en la inseguridad pública. Esta temática permitió

---

[13] Estos datos son de nuestro estudio "Gobernabilidad y representación política en Morelos", 1999, CRIM-UNAM, a publicarse. PCM son las siglas del Partido Civilista Morelense, que surgió después de las elecciones de 1994 como una escisión localista al interior del PRI, a consecuencia de las disputas que surgieron en torno a la nominación del candidato a la gubernatura.

* Dirigente campesino de los años cuarenta y cincuenta que después de abrazar la lucha armada fundó el PAOM (Partido Agrario Obrero Morelense), disputando la elección a gobernador; fue asesinado en 1962.

aglutinar a sectores muy diversos de la sociedad. Fue allí en donde la capacidad de movilización, comunicación y lucha política de las organizaciones civiles pudo expresarse. "Al ser la seguridad pública y el empleo los ejes propagandísticos de la campaña de 1994 de Carrillo Olea, la realidad se volvió contra el discurso cuando [ambas] problemáticas se agravaron significativamente".[14]

Así, el 10 de junio de 1997 se dio la primera de las tres *marchas del silencio* que se efectuaron en el estado para protestar contra el gobierno estatal y en las cuales participaron miles de personas de los sectores medios urbanos, principalmente de Cuernavaca y Cuautla, que se movilizaron siguiendo el llamado de las organizaciones civiles Casa Ciudadana y la Comisión Independiente de Derechos Humanos.

A medida que la inseguridad crecía, expresándose en un aumento considerable de secuestros que afectaba incluso a sectores medios, se observaba un aumento en las movilizaciones y en las peticiones de la sociedad civil. Las primeras protestas pedían mayor seguridad y eficiencia por parte de las autoridades respectivas, pero al no haber resultados inmediatos se empezó a pedir la salida de altos funcionarios de la Procuraduría de Justicia del Estado. Esta tendencia se exacerbó cuando el 28 de enero de 1998 agentes de la Policía Federal de Caminos detuvieron al comandante antisecuestros de Morelos. Esta situación terminó de acorralar al gobernador Carrillo Olea y aumentó las protestas de la ciudadanía.

El domingo 8 de marzo, pese a no tener una figura legal, la Coordinadora Morelense de Movimientos Ciudadanos, organismo encabezado por Ana Lilia Cepeda, Graco Ramírez y Carmen Genis (todos ellos del PRD), que reunía a los principales grupos y asociaciones civiles del estado, realizó una consulta popular para conocer la opinión de la ciudadanía respecto a la permanencia en el cargo del gobernador Jorge Carrillo Olea. El 94% de los votos, es decir 96 849 personas, se expresaron por que renunciara, y 6 072 por que permaneciera, de un padrón estatal electoral de aproximadamente 400 000 personas.

El 10 de marzo la fracción parlamentaria del PAN en el Congreso de la Unión exigió la destitución inmediata del gobernador y la designación de un mandatario interino. Para el 12 del mismo mes, durante una gira por la entidad, el líder nacional del PRD insistió en la necesidad de destituir a Carrillo Olea por no garantizar las condiciones de gobernabilidad. Un día después, la Comisión Nacional de Derechos

---

[14] José Luis Correa Villanueva, "Morelos", en Silvia Gómez Tagle (coord.), *1994: las elecciones en los estados*, vol. II, La Jornada Ediciones/UNAM, México, 1997, p. 19.

Humanos dirigió al congreso del estado una recomendación en donde pedía se investigara la procuración de justicia del gobierno de JCO. El 19 de marzo la Coordinadora Morelense de Movimientos Ciudadanos, que aglutinaba a la mayoría de las organizaciones civiles de Morelos, anunció el inicio de acciones de "resistencia civil", y un día después industriales y empresarios de Morelos se manifestaron a favor de la validez oficial de figuras como el referéndum, el plebiscito y la consulta pública. Como una medida más de presión e inconformidad, el 22 de marzo el congreso del estado rechazó la cuenta pública del gobierno estatal y negó la autorización para pedir un préstamo de 80 millones de pesos. La presión en las instancias federales también continuó y así, el 25 de marzo legisladores federales de oposición exigieron la separación del cargo de Carrillo Olea, en tanto que el PRI señaló que se castigaría a los responsables, debilitando aún más al gobernador.

El 7 de abril, el congreso del estado recibió tres denuncias y solicitudes para iniciar juicio político en contra de Carrillo Olea, entre ellas la de los integrantes de la Coordinadora Morelense de Movimientos Ciudadanos, firmada por Julián Vences Camacho, Graco Ramírez, José Luis Correa Villanueva (PRD), Carmen Genis y el líder estatal del PAN, Adrián Rivera. Ese mismo día, el Colegio Morelense de Abogados señaló que la recomendación emitida por la CNDH no era ni inconstitucional, ni ilegítima.

El 10 de abril, día del aniversario de la muerte de Emiliano Zapata, en el municipio de Ciudad Ayala, en donde se realizaba una ceremonia a la que asistieron el gobernador y el titular de la Secretaría de la Reforma Agraria, irrumpieron integrantes de la Asamblea Popular Tepozteca, del PRD y de la Coordinadora Morelense pidiendo la renuncia del gobernador.

El 8 de mayo la Comisión de Régimen Interno y Concertación Política aprueba el dictamen de juicio político en contra del gobernador del estado, iniciándose el 14 de mayo ante la decisión del mandatario de no solicitar licencia. Sin embargo, bajo esta fuerte presión, el 15 de mayo de 1998, Carrillo Olea terminó solicitando licencia por un plazo indefinido al cargo de gobernador del estado, "para contribuir a restablecer los canales de una relación constructiva que tan positiva fue en el pasado y que no logré por otras vías".[15]

Aunada a la presión de los actores de la sociedad civil, representados de manera central (y relativamente unificada) por la Coordinadora

---

[15] *Gaceta Legislativa*, año II, junio de 1998, núm. 13, contraportada.

Morelense de Movimientos Ciudadanos, la influencia de los medios de comunicación fue también determinante. El 23 de febrero de 1997 el diario *The New York Times*, a través de sus corresponsales Sam Dillon y Crais Pyes, vincularon seriamente en un artículo al gobernador Carrillo con el narcotráfico.[16]

De igual forma contribuyeron varios diarios nacionales, entre los que destacaron por su cobertura *La Jornada, El Financiero* y *Reforma*. En medios como la TV y la radio, en los que tradicionalmente es más difícil adoptar una actitud crítica, se dio una amplia cobertura al problema. Gran interés al respecto mostró Pedro Ferriz de Con en su noticiario radial *Para Empezar*, uno de los más escuchados en el país, lo mismo que el periodista de Televisa, Ricardo Rocha. Ambos mostraron abiertamente su repudio otorgando espacios a los detractores del gobernador y aportando pruebas comprometedoras en torno al tema de los secuestros y la inseguridad.

Esta somera descripción nos permite entender lo que dice Norberto Bobbio cuando plantea la relación entre gobernabilidad y sociedad civil como un eje que es articulado por el problema de la legitimidad. Así, "la sociedad civil es sede donde se forman, especialmente en los periodos de crisis institucional, los poderes que tienden a obtener su legitimidad incluso en detrimento de los poderes legítimos, donde, en otras palabras se desarrollan *los procesos de deslegitimación y relegitimación*". Y añade: "de aquí la frecuente afirmación de que *la solución de una crisis grave* que amenaza la sobrevivencia de un sistema político debe buscarse ante todo en la sociedad civil, donde se pueden encontrar nuevas fuentes de legitimización, y por tanto nuevos espacios de consenso".[17] El comentario de Bobbio nos permite sopesar los elementos del conflicto en Morelos a partir de las demandas, presiones y acciones de la sociedad civil, sin la cual no podemos imaginar ningún escenario de gobernabilidad, porque revela que en el corazón del cambio está esa legitimidad en disputa por parte de múltiples actores político-partidarios. Sin embargo, un análisis poco cuidadoso podría orillarnos a creer que la única legitimidad posible está, "material y espiritualmente", en la sociedad civil. Esta tentación podría entonces conducirnos a pensar en una subjetividad radical de la sociedad civil opuesta a cualquier forma racional e institucional de regulación de conflictos, volviendo a oponer la supuesta pureza del país real a la supuesta corrupción del país legal. Por eso, en la segunda parte de este

---

[16] *Proceso*, núm. 1110, 8 de febrero de 1998, p. 8.

[17] Norberto Bobbio, *Estado, gobierno y sociedad. Por una teoría general de la política*, FCE, México, 1989, pp. 44-45. El subrayado es nuestro.

artículo, trataremos de comprender cuáles son los límites o las fronteras de la sociedad civil que nos permitirían relacionarla con una nueva gobernabilidad democrática en el actual contexto de complejidad social.

LAS FRONTERAS DE LA GOBERNABILIDAD

> La autonomización del poder ilegítimo y las debilidades de la sociedad civil y del espacio de la opinión pública política pueden agudizarse y dar lugar a un "dilema legitimatorio" [...] [creando] un círculo vicioso. Entonces el sistema político cae en el remolino de un déficit de legitimación y de un déficit de regulación o control sistémicos, que se refuerzan mutuamente.
>
> JÜRGEN HABERMAS, *Facticidad y validez*

Sin olvidar todo aquello que presentamos como contexto en la primera y segunda partes, nos gustaría, en ésta, recurrir a autores como Habermas, Schmitter y Lomnitz, entre otros. Estas referencias nos permitirán ir señalando algunas contradicciones y límites que plantea la relación entre sociedad civil y gobernabilidad; tanto por el peso que tiene la cultura política como forma de continuidad, como por la insipiencia —y fragilidad— de los cambios que ocurren a raíz de una mayor participación de ciudadanos y asociaciones.

Por lo tanto, una primera aproximación crítica tiene que ver con la centralidad que ocupó la sociedad civil en Morelos en los hechos ya mencionados entre 1995 y 1998. Aquello que le permitió ocupar un lugar central en la dinámica de cambios políticos del estado, podía conducir a pensarla como el espacio privilegiado y único al interior del espacio público. Esta autorreferencialidad, en el sentido de plantearse a sí misma como la agenda, el ágora y el *logos* le daba una innegable fuerza dentro del sistema político, confrontando al gobierno y desbordando a los partidos. Este *décalage* le permitiría apelar a una razón que, oponiéndose a la lógica de las decisiones tomadas por las esferas de gobierno, reivindique un cuerpo normativo en la historia y la tradición, o en estatutos legales no utilizados por los actores políticos. Así, la autorreferencialidad de la sociedad civil puede facilitar múltiples controles indirectos por parte de las instituciones, las élites y los partidos. El riesgo es entonces que la sociedad civil se repliegue sobre sí misma dejando de lado sus potencialidades para crear amplios márgenes de discusión, promoción de ideas, expresión de diferencias y alternativas de acción originales en el espacio público. La autorreferencialidad puede motivar ese repliegue peligroso que alimenta la idea de que la sociedad civil sería depositaria de la legitimidad en *última instancia*.

Desde estas perspectivas trataremos entonces de comprender los mecanismos que en el caso de Morelos (Tepoztlán y Cuernavaca) permiten la construcción de nuevas formas de consenso y cooperación y, al mismo tiempo, de nuevos riesgos de control y subordinación.

La restauración de los equilibrios: el regreso a la estabilidad

El punto fundamental para el regreso a la estabilidad fue, tanto para el conjunto de Morelos como para Tepoztlán, la construcción de una nueva forma de institucionalidad: por un lado, la salida de Carrillo Olea y el nombramiento de Morales Barud y, por el otro, la elección de un ayuntamiento en los términos que señala la constitución. Estos acontecimientos, basados en la idea subyacente de reconciliación, nos hablan de un conflicto muy profundo dentro de la sociedad morelense. Lo interesante es preguntarnos cómo y por qué, justamente después de una febril actividad por parte de las organizaciones sociales en términos de movilización, se regresa a la normalidad.

En el caso de Tepoztlán, es importante tomar en cuenta la tradición de cultura política en este pueblo mestizo. Cabe suponer que la movilización social que se gestó, entre 1995 y 1997, contra el proyecto de construcción de un club de golf en tierras comunales y de reserva ecológica, correspondía también a una oportunidad inigualable para ciertos sectores de la élite (de la cabecera municipal, particularmente) para recuperar parte del control político-económico que les habían arrebatado las élites regionales de Morelos-Cuernavaca. Estas élites locales son las que conforman el Comité Unificado de Tepoztlán (CUT), una organización creada *ad hoc,* desde la sociedad civil, por diversos sectores (médicos, maestros, abogados, artesanos, ingenieros) del pueblo que reclamaban el derecho de gobernarse a sí mismos. Esta élite local, a través de los mecanismos de desobediencia y resistencia civil, propios de la sociedad civil, y con apoyo explícito de organizaciones no gubernamentales nacionales e internacionales, lograron reunir a su comunidad con discursos de representación basados en la identidad y la diferencia. Pero como lo muestra Lomnitz, este discurso y esta práctica son antiguos: "La importancia que tenía el dominio político para esta élite se reflejaba en su empeño por representar a la comunidad.

Así, en aquella época, los notables solían enfrentarse a las haciendas que pretendían extender su dominio sobre los municipios periféricos tales como Tepoztlán, aun cuando no podían controlarlos directamente. Los notables, para conservar sus privilegios locales, frecuentemente defendieron los intereses de la comunidad a nivel regional. Lo hacían en parte apelando a *la nueva mitología nacional* que entonces se propagaba desde la ciudad de México. Por primera vez —insiste Lomnitz— Tepoztlán se proclamaba orgullosamente indígena, con sus tradiciones antiguas que incluían los derechos a sus tierras comunales y a sus propios representantes. En ese sentido, los notables asumieron el rol y el discurso de los principales indígenas de la Colonia, adaptándolos al nuevo contexto nacional".[18] Esta larga cita nos permite comprender la complejidad de un espacio local en el que se introduce la sociedad civil como categoría de análisis y actor político. Pero también nos permite distanciarnos críticamente y entender por qué no se da una verdadera interacción o cooperación entre el ayuntamiento de Tepoztlán y las distintas ONG que operan en la localidad.

Actualmente (1997-2000), el municipio está gobernado por sectores políticos relacionados con el PRD y el CUT. Su fuerza política todavía está vinculada al conflicto del club de golf, pero sus límites también. Lo que tratamos de demostrar es que la sociedad civil no está allí donde pensamos que debería estar necesariamente. Es probable que la verdadera y antigua presencia de lo que entendemos por sociedad civil no se encuentre de manera directa en las distintas organizaciones y asociaciones que alimentan el tejido socio-cultural de Tepoztlán. Por eso, es importante señalar el peso de las élites locales que, constituidas en sociedad civil, logran desarrollar discursos, prácticas y acciones políticas hegemónicas que permean a toda la "cultura íntima" (diría Lomnitz) del municipio. Estas articulaciones entre sectores visibles e invisibles, formales e informales, se presenta de manera más clara durante y después de un conflicto. Hay, entonces, un proceso de recuperación por parte de estas élites locales de lo que significó una lucha social prolongada, pero no necesariamente hay un trabajo de cooperación e intercambio entre el poder municipal y los sectores de la sociedad civil llamados ONG.

Es así como podemos entender que, de cerca de veinte ONG (con distintos orígenes y objetivos) en Tepoztlán,[19] ninguna esté colaborando

[18] Claudio Lomnitz, *Las salidas del laberinto. Cultura e ideología en el espacio nacional mexicano,* Joaquín Mortiz, México, 1995, p. 44.
[19] Las ONG más destacadas son las siguientes: Luna Nueva, Gaia, Tepoz-Limpio, Llégale, Tramoya, Promotores ambientales, María Liberación, El taller, Tukipa, Hue-

de manera formal con el gobierno municipal. Más bien, lo que priva son las redes familiares (clientelares incluso), las oposiciones entre Barrios (es decir entre diversos sectores de esa élite), entre sectores socioprofesionales (maestros *vs.* ingenieros), que pueden o no rescatar el discurso sobre la sociedad civil y utilizarlo políticamente. Por otro lado, los dirigentes de las ONG locales tienen sus propios nexos con otros actores internos y externos. Su trabajo específico, que va desde la formación y asesoría en el terreno agrícola o ambiental, la promoción cultural y de salud, la integración de los jóvenes y la tradición artesanal, tiene un impacto en la vida local pero aparece desligado de las políticas públicas municipales.

En resumen, la separación entre la sociedad civil y el Estado en el caso de Tepoztlán parece confirmarse. Sin embargo, esta división teórica es aquí más aguda, ya que aparece como ideal la reunión de ambas esferas en el momento de la lucha social y de la toma del poder político. Esta toma del poder se da por parte de las élites que canalizan y dirigen a la heterogénea sociedad civil, constituyéndose a sí misma en "sociedad civil". Esta oportunidad es fundamental, ya que, como nos lo recordaba Bobbio, la sociedad civil puede ser entendida como aquella sobre la que descansa la legitimidad en última instancia. En el umbral crítico de la ingobernabilidad, las élites locales apuestan en contra de las élites regionales (Cuernavaca, gobierno del estado, Federación) gracias al juego de máscaras: volverse sociedad civil, para que la sociedad civil se vuelva pueblo. Para que así, el pueblo se reconozca en sus élites, como si sus élites fueran él mismo. En este ejercicio de reunificación simbólica, la sociedad civil juega un papel clave a través y gracias a la Asamblea Popular. Incluso gracias a su debilidad intrínseca, a su imposibilidad de convertirse en un verdadero interlocutor, en un eficiente negociador, en un posible socio y mediador del poder municipal.

Si ampliamos la definición de la sociedad civil y tratamos de entender la fragilidad del Estado, de los proyectos modernizadores y del mercado podremos entender a Lomnitz cuando afirma que "la sociedad civil no nació ayer, tiene una existencia larga y compleja que puede apreciarse investigando la historia de lo público y de las esferas públicas". Lo importante, señala, es "comprender los modos en que las prácticas e instituciones de la esfera pública y de la modernidad cultural se articulan con otra serie de prácticas e instituciones dentro de un espa-

·huelcóyotl, Artesanos, Granja Tixip, Espacio forestal comunitario, Asociación de permacultores, Comunidad, Amigos de Tepoztlán, Mujer Tepozteca, Grupos cívicos forestales, entre otros.

cio nacional que ha estado siempre fragmentado, tanto desde un punto de vista económico como cultural".[20]

También habría que explicar los juegos de trueques y préstamos en torno a la centralidad y la periferia. Siguiendo a Lomnitz[21] podríamos acercar nuestra mirada sobre la temática de la sociedad civil aplicando ambos términos y redefiniéndolos a la luz del conflicto. Afirmar que Tepoztlán es un pueblo periférico que durante su lucha se volvió central es algo que podemos aceptar. Del mismo modo que lo periférico se vuelve central en términos regionales en el ámbito de la política, la sociedad civil se vuelve central durante el conflicto. La crisis de gobernabilidad hace que dentro del espacio público la sociedad civil se vuelva asamblea, desbordando el ámbito estricto de las organizaciones o asociaciones y que, a la postre, se identifique o fusione con el conjunto de la comunidad o pueblo. Del mismo modo, las élites locales que en un momento podían ser periféricas para las élites regionales, se vuelven centrales para el Estado en su estrategia de reconquista de Tepoztlán. Esta estrategia se basó en la ocupación del lugar que le ofrecía la sociedad civil en el espacio público, introduciéndose en ella momentáneamente, para llevarla así hacia su máxima expresión de centralidad. La sociedad civil, que en principio parece estar en la periferia de todo sistema político institucional, descubre el centro como un lugar vacío, lo ocupa, lo toma por asalto y le otorga un contenido fundacional basado en la expresión de las subjetividades, en la reinvención de lo indígena, es más, en los sesgos autoritarios de la asamblea. Desde la sociedad civil se señalan traidores y leales, amigos y enemigos, se hace la guerra y se recompone un orden —un centro, una legalidad— desarticulado, y se reunifica a la comunidad.

Pero esta centralidad de la sociedad civil nos recuerda que estamos en un periodo de transición. Muchas veces se olvida que este contexto nacional en el que se dan los procesos de cambio que llamamos "transición" está relacionado con las distintas formas de hacer política en México. De algún modo está presente la tensión entre lo antiguo y lo moderno, entre las formas de acción del pasado y los nuevos rasgos del futuro. Esta tensión ha sido estudiada por François-Xavier Guerra en el proceso de la Revolución mexicana,[22] quien señalaba principalmente

---

[20] Claudio Lomnitz, *Modernidad indiana. Nueve ensayos sobre nación y mediación en México*, Planeta, México, 1999, pp. 8 y 9. Esta cita es particularmente importante ya que en dicho libro hay tres artículos que tratan sobre Tepoztlán, integrando una visión más actual que la de sus anteriores trabajos. Destaca sobre todo el artículo "El centro, la periferia y la dialéctica de las distinciones sociales en una provincia mexicana", pp. 151-186.

[21] *Idem.*

[22] El más reciente texto que nos parece interesante es François-Xavier Guerra,

dos cosas: *1)* que en los cambios políticos observados había más rastros de las formas anteriores o antiguas de hacer política pero que éstas se "expresaban" a través de lo nuevo que era, en sí, el proceso revolucionario. Estas formas tenían que ver con los actores locales y con lo colectivo; distinguiendo la política moderna por la primacía de lo individual que se anteponía a la lógica de los cuerpos intermedios, de las castas, de las corporaciones o de los grupos de privilegio. *2)* El contraste evidente entre los principios, los actores y las prácticas previstas por las constituciones y las leyes y las que se daban en realidad. Lo importante en nuestro estudio acerca de la sociedad civil en un territorio llamado Morelos es que estas conclusiones de Guerra parecen estar vigentes. Probablemente, este señalamiento nos ayude a comprender en su especificidad lo que entendemos, desde esta experiencia histórica, por sociedad civil. Muchas veces, aquello que denominamos sociedad civil, en la actualidad, tiene sus orígenes en reacciones comunitarias antiguas que se mezclan con asociaciones y organizaciones novedosas. Desde una perspectiva más normativa, nos encontramos teóricamente con supuestas prácticas y principios de la sociedad civil que no siempre corresponden a las formas de lucha, estrategia y acción que desarrollan los movimientos sociales en realidad.

Parte de estas paradojas se expresa en la aceleración y desaceleración que ha tenido el movimiento social en Morelos en los últimos años. Para entender cómo se desarrolla este proceso podemos recurrir al ejemplo de Cuernavaca, a las formas de control mutuo que se van creando entre la sociedad civil y el sistema político institucional que regula los resortes más evidentes de la gobernabilidad.

Nuevas formas de control legitimador: el discurso de dominio sobre ONG y sociedad civil

Lo que llamamos el "discurso de dominio" es una forma de apropiarse de la importancia que ha alcanzado la sociedad civil en México, y su uso por parte de los actores del sistema político institucional con el fin de mantener canales de influencia, comunicación, regulación y control sobre este espacio de libertad periférico dentro del espacio público. Estas formas de apropiación son de muy distinta índole. Pueden verse en la consideración aparente que reciben ONG y asociaciones de ciudadanos en declaraciones, entrevistas o artículos que realizan los actores

Annick Lampérière *et al., Los espacios públicos en Iberoamérica. Ambigüedades y problemas. Siglos XVIII-XIX,* FCE, México, 1998, 366 pp.

políticos más tradicionales. Pero también pueden ser nuevos esquemas institucionales que invitan a la participación de la sociedad, vías formales de comunicación y encuentro que permiten diseñar un cierto perfil de lo que debe ser la sociedad civil.

Este discurso permite asegurar dentro de un margen razonable la imagen de una sociedad civil bajo control. Asimismo, cumple dos funciones legitimadoras fundamentales: *1)* hacia los nuevos actores políticos del pluralismo, que en México son el PAN y el PRD, y que ocupan posiciones de gobierno. O sea, que están involucrados en los problemas de gobernabilidad desde el gobierno y no sólo desde la oposición. Esta experiencia novedosa produce una búsqueda de identificación con la sociedad civil como actor que valida las "nuevas prácticas" políticas; *2)* instala de lleno a las instancias de la sociedad civil en el ámbito de lo institucional confirmando su propia legitimidad a la hora de hablar de participación y democracia. En otras palabras, ratifica a las organizaciones y asociaciones ciudadanas que aparecen como el verdadero espacio de la democracia. Encontramos entonces un discurso de interés que permite un doble proceso de autoidentificación (somos el buen gobierno) y autolegitimación (somos democráticos).

En el caso del municipio de Cuernavaca, que el PAN logró conquistar en las elecciones de 1997, se desarrolló un proceso que ilustra parte de esto. La cultura política priista, sobre la que se estructuró la interacción clientelar con los sectores populares de la capital del estado, estaba basada en la fuerza que podían tener las asociaciones de colonos o vecinos aliados a los comités seccionales del partido. Al llegar el PAN al poder siguió una doble estrategia para revertir parte de esta situación. Por un lado, dentro de la Secretaría de Desarrollo Comunitario se crearon dos subdirecciones asociadas al discurso de control sobre la sociedad civil. Por otro, se crearon espacios de diálogo directo con los vecinos mediante la creación, ex profeso, de Comités de Participación Ciudadana.

Las subdirecciones son la de Participación, que tiene a su cargo los asuntos vinculados con los comités antes mencionados, y la de ONG. Esta última presta distintos servicios de apoyo a ONG, canaliza demandas para ser recibidas por otras subdirecciones y coordina eficazmente las labores de asistencia, pero sin realizar un trabajo conjunto en materia de cooperación y gobernabilidad. Por su parte la Subdirección de Participación sí promueve activamente la intervención social en asuntos que podríamos llamar de profilaxis, embellecimiento, limpieza y ordenamiento urbano mínimo. Los comités de participación ciudadana se han vuelto espacios de interacción política importante entre gobierno y sociedad porque permiten una relación directa entre ambas partes. Los comités no tienen un poder real pero ayudan al gobierno municipal a acceder a mayores niveles de legitimidad incorporando a sectores sociales en su proceso de toma de decisiones. Estos comités de participación son más activos en las zonas de clase media popular que en las zonas marginadas. Sin embargo, aunque el PAN gobierna también el municipio de Emiliano Zapata, una zona industrial al sur de Cuernavaca, la presencia y actividad de los comités de participación han sido ahí mucho menos influyentes.

Esta labor retoma las estructuras clientelares en el ejercicio del gobierno y el poder. Pero también contribuye, como lo señala Edgardo Lander, al "proceso de deslegitimación del Estado, sin ofrecer alternativas efectivas para la defensa de los intereses de los grupos más débiles de la sociedad".[23] Así, el PAN fortalece su discurso sobre la sociedad civil, actuando en realidad sobre grupos sociales débilmente estructurados que controla sin dificultad, decidiendo desde arriba y evitando a los sectores asociativos más activos.

La recomposición de la esfera clientelar no termina en el ámbito municipal. La misma sociedad civil se ha estructurado a partir de 1999 en dos consejos distintos. Por un lado, el Consejo Estatal Integrador reúne a las ONG del estado que están más vinculadas a las instancias federales y estatales de gobierno: las asociaciones profesionales, de padres de familia y de colonos. Estas organizaciones buscan los recursos puestos a su disposición por los Fondos de Coinversión de Sedesol y, de una u otra forma, tienen relación con sectores políticos del PRI. Por otro lado, el Consejo Morelense de ONG reúne a toda la corriente asociativa surgida de las Comunidades Eclesiales de Base (CEB), al movimiento ecologista y los discapacitados.* Este segundo grupo fue el principal impulsor del movimiento social que presionó para lograr la salida del gobernador Carrillo Olea. En la coyuntura de 1998 la mayoría de estas ONG se organizó como la Coordinadora Morelense de Movimientos Ciudadanos.

Ambas organizaciones cuentan con sus propias redes de intervención y financiamiento y se plantean como *la* sociedad civil en el espacio público estatal con miras a las elecciones de gobernador, Congreso

---

[23] Edgardo Lander, "Límites actuales del potencial democratizador de la esfera pública no estatal", en Luiz Carlos Bresser Pereira y Nuria Cunill Grau (ed.), *Lo público no estatal en la reforma del Estado,* Paidós y CLAD, Buenos Aires, 1998, pp. 447-448.

* En este consejo encontramos a: Cultura Joven, CIDHAL, CED, Luna Nueva, Nuestros niños, Casa Ciudadana, Fundación Comunitaria, Acción y Desarrollo Ecológico, FINCA, Escuelas Campesinas, CODESU, Asociación de Ciegos, Sordos, Ancianos, Apatlaco, MOCEDMA, MIAC, EPAT, Comunidad.

local y municipios en el 2000, de manera diferente y hasta contradictoria. Sus vínculos terminan por definirlas en términos antagónicos ya que reflejan de manera casi esquemática el principal conflicto bipartidista (PRI-PRD) que caracteriza actualmente a la vida política estatal. Como nos lo recuerda Habermas: "la política sigue siendo el destinatario de los problemas de integración no resueltos" y la sociedad civil morelense lo ha expresado de manera muy clara a través de su participación activa en la resolución de una crisis de gobernabilidad. El actual repliegue de estos sectores asociativos constituye más bien un rasgo de fortaleza porque la situación ya no es crítica. Esta fortaleza interna nos recuerda que el ámbito de la sociedad civil es el espacio público y no necesariamente la política pública. Si en un principio partimos de la idea de encontrar una participación o cooperación en el ámbito municipal entre ONG y gobiernos locales, a medida que avanzamos encontramos otros factores que también tenían que ver con la gobernabilidad, con el sistema político institucional y con la actitud de los ciudadanos hacia el poder. Después de haber tratado de mostrar la influencia y la complejidad de la sociedad civil en Morelos, tanto en Tepoztlán como en Cuernavaca, encontramos un espacio público más libre y accesible, en donde surgen mecanismos de control por parte de la ciudadanía hacia el poder, los cuales, aunque siendo todavía frágiles (y reversibles), nos colocan ante un escenario más democrático. De este modo, la sociedad civil puede regresar a sus ámbitos propios de intervención y promoción siguiendo sus pautas, métodos y fuerzas. Nuevamente, Habermas nos recuerda que "las estructuras de comunicación del espacio de la opinión pública están ligadas con los ámbitos de la vida privada de modo que la periferia que es la sociedad civil, frente a los centros de la política, posee la ventaja de tener una mayor sensibilidad para la percepción e identificación de nuevos problemas".[24] Es aquí en donde la sociedad civil recupera su lugar en la periferia, construyendo lo que podríamos llamar sus ventajas comparativas, su fuente de legitimidad a la hora de enfrentar procesos o crisis de ingobernabilidad. Es a través de ese trabajo sobre sí misma, sobre un ámbito complementario (pero no necesariamente cooperativo) al de las políticas públicas que la sociedad civil construye y aporta su diferencia.

Probablemente sea así como podamos entender de forma más profunda las propuestas de P. Schmitter cuando habla de "las ventajas funcionales del gobierno de interés privado" refiriéndose al sector asociativo: "la 'autorregulación regulada' por los intereses organizados

---

[24] Jürgen Habermas, *Facticidad y validez. Sobre el derecho y el Estado democrático de derecho en términos de teoría del discurso,* Trotta, Madrid, 1998, p. 462.

parece capaz de resolver cierto número de problemas que se han descubierto asociados a la intervención del Estado, la competencia del mercado o la acción comunitaria-voluntaria".[25] Y esto porque según el teórico alemán, así como

> las comunidades deciden por consenso unánime, los mercados por preferencia del consumidor o de la mayoría, los estados por adjudicación autoritaria y por certificación imperativa, las asociaciones corporativas deciden mediante fórmulas sumamente complicadas, que empiezan por una representación de paridad [...] trabajan por medio de un proceso de ajustes proporcionales secuenciales, basados ya sea en acuerdos de "dividirse la diferencia" o "trato por medio de paquetes", y luego ratifican el pacto final por medio del consenso de los concurrentes.

Sin olvidar que "en suma evitan el dilema del prisionero, por medio de una confianza interorganizacional [...] el precio de ello es un extenso proceso de deliberación y una serie de soluciones de compromisos del tipo 'segundos mejores' que a menudo son difíciles de justificar en motivos estéticos o normativos".[26]

Estas citas nos ayudan a configurar, y anunciar, parte de lo que sigue en nuestro proyecto de investigación, adentrándonos en las acciones que desempeñan las ONG y las organizaciones civiles en Morelos en su propio ámbito y que pudieran tener un impacto en la gobernabilidad local, más allá de proyectos específicos de colaboración interinstitucional, ya que, como hemos visto, éstos no existen planteados así. Nos queda, más bien, la imagen de una sociedad civil que puede replegarse manteniendo su vigilancia sobre el sistema político institucional. Y esto, después de haber participado activamente en el proceso de ensanchamiento del espacio público provocado por una larga crisis de gobernabilidad. La sociedad civil puede volver a casa, sin perder lo ganado, habiendo conquistado nuevos espacios de legitimidad en su ámbito particular de acción.

VISIBILIDAD E INVISIBILIDAD DE LA SOCIEDAD CIVIL

La ambigüedad de la presencia de la sociedad civil y de su vanguardia organizada, las organizaciones no gubernamentales (ONG), en los mu-

---

[25] P. Schmitter, W. Streeck y G. Lehmbruch, *Neocorporativismo II. Más allá del Estado y el mercado,* Alianza Editorial, México, 1992, p. 75.
[26] *Ibid.,* pp. 63-64.

nicipios de Cuernavaca y Tepoztlán, es relevante para tratar de entender su alcance político y sus significados sociales. En Cuernavaca podemos asistir a la construcción de un modelo de relación gobierno local-sociedad civil que llamaremos, a falta de un término más justo, el modelo *conservador*. En Tepoztlán, por otro lado, lo llamaremos el modelo rebelde.

Sin embargo, después de este primer análisis trataremos de interpretar dicha situación a partir del esquema propuesto por Roberto Varela, quien retoma la teoría del poder de Richard Adams.

Para terminar nuestra argumentación, y en un tercer punto, discutiremos desde una perspectiva histórica el papel de los municipios en la construcción de la ciudadanía y de la gobernabilidad en México.

Tepoztlán y Cuernavaca: un análisis comparativo

Tepoztlán o la tentación rebelde

Toda la complejidad para entender la relación entre sociedad civil y gobernabilidad en el caso de Tepoztlán radica en una paradoja. ¿Cómo es posible que en una localidad en donde las ONG han sido tan importantes en la construcción y proyección de un modelo alternativo de gestión social (como sucedió entre 1995 y 1997), el gobierno local no integre, formal e institucionalmente, a través de acuerdos de cooperación (u otros mecanismos) a estos actores fundamentales de la sociedad civil?

En efecto, las ONG, o más bien las redes de las ONG, que actuaban en Tepoztlán le dieron una proyección *transnacional* al conflicto alrededor del club de golf, protegiendo y acompañando las tareas de resistencia civil. Al mismo tiempo, el apoyo que la totalidad de las ONG brindadaba al *Ayuntamiento libre y popular* fue desde cuestiones administrativas, gestión y elaboración de proyectos, difusión y propaganda, hasta trámites jurídicos y financieros; estos últimos de ONG internacionales.

Este trabajo en conjunto fortaleció los lazos, en tiempos de crisis, entre distintos sectores de la élite local, la ciudadanía en general y los sectores intelectuales avecindados en Tepoztlán. Esta participación fue decisiva para entender la planeación exitosa y las estrategias alternativas que el pueblo de Tepoztlán tuvo que hacer para lograr sus objetivos de sobrevivencia, al verse separado del marco legal y financiero estatal. De este modo, el proceso revolucionario vivido entre 1995 y 1997 cohesionó a una población teniendo como actores más relevantes a los sectores más organizados de la sociedad civil local.

Sin embargo, estas acciones al interior del marco de resistencia civil, parecieron ser simplemente un dato marginal, reducido a una dimensión mínima de la acción social y, más bien, periférico a la acción contundente del actor principal que es el pueblo. Las ONG pasaron de ser un actor estratégico, a ser un mero instrumento de las élites locales más interesadas en retomar el control político del municipio, en términos materiales y simbólicos.

No es sorprendente, por eso, que la diputada estatal del PRD por Tepoztlán, Adela Bocanegra, para el periodo 1997-2000, nos declarara que la "acción de la sociedad civil y de las ONG durante el conflicto del club de golf había sido marginal".[27] Del mismo modo, el actual secretario del gobierno municipal lo manifestaba de manera más cruda en otra entrevista, al decir que él "no conocía ONG en Tepoztlán".[28]

Al revisar las políticas públicas aplicadas por el municipio de Tepoztlán en el periodo 1997- 1999, no aparecía ningún convenio, ni marco general de cooperación formal, con ningún sector visible de la sociedad civil, como podrían ser las ONG o algunas otras asociaciones. En un análisis más profundo y después de otras entrevistas con actores sociales involucrados en las mismas políticas públicas del municipio (por ejemplo, miembros del Coplademun), todos concordaban en señalar la continuidad de la relación de trabajo e intervención comunitaria, valorada positivamente, por parte de las ONG y otras asociaciones.

El poder político y social construido por diversos sectores de asociaciones y ONG locales en Tepoztlán, ha creado una tensión tanto con las estructuras municipales como con los sectores más politizados de las élites tradicionales. Así, el modelo revolucionario, surgido durante el periodo 1995-1997, en que se puede observar la efervescencia participativa, acelera la ruptura con la cima del poder político e institucional, pero recompone con gran dinamismo y fuerza el tejido social en la base.

Esta caracterización es la que Tomás Villasante denomina "ciudadanista"[29] en su tipología de conjuntos de acción y formas relacionales, y

---

[27] Entrevista con el autor, mayo de 1999, en su oficina del Congreso Estatal de Morelos.

[28] Entrevista con el autor, septiembre de 1999, en su oficina de PM.

[29] Cf. Tomás Villasante, *Cuatro redes para mejor vivir*, tomo 1, *Del desarrollo local a las redes para mejor vivir*, Lumen-Humanitas, Buenos Aires, 1998. Villasante distingue cuatro conjuntos de acción que relacionan a tres tipos de actores: los actores de poder

es la que se ha impuesto después del proceso de resistencia civil en Tepoztlán.

Este modelo le da una gran visibilidad política a la "sociedad civil"
durante el conflicto pero la reduce en términos institucionales una vez
concluido éste. Por otro lado, las ONG se refuerzan como actores indispensables en la base social para asegurar una gobernabilidad exitosa
después de la crisis.

Cuernavaca o el deseo conservador

En Cuernavaca la situación imperante en el municipio desde la llegada al poder en 1997 de Sergio Estrada Cajigal, presidente municipal de
extracción panista, fue distinta. El municipio creó la Subsecretaría
de Enlace Ciudadano al interior de la Secretaría de Desarrollo Comunitario.[30]

Al interior de esta misma secretaría se creó otra Subsecretaría de
Vinculación con las ONG y una Subsecretaría de Vinculación Social,
que tenía como objetivo dar visibilidad al discurso que desde el panismo municipal se pudiera hacer sobre las bondades de la sociedad civil.
Como lo hemos explicado más arriba, parte de este cambio de gestión
social se debe a la competencia político-electoral con el PRI y a la sustitución de los modelos corporativos de control existentes en la ciudad.
El discurso, validado en términos tanto de gerencia social como de presencia institucional al interior del municipio, tendría que fortalecer a
los "voluntariados vecinales" y a los nuevos "comités ciudadanos",
organizados *desde* la dirección de gestoría. Los voluntarios se reúnen
dos veces al mes y son visitados por representantes del ayuntamiento
para recibir capacitación y apoyo, fortalecer los canales de comunicación y, así, retroalimentar las pasiones legitimantes.

La tendencia política de estos grupos (cívico-vecinales) es cambiarse de
partido político (del PRI al PAN), pero en la mayoría de los casos se vuelven apartidistas. Este modelo de relación entre municipio y asociaciones directamente vinculadas a los objetivos del gobierno local, es el
que podríamos denominar, siguiendo a Villasante nuevamente, el modelo "tecnicista".

(económico-administrativo-político), los grupos mediadores y los grupos sociales hetero-
géneos. A partir de allí se estructuran cuatro modelos distintos: el populista, el gestio-
nista, el ciudadanista y el tecnicista.
[30] *Cf.* el organigrama general del H. Ayuntamiento de Cuernavaca, periodo 1997-2000.

En el modelo *tecnicista* la relación fuerte se da entre los funcionarios del municipio y los principales representantes de las asociaciones. Sin embargo, no logra conectar a todos los sectores, ni generar confianza. Muchas veces la gente no está dispuesta a involucrarse y los grupos informales no logran tener acceso a los beneficios de las acciones públicas. Este modelo tecnicista está fuertemente influido por los discursos gerencistas y "resuelvelotodo" del tercer sector, que son más comunes en Europa y en algunas ciudades de América Latina.

El mayor deseo para el municipio es el de hacer *invisibles* los problemas de gobernabilidad que pudieran generarse desde las demandas y las acciones comunitarias de las ONG más importantes. Por el contrario, la visibilidad institucional a través de sus agencias privilegia su relación con las organizaciones de asistencia y filantropía.

Aunque Cuernavaca sea la sede, como capital del estado, de la mayoría de las ONG, su presencia no es capitalizada para crear alternativas de gobernabilidad y de cooperación entre el gobierno y la sociedad civil locales. Para el municipio, la gobernabilidad está asegurada en cuanto sea él mismo el que defina, decida y estructure quiénes participan o quiénes pueden tener acceso a su entorno, validando, institucionalmente, su discurso sobre lo comunitario. Por otro lado, las ONG presentes en Cuernavaca, fuertemente marcadas por tradiciones de izquierda, han preferido mantenerse distantes de la acción pública del gobierno municipal.

La combinación de estos elementos constituye una paradoja: por un lado la fuerte visibilidad político-cultural de la sociedad civil cuernavaquense, a través de sus ONG y, por otro, la visibilidad selectiva instaurada por el municipio panista.

El modelo tecnicista, a su vez, refuerza los vínculos sociales entre sectores de clase, dejando fuera a muchos otros nuevos actores, menos organizados y con una incipiente fuerza política en el estado.

Para ir más lejos, es sorprendente que las dos experiencias recientes de cambio político que se dieron en Tepoztlán y Cuernavaca nos conduzcan a una imagen de similitud entre ambos modelos de relación entre sociedad civil y gobierno local.

Si en Tepoztlán el modelo ciudadanista, heredado del proceso "revolucionario", aísla a los sectores sociales de sus representantes políticos institucionales, en Cuernavaca el modelo tecnicista privilegia la gobernabilidad desde arriba haciendo invisibles a amplios sectores populares de la sociedad.

La "gran política": energía, poder y control social

Este segundo punto tiene simplemente como objetivo discutir, desde la experiencia reciente de Tepoztlán, la teoría del poder social de Richard Adams[31] que Roberto Varela expone en su artículo "La sociedad civil desde la antropología crítica".[32]

Teniendo en mente la rebelión política ocurrida en Tepoztlán entre 1995 y 1997, sería interesante discutir la noción de *autonomía* vinculada al control de recursos propios y a la centralización del poder, expuesta por Varela en sus tipologías de "política interferida" y de "pequeña política".

Varela nos dice que en investigaciones de campo que realizó entre los setenta y ochenta descubrió "una activa participación política entre los campesinos morelenses cuando se puede, no cuando es imposible". También nos refiere que "la actividad política es tan frenética que ni el más pintado citadino o extranjero la igualaría". Pero en ningún caso nos demuestra en qué consisten esas formas de acción y por qué existe tal frenesí político. Su objetivo es relacionar siempre la cuestión económica, productiva y los recursos del ambiente con la actividad política. Los juegos de poder estarían, para el autor, determinados por las estructuras productivas. La prueba científica estaría dada por argumentos basados en la teoría de Adams que introduce la termodinámica, la ley de Lotka y la selección natural.

La perseverancia de Varela para hablar del mismo tema durante tantos años,[33] nos hace sospechar que el antropólogo considera como un aporte fundamental para la comprensión de los problemas políticos del país su trabajo empírico y teórico aplicando las tesis de Adams.

A pesar de todos sus matices en la explicación de los fenómenos sociales complejos, Varela parece estar molesto y en desacuerdo, no sólo con algunos de sus colegas, sino también con los conceptos vinculados a los desarrollos teóricos más recientes sobre sociedad civil.

En el caso del Tepoztlán que conocemos en la actualidad, nos parece altamente improbable el poder explicar los sucesos de 1995-1997 con el modelo de Adams, traducido por Varela. No cabe la menor duda de que en una sociedad como la de este pueblo se ha dado, históricamen-

[31] Richard Adams, *La red de la expansión humana*, Ediciones de La Casa Chata, México, 1978.
[32] Alberto Olvera (coord.), *La sociedad civil. De la teoría a la realidad*, pp. 259-282.
[33] Su libro *Expansión de sistemas y relaciones de poder. Antropología política del estado de Morelos*, UAM, México, es de 1984, pero fue redactado durante los años setenta en gran medida.

te, la presencia de una multiplicidad de actores externos que han afectado la autonomía local, tanto en sus intereses materiales como simbólicos y, constantemente, la vida política ha sido interferida por las decisiones políticas de *otros* centros: mexicas, conquistadores, evangelizadores, encomenderos, haciendas, ejércitos de independencia y revolucionarios, poderes estatales y federales, *hippies,* escritores, budistas, fraccionadores de todo cuño, intelectuales posmodernos e inversionistas.

Justamente, la supuesta posición periférica del pueblo fue revertida durante la última crisis, recuperando la cohesión comunitaria en el momento en que más estaba amenazada por un poder exógeno. Tepoztlán ha sido un pueblo que siempre ha tenido un gran control sobre sus propios recursos, llámense tierras comunales, y que ha tejido una extensa, dinámica y compleja red de intercambio y de relaciones con el exterior. El resultado de esta convivencia podría ser resumido en la metáfora siguiente: *en la era de la aldea global, Tepoztlán es la más global de las aldeas.*[34]

La complejidad social de Tepoztlán nos permite repensar, a la luz de los acontecimientos, el papel de la sociedad civil local y la relación entre élites locales pueblerinas y el conjunto de la supuesta comunidad. Pero, sobre todo, nos permite afirmar la importancia del análisis planteado con base en el concepto de gobernabilidad y de sociedad civil, rescatando memorias antiguas y estrategias de poder muy ancladas en la historia política local, sin por ello ser inmutables.

En su demostración, Varela no explica cómo es que en el caso de lo que él llama la "política interferida", en que "el poder independiente de los centros de decisión aumenta considerablemente, al mismo tiempo que el poder delegado suministrado por las esferas extralocales ocasiona que el poder asignado por los miembros de la comunidad disminuya y la autonomía local se ve[a] amenazada por agentes extralocales que intentan expropiar recursos significativos para ellos mismos", dicha situación pueda revertirse y, además, producir una rebelión exitosa con una vasta influencia estatal. Recordemos que tuvo importantes conse:uencias político-electorales e internacionales, sobre todo.

El autor tampoco explica cómo es que "al ingresar un flujo de poder a una esfera superior al centro local de decisiones decae el que le asignaban los propios miembros de la comunidad" y, justamente, por qué en Tepoztlán esto no se da de forma tan lineal.

[34] Algo así como el sueño de García Canclini al escribir su *Culturas híbridas. Estrategias para entrar y salir de la modernidad,* Conaculta, México, 1992.

Así, la clasificación de Varela parece limitarse por sí sola en términos teóricos, dejándonos un sabor amargo, ya que sus supuestos están
basados en una lógica materialista en donde los recursos energéticos
parecen tener una relación directa con los juegos de poder y la política.
Pero, además, la visión de Varela parece ahistórica (en su artículo, más
no en su libro) ya que desconoce, o en todo caso descarta, la posibilidad
de pensar en las relaciones de poder integrando la tradición municipa-
lista mexicana, los complejos nexos entre ciudadanía liberal e identidad
de grupo en los pueblos, así como la conflictiva interpenetración que
existe, desde antes de la independencia, en los pueblos mexicanos entre sociedad civil y gobernabilidad.

No es sorprendente pues que, en la conclusión relativa a Tepoztlán
de su libro, Varela nos diga que éste "se avizora como un poblado de
commuters". Reconociendo lo limitado de su análisis prospectivo de los
ochenta, Varela insiste *in fine:* "esta perspectiva no está, sin embargo,
bajo el control de los tepoztecos. Pero tampoco lo estaría la otra, sólo
posible, de la explotación racional de sus riquezas forestales para no
desaparecer como pueblo campesino. *El destino de Tepoztlán está fuera
de Tepoztlán, pues no se ve otra alternativa viable formulada por los
tepoztecos y bajo el control de ellos".*[35]

La oferta de Varela se autolimita entonces al plantear ese tipo de
conclusiones que no reparan en otras lógicas culturales y políticas propias a la localidad y que no siempre se relacionan con las formas de
producción y los recursos energéticos de una comunidad. La teoría
de Adams privilegia la conformación de estructuras imperiales en donde
el poder delegado, la centralidad y la periferia parecen imbricadas a la
perfección, sin giros dramáticos, ni muchas posibilidades de subvertir
el orden desde las creencias y el imaginario. Desde la perspectiva de la
sociedad civil, por el contrario, se puede observar una multitud de
actores diferenciados que participan desde posiciones diversas en la
esfera pública, que se apropian de los discursos externos, revierten
figuras e iconos, se pierden por el camino, recomponen memorias fragmentadas, juegan con artificios desde sus limitados recursos materiales, pero reinvierten con creces sus recursos simbólicos. Una forma
como otra de reinventar la gran política, la mayor de las veces empe-
queñecida y siempre interferida por los *otros.*

---

[35] Varela, *op. cit.,* p. 260. Las cursivas son nuestras.

La historia como clave: notas sobre ciudadanía y gobernabilidad

> Pero, ¿cómo se presentaba, de quién era la nueva república? ¿De todos los ciudadanos de una nueva nación, o de aquellos que ya controlaban con sus municipios electivos los territorios, administrando una justicia propia según las costumbres inmemoriales? Si la república no ofrecía más libertad y autogobierno que aquellos obtenidos antes por los pueblos, ¿dónde se ubicaba entonces la legitimidad de los nuevos gobernantes? ¿Por qué se requería obedecer a sus leyes?
>
> Antonio Annino, *Ciudadanía* versus *gobernabilidad republicana en México*

Al discutir las propuestas interpretativas de Varela sentimos que era necesario buscar otras pistas que pudieran dar cuenta de lo que ya hemos señalado en este capítulo sobre las "extrañas" formas en que se manifestaba la sociedad civil y la gobernabilidad en los casos de Tepoztlán y Cuernavaca. La sociedad civil no estaba allí donde la esperábamos (asociaciones, ONG, iglesias, ciudadanos organizados esporádica o estructuralmente), sino que se construía a través de momentos fundacionales que lograban reunir a diversos actores con objetivos políticos diferentes y hasta contrapuestos pero que se imbricaban, llegando a niveles altísimos de participación para luego replegarse misteriosamente. De igual modo, la gobernabilidad no parecía un atributo institucional, sino que sólo podía medirse por su vínculo con la sociedad y, más aún, con la manifestación de esa sociedad civil *abigarrada*.[36]

Para profundizar en las causas de aquello que sorprendía recurrimos a investigaciones históricas. En ellas aparece claramente la imagen de la ciudadanía más que la del ciudadano, productora de derechos y de actos políticos, de participación y sentido de gobierno. Así, la vida política en el municipio aparece como un crisol en donde se reflejan las memorias del Antiguo Régimen y la construcción de una ciudadanía con herencias múltiples. Por ejemplo, en el Antiguo Régimen mexicano, el "gobierno" no es monopolio de las autoridades regias (el Estado),

---

[36] Para seguir un término del sociólogo boliviano René Zavaleta. Lo abigarrado hace alusión a la conformación de las sociedades latinoamericanas con su particular forma de construirse a través de la coexistencia de las diferencias sociales, étnicas y económicas en un mismo cuerpo social. Reflejo de esto es cualquier ciudad latinoamericana, espacio público por excelencia y manifestación de lo múltiple y compacto que constituye una identidad distinta de las partes que la conforman. En lo *abigarrado* el tema de los orígenes es un imposible.

sino que está ampliamente compartido entre los diferentes cuerpos que componen la "república" (o las repúblicas), como bien lo muestra Annick Lempérière.[37] Esta argumentación viene, por un lado, a afianzar nuestras discrepancias con Varela, quien postula la existencia de un centro de gobierno y, por otro, a ejemplificar la interpretación que sobre la *gubernamentalidad* diera Foucault y que recuperamos para entender el vínculo sociedad civil-gobernabilidad en los casos estudiados.

Del mismo modo, la noción de *pueblo* tiene una acepción muy concreta, aunque a veces excluyente: la población de un reino, de una ciudad, de un poblado, "los vecinos". Pero también con presencia de actores colectivos participantes como corporaciones y estamentos con tintes corporativos y que, de un modo u otro, forman parte de los orígenes de la sociedad civil. Por si fuera poco, hay que recordar, desde la perspectiva de novedosas investigaciones, que la distinción entre lo público y lo privado, tan arraigado en la sociedad moderna, carece de validez en el Antiguo Régimen y es, sin duda, un elemento explicativo para entender las relaciones entre sociedad civil y gobernabilidad a nivel local.

Así lo explica Jean-Frédéric Schaub cuando dice que "la consagración de la ciudad, el ejercicio de los sacerdocios y de las magistraturas crean las condiciones de un *ius* indisponible frente a la manifestación de voluntades particulares. Su carácter público no reside pues en el tipo de objeto que regula (como sería el desarrollo de asambleas electivas, como en Roma) sino en su estabilidad y su indisponibilidad. Esto significa que lo que calificamos como derecho civil pertenece al *ius publicum*. Dicho de otro modo, el derecho civil indisponible forma parte del núcleo normativo de la constitución de la república. Así, un gran número de instituciones que definen el matrimonio, la familia, la transmisión de las herencias, es parte esencial del ordenamiento público de la ciudad. Nos encontramos frente a una configuración en la que la constitución política de la sociedad se realiza en parte mediante un ordenamiento civil".[38] Esta larga cita nos muestra la fuerza de la sociedad civil como sociedad política, en donde lo privado y lo público, después de años de republicanismo liberal, no han logrado separarse totalmente, lo cual ayuda a comprender los alcances y límites de un movimiento como el que se dio en Tepoztlán.

[37] Annick Lempérière, "República y publicidad a finales del antiguo régimen (Nueva España)", en François-Xavier Guerra, Annick Lempérière *et al., Los espacios públicos en Iberoamérica,* pp. 54-79.
[38] Jean-Frédéric Schaub, "El pasado republicano del antiguo régimen", en F.-X. Guerra, A. Lempérière *et al., ibid.,* p. 42.

La sociedad civil no se encontraba, entonces, sólo en sus formas de organización, sino en la pertenencia simbólica; espacio donde lo público y lo privado se difuminan a favor de la conservación de los espacios de identificación.

Así tenemos que la ciudadanía está estrechamente ligada a la noción colectiva de pueblo y vecindad. Pero también a la pertenencia a un grupo con intereses específicos que permite reconocimiento público. Además, los intereses privados y los públicos están menos separados de lo que se imagina y parecen ser constitutivos de la misma identidad. Por si fuera poco, la ciudadanía política estaba estrechamente ligada a la participación en las milicias. Como nos lo recuerda Hilda Sabato "el ejercicio de la violencia era considerado legítimo no solamente frente a un enemigo exterior sino en el plano interno [...] cuando se consideraba que el poder central violaba la Constitución o las bases sobre las cuales se fundaba su legitimidad".[39] Esta referencia es fundamental para entender la descripción que de la crisis de Tepoztlán, así como de la salida del gobernador Carrillo Olea hiciéramos en la primera parte de nuestro estudio. Ambos tienen que ver con la tradición del *levantamiento*.

Como nos lo dice Antonio Annino, "el recurso a este procedimiento puede parecer ilegal sólo si se lo valora con la vara de medida de la norma constitucional: lo es mucho menos si se le inserta en el más vasto contexto institucional del que nació el México independiente"; y más adelante agrega: "el problema de la gobernabilidad (derivado de los levantamientos y la violencia política) fue dramático y dependió [...] [de que] el Estado mexicano no heredó la soberanía directamente de la monarquía española sino de cuerpos territoriales que se sintieron siempre libres de romper el pacto de subordinación a los gobiernos".[40] Esta posibilidad de romper el pacto constitutivo del orden nacional residía en la ficción de la nación natural (originaria) que reside, siguiendo la tradición histórica mexicana, a nivel local, en los pueblos o repúblicas, en las asambleas municipales. Por eso para asegurar la gobernabilidad, las élites mexicanas tuvieron que buscar el apoyo de los municipios y reconocerles una función política que permitía una continuidad con las estructuras del antiguo régimen. Pero, por si fuera poco, Annino explica cómo "el liberalismo se difunde y se divi-

[39] Hilda Sabato (coord.), *Ciudadanía política y formación de las naciones. Perspectivas históricas de América Latina*, FCE y El Colegio de México, México, 1999, p. 25. Este libro es, probablemente, el más importante en materia de investigación histórico-política de los últimos años para nuestro continente.

[40] Antonio Annino, *Ciudadanía versus gobernabilidad republicana en México. Los orígenes de un dilema*, en Hilda Sabato, *ibid.*, pp. 78-79.

de a lo largo de fronteras sociales e institucionales antes de la constitución de la república y no después. Es natural, entonces, preguntarse, cuánto pesó después este particular tipo de ciudadanía liberal y
pluriétnica, nacida antes del Estado nacional y con un muy fuerte
arraigo en el territorio, sobre las relaciones entre los gobiernos y los
pueblos donde, no lo olvidemos, vivía la mayor parte de la población
mexicana".[41]

La construcción de la identidad nacional, paralela a las identidades
locales, debe, paradójicamente, su existencia, a la conservación de lo
local y, a su vez, éstas últimas fueron posibles gracias a la existencia
de una sociedad civil activa.

La tesis de Annino, que nos parece fundamental para entender problemas actuales, es que "no fue la debilidad de la ciudadanía moderna
sino su fuerza la que creó los mayores problemas para la gobernabilidad de México [...] y cómo los *pueblos* monopolizaron este proceso por
medio de los municipios, impidiendo más tarde su control a la república".[42] El juego de trueques y préstamos se dio después de la Constitución de Cádiz, que suprimió *las repúblicas* al mismo tiempo que reconocía la ciudadanía a los indios, retirando el recurso institucional más
importante para defender sus derechos. Así, el municipio liberal, que
se introduce antes de la independencia, ofrece la posibilidad de reubicar
las tierras bajo su jurisdicción, ofreciendo a la comunidad un mecanismo eficaz para defenderse contra las amenazas externas e igualitarias
inherentes al liberalismo. "Tierra, ciudadanía y justicia estructuraron
de esta manera un sujeto institucional nuevo, distinto del proyectado
por la constitución, expresión directa de los intereses y de las culturas
locales mexicanas. Todo este cambio institucional se realizó al margen
del control del Estado colonial y de las élites criollas; fue un proceso
autónomo de los pueblos, y por consiguiente alteró no sólo el antiguo
orden sino también el nuevo."[43]

Esto permite entender las articulaciones entre élites y comunidades
basadas más en el contractualismo que en el liberalismo. El contractualismo permitió la realización de numerosos pactos políticos con los
nuevos municipios que exigían garantías para defender la propia autonomía territorial. Este punto realza el papel de la ciudadanía muy
vinculado entonces a la vitalidad de una sociedad civil, entendida como comunidad originaria de vecinos, atravesada horizontalmente por
grupos con intereses distintos pero dispuestos a afirmar un poder local

[41] Annino, *ibid.*, p. 64.
[42] *Ibid.*, p. 63.
[43] *Ibid.*, p. 74.

autónomo que le permita regular a sus ritmos las lógicas propias del poder y la redistribución.

Esta ciudadanía orgánica que "municipaliza la política" basada en la vecindad, propició un apego entre política y sociedad a escala local que acabó por ser limitativa, como lo explican Carmagnani y Hernández. "En este sentido, la persistencia de la ciudadanía orgánica acompañada del sufragio indirecto se convirtió en un obstáculo a la consolidación de un gobierno y su clase política, con presencia a lo largo del territorio nacional."[44]

La paradoja es que la fuerza de la comunidad, aunque en el discurso se planteaba como baluarte original y defensa de los derechos inalienables vinculados a la tierra, se recomponía por medio de lógicas asociativas, en donde su legitimidad no provenía en realidad ni de la costumbre, ni de la ley, sino de la voluntad de los mismos asociados. Éstos podrían ser los comuneros, los ejidatarios luego, los campesinos en sí, que se interrelacionan al interior de su grupo como individuos libres e iguales entre sí. Este *esprit de corps* les permite actuar con fuerza inusitada en los momentos de crisis o resistencia, compartiendo códigos culturales y convicciones perfectamente reconocibles para los miembros del grupo. Al mismo tiempo nos indica que la sociedad civil surgida de esas prácticas y de esa historia es más antigua y compleja de lo que muchos suponen.[45]

Por eso, "captada por las comunidades indias, difundida por un Estado incapaz de controlar las prácticas, la ciudadanía liberal fue *redefinida* por las culturas locales con significados muy lejanos de los proyectados por las Cortes de Cádiz, pero no por ello menos importantes para entender los dilemas de la futura gobernabilidad republicana".[46]

La ambigüedad de los lenguajes oficiales se combina con las dificultades de las ciencias sociales para nombrar las prácticas discontinuas, no lineales, que subyacen en la vida social en un país como México. Las discordancias y fragmentaciones de las memorias se recomponen en

---

[44] M. Carmagnani y A. Hernández, "La ciudadanía orgánica mexicana, 1850-1910", en *op. cit.*, p. 403. Pero también véase A. Hernández, *Anenecuilco. Memoria y vida de un pueblo,* FCE, México, 1993.

[45] Un caso importante es el que se da en el momento de la elección del ayuntamiento libre y autónomo de Tepoztlán en septiembre de 1995, cuando se presenta una lista cerrada de 18 nombres de donde se tienen que elegir a siete para el nuevo cabildo. El voto, elemento constitutivo de la ciudadanía, actúa con un fuerte contenido colectivo rebasando los límites habituales entre lo secreto y lo público. Así explica F.-X. Guerra esta situación: "El voto, pues, no es público, puesto que no es en principio conocido por los otros miembros de la junta electoral; pero tampoco es secreto, porque es conocido por los miembros de la mesa", *op. cit.*, p. 50.

[46] Annino, *op. cit.*, p. 73.

momentos clave, en situaciones de crisis o de grandes transiciones como la que todavía se vive hoy en México. La transformación del sistema político, con el fin del régimen del partido único y la eclosión de un pluralismo partidista, contrasta con las búsquedas reunificadoras de la acción social en lugares tan disímiles como Cuernavaca y Tepoztlán. Tanto la resistencia contra el club de golf, como la victoria electoral panista o la salida del gobernador Carrillo Olea, se sitúan en este contexto más amplio de la transición. En el camino aparecen nuevos modelos o términos que, como sociedad civil y gobernabilidad, resultan tener una larga historia en la densa vida política de México. En ella se confunden los rasgos de lo antiguo con lo moderno, llenándose de contenidos semánticos diversos, de una polisemia conceptual que refleja la pluralidad social y étnica del país y las dificultades para hacer de la política una actividad realmente transformadora.

De este problema surge con fuerza la imagen de una lógica contractualista que deja abierta la puerta, ya sea a los arreglos y negociaciones que darían lugar al corporativismo, o a las rebeliones endémicas, unas veces *jacqueries*, otras tentación guerrillera. Una vez más, Annino sugiere:

Las comunidades aceptaron formar parte de la nueva nación republicana, pero al defender sus propios intereses construyeron otras ideas de nación, utilizando procedimientos de yuxtaposición de valores no muy diferentes de los coloniales [...] una primera impresión sugiere que [este fenómeno] se manifestó en *forma cíclica de acuerdo con las coyunturas agrarias y políticas*. Es también significativo que las cronologías de las protestas violentas y de las legales no sean muy diferentes: *las comunidades recurrieron a una o a la otra, o a ambas, según su conveniencia.*[47]

Por eso, cabe preguntarnos si la vigencia de este modelo contractualista en una situación de transición política tan profunda, pero lenta, como la que se vive desde 1988, no es la mayor limitación para una sociedad civil vigorosa, capaz de ser un interlocutor del gobierno sin desear ser gobierno necesariamente. Asimismo, la voluntad de muchos intelectuales de afirmar la pertinencia de una ciudadanía étnica en términos de derechos colectivos reconocidos constitucionalmente, parecería ser la solución a un *impasse* histórico.[48] Por otro lado, otros inte-

---

[47] Annino, *op. cit.*, pp. 86-87. Esta visión también ha sido estudiada con mayor profundidad por Guillermo de la Peña en su libro *Herederos de promesas. Agricultura, política y ritual en los altos de Morelos,* Ediciones de La Casa Chata, México, 1980.
[48] Eso es lo que nos muestra, por ejemplo, Guillermo de la Peña en su artículo sobre "La ciudadanía étnica", en A. Olvera (coord.), *La sociedad civil: de la teoría a la reali-*

lectuales como Roger Bartra demuestran que este reconocimiento daría un golpe definitivo a la inclusión de principios democráticos que permitieran realizar la justicia. La validación de esta lógica colectiva en términos de derecho podría atentar aún más contra la frágil democracia en construcción. Para Bartra estas demandas no muestran sino la fortaleza de las perversiones del *antiguo régimen* corporativo.[49]

Y es que, en efecto, el contractualismo, como forma de enfrentar y resolver los dilemas recurrentes de la gobernabilidad, parece renacer en México en estos fines de siglo. Las experiencias de Tepoztlán y Cuernavaca nos muestran cómo es que éste se expresa incluso con arquetipos de modernidad, como podría ser el papel de la sociedad civil, y cómo se recomponen las formas sociales y culturales de la política, incluso en la alternancia democrática. Así, el PRI no es más necesario por el momento en esta recomposición, allí donde otros, PAN y PRD, parecen estar dispuestos a reinventar desde sus propias tradiciones y estrategias políticas la negociación y las formas contractuales tan arraigadas en las formas de gobierno locales. De tal modo la sociedad civil aparece más sociedad que civil. En otros términos, la sociedad se busca su propio sentido de comunidad al articular las diferencias de los grupos que la conforman, al hacer coincidir intereses materiales y formas simbólicas. Y evidentemente al reactualizar las difíciles relaciones entre lo público y lo privado que le dan un sentido real al término civil. Lo civil, entendido como los asuntos de la ciudad, tiene más fuerza cuando se lee desde la tradición de derecho privado, como lo opuesto al derecho público o administrativo, que al revés. Esta lectura que muestra la sobrevivencia de las tradiciones escolásticas, jansenistas, católicas y jurídicas, perfectamente manejadas tanto por la Iglesia española como por el derecho colonial, permeó profundamente en las estructuras municipales de México, siendo tan reinterpretadas y utilizadas para estructurar el sentido de la vida como lo fueron los sincretismos religiosos y culturales.[50]

El debate, tanto sobre las cuestiones jurídicas como políticas relativas a la sociedad civil, el buen gobierno o la gobernabilidad a nivel local, es de importancia central en la definición de la historia política mexicana actual. Su resolución fáctica no dependerá de los argumen-

dad, El Colegio de México, México, 1999, pp. 283-303. Otro libro importante para estos debates es Berengère Marques-Pereira, Ilán Bizberg (coords.), *La citoyenneté sociale en Amérique Latine,* L'Harmattan-CELA.IS, París, 1995.

[49] Roger Bartra, *La sangre y la tinta. Ensayos sobre la condición posmexicana,* Océano, México, 1999.

[50] Serge Gruzinski, *La colonisation de l'imaginaire. Sociéétés indigènes et occidentalisation dans le Mexique espagnol, siglos XVI-XVIII,* Gallimard, París, 1988.

tos esgrimidos en la arena intelectual. Pero éstos serán fundamentales para dar sentido al orden nuevo surgido de las tensiones políticas; para seguir afirmando la preeminencia de las ideas en el quehacer político.

CONCLUSIONES

El largo proceso político que en México se denomina transición, y que supone el lapso de tiempo que transcurre entre un régimen y otro, parece estar fundamentalmente centrado en la relación entre sociedad civil y gobernabilidad. Más que las reformas legales, o incluso electorales, más que la aparición de nuevos actores políticos, la apertura del espacio público a la libertad de expresión o la implantación de un nuevo modelo de desarrollo, la transición está en juego en el dilema de la gobernabilidad validada por la sociedad civil, en los equilibrios, pactos y definiciones entre ambas esferas.

No es casual, pues, que en el momento en que se lanza un nuevo y paradójico impulso a la reforma del Estado, que posibilita la relocalización del centro del poder político, los municipios aparezcan nuevamente en escena como el espacio privilegiado desde donde se redefine la relación sociedad civil y gobernabilidad.[51]

Pero esta relación se da, sobre todo, como una disputa entre distintos sectores de la sociedad civil en aras de legitimar un proyecto político que, a su vez, permita altos márgenes de gobernabilidad. El resquebrajamiento del sistema político basado en la preeminencia del PRI y la fragmentación política subsecuente, ha traído un cambio profundo no sin ambigüedades y contradicciones. Así, las supuestas alternativas de los partidos de oposición se ven rápidamente desgastadas. Sus prácticas muchas veces terminan repitiendo los modelos clientelares de control sobre los ciudadanos que ponen de manifiesto la continuidad de la cultura política.

Sin embargo, la reinvención de la democracia a partir de las formas asambleístas o de asociación transforma la naturaleza de la hegemonía política en sí. Este cambio político (al interior del inconcluso proceso de transición) se ve acelerado en la segunda mitad de los noventa, atizado por la crisis de diciembre de 1994 y confirmado por las elecciones (locales y nacionales) de 1997. Pero además, en el caso de Morelos, este proceso cobró particular realce con la salida del gobernador Carrillo Olea

[51] Sin volver a la historia podemos citar el libro de Mauricio Merino, *Gobierno local, poder nacional. La contienda por la formación del Estado mexicano,* El Colegio de México, México, 1998.

en mayo de 1998. Tanto en los municipios de Cuernavaca y Tepoztlán como en el conjunto del estado de Morelos, la clave de este cambio político estuvo en la redefinición de la relación entre sociedad civil y gobernabilidad, al mismo tiempo que se probó de forma muy clara la estratégica relación de dependencia que tuvieron ambos términos en el ámbito de nuestro caso de estudio.

Por si fuera poco, los términos recubren una multiplicidad de actores que desbordan el marco inicial de nuestra propuesta que se limitaba a las ONG. La confirmación de que las ONG, a pesar de su influencia en muchos procesos políticos, no son centrales en la construcción de la sociedad civil en México es una de nuestras principales conclusiones. De igual modo, para lograr la gobernabilidad, aquellos actores políticos que ocupan cargos gubernamentales no siempre tienen enfrente a interlocutores suficientemente institucionalizados, sino a grupos sociales débilmente integrados al resto del cuerpo social. Esto aumenta los riesgos, o las tentaciones, que puede tener ese mismo gobierno para inventar "desde arriba" a interlocutores dispuestos a ser cooptados o con los que pueda negociar desde una posición de seguridad con el fin de cristalizar su proyecto político.

Tanto en Cuernavaca como en Tepoztlán, y a pesar de sus diferencias, esta tentación aparece como un rasgo común. De este modo asistimos a un fortalecimiento de la sociedad civil más politizada, pero con cierta aureola de independencia ante los grupos políticos tradicionales que le permite ampliar su margen de negociación tanto hacia abajo, con el resto de la sociedad (los electores), como hacia arriba, maniobrando con facilidad ante la solicitud de los partidos políticos para irse de su lado. Ante los retos de la gobernabilidad, se observa una gran flexibilidad de la sociedad civil, débilmente institucionalizada, poco democrática, pero capaz de emprender cambios a profundidad en el conjunto del sistema político.

Todo esto parece indicar, ante la cercanía del gran proceso presidencial del 2000 (en el caso de Morelos se da por primera vez al unísono con la elección de gobernador), que estos cambios se verán confirmados y hasta fortalecidos en detrimento del sistema de partidos, de la centralidad política de la Presidencia de la República, de las exigencias globales de gobernabilidad y de las aspiraciones democratizadoras de la sociedad civil. Al contrario, la preeminencia de la fragmentación política, el oportunismo de las élites locales y sus capacidades de adaptación a contextos de cambio que las superan, serán el rasgo fundamental. En este escenario no será inútil preguntarse: ¿Cómo hacer para llevar adelante proyectos políticos que promuevan la integración social y el combate contra las desigualdades? ¿Cómo impulsar la diversidad pero conservando las aspiraciones legítimas de unidad? ¿Cómo lograr niveles aceptables y duraderos de gobernabilidad desde el frágil consenso de la sociedad civil?

APOSTILLAS DESPUÉS DEL 2 DE JULIO

> ¡Cómo había caído el poderoso! *¡Reinos!* [...] Y ahora que el imperio había perdido el control sobre los rincones más alejados de la Galaxia, aquellos pequeños grupos de planetas se convertían en reinos con nobles y reyes de opereta, y guerras inútiles y absurdas, y una vida que se desarrollaba patéticamente entre las ruinas.
>
> ISAAC ASIMOV, *Fundación*

Las fechas fundacionales en México se han vuelto una característica particular de la historia política. Además de revelar la importancia de la temporalidad como construcción simbólica, la fascinación por los ciclos, las rupturas y las vueltas, las fechas son claves hermenéuticas que le permiten a la sociedad expresarse al unísono, compartiendo su frágil unidad. Así, en Morelos, las elecciones presidenciales y legislativas del 2 de julio se vieron acompañadas, por primera vez en toda su historia, por elecciones estatales y municipales. La simultaneidad de ambos procesos nos deja una serie de reflexiones que nos parece importante incluir en nuestro análisis final sobre sociedad civil y gobernabilidad.

El voto diferenciado y la heterogeneidad de la sociedad civil

La transición tranquila vivida inmediatamente después del reconocimiento unánime del triunfo de Vicente Fox a la Presidencia de la República esconde la diversidad del electorado y, por ende, de la sociedad civil. En Morelos, el candidato del PAN (sin necesidad de ninguna alianza con otro partido), Sergio Estrada Cajigal, logró una victoria contundente que superó los votos alcanzados por el PRI, pero también por el mismo Fox en el estado. Los resultados municipales reflejan esa misma tendencia. El consenso logrado alrededor de la figura de Estrada Cajigal como nuevo líder político en Morelos, contrasta con la fragmentación electoral en los municipios. Así, en Tepoztlán, el candidato panista a la gubernatura logró imponerse con facilidad con más de 6 300 votos, dejando en segundo lugar al candidato del PRI con 2 500 y en tercero al del PRD con 2 200.

De igual modo, en Cuernavaca, la victoria de Estrada Cajigal fue arrolladora. Con cerca de 112 000 votos, contra 28 000 del PRI y sólo 9 200 del PRD, el PAN marcaba el nuevo rumbo político en la entidad. Y, sin embargo, a nivel municipal los electores habían diferenciado su voto. Comprendiendo el peso de los factores locales y siguiendo el juego de las distintas facciones, los electores habían podido expresar libremente opciones ditintas, incluso contrapuestas en sus distintas boletas electorales. De ese modo, en Cuernavaca, el candidato panista a la alcaldía recibía una amplia mayoría con más de 93 000 votos, seguido del PRI con 42 400 y sólo 12 000 para el PRD. Pero en comparación con el caudal alcanzado por su mismo partido a nivel de gobernador había una diferencia de 20 000 votos. Una parte de los electores había decidido cambiar su voto a favor de un candidato de otro partido, probablemente del PRI.

En Tepoztlán sucedía algo parecido, pero con una densidad mayor ya que los resultados para presidente municipal fueron, sorprendentemente, muy cerrados. El candidato del PRD obtuvo la mayoría con 3 500 votos, seguido por el del PAN con 3 300, luego el del PRI con 2 412, y el del PARM con 1 938 votos. Muchos de estos electores del PRD, PRI y PARM, sobre todo, le concedieron su voto al candidato Estrada Cajigal del PAN para gobernador.

Esta lógica de diferenciación nos permite afirmar, por un lado, que estamos cada vez más ante un elector racional. Racional en el sentido de que es capaz de seguir las diferencias, incluso de matiz, entre propuestas y situaciones, evaluando las correlaciones de fuerza y las posiciones de unos y otros en el escenario político. También racional en el sentido de que diferencia entre lo local, lo estatal y lo nacional, comprendiendo sus dinámicas propias y articulando de modo complejo sus propios intereses. Este elector estratégico, capaz de sentir el peso del discurso ideológico, pero sin dejarse llevar por él, antepone su propia lógica para repartir su voto.

Este nuevo elector parece interesado por la política, y politizado al mismo tiempo, como lo muestran los altos índices de participación. En Cuernavaca, más de 66%, cifra récord, superior al promedio nacional de 65%, y en Tepoztlán 64%. Los altos niveles de participación electoral nos remiten a esa politización del cuerpo social que confirma las razones por las cuales Morelos fue sede (históricamente, pero sobre todo en los años recientes) de fuertes movimientos sociales.

Los altos índices de participación, conjuntamente analizados con los resultados electorales en perspectiva comparada, nos permiten afirmar nuevamente la heterogeneidad de la sociedad civil cuando, a través de un proceso electoral, se expresa directa y masivamente al unísono. Esta heterogeneidad está plasmada en las urnas, mostrando que la unificación de actores e intereses diversos en una situación de crisis de gobernabilidad como la que se vivió en Morelos durante 1997 y 1998, o como la que conoció Tepoztlán en 1995 y 1997, es sólo un momento pasajero. Fundacional, por cierto, para todos los actores (incluidos los vinculados al PRI), pero eminentemente efímero. Así, la expresión de la sociedad civil en las urnas de forma diferenciada, nos remite a su esencia misma y a lo que puede ser en el futuro: la construcción de formas de participación más constantes pero también más organizadas, libremente dispuestas dentro del sistema político y capaces de articular propuestas que eviten crisis mayores con subsecuentes parálisis del cuerpo político.

Relocalización y pluralismo

Por eso, el mayor reto para la gobernabilidad democrática en el caso de Morelos es la inclusión necesaria en la lógica de los partidos, el gobierno y la sociedad de formas que tomen en cuenta la importancia del pluralismo. La competencia partidista en el plano electoral y su correlación con la sociedad civil nos muestra que la heterogeneidad de intereses, tradiciones y cultura política se expresan constantemente. Esta multipolaridad permite reconocer la importancia de los grandes procesos de movilización social en situación de crisis como los principales resortes que confieren visibilidad a la diversidad de actores sociales: asociaciones cívicas, religiosas, ONG, medios de comunicación, partidos. Pero, al mismo tiempo, nos obliga a reconocer una vez más a esta sociedad civil como un espacio radicalmente plural, sede de la disidencia, la protesta y la autonomía, incluso dentro de sí misma.

Por si fuera poco, la pluralidad puede volverse una novedosa regla en el actual contexto político y social de México. Parte de este pluralismo público reconquistado había sido opacado tras la hegemonía priista. Durante mucho tiempo, ésta se ocupó de controlar los factores de riesgo y conflicto inherentes a la diversidad de intereses y actores en su propio seno. Así, el pluralismo de la sociedad, reafirmado por el pluralismo político evidenciado el 2 de julio en Morelos y en todo México, con su frágil distribución de mayorías parciales, temporalmente limitadas y socialmente controladas, puede ser un gran riesgo para este nuevo periodo de democratización. Las formas políticas asociadas al pluralismo en la tradición occidental han sido fuente de interminables disputas e inestabilidad. La cuestión es que el reto está ahí y el sistema político mexicano deberá adecuarse a esta nueva pauta construida desde la misma sociedad, combinándola con sus anteriores contornos: personalismo, patrimonialismo y contractualismo.

Y si este pluralismo reside al interior de la actual configuración de la sociedad civil en Morelos, también está presente en su relación con el estado, en sus tres niveles: federal, estatal y municipal. Mientras se da un reposicionamiento o relocalización de la centralidad del estado a partir de las reformas impulsadas por el Congreso de la Unión en 1997 que confieren mayores recursos y atribuciones a los municipios, también los actores de la sociedad civil se reposicionan. La sociedad civil local, tradicionalmente muy activa en el caso de Morelos, ha buscado adecuarse a esta nueva configuración. De este modo, la fuerza del movimiento social desatado en Tepoztlán durante 1995 y al menos hasta 1997, le permitió a la comunidad constituir un ayuntamiento libre y popular que se sostuvo con sus propios recursos. En este caso la sociedad civil reemplazó al estado y reconstituyó el orden político al interior del municipio. Del mismo modo, las protestas contra el gobernador Carrillo Olea durante 1998 terminaron por socavar las bases de su legitimidad hasta obligarlo a salir del gobierno. En ambos casos, la relocalización implica un acomodo de las fuerzas y de la capacidad organizativa de la sociedad civil para actuar en los momentos de crisis. Esta definición o clarificación de objetivos diferenciados, distinguiendo el nivel municipal, estatal o federal, así como los modos de acción y expresión propios de su posición dentro del sistema político, nos permite pensar que estas lógicas se mantendrán y se profundizarán, aún más, en el nuevo contexto creado por las elecciones del 2 de julio.

Pero en un punto no será más como antes. El gran enemigo señalado ya no podrá ser el PRI-gobierno. En todo caso, ya no en Morelos. Esta pérdida de centralidad vinculada a la anterior hegemonía priista, probablemente fragmente, durante buen tiempo, la capacidad unificadora de la sociedad civil. El actual proceso de legitimación del nuevo presidente, y en Morelos del nuevo gobernador, le permitirá un gran margen de acción al nuevo gobierno, abriendo perspectivas originales en relación con los mecanismos que le permitan asentar sus bases de gobernabilidad para los próximos años. Por eso, la sociedad civil corre el riesgo de diluirse ante la falta de un enemigo común y la legitimidad del gobierno entrante. Este riesgo es, en el fondo, una oportunidad invaluable para relocalizarse, sin ceder totalmente al discurso comúnmente aceptado de la "descentralización" que busca disolver la centralidad del estado como actor fundamental en las distintas instancias de gobierno. Y si la descentralización puede interpretarse como un reacomodo de la centralidad del estado que le confiere una nueva ubicuidad, la relocalización de la sociedad civil podrá ser un repliegue para volver a encontrar a su contraparte en los distintos niveles desde donde se exprese con acciones de gobierno, políticas públicas o nuevos proyectos de desarrollo. Es probable que este repliegue les permita a los distintos actores de la sociedad civil volver a tejer sus lazos con el espacio local, basado en la lógica de proximidad y, por qué no, de *subsidiariedad*. Acompañar entonces el proceso de relocalización del estado para, desde ahí, tener más capacidad de negociación, propuesta y maniobra con los nuevos actores de poder en los gobiernos.

El reto, y el riesgo, es dejarse llevar por una fragmentación a ultranza que reafirme el poder de las élites locales como únicos actores dirigentes de la sociedad civil en este nuevo contexto. Con su mayor capacidad de negociación por sus vínculos económicos y sociales con los gobiernos, las élites podrían ser las depositarias momentáneas de las iniciativas de la sociedad civil o las monopolizadoras del discurso democrático implícito en su dinámica. Saltando incluso por encima de los partidos, asociaciones y ONG, pertrechadas por sus asociaciones mínimas y con fuertes tendencias corporativas, las élites podrían poner en riesgo parte de los valores democráticos implícitos en la esfera de la sociedad civil. Este detalle es relevante cuando observamos que la nueva legitimidad surgida de las urnas es la de los sectores conservadores del PAN. Pero también cuando recordamos las tradiciones de ciertos grupos de la izquierda mexicana, presentes en Morelos, más proclives a crear su asociación propia (de cofradías tipo *entre-nous)* que a buscar una acción abierta en el espacio público que enriquezca el debate democrático. Por eso, los sectores populares, también muy fragmentados en su identidad, acción y representación, podrían verse orillados a un aislamiento, fruto de este nuevo pluralismo y relocalización de la sociedad civil.

La tarea es mayor cuando pensamos que más allá de la búsqueda de gobernabilidad del cuerpo social, la sociedad civil es el espacio en donde se forman las fuentes de la legitimidad, donde los individuos pueden realizar un aprendizaje político basado en la participación, la solidaridad y el voluntariado. El nuevo escenario está, de nuevo, abierto a las crisis, las acciones y las recomposiciones. La gobernabilidad es un problema de todos los días. Probablemente, la sociedad civil en Morelos, al imprimir una dinámica propia en la situación de crisis, haya forzado a los actores políticos, a los dirigentes, a pensar que es indispensable de ahora en adelante. Y sin duda alguna, ahí sí habrá logrado un verdadero cambio.

Cuernavaca, noviembre de 2000

BIBLIOGRAFÍA

Alvarado, Arturo (1996), "Los gobernadores y el federalismo mexicano", *Revista Mexicana de Sociología*, núm. 3.

Anderson, Benedict (1993), *Comunidades imaginadas. Reflexiones sobre el origen y la difusión del nacionalismo,* FCE, México.

Arias, Patricia, y Lucía Bazán (1979), *Demandas y conflicto (El poder político en un pueblo de Morelos),* Nueva Imagen-Instituto Nacional de Antropología e Historia, México.

Ayuntamiento Municipal de Tepoztlán y Comisión de la Asamblea General de Desarrollo Municipal (1997), *Tepoztlán: un municipio digno, una ciudadanía fuerte. Plan de Desarrollo Municipal 1997-2000,* Tepoztlán, mimeografiado.

Balandier, Georges (1995), *Anthropologie politique,* PUF, París.

―――― (1992), *Le pouvoir sur scènes,* Balland, París.

Bartolomé, Miguel (1997), *Gente de costumbre y gente de razón. Las identidades étnicas en México,* Siglo XXI, México.

Bartolomé, Miguel, y Alicia Barabas (1998), *Autonomías étnicas y Estados nacionales,* Conaculta-INAH, México.

Beck, Ulrich (1992), *La sociedad del riesgo. Hacia una nueva modernidad,* Paidós, Barcelona.

―――― (1998), *¿Qué es la globalización? Falacias del globalismo, respuestas a la globalización,* Paidós, Barcelona.

Birch, A. H. (1971), *Representation,* Pall Mall Press, Londres.

Bizberg, Ilán (1990), *Estado y sindicalismo en México*, El Colegio de México, México.

―――― (1990), "La crisis del corporativismo mexicano", *Foro Internacional* 4.

Bobbio, Norberto (1989), *Estado, gobierno y sociedad. Por una teoría general de la política,* FCE, México.

Boehm, Brigitte (1987), *El municipio en México*, El Colegio de Michoacán, México.

Boudon, Raymond (dir.) (1992), *Traité de sociologie*, PUF, París.
Castoriadis, Cornelius (1999), *L'institution imaginaire de la société*, Seuil, París.
Castro Gómez, Santiago, y Eduardo Mendieta (coords.) (1998), *Teorías sin disciplina. Latinoamericanismo, poscolonialidad y globalización en debate*, Porrúa y Universidad de San Francisco, México.
Centro de Encuentros y Diálogos (1998), *Informe narrativo anual*, CED, Cuernavaca.
Chevalier, François (1989), "La libertad municipal, antigua y permanente reivindicación mexicana", *Revista Mexicana de Sociología*, núm. 2.
———— (1993), *L'Amérique Latine. De l'indépendance à nos jours*, PUF, París.
Constant, Benjamin (1988), *De la force du gouvernement actuel de la France et de la nécéssité de s'y rallier. Des réactions politiques. Des effets de la terreur*, Flammarion, París.
Constitución política del estado de Morelos (1996), Ed. Salas, Cuernavaca.
Córdova, Arnaldo (1972), *La formación del poder político en México*, Era, México.
Corrales, Irma (1982), "Heterogeneidad del Estado y conflictos regionales. Desaparición de poderes en Hidalgo", *Revista Mexicana de Sociología*, núm. 1.
Correa Villanueva, José Luis (1997), "Morelos", en Silvia Gómez Tagle (coord.), *1994: las elecciones en los estados*, vol. II, La Jornada Ediciones / UNAM, México.
Cosío Villegas Daniel (1975), *La sucesión presidencial*, Joaquín Mortiz, México.
———— (1982), *El sistema político mexicano. Las posibilidades de cambio*, Joaquín Mortiz, México.
Derrida, Jacques (1998), *Políticas de la amistad; seguido de El oído de Heidegger*, Trotta, Madrid.
Dobry, Michel (1986), *Sociologie des crises politiques. La dynamique des mobilisations multisectorielles*, Presses de la FNSP, París.
Foucault, Michel (1991), "La gubernamentalidad", en *Espacios de poder*, Ed. de La Piqueta.
———— (1988), *La verdad y las formas jurídicas*, Gedisa, Barcelona.
Franco, Carlos (1998), *Acerca del modo de pensar la democracia en América Latina*, F. Ebert, Lima.
Fromm, Erich, y Michael Maccoby (1973), *Sociopsicoanálisis del campesino mexicano. Estudio de la economía y la psicología de una comunidad rural*, FCE, México.

Gaceta Legislativa, año II, núm. 13, junio de 1998, Ed. Salas, Cuernavaca.

García Barrios, Raúl y Luis, y Elena Álvarez-Buylla (1991), *Lagunas. Deterioro ambiental y tecnológico en el campo semiproletarizado*, El Colegio de México, México.

Geertz, Clifford (1997), *La interpretación de las culturas*, Gedisa, Barcelona.

Gellner, Ernest (1997), *Antropología y política. Revoluciones en el bosque de lo sagrado*, Gedisa, Barcelona.

González Casanova, Pablo (1969), *La democracia en México*, Era, México.

Guerra, François-Xavier (ed.), "Teoría y método en el análisis de la Revolución mexicana", *Revista Mexicana de Sociología*.

Guerra, François-Xavier, Annick Lampérière *et al.* (1998), *Los espacios públicos en Iberoamérica. Ambigüedades y problemas. Siglos XVIII-XIX*, FCE, México.

Habermas, Jürgen (1998), *Facticidad y validez. Sobre el derecho y el Estado democrático de derecho en términos de teoría del discurso*, Trotta, Madrid.

——— (1998), *L'intégration républicaine. Essais de théorie politique*, Fayard, París.

Heller, Agnès, y Ferenc Fehér (1998), *Políticas de la posmodernidad. Ensayo de crítica cultural*, Península, Barcelona.

Hernández, Alicia (1993), *Anenecuilco. Memoria y vida de un pueblo*, FCE, México.

Hirschman, Albert O. (1977), *Salida, voz y lealtad. Respuestas al deterioro de empresas, organizaciones y Estados*, FCE, México.

——— (1986), *El avance en colectividad. Experimentos populares en la América Latina*, FCE, México.

Hopenhayn, Martin (1995), *Ni apocalípticos, ni integrados. Aventuras de la modernidad en América Latina*, FCE, México.

Kymlicka, Will (1996), *Ciudadanía multicultural. Una teoría liberal de los derechos de las minorías*, Paidós, Barcelona.

Lander, Edgardo (1998), "Límites actuales del potencial democratizador de la esfera pública no estatal", en Luiz Carlos Bresser Pereira y Nuria Cunill Grau (eds.) (1998), *Lo público no estatal en la reforma del Estado*, Paidós y CLAD, Buenos Aires.

Lewis, Oscar (1951), *Life in a Mexican Village: Tepoztlan Restudied*, University of Illinois Press, Illinois.

——— (1960), *Tepoztlan. Village in Mexico*, Holt, Rinehart and Winston, Stanford.

Lewis, Oscar (1993), *Les enfants de Sánchez. Autobiographie d'une famille mexicain,* Gallimard, París.
——— (1993), *Campesino zapatista,* SEP, México.
Lomnitz, Claudio (1995), *Las salidas del laberinto. Cultura e ideología en el espacio nacional mexicano,* Joaquín Mortiz, México.
——— (1999), *Modernidad indiana. Nueve ensayos sobre nación y mediación en México,* Planeta, México.
López, Adriana (1986), *La lucha por los ayuntamientos: una utopía viable,* Siglo XXI, México.
López, Valentín (1995), *La mujer morelense en la política,* s. e., Cuernavaca.
Luhmann, Niklas (1998), *Complejidad y modernidad. De la unidad a la diferencia,* Trotta, Madrid.
Marques-Pereira, Bérengère, e Ilán Bizberg (1995), *La citoyenneté sociale en Amérique Latine,* L'Harmattan-CELA.IS, París.
Merino, Mauricio (1998), *Gobierno local, poder nacional. La contienda por la formación del Estado mexicano,* El Colegio de México, México.
Meyer, Lorenzo (1997), "El municipio mexicano al final del siglo XX. Historia, obstáculos y posibilidades", en Mauricio Merino (coord.), *En busca de la democracia municipal. La participación ciudadana en el gobierno local mexicano,* El Colegio de México, México.
Needler, Martin C. (1995), *Mexican Politics. The Containment of Conflict,* Praeger, Westport-Londres.
O'Donnell, Guillermo (1988), *"Accountability horizontal", La Política,* núm. 4, octubre, Poder Ejecutivo del estado de Morelos (1998), *Plan mínimo de acción del gobierno de reconciliación,* Cuernavaca, mimeografiado.
Polanyi, Karl (1989), *La gran transformación. Crítica del liberalismo económico,* Ediciones de La Piqueta, Madrid.
Potter, Jonathan (1998), *La representación de la realidad. Discurso, retórica y construcción social,* Paidós, Barcelona.
PRI-Morelos (1998), *Diagnóstico político estatal,* Cuernavaca, mimeografiado.
Quero, Morgan (1999), *Gobernabilidad y representación política en Morelos,* CRIM-UNAM, Cuernavaca, mimeografiado.
Randle, Michael (1998), *Resistencia civil. La ciudadanía ante las arbitrariedades de los gobiernos,* Paidós, Barcelona.
Redfield, Robert (1974), *Tepoztlán: A Mexican Village,* University of Chicago Press, Chicago.
Rosas, María (1997), *Tepoztlán. Crónica de desacatos y resistencia,* Era, México.

Rubin, Jeffrey W. (1996), "Decentering the Regime: Culture and Regional Politics in Mexico", *Latin American Research Review*, 3.

Said, Edward (1996), *Cultura e imperialismo*, Anagrama, Barcelona.

Sarmiento, Sergio (1997), *Morelos. Sociedad, economía, política, cultura*, CIICH, UNAM, México.

Schmitter, P., W. Streeck y G. Lehmbruch (1992), *Neocorporativismo I y II. Más allá del Estado y el mercado*, Alianza Editorial, México.

Sfez, Lucien (1993), *La politique Symolique*, PUF, París.

Sierra, Jerónimo de (1994), *Democracia emergente en América del Sur*, UNAM, México.

Tapia, Luis (1999), *Turbulencias de fin de siglo. Estado-nación y democracia en perspectiva histórica*, IINCIP, La Paz.

Taylor, Charles (1993), *El multiculturalismo y "la política del reconocimiento"*, FCE, México.

Touraine, Alain (1997), *¿Podremos vivir juntos? Iguales y diferentes*, FCE, México.

Turner, Víctor (1997), *La selva de los símbolos. Aspectos del ritual ndembu*, Siglo XXI, México.

Villasante, Tomás (1995), *Las democracias participativas. De la participación ciudadana a las alternativas de sociedad*, Ediciones Hoac, Madrid.

Warman, Arturo (1976), *Los campesinos en la tierra de Zapata. Política y conflicto*, Secretaría de Educación Pública-Instituto Nacional de Antropología e Historia, México.

Womack, John (1994), *Zapata y la Revolución mexicana*, Siglo XXI, México.

Zavaleta, René (1986), *Lo nacional-popular en Bolivia*, Siglo XXI, México.

Zermeño, Sergio (1996), *La sociedad derrotada. El desorden mexicano de fin de siglo*, Siglo XXI, México.

GOBIERNO DEMOCRÁTICO, SOCIEDAD CIVIL Y PARTICIPACIÓN CIUDADANA EN LA CIUDAD DE MÉXICO, 1997-2000

CRISTINA SÁNCHEZ MEJORADA*
Y LUCÍA ÁLVAREZ ENRÍQUEZ**

INTRODUCCIÓN

Entre los años 1997 y 2000, la ciudad de México vivió por vez primera la alternancia política en el gobierno local con la elección de un jefe de Gobierno y la llegada al poder del Partido de la Revolución Democrática (PRD). Éste fue un hecho sin precedentes en la historia política local, pues representó un cambio de gran envergadura. En primer lugar, porque mediante el ejercicio de esta elección el gobierno capitalino dejó de ser una dependencia del Ejecutivo Federal y, con ello, dejó también atrás la tutela que el partido oficial ejercía desde los años veinte. En segundo lugar, porque fue la primera vez en que los habitantes de esta ciudad pudieron ejercer sus derechos políticos ciudadanos y elegir a su autoridad local. En tercer lugar, por la filiación política de centro izquierda que detentaba el grupo que llegaba al poder, y por la oportunidad inédita que este hecho representaba para que esta oposición de izquierda demostrara su capacidad para gobernar a una de las ciudades más grandes del mundo, la cual, por otra parte, se encontraba en un proceso de intensas transformaciones políticas, económicas y sociales.

Para el nuevo gobierno, la oportunidad que se abría consistía esencialmente en la posibilidad de impulsar transformaciones sustantivas que apuntaran a socavar los fundamentos del régimen autoritario y centralista en el que estaba enclavado el gobierno capitalino, y de construir bases sólidas para el establecimiento de un gobierno democrático de nuevo tipo. Esta tarea implicaba sin duda enormes retos, y requería de la capacidad del nuevo grupo gobernante para instrumentar un modelo de gobierno orientado hacia una *gobernabilidad demo-*

* Profesora e investigadora del Departamento de Sociología de la UAM-Azcapotzalco.
** Investigadora del Centro de Investigaciones Interdisciplinarias en Ciencias y Humanidades de la UNAM.

crática, sustentada no sólo en los elementos definitorios del buen gobierno (eficacia, eficiencia, honestidad, responsabilidad y transparencia), sino también en la instrumentación de otros elementos referidos a la relación con la sociedad: *a)* mecanismos abiertos de relación con los distintos sectores de la sociedad, *b)* mecanismos innovadores para la gestión de las demandas sociales, *c)* política de inclusión y de interlocución con los actores (procesos de concertación) y *d)* diseño y promoción de diversas formas de representación.[1] En un gobierno de esta naturaleza, la instrumentación de una *política de participación ciudadana* resulta un componente central, en la medida en que representa el eje para la articulación de diversas formas de inclusión social y de relación entre el gobierno y la sociedad.

Al respecto, cabe señalar que aun cuando con el término *participación ciudadana* se ha hecho y se hace alusión en la actualidad a una diversa gama de fenómenos colectivos, y a diversos aspectos de la relación gobierno-sociedad, en este trabajo estamos considerando a la participación ciudadana como una práctica que implica dos tipos de movimientos: uno que coloca necesariamente a la sociedad en contacto con el Estado, y el otro que reconcentra a la sociedad en sí misma, buscando su fortalecimiento y desarrollo autónomos (Cunill, 1991: 5-6). Lo característico de este tipo de participación estriba en que se despliega en la intermediación de la relación Estado-Sociedad y se sustenta en la búsqueda de intervención de los individuos en las actividades públicas, en tanto portadores de intereses sociales particulares.

La participación ciudadana así planteada puede ser abordada desde dos perspectivas complementarias: *1)* como medio de fortalecimiento de la sociedad civil, lo que hace énfasis en la necesidad de la autoorganización social, y supone que "lo público no se agote en lo estatal", extendiéndose por el contrario a las organizaciones de la sociedad, a partir de que éstas puedan asumir funciones y atribuciones tradicionalmente reservadas a las instancias estatales y a la administración pública. Esto puede ser asumido en una doble vertiente: como descentralización efectiva de las funciones estatales, o como desplazamiento de las responsabilidades públicas del Estado hacia la sociedad civil, y *2)* como medio de socialización de la política, estrategia que implica la apertura de espacios y mecanismos de articulación entre el Estado y los diversos actores sociales, tendiendo hacia la "publificación del Estado" (Cunill, 1991). Esto supone, por una parte, la creación de instru-

---

[1] Véase Norbert Lechnner, *Cultura política y gobernabilidad democrática*, IFE, México, 1995; Alicia Ziccardi, *Gobernabilidad y participación ciudadana en la ciudad capital*, IISUNAM/Miguel Ángel Porrúa, México, 1998, pp. 20-23.

mentos y procedimientos gubernamentales puestos a disposición de los ciudadanos y grupos sociales para facilitar su intervención en los asuntos públicos; y por otra parte, la creación de una nueva institucionalidad orientada no sólo a convertir la gestión pública en un espacio más permeable a las demandas que emergen de la sociedad, sino también a retirar del Estado el monopolio exclusivo de la definición de la agenda social (Cunill, 1999).[2]

Dado el interés de este trabajo, el análisis de la participación ciudadana se ubica en este segundo plano, como una *política gubernamental*. Y es a la luz de este referente que se efectúa aquí una lectura de la experiencia del primer gobierno electo en la ciudad de México, con la pretensión de valorar el nivel de consolidación de esta política como eje de un proyecto político de cambio en el gobierno local y como eje orientado también a la construcción de una gobernabilidad democrática. Lo que se pretende mostrar a partir de aquí es la tensión permanente a lo largo de este ejercicio gubernamental, entre una voluntad y una intencionalidad políticas de cambio democrático manifiestas en el discurso y los programas gubernamentales, por una parte, y la carencia (o al menos insuficiencia) de iniciativas orientadas a la creación de instrumentos normativos, reformas institucionales y formulación de políticas integrales pertinentes para garantizar su puesta en práctica. De aquí que interese destacar en este caso, que en el plano del proyecto gubernamental, la existencia de una intencionalidad y una voluntad políticas democráticas no resultaron suficientes *per se* para la viabilidad del cambio, dado que se vieron circunscritas por el limitado desarrollo del proyecto gubernamental.

Esta tensión se vio también determinada permanentemente por las condiciones institucionales y sociales en las que el nuevo equipo arribó al poder y que representaron enormes retos para él en distintos planos. El gobierno entrante tuvo que hacer frente en primera instancia a una sociedad extremadamente compleja, diversa y estratificada. En segundo lugar, tuvo que interactuar con una sociedad civil dispersa y heterogénea, que había ido logrando una importante presencia en la

---

[2] Cabe señalar que la participación ciudadana se refiere en general a las "experiencias de intervención de los individuos y los grupos en actividades públicas para hacer valer sus intereses sociales" (Cunill); sin embargo, este tipo de participación tiene dos dimensiones, dado que remite a una acción participativa en la que los individuos y los grupos toman parte en los asuntos públicos a través de la convocatoria estatal y de la intervención en los espacios institucionales, o mediante una política emanada de la sociedad civil que genera mecanismos de intervención y espacios de intermediación con el sistema político, en la búsqueda de influencia. Véase Lucía Álvarez, "La imprescindible reflexión sobre la sociedad civil", mimeografiado, 2001. En este caso, la referencia es a la primera dimensión, en tanto política gubernamental.

escena pública de la ciudad de México. Dado que estas relaciones estaban determinadas también por la naturaleza de la sociedad política (instituciones estatales, partidos políticos, cultura participativa, normas, valores propios de la cultura simbólica) y, desde luego, por las propias características y dinámica de la sociedad civil, el ejercicio de articularlas con resultados satisfactorios se presentaba como una tarea de enorme envergadura. En tercer término, el nuevo gobierno tuvo que aprender a interactuar y a negociar con fuertes grupos de interés arraigados en la ciudad, expertos en la negociación cupular y detentadores de importantes espacios de control (clientelas, recursos, etc.), a través de una gran diversidad de relaciones sociales y políticas; entre estos grupos y los gobiernos anteriores se había establecido una política de pactos y arreglos por fuera de la ley sumamente sólida (San Juan, 2001: 22).[3] Por último, uno de los retos más fuertes consistía, sin duda, en hacer frente al aparato político administrativo, extremadamente burocrático y centralizado con el que había sido gobernado hasta entonces la capital del país.

Para poder entender la trascendencia y el significado de la política del primer gobierno electo de la ciudad nos propusimos, en un primer apartado, recuperar aspectos sustantivos del régimen político mexicano y de las bases sobre las que se fincó la relación Estado-sociedad en este contexto, los cuales han constituido históricamente el marco político de referencia para la estructuración y funcionamiento del régimen político local, y han configurado también el conjunto de condiciones en las que se instaló el nuevo gobierno. En el segundo apartado, abordamos el tema más específico de la experiencia del gobierno perredista 1998-2000, tratando de realizar un ejercicio expositivo en el que alternan la presentación de lineamientos, acciones y proyectos con el análisis de sus alcances y limitaciones. Finalmente, presentamos un balance de este periodo, en el cual se intentó realizar una sistematización de conjunto de los alcances y limitaciones de la administración perredista, centrados en dos temas específicos relacionados con la instauración de una gobernabilidad democrática: 1) la construcción de una nueva institucionalidad democrática (espacios, instancias, normatividad, etc.) y 2) el desarrollo de una política de inclusión social, centrada en la participación ciudadana.

---

[3] Entre estos grupos destacan entre otros los vendedores ambulantes, las instituciones de asistencia privada.

EL ORDEN INSTITUCIONAL, LA RELACIÓN GOBIERNO-SOCIEDAD,
LA MOVILIZACIÓN SOCIAL Y LA APERTURA GUBERNAMENTAL

La primera mitad del siglo xx.
El régimen centralista y la relación gobierno-sociedad

Desde 1903, durante la época porfirista, quedó establecido que el ejecutivo federal asumiría el control de todos los niveles de la administración local del Distrito Federal. Con la excepción de un corto periodo
(1917-1928) en el cual se estableció en la capital de la república el régimen municipal, quedó definido de manera inequívoca que esta entidad
estaría subordinada a los poderes federales y, en particular, al poder
ejecutivo. Con esta definición

> [...] se consumó la estatización plena del gobierno del Distrito Federal, esto
> es, se resolvió en el más puro estilo porfiriano la vieja contradicción política
> y jurídica, que al menos se remonta a 1812, entre la lógica ejecutiva (gober-
> nar la ciudad por medio de los delegados del Presidente de la República) y la
> lógica representativa de gobernar la ciudad con la mediación y contrapesos
> de un ayuntamiento electo popularmente.[4]

A lo largo de los años esta lógica ejecutiva no sólo se fortaleció sino
que acabó prevaleciendo, al desaparecer por completo del gobierno del
Distrito Federal el régimen de representación, con la anulación de los
ayuntamientos en 1928[5] y la creación del Departamento del Distrito

---

[4] Ariel Rodríguez Kuri, "El año cero: el ayuntamiento de México y las facciones revolucionarias (agosto 1914-agosto 1915)", en C. Illades y A. Rodríguez (comps.), *Ciudad de
México. Instituciones, actores sociales y conflictos políticos, 1774-1931,* El Colegio de Mi-
choacán/UAM-A, México, 1996, p. 201.

[5] A partir de entonces se estableció que las facultades de gobierno y administración
recaían sobre el presidente de la República, quien las ejercería a través de un departamento administrativo y político, el Departamento del Distrito Federal. Las funciones
encomendadas al Departamento las desempeñaba un jefe del Departamento para todo
el Distrito, quien a su vez era jefe nato del Departamento Central y de los 13 delegados
que se encontraban al frente de las poblaciones foráneas o delegaciones. La Ley Orgánica del Distrito y de los Territorios Federales promulgada el 31 de diciembre de 1928
dividió al Distrito Federal en un Departamento Central (que integraba los municipios
de Tacuba, Tacubaya, Mixcoac y parte de los de Ixtapalapa, Guadalupe Hidalgo y Azcapotzalco) y las municipalidades de Guadalupe Hidalgo (ahora Gustavo A. Madero) Azcapotzalco, Iztacalco, General Anaya, Coyoacán, San Ángel, Magdalena Contreras,
Cuajimalpa, Tlalpan, Iztapalapa, Xochimilco, Milpa Alta y Tláhuac. La cabecera del
Departamento Central era la ciudad de México, que a la vez tenía el carácter de cabecera del Distrito Federal y de la capital de la República. Por tanto, la ciudad de Tacubaya

Federal. De lo anterior, resultó una institución de gobierno híbrida en la ciudad de México que operaba como una secretaría de Estado a la vez que tenía que atender y resolver los problemas propios de un gobierno local. El regente era nombrado y removido por el presidente de la República, y esto implicaba depender plena y absolutamente de él. Sin embargo, por otro lado requería legitimar su gestión y establecer sus propios mecanismos de control, dado que una de sus tareas fundamentales era lograr mantener el control y la relación política con los habitantes de la ciudad.[6]

A raíz de la desaparición del régimen municipal, para la relación con la ciudadanía se constituyeron el Consejo Consultivo y los consejos delegacionales, como espacios de participación ciudadana a través de los cuales se pretendía sustituir los mecanismos de representación política. De esta forma, los habitantes de la ciudad pasaron a ser representados por cuerpos sectoriales. En términos generales, desde su origen los consejos consultivos no tuvieron funciones ejecutivas ni decisorias, fueron más bien órganos de colaboración subordinados al regente y a los delegados y con un margen de actuación autónoma prácticamente nulo. Tales características se acentuaron a partir de 1941, cuando con las reformas a la Ley Orgánica del Distrito Federal desaparecieron los consejos delegacionales y quedó establecido que los miembros del Consejo Consultivo de la ciudad de México serían designados directamente por el presidente de la república, a propuesta de las organizaciones involucradas.[7] (Sánchez Mejorada, 1992: 344).

La necesidad impostergable de mejorar el aparato administrativo a cargo del territorio del Distrito Federal, y en especial de la creciente ciudad de México, para lograr una mejor prestación de los servicios y un mayor control de las demandas y necesidades de los habitantes, condujo a que en 1941 se modificara la Ley Orgánica del Distrito y de los Territorios Federales. En dicho ordenamiento se normaron las disposiciones básicas que rigieron la vida del Distrito Federal durante casi 60 años. La acción gubernamental del Departamento se planteó en varios rubros: Administrativa, Política y Gubernativa, Policía y

y las villas de Tacuba y Mixcoac desaparecieron para refundirse formando parte de la ciudad de México (cuarteles IX, X y XI).

[6] Sánchez Mejorada, *op. cit.*

[7] Para participar en la propuesta de los candidatos, las organizaciones interesadas debían cubrir ciertos requisitos como: Tener por lo menos un año de existencia, estar registradas ante la Secretaría de Gobernación y contar con un mínimo de 100 asociados. A partir de esta ley se establece la división territorial del Distrito Federal en una jurisdicción central (la ciudad de México) y 12 delegaciones: Villa Álvaro Obregón, Villa Gustavo A. Madero, Azcapotzalco, Iztacalco, Coyoacán, Magdalena Contreras, Cuajimalpa, Tlalpan, Iztapalapa, Xochimilco, Milpa Alta y Tláhuac.

Tránsito, Hacienda, Servicios Públicos y Acción Cívico-Social. Para su ejecución se constituyeron 12 direcciones y diversas oficinas y se reestructuró el territorio, dividiéndose en la ciudad de México y doce delegaciones. Por lo que respecta al gobierno de la ciudad, se siguió reconociendo al presidente de la República como el jefe de la administración local y se le otorgó la facultad de tal ejercicio al jefe del Departamento del Distrito Federal.

Desde entonces la relación dominante entre sus habitantes y su singular forma de gobierno, la llamada regencia, fue esencialmente una relación de gestión por canales administrativos, es decir, una relación centrada en la regulación y acceso al suelo, la vivienda y los servicios públicos. Fue en torno al acceso o la exclusión de los servicios y de autorizaciones como se estableció la "gobernabilidad realmente existente", fortaleciendo culturas políticas clientelares en ambos lados de esa relación, lo que dio como resultado que la gestión estatal fuera más un ejercicio de facultades gubernamentales que de derechos de los gobernados.

La llegada de Manuel Ávila Camacho a la Presidencia, en 1940, con Javier Rojo Gómez al frente del gobierno de la ciudad, representa un parteaguas con el México revolucionario, y si bien se inicia una nueva etapa en el desarrollo económico, político y social del país, es innegable que la ruptura no fue tajante sino que se trató de un proceso de modernización que fue adoptando rasgos y características distintas en la medida en que México se consolidaba como un país francamente capitalista, respondía a los reclamos de la economía mundial.

Se puede considerar que estos gobiernos, pero especialmente el de Manuel Ávila Camacho, cubrieron una suerte de periodo de transición (en lo económico, lo político y lo social) en el cual empieza a hacerse patente el predominio de los capitalistas y los sectores conservadores en la acción estatal, pero sobre todo se hace evidente la consolidación del aparato administrativo como el ámbito privilegiado para la labor política y de gestión. Además, el sistema político se caracterizó por un acentuado poder del Ejecutivo, por un régimen de tipo corporativo y por una política intervencionista en el marco de la llamada economía mixta, lo cual produjo un nivel muy bajo de diferenciación entre la economía, la administración y la política.

En este marco, durante el gobierno de Miguel Alemán (1946-1952), con Fernando Casas Alemán como regente, la estructura del gobierno y la toma de decisiones se centralizaron,[8] el gobierno de la ciudad pasó

---

[8] La revisión de las finanzas nos remite a la cada vez mayor pérdida de autonomía del gobierno de la ciudad, la falta de democracia, al papel y control del presupuesto y a la

a ser y a gobernarse como una secretaría de Estado, lo que le dio fortaleza administrativa e institucional pero al mismo tiempo lo burocratizó y le restó autonomía. Por su naturaleza y función contaba con las atribuciones políticas y gubernativas de un gobierno local, con la salvedad de que las autoridades no eran electas por los ciudadanos y por tanto no estaban obligadas a tomarles su opinión y menos a rendirles cuentas.

No obstante, la falta de representación de los diversos sectores sociales en la definición de las políticas públicas era un problema, pues si bien no había una estructura formal de representación, los afectados tendían a agruparse y a manifestar sus inconformidades a través de distintos mecanismos de presión (mítines, manifestaciones, huelgas, paros, comunicados a la opinión pública, etcétera). Para ejercer su propio control y legitimar sus acciones, el gobierno de la ciudad instituyó diversos espacios de participación. Además del Consejo Consultivo de la ciudad se constituyeron diversas comisiones como espacios privilegiados para la toma de decisiones.[9] Estas comisiones estaban integradas por representantes de lo que se denominaba "las fuerzas vivas de la ciudad", que por lo general no eran más que los representantes de los sectores con mayores recursos económicos: industriales, empresarios, comerciantes, propietarios de casas y algunos profesionistas destacados.

Durante esos años la ciudad se convirtió de manera contundente en la expresión material, por un lado, de la necesidad de la generalización de los derechos de la ciudadanía y la igualdad formal ante la ley, y por el otro, de los requerimientos funcionales de la reproducción económica (Duhau y Girola, 1990).[10] El Estado debía garantizar lo público al mismo tiempo que debía permitir el desenvolvimiento de los intereses capitalistas privados y conciliar la progresiva diferenciación de los intereses sectoriales existentes. En la organización del espacio urbano

centralización del poder. Sobre todo a partir de la determinación de Miguel Alemán de derivar hacia la Secretaría de Hacienda el control de las finanzas y a la Secretaría de Bienes Nacionales los bienes del Departamento. Se observa un franco viraje, entre la política fiscal implementada por Manuel Ávila Camacho y la de Miguel Alemán. Las fuentes de los ingresos del Distrito Federal cambiaron drásticamente pasando de ser el renglón de los impuestos locales, en especial el predial, la fuente más importante de la recaudación a la de los aprovechamientos, es decir, los recursos provenientes del gobierno federal crecieron en 387 por ciento.

[9] Destacan las diversas comisiones creadas para atender los problemas de falta de planificación para la ciudad como la Comisión de planificación y las comisiones mixtas; para atender los problemas de transporte; para definir los impuestos, etcétera.

[10] Emilio Duhau y Lidia Girola, "La ciudad y la modernidad inconclusa", *Sociológica*, año 5, núm. 12, enero-abril de 1990, UAM-Azcapotzalco, México, p. 14.

se condensaba la problemática de la representación y gestión de los intereses privados frente a la definición de los intereses públicos.

La revisión de los ordenamientos jurídicos, la definición de responsabilidades y la apertura de consejos y comisiones donde se planteaba la participación de los diversos sectores involucrados, al principio, dieron cuenta de un ejercicio distinto. Sin embargo, los mecanismos de selección y representación llevaron a la corporativización y clientelización de tales espacios, por medio de los cuales el gobierno legitimaba sus decisiones y acciones, a la vez que lograba consensos.

Frente a esto, debe decirse que la movilización del grueso de la población se daba exclusivamente como un mecanismo de defensa ante la agresión de sus intereses y derechos y no en la perspectiva de la consulta y participación en el diseño de la política pública. Ello nos remite necesariamente a reflexionar sobre el estilo de gobierno de la ciudad, la falta de derechos y participación de sus habitantes en cuanto a la administración de la misma y sus intereses locales comunes. Sólo una pequeña camarilla de "amigos o socios" que representaban los intereses de los capitalistas logró el control de los planes y programas de desarrollo urbano, o para ser más exactos, de las grandes obras y desarrollo urbanístico de la capital.

Por lo que respecta a los sectores más pobres (en las colonias proletarias), la estrategia de gestión de la ciudad fue diferente. A ellos no se les consideró como un elemento primordial en la toma de decisiones pero sí como una clientela política importante. Para lograr el control político y de gestión se implementaron las Asociaciones pro mejoramiento de las colonias proletarias. Para el caso de otros sectores como el de los inquilinos, trabajadores, pequeños comerciantes, etcétera, los sindicatos y el partido oficial jugaron un papel fundamental.

Las transformaciones del Partido Nacional Revolucionario en Partido de la Revolución Mexicana y, más adelante, en Partido Revolucionario Institucional, fueron de vital importancia ya que con cada una de ellas se fue afinando un aparato partidario incluyente que logró entrelazar elementos tanto democráticos como autoritarios, que le permitieron la consolidación de un modelo de articulación gobierno-partido-población a través de una estructura corporativa que paulatinamente se convirtió en una fuerza social de apoyo efectivo para el gobierno. Este sistema corporativo, que se empezó a observar a nivel de todos los sectores, mostraba la cualidad esencial de vincular a la sociedad con las instancias gubernamentales que tomaban las decisiones mediante las organizaciones que los representaban: confederaciones, federaciones, ligas, etcétera.

De esta manera, las diversas organizaciones que el gobierno o el partido impulsaron y cooptaron fungieron como intermediarias para la resolución de las demandas de sus representados o como canales de transmisión de las decisiones del gobierno. A estas organizaciones, afiliadas o no al partido, les correspondió transformar los beneficios recibidos en apoyo al régimen, tanto en la toma de decisiones e implementación de las políticas como en votos para el partido. Por otra parte la autoridad, especialmente el Ejecutivo (federal o local), se convirtió en el elemento básico de referencia de cualquier acción organizada.

Gestión centralizada y demanda social
en los años cincuenta y sesenta

En este marco, en 1952, asumió la presidencia de la República Adolfo Ruiz Cortines quien nombró como jefe del Departamento del Distrito Federal a Ernesto P. Uruchurtu, personaje que gobernó la ciudad durante 14 años, casi tres sexenios completos. La designación de Uruchurtu como regente fue una maniobra política decisiva por parte del PRI. Él trajo, de nuevo, al gobierno de la ciudad las voces de los residentes menos poderosos cuya capacidad para influir en la política urbana se había visto totalmente minada y con ello ayudó al PRI a cumplir su compromiso de equilibrar los intereses de capitalistas, trabajadores y clases populares medias. Uruchurtu rompió con los moldes establecidos. En primer lugar, porque introdujo en su discurso un tono de moralidad que apelaba a los valores más conservadores y tradicionales de los sectores medios de la capital (acabar con prostitutas, cantinas y bares). En segundo lugar, porque dedicó la mayor parte de su atención administrativa a los servicios urbanos, en particular del centro de la ciudad donde residía el mayor número de población y eran mayores las presiones de reconstrucción urbana (reducir la escasez de agua, acabar con las inundaciones, pavimentar, limpiar calles, restringir a vendedores ambulantes, construir mercados, mejorar el tránsito local e incrementar la protección policiaca). Además, Uruchurtu destinó buena cantidad de recursos al embellecimiento de la ciudad promoviendo la construcción de parques y jardines y grandes y pintorescas avenidas. Era un excelente administrador y logró sanear las finanzas públicas (Davis, 1999: 187-192).

A pesar de que se siguieron constituyendo espacios de participación para legitimar la toma de decisiones del gobierno de la capital, como por ejemplo, el Consejo de Planeación Económica y Social del Distrito

Federal,[11] el fortalecimiento de la estructura administrativa como ámbito privilegiado de la gestión permitió el control discrecional del personal que ocupaba los puestos cupulares tanto en el aparato administrativo como en el político. Los mecanismos de decisión informales y el establecimiento de poderosos conglomerados burocráticos de carácter público y privado constituyeron, junto con un alto grado de corrupción, las pautas normativas de la formulación de las políticas públicas. En la gestión y la toma de decisiones predominaron los criterios políticos sobre los administrativos y la centralización de las relaciones burocráticas en el seno del gobierno de la ciudad jugó un papel central en el control de la demanda.

La centralización del poder y el manejo burocrático-autoritario de las relaciones con la sociedad aunados al aspecto económico, caracterizado por años de contención en el incremento del salario, enfrentamientos con los grandes sindicatos de la industria y la inflación, minaron la capacidad de conducción de las centrales obreras y esto derivó en una serie de conflictos sociales. Aprovechando la coyuntura de la sucesión presidencial con la candidatura de Adolfo López Mateos, grupos de telegrafistas, maestros, electricistas, petroleros, ferrocarrileros y estudiantes se manifestaron en las calles de la ciudad. Cada uno de estos movimientos que configuraron la crisis política de 1958-1959 tuvo una dinámica específica; no obstante, en las demandas hubo cierta unidad de propósitos en defensa de sus derechos gremiales y en la exigencia de apertura de canales de participación. Las propuestas gubernamentales para la negociación de estas demandas fracasaron, y esto condujo al uso de la violencia institucionalizada. El régimen respondió con la privación de la libertad física de los principales dirigentes de la oposición de aquellos años y utilizó a las fuerzas del orden para reprimir manifestaciones y huelgas de hambre, así como para desalojar locales sindicales. Los enfrentamientos ocurridos esos años pusieron en entredicho los pactos políticos del grupo gobernante con algunos sectores importantes de la clase obrera mexicana. Entonces quedó claro que el país estaba cambiando[12] y eso exigía un cambio

[11] Por determinación de Adolfo Ruiz Cortines, en 1953 se instituyó el Consejo de Planeación Económica y Social del Distrito Federal, dentro del cual los representantes del gobierno y el sector privado discutían los problemas de la ciudad y la posibilidad de resolverlos. En 1958 dicho consejo dio a conocer una serie de datos que reflejaban las críticas condiciones de la urbe en términos de usos del suelo, servicios urbanos, calidad de la vivienda, insalubridad, educación, comunicaciones, tránsito y valores comerciales del suelo (Sánchez G., p. 162).
[12] En 1940 la zona metropolitana contaba con una población urbana de 2.9 millones, que en 1950 ascendió a 7.2 millones y para 1960 alcanzó 12.7 millones. Si en 1940 el

también en los criterios de la relación Estado-sociedad (León, S. y G. Pérez, 1988: 85-88).

La ciudad de México fue también en esos años el escenario de importantes movilizaciones de otros sectores que habían permanecido replegados o habían articulado su participación a través de los canales del sistema corporativo. Por una parte, de entre las organizaciones de colonos emergió en 1962 la Comisión Depuradora de Colonias Populares del Distrito Federal, la cual representó la primera agrupación independiente en este campo.[13] Por otra parte, las clases medias protagonizaron grandes movilizaciones en oposición a la política oficial en materia educativa. En estas movilizaciones tomaron parte organizaciones de filiación conservadora como la Unión Nacional de Padres de Familia (UNPF), la Unión Nacional Sinarquista (UNS), el Movimiento Familiar Cristiano (MFC), distintos grupos de empresarios y el Partido Acción Nacional.[14] En casi todos los casos estas luchas tenían un carácter antiautoritario y sustentaban un reclamo por la apertura de canales de participación; su sola presencia expresaba la inconformidad social con el régimen emanado de la Revolución y daba visos de una fractura que se venía gestando en el pacto social vigente.

Evidentemente los mecanismos de representación y gestión se encontraban muy desgastados y el gobierno federal, con objeto de mantener el control público, impulsó una política de fortalecimiento democrático formal a través la reforma electoral de 1963. Su objetivo central fue facilitar la participación de partidos minoritarios en la Cámara a la vez que estableció nuevas responsabilidades para diputados, senadores y partidos políticos. Esta reforma política debe ser observada como el primer intento serio del Estado mexicano por canalizar la negociación tradicional del sistema político, con base en negociaciones directas con grupos de interés, hacia espacios formales de representación, toda vez que el auge económico conocido entre 1940 y 1960 trajo consigo una relativa complejización de los grupos sociales y una diversificación de sus intereses y sus formas de interrelación y representación frente al Estado (S. León y Germán Pérez, 1988: 97-99).

Por otro lado, el Movimiento de Liberación Nacional de 1961 que dio pie a un amplio frente político tendiente a despertar la conciencia pública en defensa de la Revolución cubana, así como a la formación en

salario era 100 para 1958 fue 60%, y tan sólo a un año, en 1959, ya era 69.7%, y así, a raíz de los conflictos, continuó en carrera ascendente hasta que para 1968 el salario real alcanzó 99%, León S. y G. Pérez 1988, *op. cit.*

[13] Véase Armando Cisneros, *La ciudad que construimos*, UAM-A, México, 1993, p. 173.

[14] Véase Soledad Loaeza, *Clases medias y política en México,* El Colegio de México, México, 1988, pp. 185-187.

1963 de una importante confederación independiente de campesinos, de los movimientos de telegrafistas, telefonistas, maestros y del movimiento médico, que tuvieron lugar entre 1961 y 1964, y finalmente el movimiento estudiantil de 1968 apuntaron irremisiblemente a la apertura del espacio político en esos años.

En ese trayecto, la crisis política derivada de la represión al movimiento estudiantil de 1968 constituyó sin duda el punto de partida visible de la transformación del sistema político y el inicio de un proceso de cambio en la estructura política del régimen. A partir de las movilizaciones alentadas por los grupos estudiantiles, los mecanismos tradicionales del control estatal comenzaron a ser rebasados por la sociedad, las bases de la legitimidad del régimen empezaron a ser cuestionadas y por primera vez se cimbró la estabilidad de las instituciones construidas en el periodo posrevolucionario, amenazando seriamente la hegemonía estatal.

La apertura de las instituciones y la movilización de la sociedad.
Los años setenta y ochenta

Apertura institucional: nuevas bases
para la relación gobierno-sociedad

La crisis política desatada en el 68 tocó, por una parte, las fibras sensibles del régimen vigente obligando al grupo en el poder a impulsar en 1970 una incipiente reforma institucional en el plano local. Por otra parte, se inició en la capital un inminente proceso de ampliación de *lo público* hacia el exterior de los canales institucionales, que se verificó simultáneamente en: *a)* la gestación de una manifiesta oposición política e intelectual al gobierno, *b)* la formación de una opinión pública y *c)* la proliferación de diversas modalidades de movilización social. Estos procesos significaron la apertura del espacio público estatal a la intervención ciudadana, al mismo tiempo que la formación de un espacio público no estatal.

Mediante la reforma a la Ley Orgánica del Distrito Federal en 1970 se inició en la capital un proceso tendiente a la apertura institucional y a la descentralización. Durante la década de los setenta la reforma descentralizadora de la gigantesca administración de la ciudad avanzó en dos sentidos: la desconcentración de las funciones del gobierno central hacia las delegaciones y la creación de instancias de participación vecinal y ciudadana, cuyos alcances fueron siempre muy limitados,

GOBIERNO DEMOCRÁTICO, SOCIEDAD CIVIL

pero representaron el inicio de un proceso de apertura institucional que se iría ampliando en las décadas siguientes. El primer paso hacia una transformación de la rígida estructura del Departamento del Distrito Federal se dio con la reforma a la Ley Orgánica del DDF, y consistió en la instrumentación de dos medidas relevantes: la reforma del Consejo Consultivo y la creación de las juntas de vecinos.[15] Ocho años después, con la reforma de la Ley Orgánica (1978) se definieron hasta el nivel de manzana los órganos de colaboración vecinal y ciudadana (comités de manzana, asociaciones de residentes, juntas de vecinos y consejo consultivo), espacios que adquirieron un nuevo carácter al abandonar su constitución sectorial y convertirse en un órgano de representación vecinal, y al transformarse después de órganos constituidos por designación en órganos de elección popular.

El territorio de la ciudad se dividió en 16 delegaciones a las que se desconcentraron[16] ciertas funciones y atribuciones que debían ser ejercidas por un delegado y un subdelegado general, quienes a su vez descansaban en cuatro grandes subdelegaciones: la de Obras y Servicios, Administrativa, de Desarrollo y Bienestar Social y la Jurídica y de Gobierno. Sus principales funciones eran: atender y vigilar la debida prestación de los servicios públicos, expedir, otorgar y revalidar licencias, prestar servicios de carácter asistencial, coadyuvar con la Dirección General de Policía y Tránsito y Bomberos; atender las demandas sociales de la población y promover y vigilar la formación de las juntas de vecinos.

En 1978 una nueva reforma a la Ley Orgánica dispuso la ampliación de los espacios de participación ciudadana que fueron definidos como "órganos de colaboración vecinal y ciudadana", y se relacionaban de manera directa y preferente con la función ejecutiva, siendo los comités de manzana, las asociaciones de residentes y las juntas de vecinos instancias de colaboración en el plano delegacional, y el Con-

[15] La creación de estos órganos quedó establecida en la Ley Orgánica del Departamento del Distrito Federal, de 1970.

[16] El proceso desconcentrador de funciones y atribuciones iniciado en los años setenta se enfatizó a partir del Programa de Descentralización y Desconcentración del Departamento del Distrito Federal de 1984. En éste se estableció que las áreas centrales se reservaban las funciones eminentemente normativo-controladoras y delegaban las operativas y de atención directa al público al ámbito desconcentrado, es decir las delegaciones "[...] constituyen el nervio del gobierno capitalino, el pulso vital de contacto entre el gobernante y el gobernado[...] por lo que se buscará una desconcentración y descentralización cada vez mayor, que las sitúe en la dimensión exacta del servicio que deben a la colectividad." Discurso pronunciado por el regente con motivo de la publicación del acuerdo del Programa de Simplificación Administrativa, el 8 de agosto de 1984, citado por M. E. Moreno, 1985, p. 48, quien aborda un poco más detalladamente el proceso.

sejo Consultivo el órgano de colaboración del regente de la ciudad. Las cuatro instancias adquirieron estatuto legal únicamente en la Ley Orgánica, pues ninguna de ellas tuvo nunca reconocimiento constitucional. La creación de estas instancias representó sin duda una medida importante en cuanto a la apertura institucional de una estructura de gobierno que se había caracterizado por rigidez y centralización. Sin embargo, la función efectiva que éstas cumplieron fue muy precaria, dado que sus atribuciones fueron sumamente restringidas. La función de casi todas éstas se circunscribía al plano de la consulta, recepción de información, emisión de opiniones y, en escasas ocasiones, a la formulación de propuestas, prevaleciendo en toda acción ejecutiva la voluntad y la determinación de los delegados y del regente, de acuerdo con sus respectivas competencias.

Por otra parte, en la misma reforma de la ley de 1978, fueron reconocidos el referéndum y la iniciativa popular como mecanismos de participación ciudadana que representaban una nueva vía de participación para los habitantes del Distrito Federal. Sin embargo, éstos quedaron reducidos a letra muerta dado que nunca fueron reglamentados y no pudieron por tanto operar. Estas circunstancias aunadas a factores derivados del crecimiento de la ciudad, como los fuertes conflictos emanados de los procesos de poblamiento popular, fueron decisivas para propiciar la movilización social y la apertura de otros espacios participativos extra institucionales.

El espíritu de las reformas a la ley (1978) respondió más a la necesidad de crear nuevos espacios de participación institucionalizada para los habitantes de la ciudad, cuyas mayorías sociales estaban orientadas hacia otras alternativas de participación, que a una verdadera convicción democrática. Entre esas alternativas cabe mencionar la que entonces ofrecía el Movimiento Urbano Popular, a partir del cual se desarrolló una cultura de movilización social en torno a las demandas de gestión urbana y el fomento a la participación social democrática que tuvo como escenario diversos procesos de autogestión urbana. En esa perspectiva, el rol de la representación vecinal consistió en integrar a los procesos de gestión la conjunción de los componentes político, administrativo y privado, planteando sustraerla de los procesos de movilización social de los partidos políticos y definiéndola como proceso de enlace institucional de los intereses privados con la esfera pública en otro nivel del sistema político (P. Moreno, 1993).

En este contexto, se abrió otra puerta para la inclusión de las iniciativas sociales en materia de planeación urbana mediante la Ley de

Desarrollo Urbano de 1976 del Distrito Federal. Con este instrumento, a través de los planes parciales de desarrollo urbano y del mejoramiento urbano, se crearon los espacios para que las primeras iniciativas impulsadas por organizaciones vecinales o de colonos, asesoradas por organizaciones no gubernamentales y por grupos académicos de la UNAM, produjeran numerosos ejercicios de planeación urbana participativa, algunos de los cuales se presentaron formalmente al gobierno del Distrito Federal, y otros sirvieron como instrumento de capacitación para la comunidad organizada y para apoyar la gestión con el gobierno (Suárez Pareyón, 2000).[17]

De ahí surgieron redes con diversas formas de articulación entre organizaciones territoriales, profesionistas urbanos, en ocasiones funcionarios comprometidos y organizaciones civiles. Una rápida revisión de las experiencias iniciales y fundadoras se presenta en el siguiente cuadro:

Experiencias fundadoras de participación popular
en la planeación urbana

Año	Plan parcial
1976-1977	El plan parcial de mejoramiento urbano de la colonia Guerrero, Cooperativa de Vivienda de la colonia Guerrero y Unión de Inquilinos de la colonia Guerrero, asesorados por COPEVI-CENVI y el Taller 5 de Arquitectura-Autogobierno UNAM.
1979-1982	El plan parcial de mejoramiento urbano de Tepito, Asociación de Vecinos del Barrio de Tepito, Asociación de Comerciantes del Barrio de Tepito y Tepito Arte Acá, asesorados por CENVI y Taller 5 de Arquitectura-Autogobierno UNAM.
1980-1984	El plan parcial de mejoramiento urbano de San Miguel Teotongo, Asociación de Colonos de San Miguel Teotongo, asesorados por el Taller 5 de Arquitectura-Autogobierno de la UNAM.
1985-1986	El plan parcial de mejoramiento urbano de Santa María Aztahuacan, Asociación de Colonos de Santa María Aztahuacan, asesorados por el Taller 5 de Arquitectura-Autogobierno de la UNAM.

FUENTE: el ejercicio de la planeación urbana participativa", ponencia presentada al Coloquio sobre la Ciudad de México: la experiencia del primer gobierno electo, Alejandro Suárez Pareyón, México, octubre de 2000, Dirección de Estudios Históricos, INAH.

[17] Alejandro Suárez Pareyón, "El ejercicio de la planeación urbana participativa", en *¿Una ciudad para todos?: la experiencia del primer gobierno electo en el Distrito Federal 1997-2000*, UAM-UNAM-INAH, México, en prensa.

Sin embargo, las modificaciones legales e institucionales introducidas en la planeación en 1982[18] a escala nacional desplazaron el espacio
ganado por la planeación participativa a escala local, y en su lugar se
impuso la figura de la consulta pública "como medio para avalar las
iniciativas gubernamentales en materia de planeación". Por otro lado,
en 1984 se otorgó a las juntas de vecinos la facultad de conocer oportu-
namente los programas de obras y servicios que afectaban a su comunidad y de proponer adiciones y modificaciones a los mismos. La incorporación de este punto a la Ley Orgánica del Departamento del Distrito
Federal se convirtió para ciertos sectores de la población (especialmente clases medias y altas) en un punto nodal de la gestión, principalmente porque las facultó para definir los casos en los que se otorgaba
una licencia de uso del suelo o de construcción.

Movilización, participación y apertura del espacio público

En forma paralela, durante la década de los setenta, la movilización de
distintos sectores y su participación avanzó por distintos caminos. La
insurgencia sindical desatada en el plano nacional se hizo sentir con
gran ímpetu en la capital; además de haber sido el escenario donde
estos movimientos aparecieron con mayor fuerza, en el espacio capitalino tuvieron también lugar una serie de movimientos huelguísticos en
busca de la independencia sindical en sindicatos de empresa, como
fueron los casos de: Spicer, Panam, Textiles Lido, Tapetes Luxor, Aceros
de Ecatepec, Cervecería Moctezuma, Tabamex y Anderson Clayton.[19]
    En otros campos, la acción colectiva se manifestó en importantes
movimientos y organizaciones de masas, integrados por colonos y campesinos organizados de manera independiente, que surgieron hacia
fines de los 70 y cobraron forma a través de frentes y coordinadoras populares. En el ámbito de la capital destacaron entre otros: el Frente

[18] En la búsqueda de un acuerdo entre sociedad civil (sector privado) y Estado (sector
público), el gobierno mexicano planteó la necesidad, en un primer momento, de una
"planificación concertada" que se formalizó en la Ley Nacional de Planeación aprobada
por el Congreso en 1982, instrumento a través del cual se estableció el Sistema Nacional
de Planeación Democrática y se instituyeron los foros de consulta popular, que se conci-
bieron como "el mecanismo privilegiado de la planeación democrática" y permitían al gobierno realizar una lectura de las demandas y propuestas de los consultados.
[19] Para un mayor conocimiento acerca del desarrollo y el impacto de estos movimientos véase Raúl Trejo, "El movimiento de Spicer", *Cuadernos Políticos*, núm. 8, Era,
México, abril-julio de 1976, pp. 75-99; y Raúl Trejo, "El movimiento obrero: situación y
perspectivas", en Pablo González Casanova y Enrique Florescano (coords.), *México hoy*,
Siglo XXI, 1979, pp. 121-152.

Popular Independiente (FPI), la Unión de Colonias Populares del Valle de México (UCP)[20] y la Coordinadora Nacional Plan de Ayala (CNPA). Por el tipo de reivindicaciones y su carácter masivo, estas agrupaciones tuvieron amplia resonancia e impacto nacional, y de ellas se nutrió más adelante el Movimiento Urbano Popular capitalino.

Al lado de estas organizaciones de masas se gestó en estos años otra vertiente integrada por colectivos más pequeños, con miembros de las clases medias provenientes de grupos de izquierda, que comenzaron a abrir un campo de expresión a problemáticas no usuales en el debate nacional, como fue el caso del feminismo. Entre estas agrupaciones destacan: Mujeres en Acción Solidaria (MAS), La Revuelta, Movimiento de Liberación de la Mujer (MLM), Mujeres para el Diálogo, CIDHAL y Grupo Autónomo de Mujeres Universitarias (GAMU).[21]

Con una orientación opuesta, en la segunda mitad de los 70, surgió otra vertiente de organizaciones de corte conservador formadas principalmente por jóvenes de clase media política e ideológicamente vinculados a la iglesia y a los empresarios, e inmersos en la corriente de la lucha anticomunista. Los grupos más relevantes de esta vertiente fueron: la Asociación Nacional Cívica Femenina (1975), la asociación civil Juventud por la Vida (1976) y el Comité Nacional Provida (1978).[22]

En el ámbito estudiantil, la organización social tuvo igualmente su expresión a través de dos corrientes identificadas: la "reformista", ligada al Partido Comunista Mexicano, de la que formaban parte el Movimiento de Estudiantes por el Socialismo (MEPS) y Movimiento de Estudiantes Socialistas (MES); y otra, inserta en la corriente de la Línea de

[20] Organizaciones como el FPI y la UCP pertenecieron a una de las dos grandes corrientes que permearon a las organizaciones de izquierda en los años setenta: la Organización de Izquierda Revolucionaria-Línea de Masas, de adscripción maoísta, que daba primacía a la organización popular y a la local, por encima de la actividad partidista, y basaba su estrategia en el trabajo en las colonias, bajo el reconocimiento de la necesidad de salir de las universidades e "ir al pueblo". Véase Sergio Zermeño, *La sociedad derrotada*, Siglo XXI, México, 1996, cap. 3.

[21] Para un mejor conocimiento del proceso de formación y desarrollo de estas agrupaciones, véase Marta Lamas, "El movimiento feminista en la ciudad de México", en Lucía Álvarez (coord.), *Participación y democracia en la ciudad de México*, CEIICH-UNAM/*La Jornada*, México, 1997, México, pp. 287-308; también Esperanza Tuñón, *Mujeres en escena: de la tramoya al protagonismo*, tesis doctoral, FCPyS, UNAM, México, 1975.

[22] Estos grupos representaban en buena medida una línea de continuidad con la corriente de organizaciones derechistas y conservadoras existentes en el país y en la ciudad de México antes de los años setenta; algunas ellas de vieja data, como la Unión Nacional de Padres de Familia (UNAPF, 1917), el Opus Dei (1948), el Movimiento Familiar Cristiano (MFC, 1958) y otras más cercanas a esta época, como es el caso del Movimiento Universitario de Renovadora Orientación (MURO, 1962). Véase Edgar González, *Cómo propagar el sida. Conservadurismo y sexualidad*, Rayuela, Colección Era del Vacío, México, 1994.

Masas, integrada por el Frente Popular Independiente y por diversas Brigadas que luchaban por la democratización de la enseñanza y sostenían la vinculación de la Universidad con el pueblo.[23] Hacia finales de los años setenta estas corrientes tuvieron su correlato en organizaciones tales como: la Organización Nacional de Estudiantes (ONE) y la Unión por la Organización del Movimiento Estudiantil (UPOME), dentro de la rama "reformista". Y en la vertiente radical aparecieron el Comité Estudiantil de Solidaridad Obrera Campesina (CESOC), el Buró de Información Política (BIP), el Movimiento Comunista Revolucionario (MCR) y Rumbo Proletario.

Otra modalidad organizativa la constituyó la línea radical de la lucha guerrillera, que se expresó a través de numerosas organizaciones de carácter clandestino formadas en su mayor parte por jóvenes y campesinos. Este tipo de agrupaciones se apartaban del orden legal y reivindicaban en general la lucha armada. Entre las organizaciones activas en esos años en la ciudad de México figuraban el Frente Urbano Zapatista (FUZ), el Comando Armado del Pueblo (CAP), el Movimiento de Acción Revolucionaria (MAR), la asociación Cívica Nacional Revolucionaria (ACNR).[24]

En términos generales, se puede decir que durante la década de los setenta la forma más generalizada de la organización social fue la de movimientos populares reivindicativos y disgregados, mientras que las agrupaciones civiles y ciudadanas, institucionalizadas y articuladas, constituían una vertiente menos extendida. Con algunas contadas excepciones (como es el caso de las agrupaciones feministas) las organizaciones y movimientos se estructuraban en torno a demandas de carácter material y circunscribían su acción al plano reivindicativo, manteniendo generalmente una postura de diferenciación y oposición con respecto al régimen.

En el inicio de la década de los ochenta, ante la resistencia estatal, la movilización social se manifestó sin embargo a través del movimiento sindical y la reagrupación de las organizaciones populares, cuyas demandas expresaban el reclamo general ante la crisis.[25] Las expresiones orgánicas más destacadas en estos años fueron el Frente Nacional en Defensa del Salario, Contra la Austeridad y la Carestía (FNDSCAC), el Frente Nacional de Agrupaciones Sindicales (FNAS) y el Comité Nacional

[23] Véase Cuauhtémoc Rivera (1988), pp. 496-506.
[24] Véase Elena Poniatowska, *Fuerte es el silencio*, Era, México, 1980, pp. 150-151.
[25] Una fuerte ola huelguística se desarrolló en todo el país en 1983. La cifra oficial al respecto registra un total de 560 huelgas en ese año y 900 prorrogadas, así como numerosas movilizaciones populares. Véase Julio Moguel, *op. cit.*, p. 50.

de Defensa de la Economía Popular (CNDEP). Entre las organizaciones populares más activas sobresalieron también la Coordinadora Sindical Nacional (Cosina), la Coordinadora Plan de Ayala (CNPA), la Coordinadora Nacional de Trabajadores de la Educación (CNTE) y la Coordinadora Nacional del Movimiento Urbano Popular (Conamup). Todas éstas con un importante arraigo en la ciudad de México, en particular, la Conamup. El balance general de esta reactivación social resulta no obstante negativo ante la desconcentración y repliegue generalizados de las fuerzas participantes a partir de 1984, y el advenimiento de la crisis en algunas de las organizaciones sociales más sobresalientes como la CNTE, la CNPA y el FNCR (Moguel, 1987: 60).

No obstante, este proceso organizativo se volvió a reactivar a raíz de los sismos de 1985.[26] La movilización de las semanas posteriores a los sismos derivó en un fenómeno de autoorganización y autorregulación social sin precedentes en la Ciudad de México, con manifestaciones de carácter coyuntural que articularon el desorden inicial y encauzaron acciones de denuncia e impugnación contra la autoridad local, y con efectos de largo plazo que dieron lugar al desarrollo de nuevas organizaciones sociales y ciudadanas, y a la ampliación del espacio de intervención social en los asuntos públicos urbanos.[27] Los primeros resultados se expresaron en el reconocimiento presidencial e institucional a las demandas y la organización de estos grupos y en la instrumentación de una política de reconstrucción habitacional por parte del gobierno.

En efecto, ante la presión de numerosas organizaciones de damnificados el gobierno mexicano reconoció de manera pública y abierta el derecho de participación de organizaciones sociales autónomas en las políticas urbanas. Como saldo notable de esta experiencia cabe destacar el hecho de que pocos meses después, en mayo de 1986, más de 80 organizaciones populares firmaron con la Secretaría de Desarrollo Urbano y Ecología (Sedue) un Convenio de Concertación Democrática

[26] Para profundizar sobre el impacto de los sismos y las organizaciones surgidas de ellos cfr. Revista Mexicana de Sociología, año XLVIII, núm. 2 (abril-junio de 1986), IIS-UNAM, México, P. Connolly, E. Duhau y R. Coulomb, Cambiar de casa pero no de barrio. Estudios sobre la reconstrucción de la ciudad de México, CENVI-UAM-A, México 1991.

[27] Entre los principales grupos surgidos en este contexto estaban: el Sindicato de Costureras 19 de Septiembre, la Coordinadora Única de Damnificados, que agrupaba a 48 organizaciones; además, la Unión de Vecinos y Damnificados 19 de Septiembre, el Consejo Representativo del Multifamiliar Juárez y las Uniones de Vecinos de las colonias Obrera, Santa María la Rivera, Atlampa, Valle Gómez, Asturias, Peralvillo, Ex Hipódromo de Peralvillo, Buenos Aires y Tránsito, entre otras. Véase Angélica Cuellar, La noche es de ustedes, el amanecer es nuestro, UNAM, México, 1993, cap. 1, y Lucía Álvarez, (1998), pp. 200-205.

para la reconstrucción, con el cual se sentaron las bases para el establecimiento de una relación de interlocución y colaboración, hasta entonces atípica, entre las organizaciones sociales autónomas relacionadas con la vivienda y las instituciones gubernamentales respectivas (Ziccardi, 1998: 136).

La movilización ciudadana desarrollada a partir de los sismos de 1985 representó en muchos sentidos un cambio de parámetros para los habitantes del Distrito Federal y una experiencia de *nuevo tipo*. Esto se expresó en diversos aspectos: *1)* la articulación de una organización espontánea de la población capaz de dar respuesta eficaz a una situación de emergencia de manera coherente y articulada, *2)* la visibilidad y activación de diversas redes sociales organizadas que subyacían en distintos sectores de la sociedad capitalina, *3)* la manifestación de una conciencia ciudadana referida a la intervención de los ciudadanos en los asuntos públicos, *4)* la expresión de un potencial de solidaridad extensivo a las distintas clases y grupos sociales de la población local, *5)* la apertura hacia una nueva cultura política por parte de la ciudadanía que tomó la iniciativa y rompió con la inercia tradicional de obediencia y subordinación a la política gubernamental, *6)* la capacidad inédita hasta entonces de entablar un diálogo con las autoridades y desarrollar con éstas una estrategia de negociación, *7)* la manifestación de lazos comunitarios latentes entre los grupos ciudadanos que reflejaban cierto arraigo y sentido de pertenencia de la población al espacio urbano y *8)* la evolución de la respuesta colectiva espontánea inicial hacia formas de movilización más consistentes y organizadas (Álvarez, 1998).[28]

Estos acontecimientos sensibilizaron a la ciudadanía capitalina y contribuyeron a que en importantes grupos de la sociedad civil se efectuara un cambio de postura con respecto a la participación en los procesos electorales. En ellos se ubica uno de los antecedentes más identificados de la movilización ciudadana realizada en torno al proceso electoral en 1988, que dio lugar a la constitución del Frente Democrático Nacional (FDN), encabezado por Cuauhtémoc Cárdenas, y en el que tomaron parte diversas agrupaciones sociales y civiles.

A raíz de estos acontecimientos, en el seno del Movimiento Urbano Popular se observó un importante cambio en su política de relación con el gobierno y la sociedad civil. La corriente hegemónica del MUP decidió apoyar la candidatura de Cuauhtémoc Cárdenas a la presidencia de la república, para lo cual "desarrolló alianzas con sectores universitarios,

---

[28] Véase Lucía Álvarez, *Distrito Federal. Sociedad, economía, política y cultura*, CEIICH-UNAM, México, 1998, p. 378, cap. 3.

intelectuales, partidos de izquierda, técnicos democráticos, religiosos comprometidos y organizaciones no gubernamentales en los ochenta, y en los noventa se sumó a las luchas cívicas y democráticas como la Convergencia de Organismos Civiles por la Democracia y el Movimiento Ciudadano por la Democracia" (Moctezuma, 1993).[29]

La reforma política del Distrito Federal, los procesos electorales y la movilización social en los ochenta y los noventa

La reforma política

El carácter antidemocrático del régimen político del Distrito Federal se fue convirtiendo en un obstáculo para la solución de los problemas políticos, sociales y económicos de la ciudad. La demanda genérica por la democratización de la capital fue cobrando fuerza. Siendo una demanda tradicional de los partidos de oposición y de algunos sectores de intelectuales y académicos, se extendió a movimientos y organizaciones sociales e incluso a sectores del PRI y del propio gobierno.[30] En forma paralela, los vecinos, en voz del presidente del Consejo Consultivo, manifestaban la importancia de tener instrumentos eficaces para intervenir en los programas, decisiones y acciones del gobierno del Distrito Federal; por ello, la mejor opción decían, era la reestructuración a fondo de la estructura vecinal, dándole atribuciones jurídicas, organización profesional y recursos propios.[31]

Desde los años ochenta se gestaba en la capital de la República un proceso orientado simultáneamente a la construcción de poderes locales y derechos ciudadanos, y hacia la rearticulación de la relación gobierno sociedad. El eje para la construcción del gobierno local fue el proceso de la reforma política.

El primer avance real en cuanto a esta reforma se dio en 1987, con la constitución de la Asamblea de Representantes del Distrito Federal (ARDF), primer órgano de representación ciudadana para los habitantes del Distrito Federal, el cual, de acuerdo con la legislación, cumplía

[29] Véase Pedro Moctezuma, El Cotidiano, núm. 57, agosto-septiembre de 1993, UAM-A, México.

[30] Nohemí Luján Ponce, El régimen jurídico-político del Distrito Federal, tesis para obtener el grado de maestría en sociología política, Instituto de Investigación Dr. José Luis María Mora, Distrito Federal, 1992.

[31] Declaraciones de Juan Antonio Garza Hernández, en Carmen Llorens, "El Consejo Consultivo de la Ciudad de México: mito o realidad", El Cotidiano, núm. 11, mayo-junio de 1986, UAM-Azcapotzalco, México.

más bien funciones consultivas y gozaba de muy escasas facultades decisorias. Se trataba de una instancia que poseía, no obstante, ciertas facultades legislativas y que nació con una fuerte orientación hacia la gestión directa de demandas. Asimismo mostró su pertinencia como interlocutor político entre el gobierno de la ciudad y las organizaciones ciudadanas y significó un nuevo espacio para auspiciar el debate público sobre los problemas de la capital. A pesar de todo esto, por sus atribuciones limitadas, no satisfizo las aspiraciones y las demandas civiles y políticas tanto de partidos como de organizaciones sociales de la ciudad.[32]

La insuficiencia de la reforma y las presiones (nacionales e internacionales) de transitar hacia la democratización de los espacios de gobierno llevaron a que el entonces jefe del Departamento del Distrito Federal, Manuel Camacho Solís, se comprometiera ante la Asamblea de Representantes, en abril de 1991, a impulsar una "reforma del gobierno de la ciudad de México". Dicha reforma debía abarcar diversos ámbitos: el político, el de justicia y seguridad pública, el administrativo y el de la participación ciudadana.

En octubre de 1992 la sociedad fue convocada a una consulta sobre la reforma política para el Distrito Federal, de la que derivó una propuesta inicial que en síntesis planteaba lo siguiente: a) que la Asamblea de Representantes tendría funciones legislativas (limitadas) a partir de su tercer periodo de funcionamiento (noviembre de 1994); b) el establecimiento de consejos ciudadanos electos con atribuciones para supervisar el presupuesto y los programas delegacionales, así como en la operación de los servicios públicos; c) la elección indirecta del "jefe de Gobierno", elegido por el presidente entre los miembros de la Asamblea, que pertenecieran al partido político que por sí mismo obtuviera la mayoría en dicho órgano; y d) la reforma administrativa encaminada a una mayor descentralización de funciones.

Con base en dicha propuesta se diseñó el Estatuto de Gobierno del Distrito Federal,[33] el cual fue reformado en 1996, a raíz de las presio-

---

[32] "Su papel como gestor de demandas ciudadanas e interlocutor político ante otras instancias de poder fue uno de sus aciertos iniciales, pues coadyuvó a destrabar negociaciones entre organizaciones de colonias y el gobierno de la ciudad." *Cfr.* "De la asamblea de representantes a la legislativa", Mario Bassols Ricárdez, en *La ciudad de México en el fin del segundo milenio*, p. 691.

[33] Aprobado y publicado en el *Diario Oficial de la Federación* el 26 de julio de 1994. Dicho estatuto aunque no tiene las facultades de una Constitución local, sí es un instrumento jurídico que se encuentra por encima de la Ley Orgánica que durante 65 años rigió al gobierno y la estructura administrativa del Departamento del Distrito Federal. Regula aspectos de estricto derecho político como la distribución de atribuciones entre los

nes de diversos sectores de la población y de las negociaciones entre el propio Departamento con los grupos parlamentarios de la Asamblea de Representantes, las comisiones del Distrito Federal de la Cámara de Diputados y de Senadores y los representantes de los partidos políticos.[34] Un resultado trascendente de esta reforma fue que se aprobó la elección directa del jefe de gobierno de la capital, para 1997 (aunque no así para los delegados).[35] Sin embargo, el cumplimiento de este compromiso quedó planteado para el año 2000, conjuntamente con la descentralización de los recursos humanos, políticos y económicos de las delegaciones. El aplazamiento de esta elección y de la descentralización para el año 2000 da idea del difícil proceso de negociación al que tuvieron que hacer frente quienes defendían la necesidad de asegurar la administración integrada del Distrito Federal y los que privilegiaban el principio democrático.

A pesar del innegable avance logrado y orientado hacia la democratización de los distintos órganos de gobierno, especialmente la elección del titular del ejecutivo local, se conservaron rasgos institucionales sustantivos del *régimen de excepción* que históricamente ha tenido el Distrito Federal, ya que no se otorgó a sus habitantes derechos políticos plenos y dejaron prevalecientes aspectos esenciales de dependencia de los poderes ejecutivo y legislativo federales, negando la autonomía de la entidad. Así quedó de manifiesto en las siguientes especificaciones: *a)* se privó de autonomía al gobierno local frente al federal, al imponerse la autoridad de los poderes legislativo y ejecutivo federales; *b)* el Congreso de la Unión quedó facultado para expedir el estatuto de gobierno que sustituía a la que debiera ser la Constitución del Distrito Federal, así como para determinar su endeudamiento público; además se pervirtió el principio federalista al facultar al Congreso para legislar en todo aquello que no estuviera expresamente reservado a la ALDF; *c)* el Senado, por su parte, quedó facultado para cancelar la elección del jefe de Gobierno, removiéndolo y nombrando a un sustituto; y, *d)* el Ejecutivo Federal a su vez quedaba facultado para proponer al Senado el nombramiento del jefe de Gobierno sustituto, iniciar los proyectos de leyes de competencia federal y reglamentarlas, proponer al gobierno el endeudamiento del gobierno del Distrito Federal a partir de las propues-

poderes de la Unión y los órganos locales de gobierno de la administración pública del Distrito Federal, incluyendo los consejos ciudadanos.

[34] Todos éstos suscribieron en octubre de 1995 un acuerdo político para la reforma democrática del Distrito Federal.

[35] Los que de acuerdo con la legislación serían propuestos por el jefe de Gobierno y ratificados por la Asamblea de Representantes.

tas del ejecutivo local y para ejercer el mando de las fuerzas de seguridad pública.[36]

Como es evidente, la reforma de 1996 no era una reforma suficiente de la estructura de gobierno del Distrito Federal, pues conservó en esencia la forma centralista y autoritaria de gobernar la capital, a la que hemos hecho referencia. Dentro de este marco, no obstante, se recuperó la participación ciudadana como un elemento importante para el ejercicio de gobierno.[37] En particular, en la última regencia de Óscar Espinosa (1995-1997) se propuso "la participación ciudadana en la definición, operación, seguimiento y evaluación de las políticas de gobierno", lo cual se tradujo en diversas instancias que operaron entre 1995 y 1997: consejos ciudadanos, consejos para políticas sectoriales, mesas de concertación, audiencias públicas, procuraduría social y unidades de programas para la atención ciudadana.

En el marco de la reforma política del Distrito Federal, en 1993 se planteó también la creación de consejos delegacionales, propuesta que fue aceptada y constituyó uno de los principales aportes que se introdujeron al gobierno de la ciudad y que se incorporó al Estatuto de Gobierno del Distrito Federal de 1994. Para normar la elección de los consejeros ciudadanos, sus funciones y atribuciones, así como de otras instancias de participación, se aprobó la Ley de Participación Ciudadana.[38] Dicha ley fue aprobada únicamente por los representantes del Partido Revolucionario Institucional, ya que los legisladores de oposición consideraban que para avanzar en la democratización real del Distrito Federal los consejeros debían tener las mismas atribuciones que los regidores. En realidad se trató de un mecanismo híbrido y sofisticado, por medio del cual se pretendió ampliar las facultades de los ciudadanos, pero sin ser ni tener todas las que se otorgan a un cabildo municipal (Sánchez M. 1997).

De acuerdo con el Estatuto de Gobierno, en cada delegación se debía

[36] Oziel Serrano Salazar, *La reforma política del Distrito Federal,* CENAM/Plaza y Valdés, México, p. 291.

[37] En la Secretaría de Programación y Presupuesto se estableció que "el sector Departamento del Distrito Federal, tenía como finalidad primordial la función de gobierno, que comprende desde normar la vida ciudadana, proporcionar a ésta un entorno adecuado para su desarrollo, establecer los vínculos necesarios para fortalecer las relaciones ciudadanas en un marco de justicia y seguridad que proporcionen el avance social, económico o político de los habitantes orientando sus acciones al logro de un esfuerzo participativo con el objeto de ser corresponsables gobierno y ciudadanos en la consecución de los grandes objetivos nacionales". Véase "Estrategia programática sectorial", SPP, 1984.

[38] Dicha ley contenía tres títulos: I. De las instancias de participación ciudadana en el Distrito Federal, II. De los Consejos Ciudadanos, y III, de los Órganos de Representación Vecinal.

constituir un Consejo de Ciudadanos como órgano de representación vecinal y de participación ciudadana. Se planteó que hasta por los primeros 100 000 habitantes de la demarcación habría 15 consejeros y por cada 50 000 habitantes que excedieran la cantidad habría uno más, por lo que en las delegaciones de Iztapalapa y Gustavo A. Madero, que son las más pobladas, llegaron a ser 42 y 38 consejeros respectivamente, con un total en el Distrito Federal de 350. Estos consejeros se eligieron por voto directo y secreto y tuvieron la facultad de aprobar, supervisar y evaluar los programas anuales delegacionales en materia de seguridad pública, servicio de limpia, agua potable, protección civil, atención social, parques y jardines, alumbrado público, pavimentación, bacheo, recreación y mercados. También podían opinar y aprobar el Plan Parcial Delegacional, y representar a los ciudadanos ante autoridades administrativas centrales y locales. Cada Consejo Delegacional se dividió en comisiones con objeto de estudiar, atender y proponer alternativas a los problemas más ingentes de cada demarcación.

Las elecciones para elegir a los consejeros se realizaron en junio de 1995. Votaron 1 125 878 ciudadanos de un padrón de 5 441 782, es decir, 20.7% de participación. Los consejos ciudadanos estuvieron en funciones hasta 1997, ya que por acuerdo del 13 de noviembre de 1996, en el contexto de negociación de la reforma política a nivel federal, el Congreso de la Unión determinó que éstos desaparecerían para ese año. Apenas y funcionaron un año y siete meses.[39]

El reto para los consejeros, en especial los de oposición, era demostrar a la ciudadanía que si bien su participación se encontraba limitada a los marcos institucionales establecidos por el mismo gobierno capitalino, también podían tener representatividad y fuerza para impugnar o negociar con las autoridades. Sin embargo, por lo general esto no ocurrió. Alicia Ziccardi (1998) concluye que cada consejo tuvo su propia dinámica de acuerdo con la historia del territorio, los intereses en juego, la experiencia de los representantes vecinales y las características del trabajo político. En algunos se repitieron viejos estilos de gestión, mientras en otros, los menos, se advirtieron innovadoras formas de participación ciudadana.

Al establecerse los consejos delegacionales desaparecieron de la estructura vecinal anterior el Consejo Consultivo y las juntas de vecinos, pero no así las Asociaciones de Residentes,[40] las cuales continua-

---

[39] Cristina Sánchez Mejorada, "Las elecciones de consejeros ciudadanos en el marco de la reforma política del Distrito Federal", en *Dinámica urbana y procesos sociopolíticos* 2, OCIM UAM-A/CENVI, México, D. F., 1997, pp. 203-226.
[40] Las asociaciones de residentes se integran con los jefes de manzana de una colonia,

ron con su gestión, como desde años atrás lo venían haciendo, por lo general al margen e incluso muchas veces en contra de los propios consejeros, con los que frecuentemente tuvieron enfrentamientos y problemas. Únicamente en algunas áreas vecinales se observó la lucha y el compromiso de los consejeros con los intereses vecinales y los representantes de ambos espacios trabajaron en coordinación y armonía. El problema fue que al fragmentarse la gestión los vecinos perdieron fuerza, ya que, a pesar de todo, el espacio de la junta de vecinos les permitía reunirse, discutir y tomar decisiones comunes, especialmente para problemas que no sólo afectaban una localidad sino a varias de ellas. Al perderse ese espacio, la gestión se individualizó aún más y se diluyó toda posibilidad de contar con una estructura orgánica, consolidada y de auténtica participación.

El campo electoral: escenario de la reforma institucional
y de la movilización social

Si en el ámbito de la gestión de las políticas de gobierno se registraron importantes cambios, en el plano de la política su ritmo e intensidad fue aún mayor. A escala nacional entre 1972 y 1996 la Constitución se reformó nueve veces en lo tocante a cuestiones electorales, y se promulgaron cuatro códigos electorales que se enmendaron en cuatro ocasiones (Molinar, 1998).[41] Los movimientos políticos electorales y las organizaciones cívicas de los ciudadanos incidieron en estos cambios de tres maneras: *1)* abrieron coyunturas de reforma a través de la presión contra el sistema autoritario que asoció al Estado con un partido; *2)* participaron en la elaboración programática de visiones integrales de derechos ciudadanos y de instituciones políticas, y *3)* pugnaron por lograr que los derechos políticos consagrados se convirtieran en realidad, de manera especial en el momento de la elección, a través de la vigilancia activa de las jornadas electorales.

En este marco, a finales de los ochenta e inicios de los noventa, una parte de la participación social y ciudadana comenzó a orientarse hacia el campo electoral, abriéndose una veta de carácter cívico básicamente novedosa en la ciudad de México que se reflejó en diversas

barrio, pueblo o unidad habitacional, entre los cuales se elige una mesa directiva que los representa ante la delegación y el Departamento.
[41] Véase Juan Molinar Horcasitas: "Renegociación de las reglas del juego: el Estado y los partidos políticos", en Mónica Serrano y Víctor Bulner T., *La reconstrucción del Estado: México después de Salinas*, México, FCE, Política y Derecho, 1998, pp. 46 y 47. No se menciona en el recuento la reforma de 1996.

prácticas: la observación electoral, la defensa del voto, campañas de información y educación electoral, monitoreo a medios y gastos de campaña de partidos. Igualmente se tradujo en la vigilancia de casillas, la tipificación de irregularidades y delitos electorales, los cómputos preliminares a través de encuestas de salida. Durante este proceso, se desarrolló una cultura popular de vigilancia y control del proceso electoral que posteriormente sería recuperada por las instituciones. Simultáneamente se realizaron ejercicios deliberativos ciudadanos, en función de una agenda democrática y programática para la transición que culminó en el año de 1995. En el contexto de una coyuntura propicia para la reforma del Estado destacaron al respecto los "20 compromisos para la democracia (agosto de 1995)", el "Referéndum de la Libertad", el "Diálogo Nacional para la Reforma Política, Económica y Social de México" (24 de septiembre al 23 de octubre de 1995) y la "Carta de los Derechos Ciudadanos" elaborada por el Encuentro Nacional de Organizaciones Ciudadanas (ENOC), del 30 de junio al 1° de julio de 1995.[42]

Al entrar a los noventa destacó también la adopción de instrumentos institucionales de participación por parte de los grupos de ciudadanos y, en consecuencia, el ejercicio de "nuevas" prácticas de carácter cívico con la iniciativa y/o la participación de la sociedad civil. Con el plebiscito ciudadano de 1992-1993, realizado en función del impulso a la *reforma política integral*, se inició una secuencia de movilizaciones y ejercicios de consulta, que tenían como fin la intervención ciudadana en el debate sobre temas de interés público: la constitución de poderes plenos para el Distrito Federal, la solidaridad con el movimiento zapatista, la política bancaria (Fobaproa),[43] entre otros.

A partir del ciclo de reformas electorales iniciado en 1990,[44] mediante la llamada "ciudadanización de la política", se abrió paso a la intervención ciudadana en el sistema político y a la adopción de nuevas estrategias por parte de las organizaciones civiles. Esto se puso de manifiesto bajo distintas modalidades, como el impulso de candidaturas ciudadanas, la inserción de diputados ciudadanos, la construcción de nuevas prácticas de interlocución entre las organizaciones sociales

[42] Véase Carlos San Juan, "Agenda ciudadana en el Distrito Federal. Instituciones y organizaciones en la ciudad de México: 1997-2000", México, 2000, mimeografiado.

[43] Esto refiere al Fondo Bancario de Protección al Ahorro.

[44] En 1990 se aprobó el Código Federal de Instituciones y Procedimientos Electorales, a partir del cual se reglamentó la creación del Instituto Federal Electoral y del Tribunal Federal Electoral, integrados con representantes ciudadanos (consejeros ciudadanos). Con estos instrumentos se inicia también la reforma que estipula los derechos electorales y la reglamentación de los propios órganos electorales. Véase Luis Medina, *Hacia el nuevo Estado. México 1920-1994*, FCE, México, 1995, cap. IX.

y civiles y las fuerzas partidarias (el cabildeo), y la búsqueda de espacios de intermediación entre las organizaciones sociales y civiles, y el sistema de partidos. En términos generales, la reforma electoral, que en buena medida es producto de la movilización social de las décadas anteriores, dio lugar a su vez al surgimiento de nuevas prácticas ciudadanas y a la estabilización de ciertos canales para la rearticulación de la relación gobierno-sociedad, en un ámbito restringido que se circunscribió básicamente al plano de los derechos electorales. Los alcances de esta reforma, entre los que se encuentra la modificación del artículo 122 constitucional (1996),[45] de particular importancia para la autonomía política del Distrito Federal, constituyeron sin duda un avance significativo en la perspectiva de una reforma institucional del gobierno local, flexibilizando al mismo tiempo algunos aspectos de la rígida estructura gubernamental y abriendo con ello el camino para una potencial modificación en las formas de gestión. Sin embargo, su alcance no afectó en ninguna medida el ámbito de los sólidos pactos políticos (entre el régimen establecido y los grupos de poder asentados en la capital) sobre los que se había estructurado históricamente el régimen político local y sobre los que había fincado hasta entonces su estabilidad. De aquí que esta otra configuración de poder permaneciera pese a todo prácticamente intacta. Hacer frente a esta estructura ancestral sería sin duda uno de los más grandes retos para el nuevo gobierno de la ciudad.

EL GOBIERNO DE ALTERNANCIA:
LA POLÍTICA DE LA ADMINISTRACIÓN PERREDISTA, 1997-2000

Como se mencionó en el inicio de este trabajo, el 6 de julio de 1997 los habitantes del Distrito Federal eligieron por primera vez a su gobernante. Esta responsabilidad recayó en el candidato del Partido de la Revolución Democrática, ingeniero Cuauhtémoc Cárdenas, con 47% de los votos, y en una Asamblea Legislativa compuesta en su mayoría por miembros del mismo partido. Este ejercicio democrático representó un hecho inédito en la historia local y fue producto de un largo proceso de Reforma Política, que muy lentamente fue transformando la forma de gobierno y las instancias de representación de los ciudadanos en una entidad sumamente compleja, sede del poder político y económico

---

[45] Este artículo refiere a la organización de la ciudad de México, y mediante la reforma se reconocen los derechos políticos de los capitalinos y se norma por primera vez el proceso de elección para el jefe de Gobierno mediante el sufragio libre, directo y secreto.

de la nación, y donde residen alrededor de nueve millones de habitantes. Con este suceso se consumó la alternancia política en la capital del país y se abrió también un camino viable para avanzar en la construcción de un orden jurídico-político propio para la entidad, que hasta entonces había estado regulada por leyes y entidades federales.

En muchos sentidos, la conquista del poder capitalino representó enormes retos para el nuevo partido gobernante, que asumió el poder con las banderas de la democracia, la inclusión y la equidad. Entre los principales retos a los que debía enfrentarse el nuevo grupo en el poder, uno de los más apremiantes consistía en la instauración de una gobernabilidad democrática sustentada en la reformulación de un nuevo tipo de relación gobierno-sociedad. Otro reto residía en consumar una reforma política integral para la capital, construir un nuevo andamiaje jurídico-político que permitiera profundizar la democracia representativa y avanzar hacia la construcción de un gobierno propio. Todo esto implicaba combatir en distintos planos contra las bases de un sistema político fuertemente arraigado, sustentado en un partido hegemónico y un presidencialismo exacerbado, en donde la cultura autoritaria se reflejaba en la proliferación de prácticas corporativas y clientelares, y en el empleo cotidiano de la corrupción, la desinformación y la manipulación.

Las condiciones políticas vigentes implicaban hacer frente también a fuertes dificultades, como la existencia de importantes candados políticos e institucionales, incluyendo la fuerte resistencia del PRI y la imposibilidad de articular una coalición no oficialista en el Congreso Federal en 1997 (PRD-PAN), donde por vez primera el partido oficial perdió la mayoría calificada.[46] Por otra parte, otro de los problemas centrales derivaba de las limitaciones en materia de disposición de recursos públicos bajo las cuales el nuevo gobierno asumía el poder y la difícil situación de las finanzas públicas de la ciudad. Esto último se debía entre otras razones a la herencia de una deuda no saldada por el gobierno federal, la reducción paulatina de las transferencias federales, la carga financiera de las obras de infraestructura de escala metropolitana, las limitaciones de la hacienda local y los subsidios a los servicios públicos determinados por la crisis económica y social.[47]

[46] El PRI ganó 164 escaños de mayoría relativa, 70 el PRD y 65 el PAN, Favela *et al.,* "La competencia electoral y el sistema de partidos en 1997", *El Cotidiano,* núm. 85, UAM-A, México.

[47] Especial preocupación generó la crisis financiera por la que atravesó el gobierno por el recorte presupuestal de 12% del que fue objeto al inicio de 1998 como parte de una política de ajuste a las finanzas del sector público, aunque principalmente como una política de contención y obstrucción del gobierno federal, ya que el resto del gobierno fue

El hacer frente a los retos mencionados suponía al mismo tiempo solventar un reto mayor, que consistía en la construcción de un proyecto político democrático de alcances estratégicos que socavara las bases del antiguo régimen, partiendo de y operando a partir de las condiciones impuestas por esta misma estructura.

En tales circunstancias el grupo perredista se puso al frente del gobierno local con un discurso político de vocación democrática, sustentado en el documento base de la plataforma electoral: *Una ciudad para todos*. Se trataba de un documento que contiene lineamientos sustantivos orientados al desarrollo de cuatro ámbitos estratégicos: la construcción de una institucionalidad democrática, la formulación de políticas incluyentes, la recuperación de la responsabilidad social del Estado y el impulso de políticas productivas no especuladoras.[48]

A partir de estos ámbitos estratégicos los objetivos centrales que se planteó el nuevo gobierno y se enunciaron en el Programa General de Desarrollo del Distrito Federal 1998-2000 eran:

- Una ciudad segura y con justicia.
- Una ciudad democrática y participativa.
- Una ciudad incluyente y solidaria.
- Un camino de desarrollo sustentable.
- Una infraestructura, equipamiento y servicios urbanos de calidad.
- Un gobierno responsable y eficiente.[49]

La amplitud de los propósitos planteada en el Programa de Desarrollo contrastaba de entrada con las limitaciones legales y condiciones preexistentes, y con el corto plazo para rendir resultados (periodo de tres años) y con la escasez de recursos presupuestales y la precariedad de instrumentos disponibles. Tal amplitud de propósitos contrastaba también desde el inicio con la ausencia de leyes y reglamentos operativos para la instrumentación de las acciones pertinentes en función de los objetivos. Algunos avances en esta dirección se fueron desarrollando a lo largo del periodo, con el ánimo de dar respuesta a este vacío.

Dentro de los principales ejes de acción presentados en este documento se registran al menos tres que pusieron de relieve el estable-

afectado en 3%. De esta manera la ciudad se convirtió en rehén de las fuerzas políticas de un enfrentamiento de cara a las elecciones de 2000.

[48] Véase Carlos San Juan, "Ciudad de México, instituciones y sociedad civil. Experiencias de una ciudad en transición", *Cuadernos de la Sociedad Civil*, núm. 4, Xalapa, 2000, p. 13.

[49] Gobierno del Distrito Federal, *Programa General de Desarrollo del Distrito Federal 1998-2000*, México, D. F., 1998.

cimiento de nuevas bases para la relación con la ciudadanía, así como una reformulación de la propia relación estado-sociedad; éstos son: *1)* La transformación de la gestión gubernamental, *2)* La responsabilidad compartida entre el gobierno y la sociedad y *3)* La gobernabilidad.[50] De igual manera, contenía el enunciado de una línea estratégica orientada expresamente a la construcción de *Un gobierno de todos para todos.*

En los lineamientos programáticos del nuevo gobierno, bajo los ejes que postulan la construcción de una *ciudad democrática y participativa*[51] *y una ciudad incluyente,* la participación ciudadana se asume como una estrategia central que constituye en buena medida el vehículo para reformular la relación con diversos sectores sociales y lograr su inclusión en la toma de decisiones.

La puesta en práctica de estos lineamientos, con el fin de lograr la gobernabilidad democrática, representaba para el gobierno fuertes retos que consistían, entre otras cosas, en impulsar una reforma institucional, empujar hacia la construcción de un nuevo marco normativo y generar mecanismos diversos para la interlocución y el diálogo con sectores sociales muy diferenciados, entre los cuales existía un amplio sector organizado.

A partir de lo anterior, identificamos que los alcances y limitaciones del gobierno perredista en el ámbito de la relación gobierno-sociedad pueden valorarse a la luz de dos ámbitos estratégicos: *a)* la formulación de políticas incluyentes y la recuperación de la responsabilidad social del estado mediante la instrumentación de una *política social de nuevo tipo,* basada en la corresponsabilidad social y la atención a los sectores más desfavorecidos, y *b)* la construcción de una sociedad democrática y participativa, mediante el *establecimiento de nuevas modalidades de relación con la sociedad organizada* y la *creación de nuevas instancias de participación.*

La política social de nuevo tipo

Ante la severa crisis económica de los años ochenta, las medidas drásticas de ajuste —que tuvieron graves repercusiones en el bienestar social de amplios sectores de la población—, las presiones de organismos internacionales y en general de los representantes de la corriente

---

[50] Cuauhtémoc Cárdenas, *Una ciudad para todos,* México, Distrito Federal, 1997, pp. 23-24.
[51] *Idem.*

neoliberal, el Estado mexicano se vio en la necesidad de reorientar la política social. Considerada en sus tendencias más generales, esta reorientación se caracterizó por los siguientes aspectos: 1) un cierto grado de descentralización, en particular en los ámbitos de atención de salud a la población abierta, el sistema de educación pública y el de asistencia social, dentro de un marco de persistente concentración de recursos y programas en el ámbito federal; 2) reforma financiera y operativa a las instituciones de seguridad social y los fondos solidarios de vivienda, con una aplicación titubeante de mecanismos basados en el apoyo a la demanda, y que recientemente ha traído consigo transformaciones radicales de tales instituciones; 3) reducción o eliminación de los subsidios de aplicación generalizada mediante la oferta de bienes y servicios básicos; 4) hincapié en el desarrollo de programas focalizados destinados a los pobres, que en algunos casos han causado la individualización del acceso por medio del apoyo a la demanda, y 5) apelación generalizada en lo que respecta a las políticas focalizadas a la pobreza, a la participación y organización de los grupos y comunidades beneficiadas, mecanismo que en buena parte de los casos significa además la aportación por parte de ellos tanto de recursos monetarios como de mano de obra.

Retomando las orientaciones básicas de equidad-focalización, descentralización y participación, el gobierno del Distrito Federal intentó diferenciarse del proyecto federal, y puso en práctica un proyecto social más participativo, democrático y corresponsable, donde el enfoque de la política fuera fundamentalmente promocional; el diseño y la toma de decisiones, participativa y democrática; la operación de la política y los recursos, en algunos casos centralizada y en otros descentralizada; la operación de los servicios sociales realizada a través de una práctica corresponsable entre el estado, el mercado, la sociedad civil y la comunidad. Asimismo se deseaba que la evaluación de las políticas y programas fuera por medio de la contraloría social, es decir, a través de la propia sociedad; que la cobertura poblacional fuera universal y diversificada con corresponsabilidad ciudadana y que la condición esperada de la población fuera equitativa con reconocimiento a la diversidad e integrada socialmente.[52]

En relación con la intencionalidad de la política social, ésta se expresó en la búsqueda de: a) mejorar la calidad de vida de la población; b) reducir la inequidad; c) alcanzar la justicia social, y d) reconstruir el dañado tejido social, atendiendo preferentemente a los grupos sociales

---

[52] Gobierno del Distrito Federal, *La política social del gobierno del Distrito Federal*, documento marco, diciembre de 1998.

más marginados. Como condición para lograr un verdadero desarrollo social se estableció una serie de líneas estratégicas como: *a)* la construcción de un estado con responsabilidad social; *b)* la responsabilidad compartida entre el gobierno y la sociedad; *c)* la democratización de todos los ámbitos de la gestión pública; *d)* la transformación de la gestión gubernamental, y *e)* la gobernabilidad sustentada en la democracia, la participación ciudadana, la transparencia y honradez irrestricta de la administración, la creación de espacios amplios de diálogo con los diferentes sectores, y la distribución equitativa de los costos y beneficios del crecimiento económico.[53]

De esta manera, en el centro del discurso gubernamental se planteó el impulso de programas de desarrollo social tendientes a lograr una "ciudadanía integral", en la que además del respeto a los derechos económicos, sociales y culturales, los habitantes de la ciudad pudieran gozar de sus derechos civiles y políticos, incluyendo la participación en las decisiones públicas. Para ello era necesario, entonces, lograr la democratización del Distrito Federal y avanzar en la construcción de una ciudadanía social por medio del desarrollo de políticas y acciones que condujeran a una mayor equidad e integración social; a la composición y consolidación de un sistema local asistencial; y al desarrollo de programas de prevención, con énfasis en el apoyo familiar, redes sociales y salud mental y comunitaria.

El acento se colocó en la atención a las áreas más frágiles y vulnerables de la sociedad, y se propuso avanzar en la construcción de un piso básico de cobertura de las necesidades de la población en materia de salud, educación, alimentación y seguridad social, como garantía para ampliar las oportunidades de acceso a los bienes y servicios públicos, pero también para lograr que estas mayores coberturas no se convirtieran en servicios genéricos, sino cada vez más adaptados a las necesidades e intereses complejos y diversos de los habitantes de la ciudad.

Independientemente de valorar los resultados y los objetivos alcanzados, resulta interesante reflexionar en cuanto al significado de esta dupla propositiva de la política social, ya que se propone simultáneamente impulsar el desarrollo de una ciudadanía social pero no se desatiende la construcción de un piso social básico para grupos vulnerables. Se mantiene así una mezcla de dos modelos de política social, el de compensación y el de ciudadanía social. Y en cuanto a la organización de la misma, un modelo centrado en la acción gubernamental y

[53] Gobierno del Distrito Federal, doc. cit.

otro emergente que busca potenciar la capacidad autogestiva, productiva y participativa de los pobres.[54]

A pesar de las buenas intenciones y el establecimiento de algunos programas novedosos tendientes a lograr los objetivos planteados, al poco tiempo de haber asumido el gobierno, los nuevos funcionarios se percataron de que tanto para la generación de los pisos básicos (cierto nivel de desarrollo económico y social) como para lograr la ciudadanía social (en el sentido de asegurar a todos los miembros de la sociedad el acceso a los satisfactores básicos), se requería no sólo de la voluntad política de los funcionarios sino acabar, también con las restricciones legales y financieras impuestas a la ciudad.[55] Por ello, se plantearon como objetivo central impulsar una serie de reformas y propuestas legislativas que ayudaran a garantizar y a reconocer los derechos sociales de los individuos y a comprometer a las instituciones y a la sociedad en dicha tarea. Lamentablemente este proceso fue muy lento, por el intenso cabildeo y la negociación entre el gobierno, la Asamblea Legislativa[56] y los diversos sectores de la sociedad civil. Al final de los tres años de gobierno se aprobaron muchas leyes relativas al desarrollo y asistencia social,[57] y aunque por un tiempo no fueron reglamentadas ni puestas en operación no dejaron de representar un avance significativo en la construcción de un marco normativo propio del Distrito Federal, que hasta ese momento no existía.

---

[54] Pedro Moreno, "Los retos del desarrollo social para un gobierno de izquierda", en ¿Una ciudad para todos? La experiencia del primer gobierno electo en la ciudad de México 1997-2000, UAM/UNAM/INAH, México, 2002, en prensa.

[55] Si de por sí un gobierno local cuenta con pocos instrumentos para garantizar los pisos básicos para lograr el desarrollo social de la población, en el caso del D. F. esta situación era extrema ya que, por su dependencia del ejecutivo, no contaba (como el resto de los estados) con leyes de desarrollo y asistencia social básicas y menos específicas para reconocer y atender los derechos de los grupos más vulnerables.

[56] A pesar de que el PRD contaba con una mayoría abrumadora de legisladores, no se trataba, política e ideológicamente, de un bloque homogéneo, por el contrario representaba las más diversas corrientes y tendencias. Con el agravante de que no contaban con la preparación, ni la experiencia, ni la pericia suficiente para legislar y llevar a buen término las propuestas e iniciativas enviadas por el ejecutivo. Sin descontar desde luego la oposición de los miembros de los otros partidos que formaban parte de las comisiones legislativas, por lo que las propuestas tardaban mucho tiempo en llegar al pleno.

[57] Nos referimos a instrumentos normativos como: la Ley de Asistencia e Integración Social para el Distrito Federal (16 de marzo de 2000); la Ley de los Derechos de las Personas Adultas Mayores (7 de marzo de 2000); la Ley de Desarrollo Social para el Distrito Federal (23 de mayo de 2000); la Ley de las y los Jóvenes del Distrito Federal (25 de julio de 2000); la Ley de Planeación del Desarrollo (27 de enero de 2000); la Ley de los Derechos de las Niñas y los Niños del Distrito Federal (31 de enero de 2000); la Ley de Fomento a las Actividades de Desarrollo Social de las Organizaciones Civiles del Distrito Federal (23 de mayo de 2000).

Por otro lado, el gobierno identificó que la participación ciudadana como mecanismo de movilización de recursos sociales era posible en contextos locales, ámbito depositario de las decisiones fundamentales a partir de procesos de descentralización, y fue valorada como un apreciable mecanismo para la "superación de la pobreza". La constitución de comités de elaboración y seguimiento de los proyectos, el impulso de nuevos liderazgos sociales, la participación de los beneficiarios en la ejecución de los programas y el fortalecimiento de los lazos comunitarios, fueron algunas de las acciones que se impulsaron con la intención de, por un lado, revertir las viejas tendencias y prácticas políticas a la vez que se institucionalizaban aquellos espacios públicos que servían de nexo entre las esferas de la sociedad y el Estado; y por otro, como una forma de descargar sobre la sociedad civil acciones y responsabilidades públicas asociadas a la necesidad de disminuir los recursos y la propia acción gubernamental. Sin haber realizado un seguimiento exhaustivo de la política social y su impacto, puede decirse que en ambos sentidos se logró avanzar significativamente.

Nuevas modalidades de relación con la sociedad civil e instancias de participación

La estrategia central para fomentar la participación ciudadana dentro de la política gubernamental local, consistió en un proceso progresivo de apertura de espacios institucionales de participación y colaboración ciudadana, en especial dentro de las Secretarías. Las modalidades de la participación se refieren preferentemente a: consulta y colaboración en la elaboración de políticas públicas, elaboración de propuestas, promoción de actividades, seguimiento y supervisión de funciones institucionales y colaboración en acciones de gobierno en ciertas áreas (Álvarez y Sánchez Mejorada, 2002).

Esta estrategia presentó una variedad de opciones de participación de la sociedad que resulta en buena medida creativa e innovadora, pero se basó en la recuperación de instancias y modalidades puestas en práctica en administraciones anteriores. En este sentido, se recuperaron, por ejemplo, las instancias de los Consejos Consultivos y algunas experiencias de la Secretaría de Desarrollo Urbano, donde existían precedentes importantes de modalidades participativas y de negociación entre las instituciones gubernamentales y las organizaciones del Movimiento Urbano Popular. Igualmente se recuperó la experiencia acumulada por las organizaciones surgidas de las movilizaciones por los sismos de 1985, y por algunas asociaciones vecinales de las clases medias y altas, que en el inicio de los años noventa habían tomado parte activa en la definición de las Zonas Especiales de Desarrollo Controlado (ZEDEC) en la ciudad de México.[58]

Esta política gubernamental con pretensiones de vinculación y búsqueda de colaboración fue dirigida fundamentalmente hacia las organizaciones de la sociedad civil conocidas como organizaciones no gubernamentales,[59] y hacia los ciudadanos independientes. Se trató de una estrategia que constituyó una cobertura política relevante para la actuación de las organizaciones civiles en el periodo reciente, a la vez que derivó en el desarrollo de distintos procesos encaminados a generar las condiciones para un mayor acercamiento entre el gobierno y la sociedad civil.[60] Asimismo, fue una iniciativa que privilegió de manera notable la interlocución y colaboración con las organizaciones civiles y de manera muy colateral incorporó a otro tipo de organizaciones y actores de la sociedad civil, como es el caso de las organizaciones y movimientos sociales.

Las organizaciones civiles que participaron en la convocatoria e incidieron en el gobierno cardenista respondían a tres perfiles: organismos asistenciales, organismos orientados a la defensa de derechos civiles, sociales, políticos y electorales, y organismos orientados hacia el des-

---

[58] Para poner freno al acelerado incremento de cambios en el uso del suelo (de residencial a comercial y de servicios) y evitar el deterioro en la calidad de vida (principal demanda de los residentes de las colonias de clases medias y altas), se determinó declarar a las colonias con mayores conflictos como Zonas Especiales de Desarrollo Controlado (ZEDEC), que fueron consideradas como *regulaciones de excepción*, y fueron en buena medida el resultado de la presión ejercida por diversos grupos de vecinos; en este proceso se vertieron los intereses, necesidades y propuestas concertadas de los diversos actores involucrados: inversionistas, propietarios, vecinos y gobierno delegacional. Al respecto véase Alicia Ziccardi, *Gobernabilidad y participación ciudadana en la ciudad capital*, Miguel Ángel Porrúa/IISUNAM, México, 1998, cap. III; Antonio Azuela, "Pluralismo jurídico y cambio institucional", en L. Álvarez (coord.), *Participación y democracia en la ciudad de México*, CEEIC-UNAM/*La Jornada*, México, 1997, pp. 151-176, y C. Sánchez Mejorada, "Emergencia y participación de la sociedad en la ciudad de México", en Coulomb y Duhau (coords.), *Dinámica urbana y procesos sociopolíticos. Lecturas de actualización sobre la ciudad de México*, UAM-A/CENVI, A. C., México, pp. 335-356; F. Cristina Sánchez Mejorada, "Las ZEDEC y la participación de la sociedad civil", *Ciudades*, núm. 20, RNIU, México, 1993, pp. 27-33.

[59] Nos referimos a las asociaciones autónomas de ciudadanos que eligen ocuparse en común de la atención de problemas públicos específicos, a favor del desarrollo social y la defensa de los derechos humanos y de manera no lucrativa.

[60] En los últimos años se ha generalizado el uso del concepto de "sociedad civil" para referirse al fenómeno de la creciente participación de los ciudadanos en la búsqueda de soluciones de los problemas que les afectan. Se refiere a todo aquello que —fuera del gobierno, los partidos políticos, el ejército y las iglesias— implica organización y movilización ciudadana en distintos campos de la vida social.

arrollo local, el desarrollo urbano, la vivienda y el medio ambiente. Los campos específicos en los que éstas han construido una trayectoria, han sido variados y se pueden identificar de la siguiente manera: *1)* las organizaciones interesadas en la defensa de los derechos ciudadanos y de los derechos humanos, que buscan ampliar el espacio público a la intervención ciudadana, hacer valer las reglas del orden democrático y denunciar la violación de las libertades individuales y colectivas; tal era el caso de Mujeres en Lucha por la Democracia, la Academia Mexicana de Derechos Humanos, la Red Nacional Todos los Derechos para Todos, el Movimiento Ciudadano por la Democracia y la Convergencia de Organismos Civiles por la democracia; *2)* las que orientan su trabajo hacia la promoción, el desarrollo y los servicios a la comunidad, mismas que casi siempre cuentan con financiamiento para desarrollar proyectos específicos de promoción y atención, y participan en la creación de agendas sociales y políticas;[61] al respecto cabe mencionar a la Asociación Mexicana contra la Violencia hacia las Mujeres (COVAC), el grupo de Salud Integral para las Mujeres (SIPAM), el Centro Operacional de Vivienda y Poblamiento (CENVI), el Foro de Apoyo Mutuo (FAM) y el Equipo Pueblo; *3)* las asociaciones de asistencia privada (IAP) que ofrecen diversos servicios a la sociedad pretendiendo subsanar en alguna medida los vacíos dejados por el Estado y el mercado en materia de asistencia social, como es el caso de la Cruz Roja Mexicana, el Monte de Piedad, la Fundación Matías Romero, la Fundación Luz Bringas y un buen número de hospitales, escuelas, casas cuna, asilos y en general instituciones asistenciales; *4)* las organizaciones que defienden derechos propios de la pluralidad social, como es el caso del derecho a la diferencia (diversidad sexual) y los derechos de género (equidad de condiciones para hombres y mujeres), como las que promueven nuevos valores sociales, como son el Círculo Cultural Gay, el Colectivo Sol y el Grupo de Información en Reproducción Elegida (GIRE), y *5)* las asociaciones que tienen como propósito la preservación y defensa del medio ambiente, como son el Grupo de Estudios Ambientales (GEA) y el Movimiento Ecologista Mexicano (MEM).[62]

En términos generales se puede hablar de un proceso que ha dado

---

[61] Para una descripción más completa de las características de las ONG. véase Sergio García (coord.), *Organizaciones no gubernamentales: definición, presencia y perspectivas,* Demos, FAM, IAP, México, 1997; Sergio Aguayo y María Luisa Tarrés, *Las enigmáticas ONG mexicanas: una caracterización,* 1995; Charles Reilly (comp.), *Nuevas políticas urbanas. Las ONG y los gobiernos municipales en la democratización latinoamericana,* Fundación Interamericana, Virginia, 1994.

[62] Las organizaciones que se señalan sirven para ejemplificar el espectro, de ninguna manera son las únicas o más representativas de este sector tan heterogéneo y plural.

lugar a la creación de una serie de mediaciones institucionales (instancias de participación, canales de comunicación, lineamientos normativos, etc.) que constituyen actualmente un complejo y hasta cierto punto novedoso entramado de relaciones, espacios y mecanismos destinados a auspiciar la coparticipación. De acuerdo con un estudio realizado recientemente en este campo, se advierten en la actualidad cinco modalidades básicas en las que se expresa la relación gobierno-sociedad: a) la relación directa de consulta para el gobierno, b) la relación entre redes de organizaciones civiles y el gobierno, c) el desarrollo conjunto de programas específicos, d) el impulso de proyectos específicos y e) las consultorías.[63]

Estas relaciones dieron lugar a la creación de espacios y prácticas diversas, entre las que se encuentran las siguientes:

Espacios de consulta para la definición de políticas públicas

El primer ejercicio que se realizó en este sentido fue la consulta para el diseño de políticas y programas. Tal fue el caso de la Secretaría de Desarrollo Social que puso su propuesta a consulta y discusión en 60 foros, en los que participaron organizaciones civiles, sociales y académicas, y de los que se recogieron propuestas y recomendaciones a partir de las cuales se elaboró la versión definitiva de la política y el programa de desarrollo social.

El espacio privilegiado para esta clase de interlocución lo constituyeron los consejos consultivos y los comités formados ex profeso para atender cada una de las líneas de gobierno: Desarrollo Urbano, Medio Ambiente, Seguridad Pública, Protección Civil, Desarrollo Social, Desarrollo Económico, entre otros.[64] Si bien esta figura existía ya en la legislación local como espacios a partir de los cuales se consultaba a profesionales o expertos acerca de los programas o decisiones de gobierno, en el caso de Desarrollo Social no existía un consejo.

El Consejo de Desarrollo Social fue de nueva creación y se instaló

[63] Manuel Canto (coord.), *Entre lo cívico y lo gubernamental. Análisis de la relación entre el gobierno y las organizaciones civiles en el Distrito Federal*, Centro de Estudios Sociales y Culturales, Antonio Montesinos, CAM, México, 2000, p. 143.

[64] Dentro de estos consejos destacan, por los resultados de su trabajo, los consejos con participación ciudadana que se instituyeron para cada sector y grupo en que se estructuró la política social. Entre otros se encuentra: el Consejo para la Prevención y Atención de la Violencia Familiar, el Consejo Promotor para la Integración de las Personas con Discapacidad, entre otros. Su éxito radica en haber logrado se legislara a favor de esos grupos, se destinaran recursos y se impulsaran programas prioritarios.

por decreto, el 8 de junio de 1998,[65] como un órgano de consulta, asesoramiento y colaboración del jefe de Gobierno del Distrito Federal para la definición de políticas y la elaboración, ejecución y evaluación de programas concernientes al desarrollo social. Asimismo se concibió como un organismo de colaboración en la realización de acciones específicas de promoción y concertación entre los diversos sectores sociales. En este consejo participaron 23 miembros honoríficos, nombrados por el jefe de Gobierno, representantes de organizaciones civiles, académicas, empresariales y de comunicación social.

Con todo y las limitaciones de estos espacios, no cabe duda de que en la administración perredista se realizó un esfuerzo notable por rescatarlos e imprimirles un carácter distinto, una mayor apertura para debatir los problemas de carácter público y para buscar soluciones de manera conjunta. Resultaron ser en general espacios de colaboración genuina y eficiente y cumplieron con una función básicamente consultiva a nivel del gobierno central. Se iniciaron de manera dispar en las distintas secretarías, obedeciendo a leyes y reglamentos diferenciados de acuerdo con el carácter propio y con las funciones de la instancia de adscripción, mientras que su integración no estuvo normada por un marco legal común, y adoleció de cierta discrecionalidad por parte de la autoridad convocante.

Grupo de trabajo sobre organizaciones civiles

La relación directa de consulta con el gobierno se manifestó también en la conformación, en 1998, de un grupo de trabajo que tenía como fin el brindar asesoría y formular propuestas al jefe de Gobierno en función de las estrategias de relación con las organizaciones civiles. En este grupo participaron a título personal 20 personas, que provenían de diversas organizaciones y que promovieron una amplia agenda de trabajo dirigida a distintos tipos de organizaciones y al abordaje de diversas temáticas, destacando la pretensión de establecer una política integral de relación entre el gobierno y las organizaciones civiles.

Si bien el grupo de trabajo logró construir un espacio de encuentro sistemático en donde los miembros del grupo conocían los planes y programas del gobierno y podían formular observaciones y recomendaciones, no tuvo el suficiente impacto a nivel de las áreas responsables por diseñar e implementar las políticas y los programas. Lo mismo ocurrió

---

[65] Gobierno del Distrito Federal, decreto del 8 de junio de 1998.

con la Asamblea Legislativa, instancia con la cual no fue posible establecer interlocución.

A pesar de su escasa trascendencia, la actuación de este grupo se puede valorar como positiva, sobre todo porque representaba a un conjunto de organizaciones civiles excluidas de la participación en otros espacios de gobierno. Sin embargo, constituye un claro ejemplo de cómo el funcionamiento de este tipo de espacios, que no se encuentran formal y legalmente constituidos, presenta una importante dosis de discrecionalidad dado que se abren o se cierran de acuerdo con la voluntad o interés del funcionario en turno. En este caso, a la salida del ingeniero Cárdenas, el grupo prácticamente desapareció y no volvió a operar.

El desarrollo conjunto de programas
y/o apoyo a iniciativas sociales

Mediante financiamiento a proyectos de probado valor que presenten organizaciones o grupos, para resolver problemáticas sociales específicas, en un marco de corresponsabilidad. Si bien el gobierno de la ciudad financió diversos proyectos, entre todos destacó el Programa de Coinversión Novib-Gobierno del Distrito Federal.

Programa Novib-GDF

El programa conocido como "Novib-GDF" fue un programa de coinversión y cogestión entre la sociedad civil, el gobierno de la ciudad y una agencia holandesa de cooperación internacional (Novib), con el propósito expreso de generar modelos replicables y propuestas de políticas públicas para el desarrollo social en el Distrito Federal, buscando en el proceso contribuir a una transformación positiva en las relaciones entre la sociedad civil organizada y el Gobierno del Distrito Federal. Para un primer periodo de tres años, cada una de las partes acordó aportar un total de 500 000 dólares por año para los proyectos que resultaran seleccionados.

Por ende los principales actores en este proyecto fueron:

a) Organizaciones de la sociedad civil. Nueve organizaciones con proyectos en diversos campos, con metodologías distintas, que coexisten y se articulan dentro de un Programa de Desarrollo Social. Varias de estas experiencias se han constituido, a nivel

Programa de coinversión social Novib-Gobierno de la ciudad de México

Proyecto	Tema	Organización civil	Objetivo
1. Fortalecimiento integral de 21 Centros Populares de Desarrollo Infantil Comunitario	Centros infantiles comunitarios	Coordinadora Popular de Madres Educadoras (Copome)	• Que los 21 Centros de Desarrollo Infantil creados por iniciativas comunitarias —ya funcionando— consoliden metodologías alternativas de cuidado y educación de niños y niñas de 0 a 6 años. • Profundizar en la formación de las madres educadoras. • Impulsar y fomentar el Desarrollo Comunitario y una cultura de respeto hacia mujeres, niños y niñas. • Mejorar el nivel nutricional de la población atendida y de la comunidad en general a través: *a)* Del establecimiento de Cocinas Populares y Servicios Integrales; *b)* Capacitación y adiestramiento en torno a técnicas de apoyo nutricional y doméstico.
2. Autodesarrollo integral para la zona suroriente de Iztapalapa (Zosoi)	Gestión local y desarrollo comunitario	Equipo Pueblo	• Impulsar el desarrollo integral de 12 comunidades ubicadas al suroriente de la Delegación Iztapalapa, partiendo de los procesos propios de cada comunidad, apoyando y generando organización comunitaria. • Buscar alternativas autogestionarias de solución a sus problemas y fomentar un nuevo tipo de relación entre el gobierno y la sociedad civil. El proyecto contiene cuatro áreas de trabajo básicas: bienestar social, educación, cultura y empleo.
3. Crucero	Niños en situación de calle	Educación del Niño Callejero (cenacr)	• Impulsar una iniciativa comunitaria en Indios Verdes (al nororiente de la ciudad de México), con el propósito de que la comunidad asuma el problema del niño callejero como suyo y desarrolle programas de atención a la infancia. Se

			a través de programas comunitarios (desarrollo de actividades educativas y productivas) que fortalezcan la integración familiar, la identidad comunitaria de niños y niñas.
4. Recuperación integral del Centro Histório de la ciudad de México	Planeación urbana participativa	Centro de la Vivienda y Estudios Urbanos A C. (Cenvi)	• Lograr la recuperación integral de las condiciones de vida, trabajo, cultura y recreación del centro histórico de la ciudad. Para ello han implementado tres proyectos específicos: • Modelo de Planeación Urbana Participativa, que busca crear las condiciones para la participación de la sociedad organizada en la planeación y realización de los proyectos. • Hábitat en el Centro Histórico, busca demostrar la factibilidad de inversión y realización de vivienda popular para población con bajos ingresos mediante diseño de modelos financieros que permitan diversas modalidades. • Desarrollo Social y Capacitación, permite ofrecer opciones para atender sectores de población vulnerable en el Centro Histórico y promover la capacitación para el trabajo o la generación de ingresos.
5. Juventud y Cultura	Juventud y cultura	Circo Volador	Tomar la cultura popular (en un sentido amplio) como un medio para desarrollar la integración de valores entre los distintos extremos de la sociedad mexicana a través de la formación y difusión de lenguajes comunes. Ello a partir de: • Promocionar la participación de la comunidad en el "Centro Cultural" a través de la formación y difusión de lenguajes comunes. • Consolidar un grupo de asistentes habituales que sean beneficiarios directos de los proyectos de educación y capacitación. • Profesionalizar el trabajo de los jóvenes por medio de talleres de capacitación técnica y artística y creando una red de apoyo con instancias educativas, culturales y de servicios a la comunidad para afianzar su crecimiento profesional. • Crear un observatorio de la juventud para dar seguimiento a las problemáticas, necesidades, carencias, habilidades y potencialidades de integración social de los grupos que conforman la juventud del Distrito Federal.

Programa de coinversión social Novib-Gobierno de la ciudad de México

Proyecto	Tema	Organización civil	Objetivo
6. Centro de Artes y Oficios	Gestión local y desarrollo comunitario	Unión de Colonos del Pedregal de Santo Domingo, A. C.	• Integrar a los jóvenes a la vida comunitaria por medio de actividades culturales y deportivas y capacitarlos para mejorar sus oportunidades de empleo. Lo que implica poner en marcha y a toda su capacidad el Centro de Artes y Oficios "Escuelita Emiliano Zapata" y hacer de éste un punto de encuentro comunitario para el desarrollo de actividades culturales y recreativas. Por medio de éstas también sensibilizar a la población joven para que se involucre en actividades sociales y comunitarias.
7. La salud sexual y reproductiva en el Distrito Federal	Salud y mujer	Red por la Salud de las Mujeres del Distrito Federal	• Contribuir a mejorar las condiciones de salud de las mujeres de bajos recursos económicos con un enfoque preventivo y desde la perspectiva de género. • El proyecto se desarrolla sobre los siguientes ejes temáticos: maternidad sin riesgos, prevención del cáncer cérvico uterino, ejercicio de los derechos sexuales y reproductivos y calidad de la atención en los servicios de salud. Para ello se han instalado puestos de salud para embarazadas (en mercados y plazas públicas), unidades móviles dedicadas a tomar muestras para detectar y prevenir el cáncer cérvico-uterino y el establecimiento de módulos de atención ciudadana sobre los derechos sexuales y reproductivos en los Centros de Salud del Departamento del Distrito Federal.
8. Centro de Atención al Indígena Migrante	Indígenas en la ciudad de México	Centro de Atención al Indígena Migrante	Desarrollo Integral de los grupos indígenas migrantes que residen en la capital del país. Para lograr esto se han planteado los siguientes objetivos específicos: • Fortalecer la participación de los indígenas en las diversas instancias y procesos de toma de decisión en el pleno ejercicio de sus derechos ciudadanos; • Sensibilizar a la población en general sobre las condiciones de marginación y discriminación en las que vive la población indígena, que genere un cambio de

...para construir a la instrumentación de programas y proyectos con pleno respeto a su identidad cultural;
• Brindar un espacio para la promoción y difusión de las diversas expresiones culturales de este sector de la población;
• Establecer una coordinación interinstitucional entre organismos públicos y privados, así como con la sociedad en su conjunto, para promover el desarrollo integral de la población indígena migrante.

Para desarrollar el programa se han establecido cinco áreas de trabajo: Asesoría Jurídica, Promoción, Economía y Servicios Comerciales, Comunicación Social y Pueblos Indios y Cultura.

| 9. Policlínica | Gestión local y desarrollo comunitario | Grupo Solidario de Trabajo del Movimiento Popular de Pueblos y Colonias del Sur para el Mejoramiento de su Vivienda y su Bienestar A.C. | • Brindar atención médica integral y de calidad a la población de escasos recursos. Generar una nueva cultura de salud, orientada hacia la prevención de enfermedades. A través de la construcción de una policlínica en el pueblo de San Andrés Totoltepec en la Delegación Tlalpan. |

Otro caso relevante en el marco de los proyectos específicos es el del Programa Cofinanciado de Mejoramiento de Vivienda (PMV), en el que confluyó la colaboración entre las distintas organizaciones civiles que participan dentro de la Coalición Hábitat México, y algunas organizaciones sociales como la Unión Popular Revolucionaria Emiliano Zapata y la Cooperativa Ce Cualli Otli, y el Instituto de Vivienda de la Secretaría de Desarrollo Urbano y Vivienda (SEDUVI).

Este programa se puso en marcha en distintas zonas de la ciudad: Iztapalapa, Santa María la Ribera y Tlalpan, y fue diseñado por la coalición a partir de considerar una estrategia tripartita común, en cuya ejecución y monitoreo tomaron parte todos los actores involucrados. Lo relevante de esta experiencia no estriba únicamente en la participación y coordinación de distintos actores, sino en la realización de un trabajo previo entre éstos y en la circunstancia de que se puso en práctica en zonas donde existía algún tipo de organización de la comunidad, que fungió como contraparte e hizo posible la articulación para el programa.[66]

---

[66] Para el desarrollo de la experiencia en cada zona véase Canto, *op. cit.*, pp. 40-42.

micro, en verdaderos laboratorios para la formulación de política
pública en sus campos de intervención: planeación participativa,
desarrollo urbano, desarrollo comunitario, salud, juventud, mujeres y cultura.

b) Novib. Organización Holandesa de Cooperación Internacional para el Desarrollo, que ha estado colaborando con organizaciones de
la sociedad civil mexicana por espacio de unos 20 años.

c) Gobierno del Distrito Federal. En el marco del programa el Gobierno del Distrito Federal es contraparte de Novib y supervisa
el programa por medio de la asesoría para asuntos internacionales del gobierno de la ciudad. También han participado, como
miembros del Comité Técnico, un representante de la Dirección
General de Equidad y Desarrollo Social, por la cual se canalizan
los fondos del gobierno, y por parte de la Secretaría de Gobierno,
un representante de la Coordinación de Gestión Social y otro de
Participación Ciudadana.

A lo largo del primer año de desarrollo del programa, el gobierno
junto con los representantes de Novib y las organizaciones civiles fueron conformando una estructura de operación, e instalaron un consejo
general, un comité técnico y una coordinación ejecutiva. Hacia mediados de 1998 se definieron los sistemas de funcionamiento y las modalidades y canales para el flujo de los recursos, de manera que las
organizaciones comenzaron a ejecutar los proyectos a partir del segundo semestre de 1998.

El Consejo General se integró con un representante de cada una de
las nueve organizaciones participantes, tres representantes del gobierno y la coordinación ejecutiva (dos personas contratadas para ese efecto). Era el órgano máximo de decisión en torno a los aspectos generales
del programa. Sus funciones tenían que ver con el diseño de las políticas generales para la implementación de los proyectos y la definición
de líneas de trabajo, y era también el espacio donde se realizaban la
coordinación y el intercambio entre las distintas organizaciones, lo
mismo que donde se trataban y discutían diversos temas y se tomaban
los acuerdos generales.

La intencionalidad del programa de coinversión, aunque de por sí
valioso, no se limitó a tratar de potenciar los recursos de las organizaciones para implementar proyectos de desarrollo social, sino que se planteó favorecer la construcción de una nueva relación entre el gobierno y
la sociedad basada en la corresponsabilidad, a través de un modo de intervención social que respondiera a las necesidades de la ciudadanía.

Para dar una idea del tipo de proyectos impulsados en el marco de este programa, así como de los actores participantes y de las áreas de incidencia, presentamos el cuadro de la página 246.

Para dar cohesión y fortaleza al programa se desarrollaron algunos eventos. Entre éstos destacó el denominado: "Espejo de la Ciudad. Jornadas Sociales de la Ciudad de México". Los temas que abordaron fueron: salud, sexualidad y género, juventud y cultura, los indígenas en la ciudad, el centro histórico y sus habitantes, diálogo para tratar con niños en situación de calle, gestión local y desarrollo comunitario y la experiencia de los centros infantiles comunitarios. El desarrollo de estas jornadas, así como la publicación de un libro que recogió el trabajo de cada una de las mesas, permitió un importante intercambio de ideas y de propuestas de desarrollo organizativo, cultural y comunitario para abrir nuevas posibilidades a la acción y participación social; la definición de políticas de gobierno en las áreas temáticas propuestas y establecer mayor comunicación entre diversos actores y sectores.

Por otra parte, como resultado del intercambio con otras organizaciones sociales y de la propia evolución del programa se planteó abrir un espacio de reflexión y análisis estratégico denominado Taller de Planeación Estratégica, realizado a finales de noviembre de 1998. Producto de este taller fue la propuesta para desarrollar un modelo de relación entre el gobierno y la sociedad civil organizada, susceptible de institucionalizarse. Esto necesariamente implicó el conocimiento e intercambio con otros modelos, sistematización de la práctica desarrollada, comunicación social, incidencia en las instancias gubernamentales y diseño de una propuesta de institucionalización.

En términos generales, con respecto al conjunto del programa de coinversión Novib-GDF, cabe destacar entre sus rasgos más valiosos, por una parte, el empleo de una fórmula tripartita (las organizaciones civiles, el gobierno de la ciudad y una agencia de cooperación internacional) de financiamiento y participación; y por otra parte, el trabajo permanente de sistematización que se realizó de esta experiencia, con el objeto de formular una propuesta integral (política y técnico-administrativa). Igualmente, destaca el hecho de que este programa, conjuntamente con el *Grupo de Trabajo* y la *Plataforma* se convirtieron en espacios propios para abordar la problemática y la vinculación entre las ocs y el gobierno. A pesar de las deficiencias que presentó en algunos aspectos, es importante hacer notar que este programa fue uno de los pocos que continuó vigente y fue institucionalizado, y su modelo sigue siendo perfeccionado.

Programa Cofinanciado de Mejoramiento de Vivienda

Otro caso relevante fue el del Programa Cofinanciado de Mejoramiento de Vivienda (PCMV), en el cual confluyó la colaboración entre las distintas organizaciones civiles que participaban dentro de la Coalición Hábitat México, y algunas organizaciones sociales como la Unión Popular Revolucionaria Emiliano Zapata, la Cooperativa Ce Cualli Otli y el Instituto de Vivienda de la Secretaría de Desarrollo Urbano y Vivienda (Seduvi).

Este programa se puso en marcha en distintas zonas de la ciudad: Iztapalapa, Santa María la Ribera y Tlalpan, y fue diseñado por la coalición después de considerar una estrategia tripartita común, en cuya ejecución y monitoreo tomaron parte todos los actores involucrados. Lo relevante de esta experiencia no estriba únicamente en la participación y coordinación de distintos actores, sino en la realización de un trabajo previo entre éstos y en la circunstancia de que se puso en práctica en zonas donde existía algún tipo de organización de comunidad, que fungió como contraparte e hizo posible la articulación para el programa.[67]

Sistema de Servicios Comunitarios Integrados

Esta participación se dio con promotores y/o voluntarios en acciones concretas, o bien incorporando a instituciones o empresas en proyectos específicos de "adopción de un espacio de la infraestructura social" con el fin de apoyar su equipamiento y mantenimiento. Esto ocurrió principalmente en relación con el cuidado de parques y deportivos. No obstante, en este sentido destacan dos programas: el Sistema de Servicios Comunitarios Integrados (Siscoi) y la Red Vecinal de Comités de Seguridad Pública.

El Sistema de Servicios Comunitarios Integrados fue uno de los proyectos prioritarios de la Secretaría de Desarrollo Social y tuvo como propósito integrar la oferta de los servicios públicos, sociales y privados más pertinentes para atender la problemática de la comunidad, a fin de incidir en el fortalecimiento de las familias y las comunidades, como espacios fundamentales de bienestar, seguridad y convivencia de los individuos. Uno de los objetivos centrales fue la promoción de Redes Comunitarias o de Barrio que se refiere a la acción solidaria y coordinada que realizan los actores o agentes locales (escuelas, igle-

---

[67] Para el desarrollo de la experiencia en cada zona véase Canto, *op. cit.*, pp. 40-42.

sias, comercios, empresas, mercados, organizaciones, etc.) para resolver problemáticas que surgen en su territorio o para mejorar las condiciones sociales del mismo.

Para favorecer la comunicación y fortalecer el Sistema, que contaba con 121 centros,[68] se instalaron 16 Grupos Interinstitucionales de Coordinación y Operación, uno por cada delegación, en los que participaban todas las áreas responsables de la política social con el propósito fundamental de facilitar las acciones de coordinación en la solución de los diversos problemas. A partir de este sistema se implementó una serie de talleres entre los que destaca la atención a los niños (ludotecas, talleres de apoyo a tareas, crianza y estimulación temprana) y los talleres de "Construye tu vida sin Adicciones" y de salud comunitaria, servicios y talleres que tradicionalmente no prestaba el gobierno del Distrito Federal. Otro aspecto relevante es que a este programa se incorporaron 1 200 educadoras de salud así como diversas organizaciones civiles y sociales.[69]

Espacios de interlocución con organizaciones civiles

Con objeto de mantener una relación permanente con las organizaciones civiles interesadas en participar en las acciones gubernamentales, la Secretaría de Gobierno estableció una oficina de "Enlace con la Sociedad Civil". Dicha oficina tuvo entre sus acciones prioritarias la de establecer relación con la Plataforma de Organismos Civiles.

Para fomentar y fortalecer la participación de la sociedad civil organizada editaron bimestralmente un Boletín que denominaron "Vámonos Enlazando", que se distribuía en mil organizaciones civiles.

Plataforma de Organismos Civiles de la Ciudad de México

Plataforma de Organismos Civiles de la Ciudad de México, es un espacio de articulación de organismos civiles que trabaja en el Distrito Federal para intercambiar experiencias, identificar posibles acciones conjuntas y coordinar las actividades que realizan con otros organismos civiles. Nace de una red de organismos civiles que se constituyó

---

[68] Distribuidos de la siguiente manera: 54 Centros de Desarrollo Comunitario de las delegaciones, 40 centros DIF-DF, 21 espacios de áreas centrales y seis espacios de organizaciones civiles. Véase el Tercer Informe de Gobierno.

[69] Secretaría de Desarrollo Social, *Servicios Comunitarios Integrados*, julio de 1999.

254   GOBIERNO DEMOCRÁTICO, SOCIEDAD CIVIL

para impulsar y apoyar la candidatura del ingeniero Cuauhtémoc Cárdenas a la jefatura de Gobierno del Distrito Federal. Una vez que éste ganó las elecciones, las organizaciones agrupadas en "Plataforma" decidieron mantener la red con el objetivo de:

• Influir en la orientación de las políticas públicas de la ciudad hacia un desarrollo social justo y con la participación de la sociedad.
• Incrementar y dar cauces a la participación ciudadana en los asuntos públicos, contribuyendo así a generar una nueva relación gobierno-sociedad.
• Desarrollar proyectos y programas que posibiliten y concreticen la acción complementaria entre organizaciones civiles, organizaciones sociales, organizaciones políticas y el gobierno.[70]

En Plataforma participaron 64 organizaciones (entre éstas se encuentran redes, frentes y foros que a su vez aglutinan a buena cantidad de organizaciones), las que se agrupaban o trabajaban de acuerdo con una serie de temáticas que se definieron en función de los objetivos del programa de gobierno de la ciudad: "lograr una ciudad democrática, segura y justa, habitable, socialmente incluyente y sustentable".

A partir de esta clasificación temática, 24% de las organizaciones integradas a la red trabajó por una "ciudad democrática" (educación cívica, campañas, consultas populares, observación electoral, vigilancia ciudadana y promoción de la participación ciudadana); 16% por una "ciudad productiva" (producción de bienes y servicios, proyectos de abasto, organizaciones de consumidores, comercialización, actividades generadoras de ingresos, y ahorro y crédito popular); 12% por una "ciudad segura" (lucha contra la impunidad, lucha contra la corrupción, mejoramiento administrativo de la justicia y organización vecinal/seguridad); 16% por una "ciudad habitable" (planeación participativa, acceso al suelo y regularización de la tenencia, defensa territorial comunitaria, vivienda, acceso a servicios y equipamiento, medio ambiente sano y transporte); 14% por una "ciudad disfrutable" (proyectos culturales, fortalecimiento de la identidad barrial, fomento a la convivencia, rescate del espacio público, parques y áreas recreativas e impulso a las celebraciones tradicionales) y 16% por una "ciudad incluyente" (educación, trabajo, información, mujeres, ancianos, enfermos, alimentación, recreación, niños y niñas, jóvenes e indígenas).[71]

---

[70] Plataforma de Organismos Civiles de la Ciudad de México (1998), "Aproximación para una caracterización", mimeografiado.
[71] *Idem.*

Dado que resultaba sumamente difícil la interlocución del conjunto de las organizaciones con el gobierno, se determinó constituir una Comisión de Enlace entre Plataforma y el Gobierno del Distrito Federal. Esta comisión integrada por cinco representantes del gobierno (de las Secretarías de Gobierno, Desarrollo Social, Desarrollo Económico, Desarrollo Urbano y la Coordinación de Asesores del Jefe de Gobierno) y cinco de Plataforma.

Treinta y siete organizaciones civiles de plataforma establecieron una relación a nivel central con diferentes secretarías y en ocasiones a nivel local, con las delegaciones, para la concreción de proyectos cuyo objetivo era aportar beneficios a la población y el enriquecimiento de políticas y proyectos. Sin embargo, la concreción de estos proyectos no pasó por Plataforma, sino que se logró a través de las relaciones y los contactos que cada una de las organizaciones tenía con los funcionarios. Varias de estas organizaciones también participaron en los Consejos Consultivos o Asesores de las diferentes Secretarías.

Sin duda la actividad de mayor relevancia fue el Primer Foro de Corresponsabilidad. Este primer foro tuvo como objetivo buscar un espacio en donde se analizaran las formas, posibilidades, obligaciones y propuestas en el marco de una cultura de corresponsabilidad, asimismo encontrar de manera conjunta y consensada nuevas estrategias que fortalecieran la relación y contribuyeran al desarrollo de los proyectos para la ciudad.

Los compromisos adquiridos en dicho foro quedaron plasmados en la "Declaración de Corresponsabilidad" firmada por ambas partes. Compromisos con los que el gobierno y la sociedad se obligaban a colaborar para: reconstituir el tejido social de la ciudad mediante la colaboración vecinal y ciudadana, el impulso a los comités vecinales y el desarrollo de proyectos territoriales integrales en las dimensiones económica, social y política, enfatizando la participación y corresponsabilidad ciudadana.

Con todo y la aparente claridad de las partes sobre la relación entre el gobierno y las organizaciones de la sociedad civil, la relación no fue fácil. Y a pesar de que en distintos aspectos había visiones comunes y planteamientos compartidos, difícilmente se podían concretar y hacer operables las propuestas. Evidentemente los tiempos y ritmos de trabajo entre unos y otros eran muy distintos, la falta de experiencia y de recursos también limitó la posibilidad de implementar proyectos concretos e incluso, a veces, los propios intereses y necesidades de unos y otros (el gobierno y las propias organizaciones) parecían muy distantes.

Lejos de ayudar, el hecho de que varias de las organizaciones tuvieran trabajo conjunto con los ahora funcionarios, las similitudes no definieron sino que confundieron los roles de gobierno y de organismos civiles. No sin razón, se expresaban inquietudes y propuestas de los organismos para capacitar a funcionarios, y hacer de manera más pública y participativa programas y políticas. Los funcionarios a su vez se quejaban de la poca disposición de estos organismos para colaboraciones en el nivel territorial y con los ciudadanos, "estaban más preocupados por nosotros que por la gente, se llegaba a escuchar".[72]

A pesar de que había acuerdos no se lograron cristalizar las actividades y proyectos a nivel territorial. Esto ocurrió por dos factores principales: *1)* porque la mayor parte del trabajo, tanto de las organizaciones como de los funcionarios, se realizaba en una misma localidad y ambos tenían mecanismos de trabajo distintos, y *2)* por falta de recursos económicos. Si bien el objetivo era que las organizaciones ubicadas en un cierto territorio realizaran actividades conjuntas, no se trataba solamente de sumar recursos y esfuerzos, sino que se requería elaborar un proyecto estratégico integral, lo que implicaba tener un punto de vista común (había plena coincidencia en los objetivos, pero no así en metodologías de intervención), además de tiempo y recursos de los que las organizaciones no podían disponer y el gobierno no podía asignar. Por otro lado, a pesar de lo acordado en el foro, su participación con respecto a la ley de Participación Ciudadana fue poco relevante. Sólo las organizaciones que realizaban actividades de planeación participativa o desarrollo comunitario se vincularon y trataron de fortalecer a los comités vecinales.

La planeación participativa

Además de los ámbitos e instancias propiamente dichas de participación, como parte de la apertura institucional, durante el ejercicio de gobierno 1997-2000, se crearon otro tipo de espacios de coparticipación entre la ciudadanía y las autoridades gubernamentales, en particular para la elaboración de programas sustentados en estrategias particulares de participación, como es el caso de la planeación participativa. El ejemplo más notable al respecto se desarrolló en el marco de la

[72] Carlos San Juan Victoria, "Ciudad de México, instituciones y sociedad civil 1998-1999. Experiencias de una ciudad en transición", presentado en la Tercera Reunión de Trabajo del proyecto "Sociedad Civil y Gobernabilidad en México", Oaxaca 1999, mimeografiado.

Secretaría de Desarrollo Urbano y Vivienda (Seduvi) y correspondió al ejercicio de los Programas Parciales de Desarrollo Urbano. El diseño de esta política contó con antecedentes importantes en la práctica de este tipo de planeación desarrollados en administraciones anteriores,[73] y en este sentido, con una experiencia institucional y social acumulada. Para la elaboración de estos programas se comprometió la participación de autoridades (en este caso, la Seduvi), de grupos de consultores (académicos y profesionales), de organizaciones sociales y/o civiles y de organizaciones vecinales. La aprobación de estos programas, mediante un proceso de consulta pública, suponía también la intervención de la población involucrada.

La elaboración de los Programas Parciales supuso diversas etapas: *1)* elaboración de prediagnóstico, a partir del conocimiento de la zona: recopilación de material, observación, realización de encuestas y entrevistas con los principales actores; *2)* elaboración del diagnóstico y realización de talleres con la ciudadanía para la discusión de las propuestas para el programa; *3)* consulta pública, en la que se somete a consideración de los vecinos el programa elaborado en plazos y tiempos fijados por la ley, previo conocimiento del mismo, y *4)* elaboración final del documento para su aprobación en la Asamblea Legislativa.[74]

La participación de las organizaciones en estas instancias dio lugar a distintos tipos de relación con el gobierno, que incluyeron desde la negociación hasta el debate de políticas públicas, tocando planos referidos a la colaboración, la consultoría y la coparticipación en el diseño de acciones y formulación de propuestas.

En el proceso de los Programas Parciales fueron creados también Comités de Seguimiento, Vigilancia y Evaluación en todas las delegaciones, con el propósito de garantizar su funcionalidad. Durante la administración Cárdenas-Robles se elaboraron 31 programas parciales.

La puesta en práctica de esta estrategia representó un paso adelante en términos de la apertura de los espacios de intermediación entre go-

[73] Al respecto cabe mencionar los casos del Plan Parcial de Mejoramiento Urbano de la Colonia Guerrero, 1976-1977; el Plan de Mejoramiento Urbano de Tepito, 1979-1982; el Plan Parcial de Mejoramiento Urbano de San Miguel Teotongo, 1980-1984, y el Plan Parcial de Mejoramiento Urbano de Santa María Aztahuacan, 1985-1986. Véase Suárez Pareyón, *op. cit.,* p. 94.

[74] La inclusión de estos pasos para la elaboración de los programas responde en gran medida a un planteamiento emanado del grupo de consultores de la UNAM, que tomó parte en el proceso de tres programas: Santa Cruz Acalpixca, Xochimilco, San Simón Ticumac, Benito Juárez y Centro de Coyoacán, Coyoacán. Véase Alicia Ziccardi, "Un primer balance sobre la participación ciudadana en los programas parciales de desarrollo urbano en la ciudad de México", mimeografiado, 2000.

bierno y ciudadanía, con la peculiaridad de que en ellos confluía una iniciativa de política institucional con las iniciativas provenientes de grupos previamente organizados y con experiencia participativa en distintos sectores de la sociedad (organizaciones sociales y organizaciones no gubernamentales).

Sin embargo, se trató de una estrategia complicada que dio lugar a experiencias muy heterogéneas; al mismo tiempo que generó ámbitos efectivos de coparticipación (gobierno-sociedad, y organizaciones civiles con organizaciones sociales y con ciudadanos, en general), en los cuales se pudieron generar verdaderos espacios de discusión, procesar propuestas y lograr decisiones consensadas (como fue el caso, por ejemplo, de los programas de Santa María la Ribera, del Centro Histórico, San Simón Ticumac y Santa Cruz Acalpixca), también dio lugar a la formación de espacios en los que prevaleció la confrontación entre los distintos grupos participantes, así como entre éstos y el gobierno, y donde no se obtuvo por tanto el consenso necesario para consolidar los programas (el caso del Centro de Coyoacán y de San Andrés Totoltepec).

Si bien el diseño de la planeación participativa adoleció de deficiencias en algunos aspectos puntuales,[75] en realidad el éxito o el fracaso en la elaboración de los programas dependió en cada caso de factores diversos tanto de orden institucional como de orden social. Tales factores se relacionaron en ocasiones con aspectos relativos a si las delegaciones se hallaban en disposición o no de auspiciar y apoyar este proceso en sus respectivas jurisdicciones (falta de compromiso institucional), con el nivel de conflictividad social existente en cada zona (mayor o menor grado de confrontación entre los actores locales) y con las características de las organizaciones activas en los barrios y colonias (con capacidad de negociación o sin disposición a ella), o bien, con una reacción negativa de distintos actores que veían amenazados sus intereses ante la potencial introducción de una nueva normatividad (cambios en los usos del suelo, por ejemplo).

Las instancias de representación territorial: los comités vecinales

El espacio privilegiado para el desarrollo de esta estrategia lo constituyó la creación de una red territorial de representación, cuyas instancias de base eran los comités vecinales. En el marco del nuevo gobierno éstos constituyen el espacio institucional de la representación territo-

[75] Véase Suárez Pareyón, *op. cit.*, p. 95.

rial para la ciudadanía, y a través de ellos se contempla la participación ciudadana. La forma de constitución de los comités, así como sus funciones y atribuciones están prescritas en la Ley de Participación Ciudadana promulgada en 1998. De acuerdo con esta ley, los Comités Vecinales tienen entre sus funciones: representar los intereses de los vecinos de su colonia; conocer, integrar, analizar y gestionar las demandas y propuestas que les presenten los ciudadanos de su colonia, barrio, pueblo o unidad habitacional; y ser un vínculo entre los habitantes y los órganos político administrativos de las demarcaciones territoriales.[76]

Los antecedentes de esta representación territorial se encuentran en los consejos ciudadanos, constituidos mediante elección en 1995 con el amparo legal de la primera Ley de Participación Ciudadana promulgada en ese mismo año.

Con la ley de 1998 se planteó una nueva propuesta de formas organizativas orientadas tanto a las unidades territoriales como a la interlocución con la autoridad; de ahí que se defina su funcionamiento mediante comisiones de trabajo que tenían como cometido diagnosticar, organizar las demandas y promover la participación y la colaboración; estas comisiones son jerárquicamente iguales y funcionan con el voto de la mayoría para la toma de las decisiones. De acuerdo con la ley, cada comisión tiene la obligación de realizar asambleas públicas periódicas con sus representados.[77]

Para la constitución de los comités vecinales, el Distrito Federal se dividió en 1 287 unidades territoriales.[78] Dado que la ley prevé que en caso de que una unidad territorial se encuentre densamente poblada se pueden integrar dos o más comités, se formaron al final 1 352 comités. Siguiendo con la tradición local, en el caso de las elecciones vecinales predominó el abstencionismo (9.3% de los empadronados votó). No obstante, la articulación del proceso electoral implicó la movilización de miles de personas y ocasionó gastos por 78 millones de pesos, una inversión mayúscula dadas las atribuciones tan limitadas de los comités y la bajísima votación lograda.

Un balance realizado por la Coordinación de Asesores del Gobierno del Distrito Federal señalaba que para diciembre de 1999 estaban constituidos 1 352 Comités Vecinales, de los cuales sólo 85% había

[76] Véase Ley de Participación Ciudadana del Distrito Federal, 1998, cap. III.
[77] *Ibid.*, p. 51.
[78] En el caso de las elecciones de consejeros ciudadanos se establecieron 365 áreas vecinales. De 4 374 fórmulas presentadas quedaron registradas sólo 34% de las mismas, es decir, 1 474. Sánchez M. y Durán, "Las elecciones de los consejeros ciudadanos", en *Dinámica urbana y procesos sociopolíticos*, II OCIM. UAM-CENVI, México, 1997.

tomado protesta y 79% mantenía alguna relación con las delegaciones a través de acciones coordinadas.[79] Si bien varios comités vecinales tenían reuniones periódicas con el delegado o la oficina correspondiente, a través de audiencias y recorridos (en algunos casos incluso se habían realizado planes de trabajo conjuntos para resolver problemas como basura, ambulantaje, seguridad y usos del suelo), su situación de acuerdo con los reportes de las delegaciones era la siguiente:

• Los comités vecinales no cumplían con las responsabilidades y obligaciones que marca la Ley de Participación Ciudadana respecto al trabajo en su ámbito de acción.
• Al desarrollar su función gestora de las demandas ciudadanas, los comités vecinales atendidos mostraban posiciones meramente peticionales.
• La mayoría de los comités vecinales desconocía la Ley de Participación Ciudadana, lo que afectaba el desempeño de sus funciones.
• Los comités vecinales carecían de una visión amplia de la demarcación territorial, y en consecuencia del Distrito Federal.
• Existía poca participación de los comités dentro de su colonia.
• Algunos comités carecían de integración y coordinación interna por falta de acuerdos producto de su composición política.
• Subsistía la cultura de organización vecinal anterior.[80]

Los comités vecinales, en el mejor de los casos, fungieron como gestores (en el sentido estricto) y como vínculo entre las autoridades y los habitantes de sus comunidades, sin constituir espacios efectivos de participación. Se trató de un proyecto de cambio bloqueado por inercias políticas y por un diseño institucional y legal deficiente.

En este sentido, vale la pena señalar con respecto a las instancias que precedieron a los comités, los consejos ciudadanos, que a pesar de las limitaciones y problemas presentados por éstos en su conformación y operación, contribuyeron de manera más tangible a la ciudadanización de la gestión pública en el Distrito Federal, dado que se trató de una fórmula que permitía en buena medida llenar el vacío generado por la carencia de cabildos en la capital. A pesar de que los consejos ciudadanos fueron severamente cuestionados, con su desaparición quedó de nuevo un vacío, en tanto que los comités vecinales no poseían

[79] Coordinación de Asesores del Gobierno del Distrito Federal, "Elecciones de los comités vecinales", 3 de diciembre de 1999.
[80] *Idem.*

las atribuciones, por limitadas que hayan sido, que se les otorgaron a los consejeros. En su versión actual, los comités vecinales quedan fuera de las decisiones de gobierno.

A este balance general sobre los comités se puede agregar el balance de casos puntuales en distintas delegaciones, cuya experiencia resulta significativa para la valoración del papel desempeñado por estas instancias durante esta administración. Al respecto se incorporan los casos de Azcapotzalco y Tlalpan.

Azcapotzalco.[81] En la delegación Azcapotzalco se integraron 87 comités vecinales, en 80 de los cuales se registraron dos o más planillas, mientras que en los otros siete únicamente se registró una planilla. Ha sido precisamente en estos comités últimos donde existen regularmente reuniones de coordinación y trabajo, debido, aseguran sus integrantes, a que todos se conocían pues ya habían trabajado juntos y tenían intereses comunes.

Los 80 comités vecinales restantes se encuentran desmembrados. Cada uno de los integrantes de las diversas planillas realiza las gestiones por su cuenta, no se reúnen y no tienen una identidad común. Para evitar confrontaciones prefieren trabajar individualmente, realizando gestiones por su cuenta y presentándose como representantes independientes. Es el caso, por ejemplo, del Comité Vecinal de la U. H. El Rosario, en donde algunos de sus integrantes, especialmente los que forman parte de la Asociación Civil del Sector, han optado por realizar su trabajo de manera independiente.

Por otra parte, la estrategia de las autoridades delegacionales fue la de vincularse con vecinos interesados en contribuir que no hubieran tenido experiencias previas de participación y gestión, es decir que no hubieran sido presidentes de asociación y/o consejeros ciudadanos, especialmente vinculados al partido oficial. Pero como en la mayoría de los casos, quienes se apropiaron de estos espacios fueron principalmente los vecinos con amplia tradición de participación vinculados a las asociaciones de residentes, las autoridades no buscaron establecer mayor relación. Se dieron cursos de capacitación y se realizaron algunos ejercicios pero no fueron suficientemente satisfactorios. Se puede decir que en general la relación con la autoridad delegacional, desde el delegado hasta las instancias de atención ciudadana receptoras de las

[81] Véase Claudia Higuera, *Participación ciudadana en el Distrito Federal. El caso concreto de la delegación Azcapotzalco,* tesina para obtener el grado de licenciada en sociología, septiembre de 2001, UAM-Azcapotzalco.

demandas de gestión, como el Centro de Servicios y Atención a la Ciudadanía (Cesac),[82] no cambió sustancialmente.

Por otra parte, al no tener más atribuciones que las conferidas por ley, los vecinos que llegaron a constituir planillas independientes a los partidos políticos, fueron limitando sus propuestas de intervención e incidencia en los programas delegacionales, ya que su aplicación quedaba nuevamente supeditada al criterio de la autoridad. Algunos de estos vecinos, como es el caso de las colonias Nueva Santa María, Tlatilco y la U. H. El Rosario, llegaron a generar propuestas para el ejercicio del presupuesto delegacional, presentando proyectos de obras para cada una de sus colonias; sin embargo, éstas no se incorporaron al presupuesto y se fueron quedando en el olvido, por lo que los vecinos se concretaron a la gestión de demandas inmediatas como poda de árboles, limpieza de calles, que en opinión de los mismos "no era para lo que fueron elegidos".

Tlalpan. La delegación Tlalpan presenta en este periodo distintos ejemplos de organización vecinal con resultados diversos que en algunos casos constituyeron sin duda experiencias recuperables. Sin embargo, en su conjunto, es un ejemplo más bien ilustrativo del bloqueo y de las enormes dificultades que representan para el impulso de la participación ciudadana vecinal la presencia de factores tales como: la acentuada atomización asociativa preexistente, la expresión tangible de importantes poderes políticos y caciquiles en el territorio, la prevalencia de fuertes liderazgos personalizados, la politización de que han sido objeto las instancias constituidas para la participación ciudadana por la intervención de los agentes partidarios y, ante todo, las insuficiencias que acusa el diseño y las atribuciones de los comités vecinales vigentes.

En este conjunto de circunstancias, la experiencia de los comités se articuló en buena medida bajo la modalidad de formas asociativas mixtas territoriales, en espacios ampliados (consejos zonales) en los que tomaron parte organizaciones de diverso orden (de colonos, sociales, sectoriales, etc.) y los comités convocados en muchos casos por las propias autoridades delegacionales, en un intento por inhibir la atomización y propiciar espacios de participación más amplios y representativos.[83]

---

[82] Es el área encargada de captar, canalizar y dar seguimiento a la demanda ciudadana de servicios públicos.

[83] Véase Sergio Zermeño, Saúl Gutiérrez y Luis López, "La democracia impertinente", *Revista Mexicana de Sociología,* en prensa, pp. 22-23.

La pretensión con estos consejos territoriales mixtos consistía básicamente en fungir como espacios de confluencia para identificar problemas comunes, consensar propuestas y conciliar intereses, a fin de definir conjuntamente prioridades y establecer una jerarquización de problemas a atender. Su éxito fue efímero, dado que muy rápidamente se definieron en su interior dos claras corrientes: *1)* la de quienes se interesaban explícitamente por consolidar el espacio de discusión y la negociación hasta lograr acuerdos sustantivos (lo cual suponía la aceptación de que todos los participantes en el consejo gozaban del derecho y la legitimidad para opinar en torno a los problemas en cuestión), y *2)* la formada por grupos que no concordaban con el funcionamiento horizontal de esta instancia y aprovechando el espacio colectivo y la participación de un conjunto de personas, organizaciones y grupos, boicoteaban los trabajos de debate apelando a grupos que, por su naturaleza, no habían participado en las sesiones del consejo, o bien se colocaban a favor de los grupos que se verían afectados por los reordenamientos resultantes de las decisiones tomadas en el seno del consejo.[84] En esta segunda corriente participaban con frecuencia personas de agrupaciones ajenas a la zona que politizaban el conflicto y desvirtuaban el debate vecinal, como fue el caso de algunos miembros del Consejo General de Huelga de la UNAM.

Entre otras cosas, esta confrontación interna es la expresión tangible, por una parte, de intereses políticos fuertemente arraigados en los grupos de vecinos; y por otra, de la persistencia de una intensa lucha entre el particularismo y los intereses colectivos.

En distintos casos (San Andrés Totoltepec, Fuentes Brotantes y Mesa de los Hornos) se puso de manifiesto esta división en el seno de los consejos, que dio lugar al conflicto interno y a fuertes enfrentamientos entre los comités y las agrupaciones participantes, trayendo como consecuencia el debilitamiento de la organización vecinal. Una modalidad horizontal de participación y funcionamiento en ciernes fue desplazada por la recomposición de una forma organizativa vertical, lideril y gestionaria de un grupo excluyente de vecinos. Casi todas las experiencias de este tipo derivaron en el resurgimiento y fortalecimiento de líderes caciquiles, que acumulan fuertes dosis de un poder que rápidamente intercambian con partidos políticos y funcionarios de la administración pública por capacidad de influencia y apoyos diversos.[85]

[84] Zermeño, Gutiérrez y López, art. cit.
[85] *Ibid.*, pp. 22-23.

La experiencia de los comités en Tlalpan remite por otra parte también al hecho de que, debido a sus atribuciones restringidas y a la precaria conciencia ciudadana entre grandes grupos de vecinos, estas instancias, para ser legitimadas ante los vecinos, deben cumplir una función de "agencia receptora de quejas", y no de espacio de convocatoria y coordinación para la participación de la ciudadanía. En la medida en que con mucha frecuencia la respuesta de las autoridades a las demandas gestionadas por los comités ha sido nula o al menos muy insuficiente, la credibilidad de los comités ha caído notablemente y su función se ha debilitado. Ante esto, el número de miembros de los comités se ha reducido sensiblemente y la responsabilidad de la gestión de los servicios ha recaído, en el mejor de los casos, en unas cuantas personas, dando lugar a un estilo de trabajo casi personalista.[86]

Red Vecinal de Comités de Seguridad Pública

Cabe señalar que a nivel de la representación territorial resultaron más exitosos los comités vecinales para enfrentar el problema de la inseguridad pública. En este ámbito la participación de los ciudadanos se orientó más a las labores de contraloría y comunicación directa para diagnósticos territoriales sobre inseguridad y delitos. Como resultado de ello se conformó, a nivel de las delegaciones, la "Red Vecinal de Comités de Seguridad Pública" integrada por autoridades y vecinos con el objetivo de tomar medidas de seguridad pertinentes en sus lugares de residencia, de trabajo y estudio. Esta red se integró básicamente con: comités de seguridad pública, comités vecinales de prevención del delito, comités territoriales y subcomités regionales, comités de seguridad escolar y comités de jóvenes organizados contra la violencia. Como complemento se conformó una red de observadores ciudadanos distribuidos en las 16 delegaciones en las 772 zonas de patrullaje.

En términos generales, cabe señalar que a pesar de sus potencialidades, la figura de los comités vecinales presenta importantes déficit y contradicciones. Por una parte, su participación en aspectos sustantivos como el del presupuesto es prácticamente nula, y la interlocución directa con las autoridades delegacionales resulta muy limitada. Por otra parte, como consecuencia de sus atribuciones limitadas, la figura de los comités adolece de una contradicción intrínseca al constituir por un lado un espacio potencialmente idóneo para la representación veci-

---

[86] Esto se refiere también a la experiencia de los Comités de Seguridad Pública, *ibidem*, p. 24.

nal y la interlocución con las autoridades, pero, por otro lado, al ser una instancia ciudadana sin fuerza política real (falta de atribuciones) para fungir como contrapeso a la acción de las autoridades. En esta medida, los comités se convierten en espacios susceptibles de ser copados y capitalizados por los partidos políticos, y se encuentran permanentemente en riesgo de ser usados para afirmar la representación de base de éstos y/o del propio gobierno, perdiendo de esta manera su cualidad originaria, como instancias vecinales ciudadanas.

Cabe decir también que en tanto su constitución emana del ejercicio electoral, los comités vecinales son concebidos como instancias de representación, que constituyen la base para la construcción de un nuevo piso de la sociedad política local, no así de la sociedad civil *per se*.

En otra perspectiva, de acuerdo con los casos puntuales expuestos (Azcapotzalco y Tlalpan), cabe destacar que la falta de madurez política de las organizaciones vecinales y las ligas que frecuentemente subsisten entre éstas y los partidos políticos, son dos elementos que contribuyen a dificultar y distorsionar experiencias de participación vecinal como ésta. En este sentido, más allá de los déficit institucionales, las características de los actores participantes juegan un papel importante en este proceso.

Construcción de nuevo marco jurídico

Para sentar las bases en la construcción de un gobierno democrático y diferente, resultaba fundamental sin duda la creación de un marco jurídico que normara los cambios institucionales y los nuevos mecanismos y procedimientos propuestos, garantizando su viabilidad. En función de esto se hizo necesario identificar las deficiencias y lagunas establecidas en las leyes existentes y a partir de ahí reformar o en su caso proponer la aprobación de otras nuevas. Se trató de limitar al máximo la incertidumbre jurídica y de regular las acciones de gobierno en las distintas áreas.

Cabe hacer mención del papel relevante que desempeñó la ALDF en tanto instancia gestora y legislativa. Pese a las dificultades para lograr los consensos en la situación de tenso equilibrio interno de las fuerzas políticas, con todo y que la mayoría de los representantes era del PRD, esta instancia logró activar el debate en torno a diversas problemáticas de interés local que requerían ser normadas, y generar a partir de ahí la promulgación de numerosas leyes y la modificación de otras tantas. En el periodo en cuestión se registraron cerca de 100 acciones relacionadas con la aprobación o modificación de leyes y reglamentos referidos a distintas áreas del ámbito local.[87] No obstante, adoleció en general del nivel de reglamentación indispensable para que estas leyes operaran en la práctica.

Las áreas de competencia a legislar, en términos generales, de acuerdo con la Constitución (artículo 122), encerraron la creación y modificación de un marco jurídico-normativo propio de los siguientes grandes temas: administrativos, económicos y financieros; seguridad y procuración de justicia; derechos políticos; desarrollo social y protección y fomento a la diversidad social.

En el marco de la planeación para el desarrollo, cabe destacar que la nueva Ley de Planeación para el Desarrollo del Distrito Federal establece que la participación social y ciudadana se llevará a cabo a través de la consulta pública, del control y evaluación y de la concertación e inducción. La instancia permanente para la participación local en materia de planeación del desarrollo será el Consejo de Planeación, a través del cual los ciudadanos conocerán y analizarán las políticas de desarrollo y presentarán sus propuestas. Esta función se realizará en las demarcaciones territoriales a través de los Comités Mixtos de Planeación.[88] Estos mecanismos de participación no son nuevos, datan de 1983, pero en general han sido objeto de un manejo "populista". El Consejo de Planeación para el Desarrollo en el Distrito Federal realmente nunca operó y si lo hizo fue de manera cerrada y parcial. Lo que resulta interesante de esta ley es la integración de los Comités Mixtos de Planeación, que se constituyen a nivel de las delegaciones y dan cabida a organizaciones sociales y de ciudadanos. Dependerá de la reglamentación y la fuerza de su participación el éxito de su encomienda.

Sin duda, una de las lagunas más fuertes que se tenía dentro de la legislación para el Distrito Federal era la carencia de leyes que protegieran los derechos sociales de los habitantes del Distrito Federal y combatieran la discriminación y vulnerabilidad de sectores y grupos de la población. En el transcurso de los tres años estos vacíos fueron medianamente cubiertos, dado que actualmente se cuenta con una serie de leyes en estos campos, la mayoría de las cuales carece aún de reglamentación. Entre los nuevos instrumentos normativos se encuentran: la Ley de Desarrollo Social, la Ley de los Derechos de las Niñas y Niños en el Distrito Federal, la Ley de los Derechos de las Personas

[87] Véase *La Jornada*, 1º de junio de 2000, pp. 10 y 11.
[88] Ley de Planeación del Desarrollo del Distrito Federal (GODF, 27 de enero de 2000).

Adultas Mayores en el Distrito Federal, la Ley para las Personas con Discapacidad, y la Ley de Asistencia y Prevención de la Violencia Intrafamiliar, por mencionar sólo algunas.[89]

El marco jurídico para normar la participación ciudadana

Con la intención de viabilizar la participación ciudadana, el gobierno de la ciudad recuperó las iniciativas de algunas organizaciones civiles orientadas a elaborar una legislación referida a la participación ciudadana; para este efecto realizó un trabajo de cabildeo con los diputados de la Asamblea Legislativa, en función de impulsar la necesidad de considerar en todas las leyes el tema de la participación ciudadana, así como de fomentar la elaboración de leyes orientadas a normar aspectos sustantivos de la misma.

Al respecto, cabe destacar la aprobación de dos leyes de carácter local que auspician y norman la participación de estas organizaciones en la vida pública de la ciudad de México. Éstas provienen de una iniciativa elaborada por las organizaciones civiles hace algunos años, y representan el resultado exitoso de un largo periodo de cabildeo y negociación con las autoridades, las que a su vez mediaron ante los legisladores. Nos referimos, principalmente, a la Ley de Desarrollo Social del Distrito Federal (2000), y a la Ley de Fomento a las Actividades de Desarrollo Social de las Organizaciones Civiles (2000).

Con la Ley de Desarrollo Social se valida y reconoce la función de las organizaciones civiles, sociales y de asistencia[90] en el Desarrollo Social, al afirmar que el reto que supone esta tarea no puede ser obra ni responsabilidad de un solo sector social, sino que en ella deben participar diversos actores, incluidas las organizaciones civiles. Para la intervención de las organizaciones en este campo se establece la creación de instancias especiales para la deliberación de las políticas públicas, tales como los Consejos de Desarrollo Social. Este Consejo se plantea

---

[89] Enrique Flota, "Tres años en la construcción de un gobierno propio: aportaciones del primer gobierno electo, 1997-2000", en ¿Una ciudad para todos? La experiencia del primer gobierno electo en la ciudad de México 1997-2000, UAN/UNAM/INAH, México, 2002, en prensa.

[90] La Ley de Asistencia e Integración Social se encarga de regular y promover la protección, asistencia e integración social de las personas, familias o grupos que carecen de capacidad para su desarrollo autónomo o de los apoyos o condiciones para valerse por sí mismas. En ella se reconoce la necesidad de impulsar programas conjuntos entre el gobierno y el sector privado y social. En este marco, cabe resaltar la aprobación de la Ley de Instituciones de Asistencia Privada (1998) que regula a la junta y a las instituciones de asistencia privada, la cual dio lugar a una gran polémica.

de conformación plural, con la participación de miembros de instituciones académicas, de organizaciones sociales y civiles, de instituciones de asistencia privada y de agrupaciones de la iniciativa privada. Una innovación que resulta interesante en este sentido es que en la conformación del consejo se contempla la incorporación de tres diputados de la Asamblea Legislativa; disposición muy pertinente en la medida en que la participación de estos legisladores contribuye a evitar o al menos a disminuir el tiempo dedicado al cabildeo.

De la misma manera, se establece la creación de instrumentos, como el Fondo de Desarrollo Social, para hacer viable la participación de los distintos actores y grupos de la sociedad, a través de la convocatoria del aporte de diversos recursos por parte de los distintos agentes sociales, para decidir de manera conjunta las formas de contribución al Desarrollo Social. También cabe mencionar el hecho de que se plantea la integración de consejos delegacionales de Desarrollo Social y se hace explícita la necesaria coordinación entre éstos y los comités vecinales, para atender problemas territoriales específicos.

En la misma dirección, la Ley de Fomento para las actividades de Desarrollo Social de las Organizaciones Civiles, destaca la importancia de la participación de las Organizaciones Civiles en el Desarrollo Social, y pone el acento en la necesidad de la corresponsabilidad social en este campo, estableciendo como prerrogativa para éstas la posibilidad de recibir fondos públicos para el desempeño de su labor, y para su intervención en el diseño y ejecución de las políticas públicas.[91]

Por lo que se refiere a la legislación fiscal, un acierto de este gobierno fue promover ante la Asamblea que se ampliaran e igualaran las prerrogativas fiscales entre las Instituciones de Asistencia Privada y las Asociaciones Civiles. La limitación que persiste es que solamente se dieron prerrogativas a las Asociaciones Civiles que trabajan en los campos de la cultura, familia, deportes y extrema pobreza, dejando aún de lado a aquellas organizaciones que trabajan en campos como medio ambiente, educación, ciencia y la tecnología.

La Ley de Participación Ciudadana

La primera Ley de Participación Ciudadana (1995), que se deriva del Estatuto de Gobierno, fue aprobada por la representación mayoritaria

---

[91] Manuel Canto (coord.), *Evaluación de la relación entre el gobierno del Distrito Federal y las organizaciones civiles en torno al desarrollo social*, Centro de Estudios Sociales y Culturales Antonio Montesinos, CAM, A. C., mimeografiado, México, 2000, p. 13.

del PRI con el desacuerdo de los partidos de oposición (en aquel entonces el PRD y el PAN), por lo que al llegar el nuevo gobierno se planteó como una prioridad modificar esta ley.

La nueva ley que fue aprobada en diciembre de 1998, a diferencia de la anterior, incorpora elementos nuevos y gana en cuanto a los instrumentos de consulta (referéndum, plebiscito y consulta popular), que finalmente quedaron establecidos y pueden ser operativizados. Sin embargo, registra un paso atrás en lo que se refiere a las atribuciones de los espacios de participación vecinal, dado que en este ámbito se pierde la posibilidad de participar en la toma de decisiones del gobierno local delegacional.

En la nueva ley se recogen diversos principios sobre los cuales se debe fincar la participación ciudadana: democracia, corresponsabilidad, inclusión, solidaridad, legalidad, respeto, tolerancia, sustentabilidad y pervivencia.[92] Cada uno de estos principios parece apuntar hacia una nueva cultura política, que proclama la democratización en la toma de decisiones que afectan la vida ciudadana y con ello la recuperación de legitimidad y la gobernabilidad de la ciudad. Sin embargo, los instrumentos y mecanismos de participación que incorpora para el logro de esta democratización son en realidad muy limitados.

Si bien se establece que es un derecho de los ciudadanos participar en la planeación, diseño, ejecución y evaluación de las decisiones de gobierno, sin menoscabo de las atribuciones de la autoridad,[93] la ley no define claramente los mecanismos para ejercer ese derecho, sobre todo en lo que se refiere a la gestión cotidiana local (delegacional). Los mecanismos o instrumentos de consulta se encuentran lejos de permitirles participar en las decisiones de gobierno local, especialmente, cuando se hace referencia a las funciones de los comités vecinales, en donde se les limita a conocer y emitir opinión sobre los programas de trabajo y servicios públicos. El resto de sus funciones (13 de 14) se dirige fundamentalmente a la población que representan: los vecinos; hacia los cuales los comités orientan su actividad, con el objetivo de conocerlos, convocarlos, motivar su participación, capacitarlos y, desde luego, informarlos, destacándose con ello la idea de los comités como organizadores de su comunidad y gestores de sus problemas.

Respecto a los medios de que dispone la ciudadanía en forma individual o colectiva, para expresar su voluntad de acuerdo con asuntos de interés general, se agregan el *plebiscito,* el *referéndum* y la *iniciativa*

---

[92] Cap. I, artículo 2 Ley de Participación Ciudadana, publicada en la gaceta oficial del Distrito Federal, 21 de diciembre de 1998.

[93] Inciso VII del artículo 10 sobre los derechos de los ciudadanos, *op. cit.*

popular.[94] Éstos, son considerados como *instrumentos* esenciales para el ejercicio de la democracia directa, en tanto es a través de ellos que la ciudadanía participa por la vía consultiva o deliberativa en la toma de decisiones del gobierno. La introducción de estos instrumentos representa sin duda un paso adelante en la democratización de la ciudad; no obstante, si se atiende a los requisitos fijados para su puesta en práctica es fácil darse cuenta de que las posibilidades para su aplicación son muy remotas.[95]

Respecto a las decisiones que los delegados deben tomar en relación con los aspectos tales como el uso del suelo, la introducción de servicios públicos, la emisión de licencias, etcétera, la ley prevé el mecanismo de la *consulta vecinal,* por medio del cual los vecinos tienen la posibilidad de emitir opiniones y formular propuestas de solución a problemas colectivos del lugar donde residen. Ésta es una fórmula que resulta interesante y viable. Sin embargo, aunque puede resultar exitosa para intervenir, en alguna medida, en la toma decisiones, su realización queda al arbitrio de las autoridades en tanto sus resultados no tienen para éstas un carácter vinculatorio, es decir, no tienen la obligación de acatarlos;[96] de aquí que no garantice por tanto la participación de los vecinos en esta dimensión.

A la luz de la experiencia de varios años se ha podido observar que los instrumentos de gestión cotidianos como son: *los recorridos del delegado, las consultas y las audiencias públicas,* si bien constituyen mecanismos valiosos estipulados por la ley, han tendido en general a

[94] A través del plebiscito, el jefe del Gobierno puede consultar a los electores para que expresen su aprobación o rechazo previo a actos o decisiones del mismo, y sus resultados tendrán carácter vinculatorio para las acciones o decisiones del jefe de Gobierno sólo cuando una de las opciones obtenga la mayoría de la votación válidamente emitida y ésta corresponda cuando menos a la tercera parte de los ciudadanos. Podrán solicitar al jefe de Gobierno que convoque a plebiscito el 1% de los ciudadanos inscritos en el padrón electoral. Mediante el referéndum la ciudadanía manifiesta su aprobación o rechazo previo a una decisión de la Asamblea Legislativa sobre la creación, modificación, derogación o abrogación de leyes de la competencia legislativa de esta última Para ello se requiere que las dos terceras partes de los legisladores estén de acuerdo en emitir el referéndum. La iniciativa popular es un mecanismo mediante el cual los ciudadanos pueden presentar a la Asamblea Legislativa, proyectos de creación, modificación, reforma, derogación o abrogación de leyes respecto a materias de su competencia. La consulta vecinal será convocada por los titulares de las dependencias, órganos político-administrativos de las demarcaciones territoriales y órganos desconcentrados de la Administración Pública del Distrito Federal. En dicha convocatoria se expresará el objeto de la consulta, así como la fecha y el lugar de su realización por lo menos siete días naturales antes de la fecha establecida. La convocatoria impresa se colocará en lugares de mayor afluencia y se difundirá en los medios masivos de comunicación (Ley de Participación Ciudadana del Distrito Federal).
[95] *Idem.*
[96] Véase Ley de Participación Ciudadana, *op. cit.,* título tercero, cap. IV.

ser manipulados por la autoridad, por los propios vecinos y por los militantes del partido en el poder. Por otro lado, su eficacia resulta limitada en la medida en que estos instrumentos privilegian la gestión individual —particular o en el mejor de los casos de una unidad territorial—, y no definen espacios o mecanismos por medio de los cuales se pueda discutir la problemática general de la demarcación, se tomen medidas integrales y se definan el presupuesto, las acciones y los programas prioritarios. A esto se suma el hecho de que la sola existencia de estos instrumentos no garantiza que su manejo sea "democrático, incluyente y equitativo". Por lo demás, se trata de instrumentos discrecionales —pues no hay obligatoriedad— que las autoridades promueven.

Respecto a los comités vecinales la Ley de Participación Ciudadana presenta algunos aspectos conflictivos:

— Son presentados como las instancias que detentan el monopolio formal de la representación ciudadana.
— Adolecen de una integración desigual y cuentan con una baja participación.
— Poseen atribuciones restringidas: ausencia de reglamentación para participar en la toma de decisiones, ausencia de atribución para supervisión del desempeño de autoridades y para exigir la rendición de cuentas.
— Falta de recursos para el desempeño de sus funciones.

Entre los problemas que presenta esta ley, uno de los más significativos es el reconocimiento de un plano básico para la participación de la ciudadanía: el espacio territorial; y también el reconocimiento de un actor ciudadano claramente definido al que está dirigido este tipo de participación: los (las) vecinos(as). De esta forma, una Ley de Participación Ciudadana, que se plantea sin adjetivos, no incorpora otros espacios y ámbitos en que tiene lugar la participación (organizaciones sociales y civiles, consejos consultivos, movimientos sociales, etc.); y tampoco reconoce a otros actores como interlocutores, tales como comerciantes, madres de familia, profesionales, mujeres, jóvenes, micro empresarios, colonos, vendedores ambulantes, defensores de los derechos humanos, etcétera.[97]

De esta forma, la participación ciudadana normada por esta ley, al

---

[97] Véase Lucía Álvarez y Cristina Sánchez Mejorada, "La política gubernamental en materia de Participación Ciudadana en la reciente administración", en ¿*Una ciudad para todos? La experiencia del primer gobierno electo en la ciudad de México 1997-2000*, UAM/UNAM/INAH, México, 2002, en prensa.

quedar restringida al ámbito vecinal, resulta excluyente respecto de otras formas de participación que tradicionalmente ha ejercido la ciudadanía local, así como de las diversas identidades colectivas de que son portadores los habitantes de la ciudad. A esto se debe en gran medida que en el plano normativo el tema de la participación ciudadana aparezca disperso en distinto tipo de leyes y reglamentos, y que no haya sido posible construir un marco legal articulado para normar esta participación.

Balance de la experiencia

Una mirada de conjunto a la experiencia del primer gobierno electo del Distrito Federal (ciudad de México) en materia de gobernabilidad democrática y, más genéricamente, de relación gobierno-sociedad, conduce a destacar: en *primer lugar,* se trata de una experiencia que constituyó el primer intento institucionalizado y legítimamente avalado por hacer frente y revertir los fundamentos centralistas y autoritarios sobre los que había estado fincado el régimen político del Distrito Federal, lo que significó dar los primeros pasos para desarticular la estructura político-administrativa vigente y sentar las bases para una institucionalidad diferente, todo esto en el contexto de una serie de condicionamientos y limitaciones en los planos institucional, legal y de cultura política; en *segundo lugar,* se llevó a cabo en el marco de una reforma política inconclusa, que, por una parte mantenía al gobierno local fuertemente sujeto a los poderes federales y, por otra daba un margen de acción muy estrecho para la construcción de una institucionalidad propia, fuerte, con atribuciones y funciones plenas para la gestión pública local; en *tercer lugar,* constituyó un ejercicio gubernamental de muy corta duración (tres años), que contó desde el inicio con la fuerte limitación del tiempo para diseñar políticas, ponerlas en práctica y rendir resultados; por último, en *cuarto lugar,* fue una experiencia que de principio a fin estuvo permeada por la presencia de rasgos de la cultura política hegemónica del régimen anterior, de raigambre centralista y autoritaria, fuertemente arraigada tanto en miembros del equipo gobernante como en buena parte de los actores con los que se entabló la interlocución.

Bajo estas circunstancias, cabe señalar que de entrada la voluntad política manifiesta del gobierno en materia de construcción de gobernabilidad democrática estuvo fuertemente condicionada por los factores mencionados y, por lo tanto, limitada en buena medida en sus alcances. Sin embargo, tal limitación no impidió que se consignaran avances significativos en el campo de la construcción de espacios y mecanismos de articulación entre el Estado y los actores sociales, así como en la creación de instrumentos y procedimientos adecuados para ello. Los alcances tangibles en la gobernabilidad democrática se verificaron principalmente en dos planos: *1)* los intentos por construir una *institucionalidad democrática* (instancias y marco legal), y *2)* el desarrollo de una política de *inclusión social,* que tenía como ejes, por una parte, a la política social y, por otra, la estrategia de participación ciudadana.

1) En el ámbito de la *institucionalidad democrática* lo más sobresaliente fue sin duda la promoción de las redes de instancias de participación que en diversos planos (sectorial y territorial, principalmente) se articularon representando un importante contrapeso a la centralización de la estructura político-administrativa, abriendo paso a la intervención de una pluralidad de actores, por una parte, en el debate de los asuntos públicos y, por otra, en la defensa de sus intereses particulares. En este sentido, el conjunto de instancias establecidas para la interlocución entre las organizaciones civiles y el gobierno, y la red de comités vecinales, cumplieron esa función en los ámbitos de la interlocución y la gestión, respectivamente. Los alcances de esta política encontraron su límite en las inercias latentes de un aparato administrativo rígido y centralizado, que no fue tocado por la política gubernamental. En una estructura centralizada, como tradicionalmente ha sido la del gobierno local, la existencia de estas instancias dio la posibilidad de establecer un buen nivel de diálogo con los altos funcionarios, pero no ocurrió lo mismo con los mandos medios y tampoco con las Demarcaciones Territoriales. Esto pone de relieve la carencia de una política estratégica de descentralización institucional en el gobierno en cuestión, que permitiera hacer viable y efectiva la funcionalidad de las nuevas instancias de participación. Asimismo, coloca en el centro de la reflexión la necesidad de hacer frente a la descentralización de las funciones y el papel de cada instancia de la estructura gubernamental en la definición y operativización de las políticas públicas.[98]

En el caso de los comités vecinales, con notables déficit e insuficiencias, se logró orgánicamente instituir una red descentralizada de instancias de representación que fue importante porque constituyó un nuevo piso de la sociedad política, pero, en general, no respondió a la

---

[98] En ese sentido debe reconocerse que las diversas leyes que se emitieron (Ley de Desarrollo Social, Ley de Seguridad Pública y Ley de Planeación para el Desarrollo del D. F., entre otras) consideran la integración de comités a nivel delegacional.

pretensión manifiesta de contribuir a la reconstrucción de las identidades locales ni del tejido social, en la medida en que en la mayor parte de los casos, debido a los criterios arbitrarios de la definición de las unidades territoriales, se sobrepuso a las organizaciones sociales, ciudadanas, culturales, etc., previamente constituidas. Por otra parte, estos espacios tampoco respondieron a la expectativa de constituir verdaderas instancias de participación, representativas, debido a las limitadas atribuciones que les fueron conferidas.

La otra dimensión que toca la institucionalidad democrática es la referida al marco legal para garantizar la institucionalidad de las instancias y la regulación de su funcionamiento. Al respecto fue notable la promoción, y en muchos casos la aprobación, de numerosos instrumentos normativos dirigidos a diversas áreas: desarrollo social, desarrollo urbano, participación ciudadana, desarrollo económico, etc. Sin embargo, el gran déficit en este terreno estriba en que, en la mayor parte de los casos, se trata de leyes generales que carecen de reglamentos e instrumentos operativos para hacerse viables. De tal forma que aun cuando se pueda hablar de avances relevantes en la materia, éstos no constituyan aún un marco normativo consistente.

2) La política de *inclusión social* impulsada por el gobierno perredista, en la dimensión que toca a *la política social*, se enfrentó al hecho de que para poder abordar los problemas de inequidad y exclusión de diversos sectores de la población debían, por un lado, rediseñar las estructuras institucionales hacia perfiles más abiertos (lo que sólo se logró en ciertos espacios del gobierno) y, por otro, establecer una relación horizontal de mecanismos de coordinación hacia el interior de los sectores sociales y con otros sectores, gestionar y fomentar redes institucionales, descentralizar programas sociales propiciando la participación de la comunidad en el diseño e implementación de los programas y concertar acciones con las organizaciones civiles, actores claves para la implementación de programas tendientes a aliviar los problemas de pobreza y mejorar la equidad. En este caso, una limitación importante consistió en la ausencia de un diseño institucional *ad hoc* y de una coordinación entre las dependencias e instancias involucradas. En este sentido, la creación de nuevas instancias y la aprobación de una serie de leyes no fueron suficientes para poner en marcha una nueva institucionalidad. Resulta evidente en este caso la ausencia de una reforma administrativa que impactara efectivamente al aparato burocrático centralizado, a través de medidas tales como un proceso de descentralización, un replanteamiento a fondo de las relaciones interinstitucionales y una

mayor eficiencia en la implementación de programas, etc., igualmente, se hace evidente el impacto de la inconclusa reforma política.

Las políticas públicas relacionadas con el desarrollo social constitu-yen un espacio privilegiado de participación, sobre todo para quienes tradicionalmente habían sido excluidos de los beneficios económicos y de las decisiones políticas a través de mecanismos corporativos y clien-telares. En ese sentido, el reconocimiento por parte del gobierno, de la experiencia, capacidad y conocimiento de los organismos de la socie-dad civil, que durante años acumularon un importante capital social, potenció las posibilidades y el logro de los objetivos del desarrollo social. Prueba de ello fue el amplio proceso de debate y discusión con diversos sectores de la sociedad civil sobre la propuesta de una política social basada en los conceptos de equidad, desarrollo, inclusión y parti-cipación ciudadana.

En relación con *la participación ciudadana*, como estrategia política del gobierno, cabe destacar que a nivel central, sobre todo en el caso del Desarrollo Social, tanto esta política como el marco político e insti-tucional resultaron particularmente propicios para la relación entre las organizaciones civiles y el gobierno, en tanto existía una cierta compatibilidad entre los objetivos y las acciones de estas organizacio-nes. En esta medida, se puede hablar actualmente de una importante confluencia entre ambos, que ha dado lugar a la profundización de la relación en distintos ámbitos, a la diversificación de los planos de interlocución, a la creación de un espacio para la deliberación sobre las políticas públicas; al reconocimiento de las organizaciones como acto-res fundamentales en la definición de los asuntos de carácter público, al otorgamiento de un estatuto legal a la participación de estas organi-zaciones, y a la construcción de numerosos espacios de colaboración.[99] Cabe destacar también que salvo en contadas excepciones, la partici-pación en estos espacios no llegó al nivel de la incidencia en la toma de decisiones.

En términos generales, los espacios de participación (consejos, comi-tés, plataforma y grupo de trabajo) se caracterizaron por ser plurales y democráticos y, en cuanto a compromisos y resultados obtenidos, reali-zaron un buen trabajo, a pesar de mantener diferencias importantes en su seno en relación con la forma de operar. Fue evidente que tanto para el gobierno como para las organizaciones participantes represen-tó un ejercicio interesante y un buen aprendizaje en la perspectiva de establecer un nuevo tipo de relación gobierno-sociedad. No obstante,

[99] Véase L. Álvarez y C. Sánchez Mejorada, *op. cit.*

queda pendiente el diseño de mecanismos y reglamentos para la operativización de las políticas y los programas, y para la cogestión de los mismos, lo que sigue siendo uno de los retos más difíciles de lograr.

El espacio privilegiado para el diseño de políticas y programas lo constituyeron los Consejos y los Comités formados ex profeso para atender cada una de las líneas de gobierno: Desarrollo Urbano, Medio Ambiente, Seguridad Pública, Protección Civil, Desarrollo Social, Desarrollo Económico, entre otros. Como se mencionó antes, buena parte de estos Consejos ya existía (con excepción del de Desarrollo Social). En este sentido, el logro de este gobierno consistió principalmente en ponerlos a funcionar y hacer de ellos verdaderos espacios para la intervención ciudadana en las políticas públicas. Al respecto destaca el caso del Consejo de Vivienda, y de otros consejos específicos dentro del Desarrollo Social, como el de Violencia Intrafamiliar y el de Atención a Personas con Discapacidad.

En general, los consejos resultaron espacios de colaboración genuina y eficiente y cumplieron con una función básicamente consultiva a nivel del gobierno central. Surgieron de manera dispar en las distintas secretarías, obedeciendo a leyes y reglamentos diferenciados de acuerdo con el carácter propio y con las funciones de la instancia de adscripción. La integración de estos espacios no estuvo normada por un marco legal común, y adoleció de cierta discrecionalidad por parte de la autoridad convocante.

Por ello, dentro de estos consejos destacan, por los resultados de su trabajo, los Consejos de Participación Ciudadana que se instituyeron para cada sector y grupo en que se estructuró la política social. Entre ellos se encuentran el Consejo para la Prevención y Atención de la Violencia Familiar y el Consejo Promotor para la Integración de las Personas con Discapacidad. Su éxito radica en haber logrado que se legislara a favor de esos grupos, se les destinaran recursos y se impulsaran programas prioritarios, en cuyo diseño y ejecución participaron.

En general, se puede decir que fueron escasas las experiencias en las que los integrantes de los diversos espacios de participación trabajaron conjuntamente. Una de las experiencias exitosas al respecto fue el trabajo que se realizó en torno a la Ley de Fomento de Desarrollo Social de las Organizaciones Civiles para el Distrito Federal que, como se vio antes, es un producto novedoso dado que regula las relaciones entre el gobierno de la ciudad y las organizaciones civiles.

Indudablemente, el marco general diseñado por el gobierno capitalino para la construcción de la *ciudad incluyente y participativa*, ha representado en la ciudad de México una condición fundamental para la relación con la sociedad civil. En este sentido, lo que podríamos llamar la *voluntad política* del gobierno expresada en la instrumentación de la política participativa, constituye un factor esencial que crea condiciones potencialmente favorables para esta relación. Sin embargo, a pesar de que el gobierno del Distrito Federal realizó un esfuerzo importante con el ánimo de incorporar a las organizaciones de la sociedad civil en la toma de decisiones y, en cierta medida, en la implementación de programas, este esfuerzo respondió más a una intencionalidad y a compromisos establecidos que a una política de gobierno integral y claramente definida. Esto se evidencia en el hecho de que las organizaciones establecieron un buen nivel de diálogo con los altos funcionarios pero no así con los mandos medios y operativos ni a nivel de las delegaciones políticas. Es decir, esta apertura hacia la sociedad civil no permeó la estructura administrativa y de gobierno, no se convirtió en una política de Estado.

Con todo y los logros mencionados, la relación no ha sido fácil para dos actores que fueron antagónicos por mucho tiempo. A pesar que ahora se establece el vínculo con un gobierno ideológica y políticamente más afín, en ambos actores existen elementos y circunstancias que crean desconfianza y recelo dentro de la actividad desarrollada conjuntamente. Por otra parte, los tiempos y ritmos de trabajo entre unos y otros son muy distintos, la falta de experiencia y de recursos ha limitado la posibilidad de implementar proyectos concretos e incluso, a veces, los propios intereses y necesidades de unos y otros (del gobierno y de las propias organizaciones) parecen muy distantes. El gobierno considera que abre espacios y posibilidades de trabajo y las organizaciones no se apropian de ello, no lo asumen como propio y no lo impulsan. Por su parte, las organizaciones se sienten subutilizadas y poco escuchadas.

Otra consideración de gran interés estriba en el hecho de que el cúmulo de instancias y espacios abiertos, así como la propia estrategia central de participación ciudadana, estuvieron orientados preferentemente a la relación con un solo tipo de agrupaciones: las organizaciones civiles (casi siempre las ONG), y no a un conjunto amplio de las organizaciones que conforman la sociedad civil en la ciudad de México. En este sentido, las organizaciones sociales fueron incorporadas básicamente en una perspectiva más orientada a la negociación política y la gestión de demandas, y no como sujetos activos en la definición de políticas y en la toma de decisiones. Salvo en contados casos como el programa cofinanciado de vivienda, los Programas Parciales de Desarrollo Urbano y algunos de los proyectos de coinversión (Nobiv-GDF), a este tipo de agrupaciones se les integró más bien en calidad de beneficiarias. De esta forma, queda en este terreno un importante vacío en materia de estrategia de interlocución, concertación y colaboración con otros actores de la sociedad civil.

A partir de lo anterior cabe destacar una serie de problemáticas centrales que quedan aún por resolver, en la perspectiva de construcción de una gobernabilidad democrática:

1) Una reforma política inconclusa, que mantiene en vigencia a una entidad sin plena autonomía, sin un gobierno propio cabalmente constituido, sin un congreso local con funciones plenas, y con importantes restricciones en materia de espacios de representación y participación para la ciudadanía. En particular, destaca la notable ausencia de un ámbito de participación en el plano delegacional, que sirva de contrapeso a las autoridades (al estilo de un cabildo).

2) Una estructura administrativa aún fuertemente centralizada, que sigue respondiendo en buena medida a la anterior estructura híbrida del DDF, que operaba como Secretaría de Estado y fungía como gobierno local; y de prácticas administrativas atrasadas, centradas en el poder y la capacidad de decisión de la autoridad, y ajenas a un esquema que incorpore la participación activa de la ciudadanía.

3) Ausencia de una política integral, coherente y articulada en materia de participación ciudadana, que involucre a los distintos actores que la protagonizan, y a los distintos espacios donde esta participación tiene lugar. La mayor parte de las iniciativas al respecto no están articuladas entre sí y los espacios constituidos para la participación se encuentran aún dispersos en las instituciones. En este sentido, reviste particular importancia tanto la ausencia de una estrategia inclusiva e integradora por parte de la política gubernamental, como la ausencia de un marco normativo igualmente amplio e integrado, congruente con la amplitud y diversidad con que se expresa la participación ciudadana en la ciudad de México.

4) Existencia de un importante número de leyes que en distintos ámbitos y planos norman aspectos relativos a la participación ciudadana, sin haber pasado aún al plano de la reglamentación. Esta circunstancia deprecia el esfuerzo legislativo alcanzado en la materia, y convierte en letra muerta a las leyes aprobadas.

5) Prevalencia, a pesar de todo, de una cultura política anclada en buena medida en prácticas y principios centralistas y antidemocráticos, que mantienen a los distintos actores posicionados en posturas polarizadas y confrontadas, las cuales dificultan el diálogo, la toma de acuerdos y la colaboración gobierno-sociedad para la atención a los problemas de interés público, y

6) Existencia de serios obstáculos políticos, de diseño institucional y de cultura política que dificultan la comunicación entre gobernantes y gobernados, así como el establecimiento de una relación congruente entre gobierno y ciudadanía, obstaculizando la posibilidad de construir una verdadera gobernabilidad democrática.

BIBLIOGRAFÍA

Aguayo, Sergio, y María Luisa Tarrés (1995), *Las enigmáticas* ONG *mexicanas: una caracterización*, México, manuscrito.

Álvarez, Lucía (coord.) (1997), *Participación y democracia en la Ciudad de México*, CEIICH-UNAM/*La Jornada,* México.

Álvarez, Lucía (1998), *Distrito Federal, sociedad, economía, política y cultura*, CEIICH -UNAM, México.

Álvarez, Lucía, y Cristina Sánchez Mejorada (2002), "La política gubernamental en materia de participación ciudadana en la reciente administración", en *¿Una ciudad para todos? Balance de la experiencia del primer gobierno electo en la ciudad de México 1997-2000*, UAM/UNAM/INAH, México, en prensa.

Azuela, Antonio (1997), "Pluralismo jurídico y cambio institucional", en L. Álvarez (coord.) *Participación y democracia en la Ciudad de México*, CEIICH-UNAM/*La Jornada,* México.

Bassols R. Mario (s. f.) "De la asamblea de representantes a la legislativa", en *La ciudad de México en el fin del segundo milenio,* México.

Canto, Manuel (coord.) (2000), *Entre lo cívico y lo gubernamental. Análisis de la relación entre el gobierno y las organizaciones civiles en el Distrito Federal*, Centro de Estudios Sociales y Culturales Antonio Montesinos, CAM, México.

————— (coord.) (2000), *Evaluación de la relación entre el gobierno del Distrito Federal y las organizaciones civiles en torno al desarrollo social*, Centro de Estudios Sociales y Culturales Antonio Montesinos, CAM, A. C., México, mimeografiado.

Cárdenas, Cuauhtémoc (1997), *Una ciudad para todos, Distrito Federal 1997-2000*, Gobierno de la ciudad de México, México.

Cisneros, Armando (1993), *La ciudad que construimos*, UAM-A, México.

Connolly, P., E. Duhau y R. Coulomb (1991), *Cambiar de casa pero no de barrio. Estudios sobre la reconstrucción de la Ciudad de México*, CENVI/UAM-A, México.

Cuellar, Angélica (1993), *La noche es de ustedes, el amanecer es nuestro*, UNAM, México.

Cunill, Nuria (1991), *La participación ciudadana,* Centro Latinoamericano de Administración para el Desarrollo (CLAD), Caracas.

—————— (1997), *Repensando lo público a través de la sociedad. Nuevas formas de gestión pública y representación social*, CLAD/Nueva Sociedad, Caracas.

Davis, Diane (1999), *El Leviatán Urbano. La Ciudad de México en el siglo XX*, FCE, México.

Duhau, Emilio, y Lidia Girola (1990), "La ciudad y la modernidad inconclusa" *Sociológica*, año 5, núm. 12, enero-abril, UAM-A, México.

Favela, Alejandro, y Javier Santiago (1997), "La competencia electoral y el sistema de partidos en 1997", *El Cotidiano,* núm. 85, septiembre-octubre de 1997, UAM-A, México.

Flota, Enrique (2002), "Tres años en la construcción de un gobierno propio: aportaciones del primer gobierno electo, 1997-2000", en *¿Una ciudad para todos? La experiencia del primer gobierno electo en la Ciudad de México 1997-2000*, UAM/UNAM/INAH, México, en prensa.

García, Sergio (coord.) (1997), *Organizaciones No Gubernamentales: definición, presencia y perspectivas*, Demos/IAP/FAM, México.

González, Edgar (1994), *Cómo propagar el sida. Conservadurismo y sexualidad*, Colección Era del Vacío, Rayuela, México.

Higuera, Claudia (2001), "Participación ciudadana en el Distrito Federal. El caso concreto de la Delegación Azcapotzalco", tesina para obtener el grado de licenciada en sociología, UAM-A, México.

Lamas, Marta (1997), "El movimiento feminista en la Ciudad de México", en Lucía Álvarez (coord.) *Participación y democracia en la ciudad de México*, CEIICH-UNAM/*La Jornada,* México.

Lechner, Norbert (1995), *Cultura política y gobernabilidad democrática*, IFE, México.

León, Samuel, y Germán Pérez (1988), *De fuerzas políticas y partidos políticos*, UNAM/-Plaza y Valdés, México.

Llorens, Carmen (1996), "El Consejo Consultivo de la Ciudad de México: mito o realidad", *El Cotidiano*, núm. 11, mayo-junio, UAM-A, México.

Loaeza, Soledad (1988), *Clases medias y política en México,* El Colegio de México, México.

Luján Ponce, Noemí (1992), *El régimen jurídico-político del Distrito Federal*, tesis para obtener el grado de maestría en sociología política, Instituto de investigación Dr. José María Luis Mora, México.

Medina, Luis (1995), *Hacia el nuevo Estado. México 1920-1994*, FCE, México.

Moctezuma, Pedro (1993), *El Cotidiano*, núm. 57, agosto-septiembre, UAM-A, México.

Molinar Horcasitas, Juan (1998), "Renegociación de las reglas del juego: el Estado y los partidos políticos", en Mónica Serrano y Víctor T. Bulner, La *reconstrucción del Estado: México después de Salinas*, FCE, México.

Moguel, Julio (1987), *Los caminos de la izquierda*, Juan Pablos, México.

Moreno, María Eugenia (1985), "Programa de Descentralización y Desconcentración del Departamento del Distrito Federal", *Revista de Administración Pública Departamento del Distrito Federal,* núm. 61/62, enero-junio, INAP, México.

Moreno, Pedro (2002), "Los retos del desarrollo social para un gobierno de izquierda", en *¿Una Ciudad para todos? La experiencia del primer gobierno electo en la Ciudad de México 1997-2000*, UAM/UNAM/INAH, México, en prensa.

Pacheco, Guadalupe (1997), "La competencia electoral y el sistema de partidos en 1997", *El Cotidiano*, núm. 85, UAM-A, México.

Poniatowska, Elena (1980), *Fuerte es el silencio*, Era, México.

Reilly, Charles (comp.) (1994), *Nuevas políticas urbanas. Las ONG y los gobiernos municipales en la democratización latinoamericana*, Fundación Interamericana, Virginia.

Rivera, Cuauhtémoc (1988), "El movimiento estudiantil en la Universidad Nacional Autónoma de México", en Jorge Alonso (coord.) *Los movimientos sociales del Valle de México (II)*, Ediciones de la Casa Chata-CIESAS, México.

Rodríguez Kuri, Ariel (1996), "El año cero: el ayuntamiento de México y las fracciones revolucionarias (agosto 1914- agosto 1915)", en C. Illades y A. Rodríguez (comps.), *Ciudad de México, instituciones, actores sociales y conflictos políticos, 1774-1931*, El Colegio de Michoacán/UAM-A, México.

San Juan, Carlos (2000), "Agenda ciudadana en el Distrito Federal. Instituciones y organizaciones en la Ciudad de México: 1997-2000", México, mimeografiado.

——— (2001), "Ciudad de México, instituciones y sociedad civil. Experiencias de una Ciudad en transición", *Cuadernos de la Sociedad Civil,* núm. 4, Universidad Veracruzana, Xalapa.

Sánchez Mejorada, Cristina (1993), "Emergencia y participación de la sociedad civil en la Ciudad de México", en Coulomb y Duhau (coords.), *Dinámica urbana y procesos socio-políticos. Lecturas de actualización sobre la Ciudad de México*, UAM-A/CENVI, A. C., México.

Sánchez Mejorada, Cristina (1993), "Las ZEDEC y la participación de la sociedad civil", *Ciudades*, núm. 20, RNIU, México.

―――― y J. Durán, (1997), "Las elecciones de consejeros ciudadanos en el marco de la reforma política del D. F.", en Coulomb y Duhau (coords.), *Dinámica urbana y procesos socio-políticos 2. Investigaciones recientes sobre la Ciudad de México*, OCIM/CENVI, A. C., México.

―――― (2000), "El caso del Distrito Federal", en *Definición de criterios para la formulación de una política gubernamental orientada a las organizaciones de la sociedad civil*, GDF, México, mimeografiado.

Sánchez Mejorada, Cristina (2001),"Política y gestión urbana en el Distrito Federal 1940-1952", tesis para optar por el grado de doctora en diseño, especialidad en historia urbana, C y AD- UAM-A, México.

Sánchez Ruiz, Gerardo (1999), *La Ciudad de México en el periodo de las regencias 1929-1997*, UAM/GDF, México.

Serrano Salazar, Oziel (2002), *La reforma política del Distrito Federal*, CENAM/Plaza y Valdés, México.

Suárez Pareyón, Alejandro (2000), "El ejercicio de la planeación urbana participativa", ponencia presentada al Coloquio sobre la Ciudad de México: la Experiencia del Primer Gobierno Electo, Dirección de Estudios Históricos-INAH, México.

Trejo, Raúl (1976), "El movimiento de Spicer", *Cuadernos Políticos*, núm.8, abril-julio.

―――― (1979), "El movimiento obrero: situación y perspectivas", en Pablo González Casanova y Enrique Florescano (coords.) *México hoy*, Siglo XXI, México.

Tuñón, Esperanza (1975), *Mujeres en escena: de la tramoya al protagonismo*, UNAM-FCPyS, México.

Zermeño, Sergio (1996), *La sociedad derrotada. El desorden mexicano de fin de siglo,* Siglo XXI, México.

Zermeño, Sergio, Saúl Gutiérrez, y Luis López (2002), "La democracia impertinente", *Revista Mexicana de Sociología*, México, en prensa.

Ziccardi, Alicia (1998), *Gobernabilidad y participación ciudadana en la ciudad capital,* Instituto de Investigaciones Sociales de la UNAM-Grupo editorial Miguel Ángel Porrúa, México.

―――― (2000), "Un primer balance sobre la participación ciudadana en los programas parciales de desarrollo urbano en la Ciudad de México", México, mimeografiado.

DOCUMENTOS

Ley de Participación Ciudadana, publicada en la gaceta oficial del Distrito Federal, 21 de diciembre de 1998.

Ley de Planeación del Desarrollo del Distrito Federal, GDF, 27 de enero de 2000.

Ley Orgánica del Departamento del Distrito Federal, 1970.

Declaración de Corresponsabilidad. Plataforma de Organismos Civiles, mimeografiado, mayo-junio de 1999.

Programa de Desarrollo para el Distrito Federal 1995-2000, México, D. F., 1995.

Programa General de Desarrollo del Distrito Federal 1998-2000, Gobierno del Distrito Federal, 1998.

Programa General de Desarrollo del Distrito Federal 1998-2000, Gobierno del Distrito Federal, 1998.

CONSERVADURISMO, SOCIEDAD CIVIL Y GOBERNABILIDAD
Nuevas grupalidades en Guadalajara*

Juan Manuel Ramírez Sáiz**
y Renée de la Torre***

Introducción

En este capítulo presentamos un estudio de caso sobre las nuevas relaciones entre sociedad y gobierno en el contexto político de la transición democrática que se vivió en la ciudad de Guadalajara, Jalisco, durante la década de los noventa. A nivel nacional, este caso, aunque no es emblemático de la realidad mexicana, ni agota la diversidad de actores y formas de hacer política, reviste singular importancia para entender los cambios actuales en el campo de la política, pues revela la actuación creciente de las tendencias conservadoras y de derecha (partidos políticos, asociaciones voluntarias, movimientos de la sociedad civil y actores sociales), cuyo protagonismo va en ascenso y que están teniendo una importante contribución en el proyecto de democratización nacional del sistema político.

En la sociedad y la política mexicanas, es innegable la presencia y actuación de los grupos conservadores. En términos investigativos, nuestro encuentro con ellos fue involuntario. En el transcurso de una investigación que realizamos sobre el movimiento ciudadano nacional (e indudablemente progresista) Alianza Cívica en Guadalajara, Jalisco, detectamos que la observación electoral —uno de sus programas principales— fue desarrollada también por grupos conservadores locales (religiosos, clubes sociales, grupos empresariales, etc.), que tuvieron un impacto igual o mayor en la democratización electoral del estado de Jalisco. Debido a este "descubrimiento" no buscado, consideramos que

* Agradecemos la colaboración de Alberto Chávez, Eva Guzmán y María del Carmen Ponce, en el trabajo de campo de los estudios de caso.
** Investigador del Departamento de Estudios sobre Movimientos Sociales de la Universidad de Guadalajara.
*** Investigadora del Centro de Investigaciones y Estudios Superiores en Antropología Social-Occidente.

era importante estudiar el peso real de estos grupos en la localidad. Para ello realizamos un "peinado" de los que, siendo conservadores, incursionaran en la política ciudadana. Al seleccionar los grupos que iban a ser analizados, advertimos que los dos principales estaban integrados mayoritariamente por mujeres de clase media y alta. Tampoco habíamos previsto esta particularidad de los grupos conservadores a estudiar. Manteniendo nuestro interés inicial, los abordamos en este ensayo, pero enfatizando su dimensión ciudadana y no la de género ni la de clase. Estas dos dimensiones constituyen un trasfondo, pero no el eje del trabajo.

Este ensayo aborda el desarrollo y actuación de dos grupos conservadores de Guadalajara como exponentes de las transformaciones recientes que están ocurriendo en la sociedad local. Por ésta, entendemos la existente y actuante en la entidad política de Jalisco y, especialmente, en los municipios que integran el Área Metropolitana de Guadalajara (AMG): Guadalajara, Zapopan, Tlaquepaque y Tonalá. Los ejes de estudio son tres: la formación, estructura y evolución interna de ambos grupos; su intervención en el fortalecimiento político de la sociedad a través de la llamada política ciudadana, y su contribución al logro de la gobernabilidad democrática. De los actores gubernamentales implicados, en la medida en que interactúan con los dos grupos seleccionados, tenemos en cuenta al gobernador del estado y su gabinete, así como a los presidentes municipales de los municipios conurbados ya aludidos. La zona de estudio es el Área Metropolitana de Guadalajara (AMG) con el trasfondo de la dinámica política del estado de Jalisco. Y el periodo considerado va de 1995 a 1999.

Como referencias necesarias y dadoras de sentido al trabajo, precisamos a continuación el contexto local en el que operan los dos grupos y el significado con el que vamos a utilizar el término "conservadurismo".

El contexto político de Guadalajara

Para enmarcar el proceso político por el que han pasado ambos grupos, es preciso aludir a dos coyunturas políticas distintas, que se han dado en el ámbito de estudio: la inmediatamente *previa* a la alternancia política de 1995 (la primera mitad de los noventa), que señala un largo periodo de gobierno unipartidista desempeñado por el Partido Revolucionario Institucional (PRI); y la *posterior* (la segunda mitad de los noventa), que establece un cambio hacia la alternancia política marcada por el triunfo legítimo y democrático del Partido Acción Nacional (PAN).

Respecto de la primera, es obligado recordar que en Guadalajara el pacto corporativo, que estuvo vigente en el país desde 1940, adoptó la modalidad cupular. Ésta se expresaba a través de arreglos, informales pero efectivos, concertados entre los principales dirigentes sociales y políticos (empresariales, eclesiásticos, sindicales y del partido oficial). A partir de 1992, este pacto presenta desgastes y fisuras. Ya no tiene capacidad para regir los arreglos políticos que se llevan a cabo. Además, se ha generado un clima político nuevo, un quiebre en la relación que la sociedad venía manteniendo con el gobierno priista. A consecuencia de la inseguridad pública prevaleciente en la ciudad y de la ineficiencia de las autoridades para enfrentarla, de la corrupción de sus cuerpos policíacos y de la impunidad, así como a causa del nepotismo del gobernador (Guillermo Cosío Vidaurri), se inicia un cambio en la actitud de los ciudadanos. Del consenso y apoyo al gobierno priista, se pasa al reclamo, exigencia y protesta organizada contra él.

En marzo de 1992, un mes antes de la tragedia de las explosiones en el colector del sector Reforma de la ciudad de Guadalajara, se inicia la crítica abierta al gobernador priista, G. Cosío Vidaurri. Tres grupos que iniciaron en los noventa la protesta ciudadana organizada contra el gobierno, le formularon críticas abiertas e inusitadas y realizaron manifestaciones que eran casi impensables en el contexto local. Cabe incluso afirmar que el efecto político de las explosiones del drenaje hubiera sido distinto y menor, de no haber mediado estas actitudes previas. Para detectar y analizar este clima político, recurro a la consideración de las expresiones públicas y colectivas, porque ellas son más fácilmente discernibles. Ello no implica prejuzgar que no tuviera también una dimensión individual y privada.

De las manifestaciones aludidas, la primera fue la crítica abierta, por parte de la Cámara de Comercio de Jalisco, al entonces gobernador del estado, Guillermo Cosío Vidaurri, debido a los problemas existentes de seguridad pública en la ciudad y en todo el estado (*El Occidental*, 2 de marzo de 1992). Otra demostración de protesta fue la externada por el grupo Ciudadanos en Defensa de la Ciudad. También en marzo de 1992, este grupo publicó un desplegado en la prensa, dirigido al presidente de la república, para que no "solapara lo que realmente estaba sucediendo dentro de Jalisco, pues más de una vez se ha puesto en evidencia la apatía de los gobernantes y autoridades, quienes tienen evidencia del estado de violencia e inseguridad en la ciudad". Pidieron la intervención del presidente "para poner orden y disciplina a las autoridades a fin de que sirvan y no sean servidos" (*El Occidental*, 15 de marzo de 1992). Asimismo, Mujeres de Negro o Madres de Familia Unidas contra la Violencia fue un agrupamiento coyuntural que se formó como protesta contra el clima de inseguridad e impunidad reinante en la ciudad. Surgió en marzo de 1992. Estuvo integrado por mujeres de clase media y alta. En un desplegado público, pidieron al gobernador "la indispensable transparencia en la actitud de los dirigentes políticos y la honestidad en los departamentos de justicia así como la información a la ciudadanía acerca de las políticas y programas públicos sobre seguridad". Su intervención significó la expresión de una sociedad que se organizaba, que daba muestras de ciudadanización y de que era capaz de encarar al ejecutivo estatal y exigirle el cumplimiento de sus responsabilidades. Incluso pidieron la renuncia del gobernador, G. Cosío V. (*Siglo 21*, 3 de agosto de 1993).

Como valoración de conjunto acerca de estas manifestaciones colectivas y públicas, no existen, en el AMG, muchos antecedentes, como los enlistados, en los que aflore abiertamente la crítica al gobierno, la petición de la intervención del ejecutivo federal para poner orden y disciplina entre las autoridades locales, la exigencia de transparencia y honestidad en la actitud de los dirigentes políticos, el reclamo de información sobre políticas y programas públicos, así como el planteamiento público de la renuncia del gobernador. Todas ellas constituyen manifestaciones políticas ligadas a la conciencia y ejercicio de los derechos políticos.

Indudablemente, la coyuntura del mes de abril y mayo de 1992, relacionada con la reacción tanto de los damnificados por el desastre como de la sociedad solidaria, marca otro hito en la historia política de la ciudad y de sus habitantes. Por parte de los damnificados, el Movimiento Civil de Damnificados 22 de abril (MCD-22) mantuvo viva, durante esos dos meses, la conciencia del agravio cometido por las autoridades y administradores públicos, no olvidó a las víctimas de las explosiones del colector central de la ciudad y, posteriormente, señaló que estaba pendiente la aplicación de la justicia en este caso. También la sociedad, a raíz de este desastre, despertó políticamente y modificó su actitud ante las autoridades. Exigían la aplicación de la justicia, como base de la existencia de la autoridad. En esta coyuntura se dio también una innovación del comportamiento de los medios, usualmente comprometidos con el gobierno (Reguillo, 1996). En particular, la Prensa y Radio locales criticaron abiertamente la negligencia del gobierno ante los reclamos de la sociedad en torno a la ayuda necesaria a los damnificados y a la protección civil de la ciudad.

Sin que tuvieran conexión directa con el desastre urbano, entre fines de 1992 y mediados de 1994 hicieron aparición pública en la ciudad otros cuatro agrupamientos en los que está presente la conciencia de derechos. Uno de ellos fue Alianza Fuerza de Opinión Pública. Esta organización surgió en 1993, como una coalición coyuntural de 13 organizaciones entre las que predominaban las católicas conservadoras. Reconocían que sus miembros no eran numerosos, pero se abrogaban la representación de la mayoría de la sociedad, porque defendían los valores de la moral católica tradicional, que gozan de amplio consenso en la ciudad. Por ello también descalificaban a quienes no estuvieran de acuerdo con sus posiciones. Querían afirmar e imponer sus principios morales y sus derechos, principalmente civiles: libertad de religión y valores morales conservadores. Otra nueva organización fue Una Sola Voz. Se creó en mayo de 1993. Aunque fue convocada principalmente por grupos católicos conservadores, constituyó un frente amplio y plural de carácter coyuntural que surgió en protesta contra el asesinato del cardenal Posadas. Entre sus demandas y reclamos destacaban la crítica contra la ineficiencia gubernamental y la corrupción policíaca, así como el esclarecimiento del asesinato del cardenal. Un aspecto central de sus propuestas consistía en la separación, en el Ministerio Público, de la representación del gobierno respecto de la de la sociedad para garantizar la autonomía de los intereses de la segunda, es decir, creación del ministerio de los intereses o derechos de los ciudadanos.

Otros agrupamientos surgidos en el periodo tienen una vinculación más directa con la ciudadanía política o ejercicio de los derechos correspondientes y, en particular, los electorales. De este tipo son los tres siguientes: El Movimiento Ciudadano Jalisciense, que apareció en febrero de 1993, era un grupo progresista, generador de opinión, que enfatizó el rescate *de* y el respeto *a* la ciudadanía, especialmente la política. Por su parte, Fundación Jalisco y Foro Jalisciense surgieron en febrero de 1994, en la coyuntura electoral federal, para garantizar su limpieza y confiabilidad. La prensa los calificó de estar integrados por políticos camuflados de ciudadanos y de sociedad civil. Nacidos al calor de los procesos electorales, su influencia política no fue relevante.

En las elecciones federales de 1994 fue significativo el alto porcentaje de participación registrado, como exponente de la revaloración del voto en tanto que instrumento de acción política.

En este rápido recuento de actores sociopolíticos y de sus prácticas innovadoras, que emergieron de 1992 a finales de 1994, es relevante la intervención de grupos tradicionales. La Cámara de Comercio de Jalisco ha sido, y es todavía, una de las estructuras empresariales que sistemáticamente asume posiciones conservadoras ante temas y conflictos de la ciudad. Por su parte, los grupos Mujeres de Negro, Alianza Fuerza de Opinión Pública y Una Sola Voz estuvieron integrados por personas o grupos defensores de los valores tradicionales. Y sin embargo, asumieron claras posiciones críticas ante el gobierno y la defensa de los derechos políticos de los ciudadanos. Este dato es central y debe ser valorado como tal.

En la historia de Guadalajara no existen antecedentes, como los aludidos, a partir de los cuales aflore claramente la organización ciudadana para manifestar el rechazo a las autoridades, la petición de la intervención del ejecutivo federal para poner orden y disciplina entre los gobernantes locales, la exigencia de transparencia y honestidad a los dirigentes políticos, el reclamo de información sobre políticas y programas públicos así como el planteamiento abierto de la renuncia del gobernador. Como resultado de este proceso, el pacto corporativo-cupular ha estado perdiendo margen de acción. El nuevo pacto, en fase de construcción, oscila entre el neocorporativismo parcial y el pluralismo incipiente. Constituye un híbrido en el que predominan elementos del segundo sobre los del primero. Además, este proceso de cambio no es todavía generalizado, involucra a segmentos reducidos de la sociedad tapatía (Ramírez Sáiz, 1999).

Este clima sociopolítico se prolongó hasta las elecciones locales, a inicios de 1995. Aquí inicia otra etapa, enmarcada por la alternancia política en donde el PRI, como partido oficial y de Estado, cedió el trono al reconocer el triunfo democrático de un partido de oposición, el PAN. En los comicios fue tan relevante el triunfo arrollador del PAN como el alto índice de votación registrado (más de 85%). Este partido ganó la gubernatura, la presidencia de 63 de los 124 municipios (entre los que se incluyen los cuatro del Área Metropolitana de Guadalajara) y obtuvo la mayoría en el Congreso. La alternancia política en Jalisco y en el AMG ha sido principalmente logro de los ciudadanos que, conscientes de sus derechos políticos, optaron mayoritariamente por el PAN. Pero la ciudadanía avanzó lentamente en la definición e institucionalización de nuevas reglas para el juego político, y en el establecimiento de acuerdos, precisos y vinculantes, con el nuevo gobierno panista, para modificar sustancialmente el modelo de relaciones existente entre sociedad y gobierno.

Considerado en conjunto el periodo 1995-1999, se han dado en el AMG acciones importantes, tanto individuales como grupales, que se fundamentan en la conciencia y el ejercicio de los derechos políticos. Se están incrementando las prácticas vinculadas con este tipo de derechos, incluso con mayor fuerza que las relacionadas con los derechos sociales o civiles. Más específicamente, predomina la visión y ejercicio de los derechos políticos como estatus o derechos ya adquiridos o reconocidos. Pero asimismo emergen otras prácticas que plantean la ampliación de los derechos políticos y los que tienen como objeto la defensa de la institucionalidad y su renovación. Es significativa la revaloración de los procesos electorales, la búsqueda por instaurar formas de democracia directa y la exigencia por crear medios para intervenir en la definición de las políticas públicas. Los protagonistas de estas prácticas han sido grupos *progresistas* como el Foro Cívico (Fociv) y Alianza Cívica de Jalisco (Ramírez Sáiz, 1999). Pero han sido más relevantes las llevadas a cabo por grupos *conservadores* que mantienen nexos con la Iglesia, con instituciones tradicionales, como la ya aludida Cámara de Comercio, y con personas y grupos simpatizantes o estrechamente vinculados al PAN, aunque no mantengan una relación estructural con este partido.

Aunque el triunfo otorgó a los gobernantes y representantes populares panistas una legitimidad sin precedentes, el ejercicio de sus respectivas funciones no se está dando sin conflictos. Al cumplirse los 100 primeros días de la alternancia, la prensa resaltó la falta de oficio del gobernador (Alberto Cárdenas) y de los representantes populares panistas, así como las irregularidades administrativas cometidas por ambos. Muy pronto, a ello se sumó la crítica debido a las posiciones moralizantes manifestadas por el presidente municipal de Guadalajara (Cesar Coll), la inseguridad pública prevaleciente, la petición de juicio político al alcalde panista de Zapopan (Daniel Ituarte), los enfrentamientos entre el movimiento agropecuario El Barzón y el secretario de Desarrollo Rural y posteriormente con el de Gobernación, la dificultad manifestada por los diputados panistas para lograr acuerdos con la oposición, las tensiones existentes entre los poderes Legislativo, Ejecutivo y Judicial, así como de estos dos últimos (e incluso de la Jerarquía Eclesiástica) con la Comisión Estatal de Derechos Humanos y, especialmente, la desconfianza gubernamental para entablar contactos y llegar a acuerdos con las diferentes expresiones organizadas de la sociedad. Quizá, debido a esto, en las elecciones de 1997 el PAN perdió la mayoría en el congreso local y la presidencia municipal de Tonalá. Esto repercutió en la pérdida de margen de maniobra de este partido, lo cual se evidenció en la dificultad para sacar adelante propuestas propias en la Cámara de Diputados, que fueron frenadas o rechazadas por la oposición.

En resumen, si en el primer periodo comenzaron a ser relevantes algunas intervenciones societales, exigiendo el respeto y cumplimiento de determinados derechos políticos, los cambios logrados en el segundo son significativos en el reclamo a la información, en la vigilancia al gobierno y en la interlocución. En el intermedio de las dos fases aludidas, tiene lugar la creación (1994 y 1995) y la intervención de los dos grupos conservadores analizados: el Círculo de Mujeres por México y para México (CMPMPM) y el Grupo Cívico Apoyo al Cambio (GCAC). Su importancia estriba en que, a pesar de que la política ocupa el último lugar entre las cuestiones muy importantes para los jaliscienses, estos grupos se definen por su interés por ella. Y asimismo, porque si bien las mujeres, en general, prefieren el *statu quo* y la continuidad, ambos grupos, integrados mayoritariamente por ellas, optan por el cambio político (Ai Camp, 1998: 118, 119 y 124; M. A. Cortés y C. S. Soto, 1999: 106 y 122).

El conservadurismo y los grupos cívicos

El término "conservadurismo" es altamente polisémico y se encuentra sobrecargado ideológicamente. Además, tiene una connotación negativa en el medio académico y político, en gran parte porque el pensamiento de izquierda ha gozado de hegemonía intelectual en el campo. de las ciencias sociales. Como otros muchos conceptos, proviene del lenguaje común o no especializado. Su rasgo predominante es el mantenimiento del orden establecido y del sistema imperante. Es decir, los *conservadores* no quieren el cambio, mientras que los *reaccionarios* optan por la marcha hacia atrás, es decir, la vuelta al pasado. Se asocia también a otros términos, asimismo imprecisos, como los de derecha (católica, radical, extrema o ultraderecha), reformismo y tradicionalismo. Suele ser contrapuesto a otros conceptos, que también pueden ser polisémicos o imprecisos, como los de innovación, liberalismo y neoliberalismo.

En la evolución conceptual del término, es preciso distinguir su origen y su conformación posterior. Históricamente, como afirma Nisbet, el conservadurismo fue en Europa un movimiento de reacción ante la Ilustración y la industrialización, a finales del siglo XVIII y principios del XIX (Nisbet, 1988: 123). Se opuso al individualismo, a las doctrinas de la igualdad, libertad y soberanía popular de la revolución francesa, y a los cambios que ella introducía en la propiedad, el derecho, el gobierno y la religión. Defendió, con fundamentos morales, el orden vigente o la persistencia y continuidad de las instituciones tradicionales: familia, religión, comunidad local y los privilegios de la clase media y media alta. Era fiel a la Iglesia católica y enemigo de la democracia y de la modernidad *(ibid.,* 105, 108). Posteriormente, la identidad conservadora no fue obstáculo para asumir los valores de la democracia y de la libertad. Es decir, el conservadurismo se aproximó al liberalismo, como también el liberalismo lo hizo con el conservadurismo (Merquior, 1993). De hecho, el conservadurismo católico y el liberalismo burgués encuentran convergencia en la franja en donde los valores del individualismo y el orden entran en intersección (Bartra, 1983). Sin embargo, el valor de la libertad, procurado por los grupos conservadores, es más de tipo negativo que positivo, ya que se expresa más como la voluntad de recuperar los derechos negados o por asegurar aquellas libertades que se perciben en peligro de extinción (Merquior, 1991: 23).

El conservadurismo no define un todo homogéneo, incluso su defensa puede realizarse en distintos ámbitos, por ejemplo: el conservador católico, preocupado por la defensa de los valores morales tradicionales y de la institución católica; el conservador político, preocupado por mantener el *statu quo* y el autoritarismo político; el conservador en lo social, preocupado por defender los privilegios y el prestigio social que gozan las clases medias y altas, y el conservadurismo económico, que se manifiesta por el régimen de propiedad privada y la libertad irrestricta de la competencia comercial basada en la economía de mercado, que supone la mínima interferencia del Estado. Un individuo, grupo, o movimiento puede ser conservador en lo económico y liberal en lo moral; conservador en la moral sexual y liberal en lo político o en lo económico; liberal en lo político y conservador en lo económico. De igual manera, estas combinaciones construyen identidades en los campos especializados de acción por ejemplo, en el abanico político de la derecha en México Roger Bartra distinguió cuatro sectores: la derecha católica conservadora, la derecha liberal burguesa, la derecha pequeñoburguesa profascista y la derecha revolucionaria carrancista (Bartra, 1983: 16).

En este trabajo privilegiamos los ámbitos moral y político, pero a pesar de la vinculación de estos campos con la tradición, ésta —como plantea Balandier— no es pura conformidad o continuidad. Es dinámica y se renueva en la medida en que "aborda el acontecimiento y aprovecha algunas de las potencialidades alternativas" (1994: 36). Merquior refuerza este juicio al sostener que las tradiciones no impiden el cambio adaptativo ni tampoco la modificación gradual y parcial de instituciones y procedimientos (Merquior, 1991: 98). Bajo este aspecto, cabe hablar de un conservadurismo *innovador,* como será retomado en los análisis de los casos a estudiar.

El conservadurismo asumió modalidades particulares en cada país. En la historia mexicana de este siglo, los sectores católicos y conservadores abanderaron la lucha por los derechos humanos en aquellos terrenos donde el régimen revolucionario había coartado las libertades, como fue el caso de la asociación y manifestación religiosa, la educación y la intervención y participación de la mujer en los asuntos públicos. En el terreno de los derechos, existe también una franja donde convergen los intereses de la derecha y los grupos conservadores, que se refiere a la defensa de la propiedad privada. Desde el título de este ensayo sostenemos que los dos grupos a estudiar son conservadores. Pero conviene advertir que el conservadurismo ha sido y es una de las características de la cultura política local. Al respecto, según la Encuesta Estatal de Valores, realizada en 1997, 68.4% de los tapatíos opina que la sociedad debería mejorar gradualmente por medio de reformas, mientras que en el país 60.1% piensa igual. Este porcentaje señala una diferencia entre Guadalajara y la media nacional que puede no ser significativa, pero, además, en la entidad, manifiesta ser de derecha o de extrema derecha 32.7% de los encuestados, más del doble que a nivel nacional (14.6%) (Cortés, 1999).

Calificamos a los dos grupos como conservadores, porque buscan un orden social basado en las "buenas costumbres", la familia, las tradiciones locales, la libertad religiosa, la educación privada, las asociaciones intermedias, la libertad del mercado y la domesticación de las innovaciones al servicio de las instituciones tradicionales. En particular, consideran que la familia antecede al individuo y al Estado, y que la moral católica, concebida como una moral universal, es la base de los valores que debe guiar el comportamiento del individuo, de la sociedad y de sus instituciones. Además, se oponen a la plena libertad garantizada por el individualismo y no incluyen la búsqueda de la igualdad (Bobio, 1995). Pero es claro que estos grupos hacen operar también el liberalismo a favor de posiciones conservadoras. Porque recurren al liberalismo para mantener valores tradicionales. Por ejemplo, el GCAC defiende el derecho a la educación libre, al mercado libre, a la democracia participativa, etc. Pero, lograda su defensa, vuelven al conservadurismo para defender contenidos educativos tradicionales o principios de ética conservadora en la organización y funcionamiento de familia o en las relaciones sexuales. En el caso del CMPMPM, el grupo recurre a los roles tradicionales de la feminidad para innovar las formas de cultura política.

Conscientes de la connotación negativa que posee el término "conservadurismo", es significativo que, al informarles, en las entrevistas realizadas, acerca de su contenido, las entrevistadas se sintieron correctamente identificadas.[1]

A los valores conservadores aludidos, los miembros de los dos grupos incorporan el discurso cívico y político: defienden la democracia, el ejercicio de derechos políticos y buscan transformar actitudes pasivas en formas participativas. Esta característica de combinación de valores conservadores y ciudadanos es la que motivó nuestro estudio.

Los dos casos de estudio

En la primera parte de este ensayo analizamos la constitución de los dos grupos, su composición interna, su estructura organizativa, así como su dinámica y evolución. De especial importancia en este análisis es la consideración de las trayectorias individuales de los integrantes de los dos grupos.

El primer estudio de caso versa sobre el Grupo Cívico de Apoyo al Cambio (GCAC), fundado en 1995 principalmente para apoyar al gobierno del actual gobernador panista Alberto Cárdenas, no tanto por ser del PAN, sino porque fue elegido de manera libre y democrática por los ciudadanos. El segundo estudio de caso es el del Círculo de Mujeres por México y para México (CMPMPM), creado en 1994 para fomentar la conciencia ciudadana en las mujeres de clase media alta y construir una nueva cultura política en Jalisco que sirva de enlace entre el gobierno y la sociedad civil.

A pesar de las similitudes o rasgos de identidad compartidos, cada grupo presenta variantes: *1)* en sus orígenes fundacionales (históricos y simbólicos); *2)* en sus objetivos y el diseño de estrategias y procedimientos para lograrlos; *3)* en sus agendas y actividades; *4)* en sus estructuras organizativas internas y sus radios de influencia y colaboración con otros organismos y sectores sociales, y *5)* en la manera como conciben de manera ideal y práctica la relación entre gobernantes y ciudadanos. A continuación los describimos por separado.

[1] Como elementos adicionales confirmatorios, la dirigente del CMPMPM, recuerda en una de sus columnas periodísticas: "Qué, ¿no somos una sociedad conservadora? ¿Seguiremos en silencio viendo cómo se destruyen los valores morales?" *(Mural,* 3 de mayo 1999). Por su parte, la dirigente de GCAC confiesa que, como miembro también de la conservadora organización Alianza Fuerza de Opinión Pública, rompió, en público y a martillazos, un aparato de TV durante una manifestación contra los programas "inmorales" difundidos por este medio. Esta misma persona declara estar abiertamente en contra del PRD porque, de lograr el poder, legislaría a favor del aborto y ella no lo puede admitir. Y en una marcha reciente, organizada por ella en apoyo al gobernador, una de las consignas coreadas repetidamente por los asistentes fue: "Beto, amigo, Dios está contigo".

En la segunda y tercera parte de este ensayo, realizamos un análisis comparativo de estos grupos con base en sus aportaciones a la afirmación política de la sociedad y su contribución a la gobernabilidad democrática.

GRUPO CÍVICO APOYO AL CAMBIO

Orígenes e identidad grupal

El Grupo Cívico Apoyo al Cambio tiene como antecedente la iniciativa de un pequeño núcleo formado por cinco personas, de clase media alta, que de manera informal se reunían cada semana para platicar sobre los problemas que vivían cotidianamente, y entre los cuales destacaba el tema de la corrupción en el gobierno. Como "simples ciudadanos" decidieron formar un grupo para apoyar el cambio político en la coyuntura electoral de 1995, entendido como el pasaje de una sociedad unipartidista y antidemocrática a una sociedad democrática. Su primera tarea fue invitar a los distintos candidatos a gobernador propuestos por los diferentes partidos políticos de mayor peso (PAN, PRI y PRD) a presentar sus programas y plataformas de gobierno. De dichas sesiones, quien mejor impresión les causó fue el candidato a gobernador del PAN. En esa misma coyuntura participaron en la iniciativa de observación electoral a través de Coparmex.

La etapa que marca la conformación, identidad y proyección social más amplia del grupo se da con el triunfo del PAN en Jalisco. El grupo decidió apoyar "críticamente" al gobernador electo Alberto Cárdenas Jiménez, porque consideraron que su gobierno representaba la voluntad popular y democrática de la ciudadanía; porque en él vieron el valor de la honestidad y porque les convenció su programa de gobierno. Pero además, y de manera muy decisiva en la identidad del grupo naciente, porque presenciaban que los medios de comunicación locales y nacionales traían línea en contra del nuevo gobierno y que más que cumplir con su función a informar, estaban desinformando a la población y poniendo en riesgo la democracia en Jalisco. Para este grupo, los medios de comunicación orquestaban un ataque al recién formado gobierno, pues constantemente señalaban sus errores y nunca se detenían a informar sobre sus aciertos. De ahí que decidieran formar un grupo en apoyo al gobernador del PAN. Su primera acción como GCAC fue manifestar públicamente su apoyo al gobernador, a un mes de haber tomado el cargo. En esa manifestación lograron reunir a 100 ciudadanos, la mayoría amas de casa de clase media, convocadas mediante redes familiares y de amistad y por el contacto previo que una de las líderes tenía con los grupos que formaban parte de Alianza Fuerza Opinión Pública (AFOP, sobre la cual se abunda líneas abajo). A partir de la manifestación, otros ciudadanos con preocupaciones similares se fueron sumando a los esfuerzos del grupo recién formado. Un rasgo de identidad del grupo era y ha sido su carácter ciudadano y no partidista, pues aunque lo que les une es la decisión de apoyar al gobernador del PAN, este rasgo identitario se sustenta en que valoran la participación ciudadana como bastión indispensable para el logro y desarrollo de una "nueva democracia", que en las propias palabras de la líder se basa en que: "El pueblo luchó por este nuevo gobierno, por este cambio, y este cambio no lo hicieron los grupos empresariales, tampoco la iglesia, sino la voluntad del pueblo. Por eso era el pueblo quien tenía que defenderlo" (entrevista a Ana María Arias de Cordero, fundadora y líder del grupo).

Su apoyo no es un respaldo incondicional al Partido Acción Nacional, sino a proyectos y gobernantes específicos. Por ejemplo, apoyan al gobernador y a los funcionarios que contribuyen a su programa de gobierno, a quienes trabajan con honestidad y a quienes dan continuidad "al cambio" emprendido por el equipo del gobernador. En este sentido, no apoyan a Raúl Octavio Espinoza, quien fue secretario de Gobierno, porque consideran que le hizo mucho daño al gobierno de Alberto Cárdenas y al Partido: "nosotros nos enteramos de que filtró muchas cosas que no debería de haber filtrado. Fue nefasto para la administración de Alberto Cárdenas". Otro elemento para decidir a quién apoyar se basa en la percepción de que: "hay una diferencia entre los panistas de antes y aquellos que empezamos con 'Maquío', [los últimos] como que nos vamos más por ideales, por querer ayudar, en cambio los que vienen de mucho más atrás ven más por sus intereses personales [...] Sentimos que como vienen con muchos años atrás son más priistas que panistas".[2] Éste es el razonamiento base por el cual no apoyan a los actuales presidentes municipales de Guadalajara y Zapopan, los hermanos Ramírez Acuña, pero no es el único, pues a otros miembros del gabinete de la corriente tradicional del PAN sí los apoyan, siempre y cuando sean honestos y respalden el programa del actual gobierno. El razonamiento para decidir su apoyo no siempre es tan claro, pues no sólo se sustenta en la simpatía con corrientes al interior del PAN (tradicionales, neopanista y DHIAC), pues a través de las entrevistas pudimos

---

[2] Esta percepción no es compartida por los panistas tradicionales, quienes consideran que el neopanismo es una corriente política que se caracteriza por su pragmatismo y no por los idearios del partido.

detectar que carecen de información para establecer estas distinciones. Otro elemento que pesa en la decisión de a quién apoyar es la valoración de la relación de los funcionarios con la ciudadanía o con el mismo gobierno; en el mismo caso de los Ramírez Acuña definieron su antipatía porque "no hacen caso a toda la gente que se acerca a ellos para pedirles solución a sus problemas en las colonias [...] no están trabajando por la ciudadanía, sino para sus propios intereses", y porque no le dan continuidad al cambio: "Todo lo que había hecho César Coll a favor de las colonias, Ramírez Acuña lo revirtió, nosotros apoyamos el cambio, y éste requiere continuidad" (entrevista con Ana María Arias de Cordero 14 de julio de 1999).

Los distintos entrevistados coincidieron en que su apoyo era *al cambio*, a mejorar la sociedad, a democratizar la política, y no a partidos, ni a personas específicas. Para uno de los miembros del grupo, la participación ciudadana es indispensable para avanzar en la democracia; sin ella los gobiernos, aunque sean electos democráticamente, vuelven al régimen anterior basado en una oligarquía (Ramón Ortega Becerril). Por otra parte, visualizan que así como la ciudadanía tiene la responsabilidad de apoyar al gobierno, también es responsable de exigirle un buen desempeño, de señalar los aspectos críticos, de proponer posibles soluciones a los problemas que se presentan, e incluso de exigir un buen desempeño en favor de la sociedad. La participación ciudadana es la posibilidad de que la sociedad civil organizada participe en las decisiones políticas. Como lo señala uno de sus miembros: "Éste es el cambio que nosotros quisimos, y por eso vamos a apoyarlo, y vamos a pedirle, y vamos a darle línea. Como sociedad vamos a decirle [al gobierno] hacia dónde queremos que se lleve Jalisco" (Gabriela Becerra, entrevista).

Otra de las actividades en que el grupo incursionó fue participar mediante la presentación de ponencias en las consultas públicas sobre la Reforma Política y sobre Prevención del Delito.

Composición interna

El Grupo Cívico Apoyo al Cambio funciona como una red de ciudadanos que buscan participar en acciones comunes. No tiene una estructura organizativa formal, ni cuenta con un programa definido de actividades. Funciona más bien como una cadena de simpatizantes que se activa en coyunturas específicas.

Los dirigentes pertenecen a la clase media y media alta. Para entender su capacidad de convocatoria habrá que distinguir dos niveles de actividades del grupo. El primero se basa en la organización de reuniones con funcionarios públicos, a las cuales asisten el grupo base y los invitados de su redes sociales más próximas. El segundo nivel de actividades son las cuatro manifestaciones públicas (1996, 1997 y dos en 1999) de apoyo al gobernador, convocadas por el grupo, y en las que la asistencia mayoritaria es de ciudadanos provenientes de los sectores de clase popular, además de mujeres amas de casa y jóvenes universitarios. Ana María explica que la gente de clase media alta es apática a salir a la calle para manifestarse políticamente.

Existe un primer núcleo de liderazgo ejercido, inicialmente, por cinco ciudadanos (ahora sólo son cuatro). Ellos son quienes convocan a las reuniones de planeación del grupo, en las que participa un grupo base de apoyo de aproximadamente 25 ciudadanos. Es en este grupo base donde se discuten y se toman acuerdos para la planeación de actividades. Para tomar decisiones no se convoca a reuniones, lo hacen mediante llamadas telefónicas. Cada miembro de este grupo base activa sus redes personales, familiares y sociales, quienes se encargarán a su vez de pasar la voz a sus propias redes, y así sucesivamente. Este mecanismo ha funcionado de manera muy eficaz para las reuniones con funcionarios, a las cuales logran convocar entre 100 y 300 asistentes, cifra que depende del interés que para la ciudadanía revista el tema y el invitado; asimismo, aumenta durante las campañas electorales o en coyunturas en que hay tensión entre grupos de poder locales frente a problemas específicos.

Para convocar a las manifestaciones públicas cuentan con un directorio de simpatizantes, que contiene una base de datos con el registro de líderes sociales y con los presidentes de las juntas de vecinos de los municipios de la AMG, a quienes se les telefonea y se les encarga de invitar a los colonos. Tienen también una red de contactos con simpatizantes del PAN en los municipios foráneos. Un rasgo de identidad en estas marchas de apoyo es que quienes asisten lo hacen de manera libre y no bajo coacción, no mediante procesos clientelares ni corporativos, que caracterizaban la cultura política de las bases de apoyo del Partido Revolucionario Institucional (PRI). De hecho, una consigna que se corea en todas las marchas de apoyo es: *"somos libres, no acarreados"*, estableciendo de esta manera el rasgo ciudadano para diferenciarse del PRI. Sin embargo, consideramos que la obtención de dichos directorios implica un acceso privilegiado a la información municipal. Esto sugiere el siguiente cuestionamiento: ¿Qué similitudes pueden existir entre este procedimiento de bases de apoyo de tipo territorial y las utilizadas por la CNOP del PRI? También convocan a estas manifestaciones a la población general mediante *spots* en la radio y volantes en las calles; los asistentes a estas concentraciones han oscilado entre 1 500 (en las primeras marchas) y hasta cinco mil ciudadanos en las más recientes. El GCAC no tiene una fuente de financiamiento, no cuentan con cuotas, ni con patrocinadores; se financian con la venta de calcomanías, e incluso el grupo de la tercera edad recolecta dinero "boteando" en la calle.

La conjugación de los dos rasgos principales que conforman su identidad, por un lado ciudadana, y por el otro de apoyo a un proyecto político tan ambiguo como *el cambio,* es sumamente vulnerable. Esto ha ocasionado distintas tensiones al interior del grupo, entre ellas las discusiones en torno a la manera como deben relacionarse con el PAN. Por ejemplo, discutieron si debían o no convocar al partido a los mítines de apoyo, prevaleciendo el rechazo a esta acción, aunque en la última marcha de apoyo al gobernador, realizada el 14 de noviembre de 1999, se decidió convocar al Partido y a la asociación Amigos de Fox (agrupación ciudadana constituida para brindar apoyo a Vicente Fox Quezada, candidato a la presidencia nacional por el Partido Acción Nacional). La presencia del PAN en la manifestación provocó que los medios informativos interpretaran la marcha como partidista y no como ciudadana. Otra tensión que provocó el rompimiento con uno de los líderes fundadores, se originó cuando este dirigente utilizó el nombre del grupo en una manifestación de apoyo al presidente municipal panista César Coll, sin haberlo consultado con los demás. El Grupo Cívico Apoyo al Cambio decidió aclarar ante los medios de comunicación que aquella acción no era de ellos, y lo desconoció como su representante. La identidad ciudadana del grupo también se ha visto amenazada por situaciones en que intereses políticos particulares han buscado sacar beneficio de la propia organización. Ello sucedió en uno de los mítines de apoyo, en que invitaron a un nuevo orador, quien en contra de los deseos del grupo los boicoteó y leyó un discurso a favor de Raúl Octavio Espinoza (quien fuera secretario de Gobierno), aun cuando el grupo había decidido no brindarle apoyo, por no estar de acuerdo con su manera de gobernar. Los manifestantes callaron al orador, y él nunca más volvió a participar en el grupo.

Ello muestra que su voluntad ciudadana (cívica y no partidista) no sólo se registra en el discurso, sino en una voluntad que tienen que refrendar en coyunturas particulares.

Trayectorias y redes individuales

Trazar las trayectorias individuales de los líderes y fundadores es relevante para caracterizar la identidad cívica política del grupo, ya que consideramos que su experiencia cívica acumulada, las redes sociales de cada individuo y sus marcos de valores, e incluso doctrinales, son fundamentales en la construcción y alcances de la identidad colectiva, sea por los rasgos particulares de liderazgo que le imprimen hacia el interior del grupo, sea por la forma de situarse y participar con el gobierno y la sociedad, pero también por la manera como se representan y son representados por los otros.

El Grupo Cívico Apoyo al Cambio funciona como una red de simpatizantes con el proyecto del gobierno panista de Alberto Cárdenas. Sin embargo, a su interior se pueden reconocer al menos tres trayectorias previas de liderazgos diferentes, pero convergentes. En términos generales, a través de estas trayectorias podemos detectar distintos referentes históricos de toma de conciencia ciudadana que marcan matices diferenciales al interior del conservadurismo.

Un primer núcleo, las Damas de la calle Madero, lo integra una decena de mujeres de la tercera edad, clase media, quienes participan de manera comprometida en las acciones del grupo. Algunas de ellas se formaron como líderes en la Acción Católica, donde les inculcaron el amor por la patria, por la religión y por la familia. Vivieron los tiempos de persecución religiosa, la amenaza comunista en época de Cárdenas y la amenaza de la educación sexual como parte de una campaña para debilitar a la familia católica. Algunas de ellas participaron en enfrentamientos violentos entre los católicos y el gobierno. Valoraban el martirio como una forma de resistencia frente a los abusos del gobierno anticlerical. Representan una memoria acumulada de una cultura sinarquista, que tiene como objetivo restituir el orden nacional a un orden católico; por ejemplo, consideran que los problemas sociales que se viven en México se deben a una crisis moral, y que en el fondo la única forma de resolver los problemas es volviendo a introducir la educación católica en el sistema escolar. Durante décadas percibieron al Estado (que comprendía el binomio PRI-Gobierno) como un enemigo en contra de la nación-católica. Ellas perciben que los derechos políticos ciudadanos estuvieron negados; primero por ser mujeres no se les reconoció el derecho a votar hasta el periodo presidencial de Ruiz Cortines, pero además recuerdan que las contiendas electorales eran violentas: "pura balacera". Han sido simpatizantes del PAN, desde los tiempos de Efraín González Luna, líder fundador del PAN, originario de Guadalajara. A partir de 1988, "Maquío" (Manuel Clouthier, líder nacional panista, que introdujo una actitud más pragmática para acceder al poder y encabezó una corriente a la cual se le conoce como neopanista) despertó la conciencia ciudadana, pues con su liderazgo y empuje sintieron que "podemos hacer algo". Este grupo de mujeres decide apoyar al actual gobierno, en primer lugar porque consideran que por fin la historia le está haciendo justicia al pueblo mexicano, que siendo fundamentalmente católico, fue privado de sus derechos de manifestación y asociación y de su derecho a elegir gobernantes.

En segundo lugar, la percepción conservadora y muy localista, basada en representaciones que articulan los valores de lo moral, la familia y lo local, y que perduran en la memoria bajo las expresiones de: "la gente bien", "gente decente", "las buenas familias" y "la gente conocida", tiene un peso para valorar positivamente al actual gobierno y decidir apoyarlo. Por ejemplo, en casos de funcionarios acusados públicamente por falta de transparencia y honestidad en las formas de ejercer el presupuesto, consideran que tales acciones van en contra de la honorabilidad de los funcionarios públicos, a lo que agregan: "conocemos desde niñas a la mayor parte de quienes forman el gabinete de gobierno, son ciudadanos comunes, no políticos. Son gente conocida de Guadalajara y sabemos que provienen de familias decentes. ¿Cómo vamos a dudar de ellos, si es un gabinete de lujo?"

Su percepción es que el gobierno panista ha sido atacado injustamente no sólo por los medios de comunicación, sino también por los empresarios, y aunque reconocen que ha habido "pequeños problemas" en la administración, no son comparables con los abusos y la corrupción del gobierno priista. Además, sostienen que los medios jamás mencionan los logros del actual gobierno, sólo sus errores. Consideran que la fiscalización realizada por los medios, más que favorecer una transparencia administrativa, conduce a obstruir la posibilidad del cambio democrático, y por ello sienten la necesidad de brindarle su apoyo al actual gobierno.

Un segundo núcleo, el de los hermanos Ortega Becerril: Gabriela, Ramón y Juan Pablo, representa un sentido ciudadano inspirado en los valores de democracia cristiana del PAN, que fue lidereado por el fundador del Partido Acción Nacional, Efraín González Luna. Su familia, desde su abuelo hasta su madre, fueron activistas del PAN, y a sus mayores los reconocen como una influencia importante, porque "siempre vimos cómo luchaban por la patria y se interesaban por los que menos tienen, por aquellos a quienes se les cometen injusticias en su vida, en su familia en su persona" (Ramón Ortega Becerril). Los Ortega Becerril desde niños acompañaron a su madre en el activismo político, y en muchos casos estuvieron al lado de ella cuando defendió las urnas en los fraudes electorales. Además de las influencias familiares, parte de sus valores y aptitudes de liderazgo la aprendieron de su experiencia en distintos grupos, algunos pertenecientes a la Iglesia católica, como son Testimonio y Esperanza, Jornadas de Vida Cristiana, Caballeros de Colón. Otros de índole social, como los *boy scouts* y un grupo universitario llamado Grupo Acción. Participaron en el voluntariado nacional en el terremoto de 1985 en el Distrito Federal; de esa experiencia comprendieron la importancia de la necesidad y el deseo de querer ayudar. Conocieron a Ana María Arias de Cordero en el primer mitin de apoyo al gobernador, y de ahí decidieron unirse al grupo. Juan Pablo, el hermano mayor, tomó parte del liderazgo del grupo para darle forma y estrategia, y establecer los contactos con los municipios. Dos de ellos han trabajado para el gobierno durante la administración panista en Jalisco, aunque no militan en el partido. Actualmente, han dejado de participar en el grupo.

Un tercer núcleo está integrado por tres mujeres Maru Veytia, Tere López Alba (quienes no pertenecían a grupo alguno) y Ana María Arias de Cordero, quien como veremos más adelante tenía una importante trayectoria en diversos grupos conservadores. Este núcleo es el fundador y mantiene el liderazgo. Tiene su momento de inflexión en el proyecto del DHIAC encabezado por Manuel Clouthier ("Maquío") y los líderes empresariales de Coparmex.

Ana María es la dirigente del GCAC. Antes había participado en Alianza Fuerza de Opinión Pública (AFOP), y después en la campaña A Favor de lo Mejor de los Medios. Dichos grupos (el primero local y el segundo nacional) emprendieron desde 1993 una cruzada para combatir los mensajes y contenidos "inmorales" de la televisión, aquellos que atentaban contra los valores conservadores, basados en la defensa de la familia, las costumbres y los valores católicos. Participó, como parte de AFOP, en las observaciones electorales promovidas por la Confederación Patronal de la República Mexicana (Coparmex, una asociación empresarial cuyos asociados son libres y no sectoriales como las cámaras), de la cual su esposo ha sido director en Jalisco durante 14 años. También fue funcionaria de casilla a través del Instituto Federal Electoral (IFE). Actualmente es miembro de la Junta de Gobierno de Desarrollo Integral de la Familia (DIF) de Guadalajara, así como de la Comisión de las Zonas Rurales. Participa como Consejera Nacional en el grupo Coordinadora Ciudadana, y fue fundadora de la delegación Jalisco, en donde tuvo un papel fundamental gracias a su poder de convocatoria entre los empresarios locales. El objetivo de este último grupo es la educación cívica y la formación de líderes políticos, con la finalidad de abrir brecha en la participación de los ciudadanos en la vida política; la forma como lo hace es buscando el apoyo de los empresarios.

Ana María participa simultáneamente en distintos frentes ciudadanos, donde sobresalen los de índole moral y los de derechos políticos. Goza de una ubicación privilegiada, pues por un lado conoce el ambiente empresarial, tanto local como nacional, gracias al liderazgo que su esposo ha tenido en Coparmex, en el Centro Empresarial de Jalisco; por otro lado, ha participado en las campañas de moralización en contra de los medios de comunicación emprendidas por AFOP, donde participaban grupos y asociaciones cívicas católicas de tendencias ultraconservadoras, como Provida, Asociación Nacional Cívica Femenina (Ancifem), Unión Nacional de Padres de Familia (UNPF), Amiga Moral y Fundice. Dichas cruzadas se hicieron visibles públicamente a partir de marzo de 1993, pero con el ascenso del PAN en Jalisco abandonaron la escena pública local como escenario de sus demandas. Esto porque, por un lado, ampliaron su radio de influencia de lo local a lo nacional, y por otro lado, dado que Maribel Alfeirán de Coll, una de las líderes de la Alianza es la esposa de César Coll, presidente municipal de Guadalajara (1994-1997); el resto de las líderes pudo intervenir en las políticas familiares de manera directa a través del DIF Guadalajara. AFOP se caracterizó por oponerse a cualquier iniciativa de despenalización del aborto; han emprendido campañas de boicot comercial y censura sobre programas de televisión y campañas publicitarias cuyos contenidos o imágenes consideran que denigran a la mujer y amenazan contra la unidad familiar; han bloqueado las campañas de planificación familiar que supuestamente fomentan el "libertinaje sexual" (por ejemplo la labor de Mexfam en las secundarias públicas),[3] y han clausurado, con el apoyo de los anteriores gobernadores priistas, centros nocturnos o de diversión juvenil que, consideran, atentan contra las buenas costumbres, etcétera (véase De la Torre, 1998).

Ana María Arias de Cordero ha incursionado también en actividades cívicas a favor de la democracia participativa, mediante distintas iniciativas ciudadanas: observaciones electorales a través de Coparmex, educación cívica para el liderazgo político a través de Coordinadora Ciudadana. Sin embargo, ella sabe que parte de la estrategia es respetar el campo especializado de acción (medios, moral, política partidaria o ciudadana, seguridad pública) al que se dedica cada organismo.

[3] Mexfam es uno de los principales grupos promotores de la educación sexual en el país. Está vinculado a organismos internacionales que operan en este campo.

Redes personales y grupales de Grupo Cívico Apoyo al Cambio

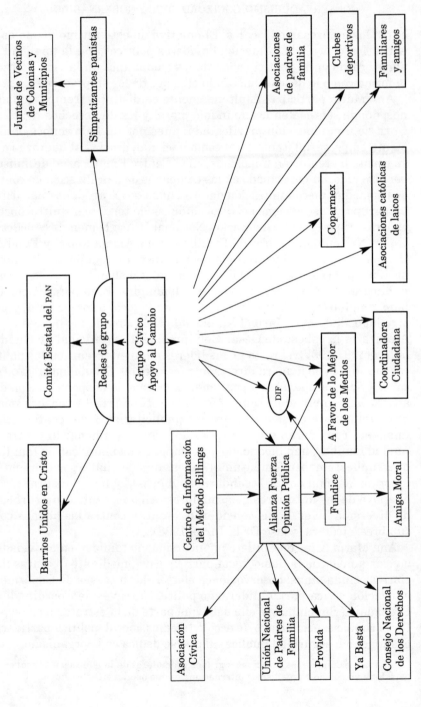

Pero, resulta difícil no pensar que la suma de sus esfuerzos no se inscriba en un proyecto mayor que le dé sentido, que consideramos que es el de la versión conservadora de la política y de la ciudadanía.

Actividades

Aunque el grupo no cuenta con un programa definido de actividades, ni siquiera en materia de educación cívica, ésta se realiza mediante actividades no formales. Entre las principales se encuentran las pláticas con funcionarios públicos, que en un inicio se organizaban cada mes pero después fueron esporádicas. Como una forma de establecer el diálogo entre ciudadanía y gobernantes, antes de la reunión levantan una encuesta de opinión sobre los asuntos más importantes que tienen que ver con la secretaría que el expositor tiene a su cargo. Los datos son analizados y al funcionario se le entrega un balance ciudadano de su gestión. En algunas de las encuestas también se proponen soluciones a problemas detectados. Este tipo de reuniones establece un espacio de interlocución entre ciudadanía y gobernantes.

Año con año, los simpatizantes del actual gobierno se manifiestan para celebrar el aniversario de toma de poder del gobernador Alberto Cárdenas. Los miembros del grupo consideran este evento como la fiesta cívica de la democracia. Se lleva a cabo en las puertas del Palacio de Gobierno. Consta de un informe anual presentado por el gobernador y algunos funcionarios invitados, un discurso por parte de algún líder del Grupo Cívico Apoyo al Cambio, y una fiesta popular para celebrar su aniversario.

Una de las integrantes del grupo establece las diferencias entre esta celebración y aquellas que los priistas acostumbraban realizar el día del informe de gobierno: ahora son ciudadanos que asisten de manera voluntaria a las celebraciones y no sindicalizados acarreados a los mítines. Ella explica que quienes participan en el mitin lo hacen porque están convencidos, porque así lo sienten, y su acción es una prueba del liderazgo genuino del gobernador.

A la fecha se han realizado cuatro manifestaciones. La primera tuvo lugar el 2 de marzo de 1996, con motivo del primer aniversario de la toma del poder de A. Cárdenas y contó con la presencia de más de 1 000 personas. Se organizó para frenar y contrarrestar la campaña de algunos medios informativos contra el gobernador panista. Algunas de las consignas, proclamadas en el evento, fueron: "Beto, amigo, Dios está contigo", "Estamos orgullosos de usted". La oradora fue la dirigente de

GCAC y, en esa ocasión, manifestó: "En Jalisco gobierna la sociedad". La segunda manifestación tuvo lugar el 1º de marzo de 1997 con asistencia, según la prensa, de entre 600 y 2 000 personas. Nuevamente la oradora fue la dirigente de GCAC y en su discurso expresó: "El gobierno de Cárdenas se equivoca y rectifica, avanza y lucha por erradicar vicios". En esta ocasión, cuestionó la inseguridad pública existente en la entidad. La tercera manifestación ocurrió el 27 de febrero de 1999. Según la prensa, la oradora resaltó que "en todos los frentes, este gobierno sólo tiene aciertos y récords" *(Mural,* 28 de febrero de 1999). En la cuarta manifestación, la relación *cuasi* partidaria existente entre GCAC y el gobierno panista fue mucho más clara. Tuvo lugar el 14 de noviembre de 1999. Informantes entrevistados durante la marcha sostuvieron que ésta fue convocada por el comité estatal del PAN, mientras que el GCAC afirma que lo hizo él, aunque "habló al partido para que ayudara" (entrevista). Su finalidad era brindar apoyo al gobierno panista que en ese momento estaba siendo cuestionado por reprimir violentamente una manifestación del movimiento El Barzón, encabezada por el diputado Maximiano Barbosa. No deja de ser irónico que este acto tuviera también como objetivo criticar las manifestaciones callejeras, como la que llevó a cabo dicho diputado al bloquear, primero con animales de granja y después con tractores el centro histórico de Guadalajara. Según la prensa, asistieron alrededor de 3 000 personas; la dirigente afirma que fueron 7 000; en todo caso, fue la más numerosa de las cuatro realizadas. Más de la mitad de los asistentes eran simpatizantes o miembros del PAN provenientes de varios municipios de Jalisco o del país, pero no de todas las fracciones del partido. Por ejemplo, estaban presentes las bases panistas de los municipios foráneos, la organización Amigos de Fox (proporcionó 40 camiones para trasladar a las bases de apoyo del estado de Jalisco, que venían de participar en el mitin de apertura de campaña de Vicente Fox el día anterior en la ciudad de México). Por otra parte, era notoria la ausencia de las bases panistas de los municipios de Guadalajara y Zapopan (cuyos presidentes municipales son los hermanos Ramírez Acuña).[4]

A pesar de ello, la convocatoria se hizo por parte del Movimiento Cívico por el Cambio (nombre nuevo que adoptó ese día el grupo en cuestión). Su dirigente es, *de facto,* una operadora política del gobierno en su relación con la sociedad, casi una secretaría de gobierno sin cartera. El orador fue un joven perteneciente al grupo Barrios Unidos en Cristo, integrado por ex drogadictos de colonias populares y vincu-

---

[4] Los dos hermanos Ramírez Acuña contienden como precandidatos del PAN a la gubernatura de Jalisco.

lado a la Iglesia católica. Entre las afirmaciones de su discurso, destacan: "Maximiano se embarró sangre en la cara [...] [los barzonistas] no buscan soluciones sino problemas" y "El gobernador se pasó de tolerante".

Otra de las actividades del grupo, o al menos de sus líderes, es el ser enlace entre las demandas ciudadanas y los gobernantes. En ocasiones, ante situaciones problemáticas, la gente común se acerca a los líderes del grupo y les solicitan que atiendan ciertos problemas en las reuniones, también denuncian irregularidades de ciertos funcionarios (principalmente panistas), y les llevan pruebas para que gestionen las denuncias, aunque esto no se publicita. Los líderes se encargan de recoger las denuncias y las pruebas y las hacen llegar a las autoridades que juzgan pertinentes. De igual manera recurren a la coordinadora del GCAC para llevarle cartas de apoyo a los funcionarios panistas. En una ocasión, cuando el anterior presidente municipal de Guadalajara, César Coll (1995-1998), estaba siendo atacado por haber propuesto un posible "toque de queda" en la ciudad,[5] le entregaron 7 000 cartas de apoyo. En ocasiones, han tenido que calmar los ánimos de "la gente" que desea salir y manifestarse en la calle (ello sucedió con motivo del bloqueo que los diputados de oposición, que conforman la Cámara de Diputados, hicieron a la iniciativa del crédito japonés para financiar obras hidráulicas en la ciudad), ante lo cual Ana María buscó establecer los canales de diálogo directo con el gobernador, a fin de evitar la manifestación pública que tensara el clima político para el gobierno.

Por último, una actividad que aunque no es formal es constante, es el hacer presencia en los medios de comunicación, a fin de contrarrestar lo que consideran desinformación o deformación de los hechos por parte de los noticiarios. Esta acción no sólo la realizan los líderes, sino también el grupo de mujeres de la tercera edad, que sistemáticamente monitorean los noticieros en televisión, radio y prensa, ello les permite estar bien informadas de todo cuanto se dice de los gobernantes, asimismo se distribuyen la tarea de participar en los espacios de opinión abiertos al público, sea a través de cartas o de llamadas telefónicas.

El grupo prevé que para el futuro próximo emprenderá una etapa de mayor estructuración interna y que volverán a retomar la organización de foros, sobre todo por el interés que revisten las próximas elecciones, nacionales y locales. Sin embargo, éstos fueron suspendidos, en parte porque consideraron que no deben interferir en la etapa de las precandidaturas, pues eso es interferir con las dinámicas propias de los parti-

---

[5] Éste consistió en una recomendación del presidente municipal de que la gente no anduviera en las calles después de las 10 de la noche, porque sería visto como sospechoso.

dos. Por lo que los foros serán reanudados como lugar de acercamiento y diálogo de la ciudadanía con los candidatos oficiales.

CÍRCULO DE MUJERES POR MÉXICO Y PARA MÉXICO

Orígenes e identidad grupal

El Círculo de Mujeres por México y para México se fundó en Guadalajara en 1994, por iniciativa de un grupo proveniente de la ciudad de México, que buscó establecer contacto con mujeres de clase media alta interesadas en formar parte de una red nacional de mujeres en interacción. Dicha iniciativa fue presentada como un movimiento con autonomía de los partidos políticos e intereses específicos. Sin embargo, era parte de la estrategia de campaña política a la presidencia del candidato priista, Luis Donaldo Colosio, para establecer nexos con sujetos sociales que tradicionalmente han estado rezagados en el ámbito político: mujeres de clase media alta. El primer paso fue detectar líderes con dichas características en distintos estados de la República para que conformaran una red nacional.

En Guadalajara, a través de su maestra de un taller de autoestima, contactaron a Marisela Moguel y la invitaron a formar el grupo de mujeres en Guadalajara. Ella nunca había participado ni militado en ningún tipo de movimiento público de índole cívico o político, aunque tenía experiencia de liderazgo en comités de padres de familia y en acciones asistencialistas. El padre de Marisela era priista (fue senador por Chiapas), por eso los temas políticos no le eran tan ajenos, pero sobre todo era alguien que se preocupaba por la crisis económica que estaba golpeando a la clase media y también por la crisis política del Estado: "Me casé muy joven. Como ama de casa participé en acciones relacionadas con mis hijos. Cuando mis hijos crecieron me di cuenta de que estaba desperdiciando mucha energía, por otro lado la crisis económica por la que pasamos me está impulsando a salir de mi ámbito privado para participar como ciudadana y para exigir un buen gobierno" (Maricela Moguel, entrevista, noviembre de 1998).

La red fue bautizada como Mujeres en Interacción, posteriormente como Mujeres y Punto. El grupo en Guadalajara se conformó con 30 mujeres y Marisela fue elegida como presidenta, entonces bautizaron al movimiento como Círculo de Mujeres por México y para México, mismo que fue registrado como Asociación Civil. Las primeras tareas del grupo fueron la promoción de la red en otros estados de la República y la organización interna. El círculo asumió una identidad cívica política pero no partidista. Su primer objetivo a alcanzar era brindar educación cívica que ayudara a potenciar el liderazgo femenino, pues ante la escasa experiencia de las integrantes en el campo político, se requería de una formación inicial que en el futuro próximo les permitiera participar en la política; para ello se decidió que la forma inicial de trabajar sería a través de foros semanales, que tuvieran la función de brindar educación y formación.

A los pocos meses, el candidato fue asesinado, y tras su muerte el grupo local cayó en la cuenta de que detrás de la invitación estaba una estrategia política vinculada a una corriente al interior del PRI. Sin embargo, a pesar de saberse manipuladas, decidieron continuar con sus acciones y refrendar su carácter cívico-político, con identidad plural y su no afiliación partidista.

Durante dos años y medio, el círculo formó parte de la Red Nacional de Mujeres y Punto; sin embargo, la relación entre ellas fue más bien escasa en cuanto a enlace e información. En 1996, durante un evento nacional coordinado por la red al que asistieron representantes de distintos estados del país, el círculo sufrió el rompimiento con la red y simultáneamente una escisión interna. A Maricela se le criticaba por comprometer al grupo con el Partido Acción Nacional y la presionaron para que renunciara a su liderazgo. No obstante, la mayoría de los integrantes del círculo decidieron romper con la red, y continuar como grupo independiente. De aquí surge un nuevo grupo que se llamó Mujeres y Punto en Jalisco, liderado por Silvia Franco, quien pertenecía al círculo.

Composición interna

El CMPMPM, en contraste con GCAC, sí tiene una estructura de organización interna formal, que consiste en una instancia de discusión y toma de decisiones colectivas que se realiza mediante una Mesa Directiva, conformada por nueve mujeres, la cual preside Marisela Moguel, quien ejerce un fuerte liderazgo sobre el grupo y además tiene excelentes relaciones con la élite local de Guadalajara. Participa frecuentemente en distintos foros ciudadanos y se encarga de mantener presencia pública a través de los medios de comunicación, mediante una columna de opinión en un periódico local y un programa semanal de radio. La mesa directiva se reúne semanalmente, ahí se presentan propuestas, se discuten y se toman las decisiones por consenso. Quienes forman parte de la Mesa Directiva tienen a su cargo comisiones específicas (de comunicación interna, de cobranza, de organización de los foros, etc.). Para participar de manera permanente en el círculo se requiere estar inscrito en él. Las socias además se comprometen a pagar una cuota mensual para cubrir los gastos de organización de actividades del círculo. El círculo está formado por 40 socias y en sus foros participan un número similar de simpatizantes.

Al principio, las integrantes del círculo formaban parte de un sector social específico de Guadalajara: mayoritariamente mujeres de clase media alta. Ello en parte por la posición social de las fundadoras, y porque el local fijo está ubicado en una de las colonias residenciales más exclusivas de Guadalajara: Colinas de San Javier. Sin embargo, esto fue cambiando: "primero venían las 'señoras de Colinas', las más bien vestidas de Guadalajara. Venían muchas, porque era la moda. En ese entonces todo el mundo quería hablar de política. Pero después dejaron de asistir porque no venía la prensa y pensaban que si no salías en el periódico, no era importante" (entrevista con las mujeres del círculo, 6 de octubre de 1999). Sin embargo, en tiempos recientes se han acercado al círculo mujeres profesionistas y empresarias. También, aunque en menor medida, se han vinculado algunas mujeres de clase media y popular. Aunque expresan que les gustaría que asistieran más mujeres de "la periferia", consideran que la ubicación de su sede representa un impedimento. Pero a la vez lamentan no contar con los medios para llevar los foros a las colonias populares.

Las participantes conocieron al grupo por redes de amistades y familiares, otras, las más recientes, se han ido acercando por contacto con las actividades del círculo. En su mayoría son amas de casa, de edad adulta (entre los 45 y los 70 años), algunas son esposas de empresarios locales, no tienen estudios profesionales (aunque algunas están actualmente estudiando) y, en general, las líderes compartieron una etapa de vida en que los hijos crecieron, por lo que su rol de madres ha dejado de exigirles tiempo completo.

A través de las entrevistas realizadas a distintas mujeres que participan en el círculo, se pudo comprobar que al interior del mismo existe pluralidad en cuanto a sus simpatías con partidos y líderes políticos. Este grupo no tiene ninguna relación con la Iglesia católica, y aunque todas comparten ese credo, se pronuncian abiertas a aceptar gente de otras religiones. A Marisela, le reconocen su liderazgo por su capacidad para mediar en las diferencias entre socias con posiciones y simpatías políticas divergentes. Esto en gran medida se logró porque por encima de las diferencias políticas existía la meta compartida de unir esfuerzos para lograr una mayor proyección de la mujer en la sociedad.

Actividades

El Círculo de Mujeres por México y para México tiene objetivos más amplios que el Grupo Cívico Apoyo al Cambio, de ahí que sus actividades sean más diversificadas.

El primer objetivo es la educación cívica sobre los derechos y obligaciones que los ciudadanos deben tener con respecto al ámbito político. Éste se logra a través de los foros semanales, que consisten en crear un espacio de interlocución entre funcionarios públicos y el grupo, al cual han asistido distintos funcionarios públicos e incluso en fechas recientes, han participado todos los precandidatos del PRI a la presidencia de la República y los candidatos de los partidos de oposición. El foro consta también de conferencias especializadas en temas varios que pretenden fomentar la conciencia ciudadana orientada a saberes prácticos (por ejemplo, sobre historia, literatura, ecología, enfermedades propias de la mujer, educación a los hijos, primeros auxilios, etc.). Los foros jamás han incluido temas relacionados con el catolicismo, ni con la moral. A ellos han asistido más de mil mujeres. Los foros permiten un diálogo más directo, humano y permanente entre las autoridades políticas y el grupo. Durante las campañas electorales, favorecen la creación de espacios donde los candidatos a puestos de elección popular puedan presentar sus programas de gobierno y dotar a los asistentes de la información suficiente para razonar su voto. Los foros también han sido importantes en coyunturas con problemas de interés público o en asuntos polemizados por posiciones divergentes; en estas situaciones invitan a actores que representan las posiciones encontradas, a fin de que cada cual se forme su criterio. Incluso para tratar el tema de la seguridad pública, el propio gobernador le solicitó al grupo que le programara una sesión especial para presentar su propio punto de vista sobre el problema. Los foros son asimismo espacios donde las mujeres han adquirido competencias para la participación ciudadana: han aprendido a hablar en público, a formular preguntas y a cuestionar y opinar sobre los asuntos de gobierno.

En las reuniones llama la atención el trato familiar que se les da a los invitados y ponentes, a quienes se les habla de tú y se les saluda de beso, sin importar su jerarquía. También es notorio que las organizadoras son excelentes anfitrionas, e imprimen a las reuniones una atmósfera refinada y hospitalaria gracias a sus habilidades adquiridas como amas de casa. Asimismo, las dirigentes ven en el foro una escuela para los gobernantes, quienes han aprendido a respetar y tomar en serio al grupo de mujeres, a saber que tienen compromiso con los ciudadanos, a saber que hacer política no sólo consiste en hablar bien, sino también —y fundamentalmente— en saber escuchar. Muestra de ello es que los políticos solicitan que el grupo los invite, además de que a su líder la han invitado a intervenir en reuniones sobre seguridad pública organizadas por los empresarios, pero también a participar en iniciativas populares para el combate de la violencia intrafamiliar, donde participan ONG de orientación feminista y de izquierda. La líder ha conquistado el reconocimiento de los sectores empresariales, la red de ONG local y de las personalidades políticas nacionales y locales, que la invitan a participar en diferentes congresos y que la empiezan a considerar como una importante líder de opinión de la localidad.

Otra actividad interna del círculo es la de formar lideresas políticas, para ello se organizan seminarios de liderazgo, que contemplan las áreas de comunicación, mercadotecnia, oratoria, etc. Incluso se dice que en el momento actual cuatro socias están preparando su lanzamiento como candidatas independientes, por el partido Verde Ecologista.

Trayectorias y redes

Marisela participa como responsable del Consejo Técnico de ONG, lugar desde el cual puede entablar contacto con los representantes de distintas organizaciones no gubernamentales presentes en la región. Además de que tiene una columna semanal en el periódico *Mural* y conduce un programa de radio semanal en una estación comercial.

El círculo, como grupo, ha buscado ampliar su presencia pública en la sociedad local, mediante la participación en acciones de carácter cívico, campañas e iniciativas ciudadanas, donde interactúa con otros grupos locales con quienes comparte objetivos específicos. Estos apoyos por lo general se dan con otras organizaciones no gubernamentales, especialmente aquellas que comparten la militancia por los derechos de la mujer. Por ejemplo, en 1996 y 1997 las coordinadoras participaron —en alianza con ONG de mujeres de Jalisco, algunas con características más progresistas, de izquierda y feministas, como son Centro de Investigación y Apoyo a la Mujer (CIAM), Centro de Asesoría a Movimientos Populares de Occidente (CAMPO) e Instituto Mexicano para el Desarrollo Comunitario (IMDEC)— en la comisión que iba a representar a las mujeres de Jalisco en la Conferencia Mundial de Mujeres llevada a cabo en Pekín. Para la firma del documento de la agenda, se buscaron apoyos de los diferentes partidos políticos, aun de los pequeños. También se han establecido tareas conjuntas con la Asamblea Jalisciense de Apoyo a Chiapas (AJACH). El círculo participó en la propuesta ciudadana de ley contra la violencia intrafamiliar (propuesta por el colectivo Voces Unidas) y tiene relación con algunos grupos que conforman la Red de Mujeres de Guadalajara, no con todos, sino con los que consideran afines; por ejemplo, su presidenta afirma que con el grupo Patlatonalli (un grupo lésbico local) no podrían colaborar.

Paralelamente han participado en iniciativas de ley de seguridad social impulsadas por grupos empresariales —por ejemplo, Grupos Unidos contra la Violencia—, en la iniciativa empresarial para aumentar la penalidad de los secuestradores, y en un grupo privado de seguridad llamado "22 de Abril" que se fundó para combatir la delincuencia organizada.

Estas mujeres participan tanto en las iniciativas populares como en las empresariales porque comparten la preocupación por la inseguridad social y la violencia, pero no comparten cabalmente las estrategias de solución al problema ni de las ONG de izquierda ni de los sectores empresariales. De las primeras, opinan que requieren de un acercamiento con otros sectores de la sociedad, que necesitan establecer más cercanía con el gobierno y que están atravesando por conflictos internos. Incluso consideran que la razón por la cual los grupos de izquierda las invitan (aunque al principio desconfiaban mucho de ellas por ser mujeres de clase alta), es porque se han ganado la confianza de esos grupos y porque tienen mejores relaciones con el gobierno. De los segundos, opinan que tienen una visión muy reducida del problema social de la inseguridad pública, pues sólo se preocupan por cuidar sus espaldas cuando se sienten amenazados por los secuestros. Y aunque admiten no tener una propuesta definida para solucionar los problemas de violencia, vislumbran la necesidad de cambiar leyes, pero sobre todo propiciar una cultura de la denuncia que rompa con la impunidad del delito. Consideran que su labor más importante es la de hacer puentes entre los sectores populares y los empresariales, y que esa tarea la realizan vertiendo los puntos de vista de aquellos en las reuniones de los grupos de empresarios, e incluso en una ocasión invitaron a miembros de ONG representantes de sectores populares a participar en las iniciativas de ley del grupo empresarial México Unido contra la Delincuencia. Esto les abre un nuevo reto: ser puente entre las ONG y los empresarios "porque unos y otros se necesitan", pero también contemplan el reto de ser puente entre "ciudadanía y ciudadano". Por otra parte, piensan que tanto unos como otros grupos no ven la parte sencilla de la sensibilidad de la mujer, que tiene un papel primordial para generar una cultura de la convivencia armónica al interior de las familias que repercute en el ambiente social.

Este grupo, a diferencia del anterior, tiene también actividades de asistencia social, aunque ésta no es la característica que define su identidad, pero como expresó una de sus dirigentes: "nadie puede escapar de la asistencia social y más si estamos hablando de congruencia de amor hacia el ser humano" (Leticia Rivera, noviembre de 1998). Por ejemplo, brindan ayuda a las mujeres del penal. Esta acción se ve como una solidaridad de género, que según la percepción de su experiencia es un momento en que se borran las diferencias entre distintas clases sociales. Su actividad es visitarlas y convivir con ellas. Ello ha sido un importante aprendizaje para las mujeres pues han reconocido que ellas y las otras son iguales, y han aprendido a comprender que detrás de las presas hay seres humanos que sienten y sufren, y que como madres y esposas se enfrentan a problemas y angustias similares. Dicha experiencia las ha sensibilizado en su posición frente a la solución de la violencia y delincuencia, reflexionando que la mano dura afecta a las familias y a las madres que sufren igual que ellas.

Nunca han recibido apoyo económico de las cámaras o colegios de profesionales locales. Reciben apoyo económico del Club Privado San Javier, un club social de clase media alta (ubicado en la misma colonia que su sede) que año con año realiza una obra de teatro para recabar fondos para las actividades altruistas y de asistencia social del grupo con la comunidad indígena de huicholes, del estado de Jalisco.

Las líderes del Círculo son mujeres que hacen un esfuerzo por estar presentes en los asuntos y eventos más importantes de la ciudad. Además de la importancia que reviste el tipo de actividad que desarrollan, han ido ganando presencia y reconocimiento de los organismos ciudadanos, pero no gozan de un reconocimiento amplio de la sociedad local, incluso no han sido bien vistas por la prensa. Otra muestra de sus logros es que los funcionarios públicos aceptan las invitaciones que les extienden, y aprecian las acciones del movimiento.

Considerados conjuntamente los datos sobre la creación, estructura y actuación de los dos grupos, es claro que poseen un perfil conservador porque manifiestan un interés central en la defensa de valores tradicionales o morales y religiosos. Pero también demuestran que su campo de acción no se reduce a ello. Su especificidad estriba en la dimensión cívica y en su acción política *de* y *desde* la sociedad y en el establecimiento de nuevas relaciones con el gobierno.

A continuación, con base en la información presentada ya sobre los dos grupos, analizamos, de manera comparativa, su contribución a los dos ejes que estructuran este trabajo: la consolidación política de la sociedad (apartado 4) y la gobernabilidad democrática (apartado 5).

Los grupos conservadores y la afirmación política de la sociedad civil

Por fortalecimiento político de la sociedad entendemos su desarrollo autónomo del Estado y del mercado y la creación de un espacio público así como su intervención en él. Para analizar la contribución a dichos procesos, a nivel local, por parte de los dos grupos estudiados, tenemos en cuenta tanto el proceso político por el que sus integrantes han pasado, como el peso específico que posee la aportación socio-política que ellos realizan. En el primer caso, se trata de la trayectoria que, a este respecto, han tenido las dos organizaciones estudiadas y, en el segundo, de la relevancia de las acciones que han llevado a cabo. Más específicamente, este análisis lo efectuamos considerando la concepción y prácticas de los dos grupos en torno a los siguientes indicadores: *a)* la relación que establecen entre lo partidario y lo cívico; *b)* la intervención en los procesos electorales; *c)* tres dimensiones del ejercicio de los derechos políticos de intervención: el acceso a la información, la capacidad de propuesta y la contraloría ciudadana a los gobernantes; *d)* la educación cívica, y *e)* su vinculación con otros actores de la sociedad. La hipótesis que subyace a este acercamiento es que las orientaciones y comportamientos de los dos grupos en torno a dichos indicadores manifiestan el rol que están jugando para lograr la consolidación *política* de la sociedad.

Lo partidario y lo cívico

La creación de un proyecto ciudadano constituye un factor determinante en la consolidación de la sociedad civil. Implica la manifestación de su autonomía en el campo de la política. Manteniendo la importancia y necesidad de los partidos políticos, lo anterior implica la constitución de un ámbito de expresión y acción propio.

En los grupos estudiados, llaman la atención algunos rasgos compartidos de asociativismo político. El primero es que se trata de asociaciones voluntarias, no partidistas, formadas por ciudadanos y emanadas de la sociedad civil. Aunque mantienen vínculos con sectores empresariales y con partidos políticos, no establecen relaciones orgánicas con ellos ni les están supeditados. El segundo es que ambos representan la búsqueda de participación y liderazgo político de las mujeres, especialmente en el caso del CMPMPM. Un tercer rasgo es que, aunque no tienen una afiliación partidista, sus idearios encuentran afinidades con la

Redes personales y grupales del Círculo de Mujeres por México y para México

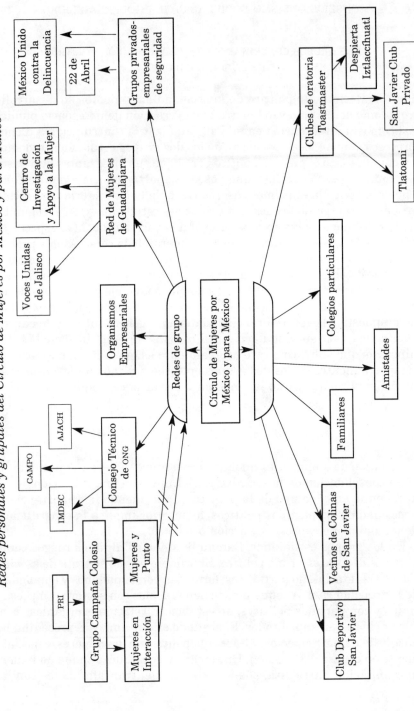

derecha local, especialmente con el Partido Acción Nacional (PAN), que contempla la doctrina social cristiana como parte de su ideario. También son cercanas a la derecha empresarial, con la que comparten los valores de la familia como célula principal de la sociedad, de la propiedad y de las sociedades intermedias. Sin embargo, difieren de los empresarios en algunas coyunturas y conflictos sociales, sobre todo, por considerar que éstos hacen pasar por proyecto de la sociedad en su conjunto el que responde a sus intereses particulares.

Estas nuevas experiencias de asociativismo político no tienen en su agenda la acción reivindicativa. Su principal objetivo es constituirse en interlocutores ciudadanos de los gobernantes, sea para dar apoyos o para hacer señalamientos críticos, y no tanto en grupos de interés o de presión. Otra de sus metas es contribuir en la educación cívica política de los ciudadanos, despertando su conciencia acerca de sus derechos y responsabilidades políticos. Asimismo, se interesan en la creación de relaciones entre gobernantes y ciudadanos más dialógicas, democráticas y participativas.

A partir de este perfil político básico, los dos grupos comparten un sentido similar sobre "lo cívico". Los miembros del CMPMPM consideran como ciudadanos a "todos los que no estamos en el gobierno", mientras que para los del GCAC son ciudadanos "todos los que conformamos el pueblo" (entrevista). Esta concepción es bastante general. Creemos que se debe a dos razones, la primera es que no existen teóricos ni intelectuales orgánicos de la derecha en este momento en el país que orienten la reflexión y el ideario político de las vertientes conservadoras. La segunda, es que en los grupos estudiados predomina la información y el activismo, en vez de la formación sistemática sobre conceptos y proyectos políticos.

El peso de lo cívico es mayor en el CMPMPM que en el GCAC. En el primero predomina su orientación como enlace con la sociedad, mientras en el segundo lo más significativo es su relación con el gobierno.

En los dos grupos, el grado de autonomía partidaria es distinto. En el caso del GCAC la influencia ideológica del PAN y la simpatía por él son claras. Igualmente lo es el apoyo que brindan al gobernador A. Cárdenas, como ya especificamos. Aunque el CMPMPM se originó en un grupo de inspiración priista, actualmente, no mantiene nexos con él y es más libre que el GCAC respecto de los partidos.

El interés por la construcción de una *política ciudadana* es común a los dos grupos. Por parte del GCAC, una de sus integrantes expresó: "La cultura de la participación es uno de nuestros logros importantísimos" (G. Ortega B.). Y la propia dirigente del mismo grupo expresa el efecto ciudadano que ha tenido para ella su pertenencia al grupo: "Ahora soy más crítica; trato de estar informada de lo que está pasando; ya no me puedo quedar sin hacer nada... y doy mi punto de vista al gobierno y a los medios de comunicación, en el ámbito que sea" (entrevista).

Como también asentamos en el inciso anterior, ambos grupos han llevado a cabo varios tipos de acciones relacionadas con la generación de una política ciudadana. Algunas son similares y comunes; otras son propias de cada grupo. Por parte del GCAC, son frecuentes las cartas enviadas por su dirigente a la redacción de varios periódicos locales. En ellas, aborda diferentes temas relevantes en la coyuntura y fija su posición personal y, a menudo, la de su grupo. Sobresalen las dedicadas a motivar a los ciudadanos a que asuman su responsabilidad como funcionarios de casilla, demuestren el valor cívico en las elecciones, tengan la valentía de exigir electoralmente el cambio político, denuncien las anomalías electorales antes, durante y después de las elecciones, razonen su voto, defiendan el bien común y respeten la pluralidad de opiniones y pensamiento de los jaliscienses *(dossier* de cartas).

Por su parte, la dirigente del CMPMPM sostiene que "el factor principal de identidad que nos une es que somos mujeres con deseos de participar en política como ciudadanas". Asimismo advierte que "las actitudes electoreras de los partidos y el poco interés por el bienestar del pueblo ha obligado a los ciudadanos a crecer y a inventar nuevas formas de hacer política... para asumir con madurez su papel ciudadano" *(Mural,* 1° de febrero y 21 junio de 1999). Como ya aludimos, además de enviar también cartas a la redacción de varios periódicos locales, es significativa la actividad pública desplegada por su presidenta como columnista de un periódico local y conductora de un programa radiofónico. Ambas actividades las realiza semanalmente y en ellas es clara la intención de despertar y formar la conciencia ciudadana de sus lectores y oyentes. Sus intervenciones en los medios de comunicación pueden considerarse como parte del proyecto ciudadano del grupo en la medida en que cuentan con su respaldo y transmiten sus inquietudes, puntos de vista y objetivos colectivos. Por otra parte, la dimensión ciudadana de estas acciones estriba en el tipo de temas que se abordan. La revisión que hemos realizado de las cartas, columnas periodísticas y programas radiofónicos señala que éstos son de interés generalizado. El impacto producido por estas acciones depende del número de lectores de los periódicos o de la audiencia radiofónica. Empero, la identificación social de que son objeto ambas dirigentes señala que sus mensajes son leídos y escuchados.

Reconociendo el perfil ciudadano de estos grupos, es necesario reconocer que su desvinculación partidaria coexiste con el interés, manifestado abiertamente por parte de algunos de los miembros del CMPMPM, por acceder a algún puesto público. Esta situación no se da en el GCAC; su dirigente no tiene intención de acceder a dichos cargos. Al respecto, la dirigente del CMPMPM afirma: "Las mujeres en Jalisco estamos listas para ocupar los lugares que habíamos dejado vacíos" *(Mural,* 5 de julio de 1999). Es decir, se plantean la recuperación de espacios políticos, que consideran ya existentes y que les pertenecen.

Las situaciones anteriores obligan a plantear, por lo menos, dos preguntas: la primera es: ¿Qué diferencia real (no formal) existe entre un activista de estos grupos (por ejemplo del GCAC) y un afiliado a un partido (en este caso, el PAN)? Es claro que el CMPMPM no ha participado en la organización ni ha asistido a las manifestaciones de apoyo al gobernador que realiza el GCAC. Este grupo proporciona un apoyo y legitimación al gobernador panista en un grado similar al que lo hacen los afiliados a este partido. De hecho, en una carta, publicada por su dirigente, expresaba al gobernador, a los siete meses de su administración, que por "su calidad humana, honradez y fortaleza para enfrentar todos los problemas... tenemos toda nuestra confianza en Ud." *(Público,* 7 de noviembre de 1995). Al respecto, las manifestaciones (cuatro mítines y una marcha) ya aludidas y organizadas por este grupo en apoyo al gobernador ameritan una consideración. Las cuatro manifestaciones evidencian que, a pesar de que no existe vinculación orgánica entre el GCAC y el PAN, *de facto* existe una relación estrecha entre ellos. La razón aducida por el grupo para brindar dicho apoyo es que el gobierno de Cárdenas se define por el cambio que quieren los ciudadanos, a tres niveles: "por la alternancia partidaria lograda (PAN por PRI), por la honestidad y lucha contra la corrupción y por los avances logrados, aunque no se puede cambiar todo en seis años" (entrevista a la dirigente de GCAC). En términos republicanos, estas acciones no tienen por qué ser consideradas como apoyos incondicionales. Significan manifestaciones de la corresponsabilidad y respaldo que los ciudadanos deben otorgar a la autoridad legítima. Acostumbrados, durante mucho tiempo, a las relaciones corporativas y clientelares de la sociedad con el gobierno, surge fácilmente la duda o la sospecha acerca de la validez de estas expresiones de apoyo ciudadano. Obviamente su coherencia y consistencia estriban en la medida en que coexisten o se combinan con otras funciones ciudadanas, que consideramos más adelante: fiscalización al gobierno, exigencia de rendimiento de cuentas, etcétera.

La segunda pregunta está dirigida a saber si para el CMPMPM la política ciudadana ¿es un objetivo o fin en sí mismo o es, en parte, un medio o instrumento para otros propósitos? Es indudable que este tipo de grupos pueden operar como escuela, plataforma o cantera de futuros representantes populares, aunque no sea su objetivo formulado, porque los ciudadanos más preparados y con mayor vinculación con los intereses comunes tienen pleno derecho a optar por esa posibilidad. Pero es obligado reconocer también que ella disminuye, en la misma proporción, los márgenes para que se impulse una política ciudadana, es decir, creada y dinamizada desde la sociedad civil. El efecto de estas prácticas queda evidenciado con el caso del grupo Desarrollo Humano Integral, Acción Ciudadana (DHIAC), próximo ideológicamente al GCAC. Varios miembros de esta organización, también conservadora, al acceder al gobierno en Jalisco como presidentes municipales o secretarios de Gobierno, desmantelaron dicha organización y la acción ciudadana que ellos realizaban. En el momento actual, representan una fracción al interior del partido y del gobierno panista (entrevista a C. Coll, ex alcalde de Guadalajara y actual secretario de Administración, y a F. Guzmán, actual secretario de Gobierno). La ausencia de este espacio y de este tipo de política *ciudadana* constituye un déficit histórico en la trayectoria de la sociedad mexicana. Aunque sea plenamente legítimo que los ciudadanos, implicados en organizaciones cívicas, contiendan por cargos políticos, esta opción no impulsa dicha política ciudadana.

Intervención en procesos electorales

De acuerdo con la Encuesta Estatal de Valores de 1997, en Jalisco, los hombres confieren más valor a la democracia que las mujeres (Cortés, 1999: 109). Los dos grupos estudiados se inscriben en esta tendencia pero, al mismo tiempo, señalan, a nivel de caso, el inicio de su quiebre. Al respecto, en este inciso tenemos en cuenta la democracia electoral o procedimental y, en el inciso siguiente, la participativa. Aquí analizamos la imagen que los integrantes de los dos grupos se forman acerca de la primera, la manera como la ejercen y las prácticas que llevan a cabo en este terreno.

Conocimientos acerca de la democracia procedimental

En la valoración y ejercicio de los derechos políticos por ambos grupos, prevalece esta dimensión electoral de la democracia. Pero a este respecto, al interior de ellos existen simultáneamente fuertes diferencias en torno a la información, conocimiento y valoración con que cuentan acerca de ella. Al respecto, detectamos cuatro niveles o tipos de situaciones: *a)* En varios integrantes de ambos grupos no hay claridad sino más bien desconocimiento y confusión sobre conceptos fundamentales de la política, como son ciudadanía, democracia, derechos políticos; *b)* En otros miembros de ambos grupos se advierte ambigüedad e imprecisión frente al sistema de partidos; *c)* Varios informantes definieron la democracia como el "respeto al voto y a las ideologías personales" (entrevista). Como es obvio, esta declaración implica un nivel más alto de formación, mayor conocimiento y precisión sobre el tema. Incluso relaciona la democracia procedimental con el pluralismo, *d)* Algunos miembros del CMPMPM y del GCAC sostienen que votar, sin tener la información necesaria ni el conocimiento suficiente para emitir un voto razonado y que mida las consecuencias de este acto, implica una irresponsabilidad ciudadana. Además, la dirigente del GCAC critica fuertemente el voto corporativo. No obstante lo anterior, es claro para ambos grupos (y lo sostienen enfáticamente) que "el voto de todos vale lo mismo" (entrevistas).

Estos distintos niveles de información, conocimiento y capacidad de opinión propia sobre la democracia se inscriben en un horizonte que, de acuerdo con encuestas recientes realizadas sobre los valores políticos de los mexicanos, son normales o comunes (Beltrán, 1996; Cortés, 1999). A través de su involucramiento en los grupos, buena parte de los integrantes ha adquirido mayor información acerca de la democracia, y ha modificado su concepción así como sus actitudes. Es decir, si bien los datos asentados no manifiestan un nivel especial de conciencia política, en términos de trayectoria individual y grupal, el proceso por el que han pasado los integrantes de los grupos ha sido favorable a su formación democrática, a partir de su participación en ellos.

Prácticas electorales

La motivación favorable al *ejercicio del voto* es un denominador común en los grupos analizados. Pero la trayectoria por la que ha pasado cada · uno es distinta. En el caso del CMPMPM, es significativo que las mujeres (sector mayoritario y casi único tanto en este como en el otro grupo) aclaren dos hechos: *a)* varias integrantes del CMPMPM ejercieron en 1995 el voto por primera vez, y *b)* antes de involucrarse en esta organización, votaban de acuerdo con lo que sus padres o maridos les sugerían

322 CONSERVADURISMO, SOCIEDAD CIVIL Y GOBERNABILIDAD

o aconsejaban. Ahora se informan, opinan y deciden electoralmente por ellas mismas. Es decir, en este terreno, se ha dado un cambio significativo a nivel individual.

Al respecto, la información obtenida sobre el GCAC es menos detallada. Su dirigente enfatiza que ella ha votado siempre de acuerdo con sus preferencias políticas personales, no a partir de lo que opine su marido. Y por parte de su grupo, actualmente su valoración acerca del proceso electoral y su involucramiento personal en él son mayores.

Impacto sociopolítico de las prácticas

Los grupos analizados plantean explícitamente la importancia así como la defensa y el ejercicio que es necesario realizar del derecho al voto. Los miembros del CMPMPM, por no estar todavía constituidos como grupo, no participaron como tal en la observación electoral de las elecciones de 1994. Pero ocho integrantes participaron como observadores en las elecciones de 1995 y 1997. El IFE las capacitó para que fungieran como tales. La dirigente del grupo afirma: "involucrarse en las elecciones de forma congruente y no prestarse a su legitimación en el caso de que no se lleven con limpieza, es un paso ciudadano a la democracia" (*Mural,* 21 de junio de 1999).

Del GCAC, la dirigente hizo notar, en una carta a la redacción de un periódico local, la falta de valores cívicos, la apatía, así como la indeseable pereza en muchos de los ciudadanos tapatíos que, habiendo sido seleccionados como funcionarios de casilla, se resisten a cumplir su deber cívico con una serie de pretextos (*Siglo 21,* 6 de agosto de 1994). Días después, insistía en que, para garantizar la limpieza de la jornada electoral, "debemos denunciar cualquier anomalía que veamos antes, durante y después de las elecciones" (*ibid.,* 19 de agosto de 1994). Varios miembros del grupo tomaron cursos para fungir como observadores y participaron como tales a título personal a través de Coparmex; además, la dirigente desempeñó el cargo de funcionaria de casilla por el IFE en las elecciones de 1997.

Respecto a la observación electoral, comprobamos que la intervención en este asunto por parte de los grupos conservadores de la sociedad de Guadalajara (empresarios, grupos parroquiales, clubes de servicio, etc.) fue tan relevante como la llevada a cabo por los progresistas, por ejemplo, el movimiento nacional Alianza Cívica (Ramírez Sáiz, 1999). Estos datos demuestran que, en los dos grupos, existe interés por el desarrollo de la democracia en la sociedad local. Ambos legitiman su vertiente procedimental y, bajo este aspecto, ejercen en este campo una función democratizadora en la sociedad.

Tres derechos de intervención política: información, propuesta y contraloría ciudadanas

Los derechos políticos pueden ejercerse en dos campos distintos. El de la representación y el de la intervención. Como es sabido, en el primer caso, a través del voto, el ciudadano transfiere parte de sus competencias al representante elegido. Es decir, el hecho de delegar la representación supone, en parte, deshacerse de la capacidad de participar. La intervención o decisión ciudadanas corrigen parcialmente esta limitación. Plantean al ciudadano como sujeto *directo* de acción política. Esta variante de los derechos políticos asume diferentes modalidades a las que suele aludirse, de manera genérica, como democracia participativa.

Conviene recordar que la Constitución mexicana, en cuanto a la intervención ciudadana, reconoce los siguientes derechos políticos: a la información, propuesta, vigilancia al gobierno, enjuiciamiento a los gobernantes, opinión, asociación política, reunión y organización, manifestación, participación, petición, audiencia y al juicio de amparo. En varios estados de la república (Jalisco entre ellos), están también legisladas las formas de democracia directa: *referéndum,* plebiscito e iniciativa popular, como derechos ciudadanos. Ninguno de estos derechos se ejerce a través de la representación política sino de manera personal. Estas formas permiten que el ciudadano experimente una vinculación directa entre su opinión y la toma de decisiones estatales específicas (Reed, 1997). Jalisco es una de las pocas entidades del país en las que, desde enero de 1999, estas formas de democracia directa se encuentran legisladas y reglamentadas. Existe incluso la modalidad del plebiscito *municipal,* la cual permite a los habitantes de un municipio poder ejercer este recurso con independencia de los restantes de la entidad federativa. La revocación del mandato fue prometida durante la campaña del gobernador, pero al aprobarse la Reforma Política de 1997 fue descartada porque el PAN consideró que no existían condiciones ni madurez política para utilizarla (entrevista con Fernando Guzmán, secretario general de Gobierno del estado de Jalisco).

En este terreno, consideramos aclaratoria la forma en que el CMPMPM se refirió a la conexión existente entre derechos y ciudadanía. Al respecto, sostiene: "Los derechos políticos nos obligan a ser ciudadanas". Como es sabido, desde los autores clásicos sobre el tema, este asunto se plantea como la conexión directa existente entre los primeros y la segunda. Los grupos analizados retoman, de manera pragmática, este enfoque acerca de que la ciudadanía crea conciencia de derechos y responsabilidades. Pero la particularidad de su formulación consiste en que la vinculan con *el imperativo de ser ciudadanos*. Los planteamientos de los dos grupos acerca de las formas de democracia directa, como ampliación de los derechos políticos, son menos explícitos. En los grupos analizados, la posición predominante y común fue la concepción *participativa* acerca de la democracia. Para ellos, "democracia es participar en política [...] es la participación activa de los mexicanos; no que sean únicamente los dirigentes quienes tomen las decisiones [...] Nuestra idea de democracia es que participen conjuntamente sociedad y gobierno" (GCAC, G. Ortega B.).

A continuación, de los derechos enlistados en este inciso, analizamos únicamente tres: el de *información política,* el de *proponer o formular planteamientos a los gobernantes,* y el de la *contraloría ciudadana a los gobernantes.*

El derecho a la información

Los dos grupos estudiados reclaman este derecho de manera pragmática: "los gobernantes tienen que informar a la población". Y lo hacen efectivo en las frecuentes reuniones que tienen con los funcionarios a los cuales solicitan los datos relativos a sus áreas de competencia. Antes de llevarse a cabo cada foro, los grupos fijan la agenda de los asuntos acerca de los cuales desean obtener información. Y, mediante los contactos e influencias con que cuentan, normalmente la obtienen a través de la interacción que mantienen con los gobernantes. Estas reuniones son abiertas. Pueden asistir quienes lo deseen. Pero, debido al nivel socioeconómico de los integrantes de ambos grupos, de hecho asisten preferentemente mujeres de clase media alta y alta. Bajo este aspecto, disponen de una información que no suele hacerse extensiva a los demás ciudadanos. Tampoco utilizan medios para socializar la información que obtienen, excepto la que logran difundir por medio de las cartas a la redacción de los periódicos, los programas radiofónicos con teléfono abierto, etc. Por supuesto, ésta es una obligación gubernamental, no ciudadana. Pero los dos grupos no han intervenido en dos campos centrales en este asunto. El primero es la *explicitación y fundamentación* de la información que debe estar sistemáticamente a disposición de los ciudadanos (datos, rubros, etc., específicos). De este

orden sería la situación real que guarda la hacienda pública, la forma
como se procesan las políticas públicas, los acuerdos logrados con los
sectores sociales, los salarios reales de los gobernantes y funcionarios,
etc. Tocante a esto, las autoridades respetan parcialmente este derecho
cuando ofrecen datos *generales* (es decir, sin explicitar los elementos
que permitan evaluar objetivamente la acción gubernamental) sobre
el ejercicio del presupuesto, las obras públicas realizadas, los viajes de
promoción realizados, etc. El segundo campo de la información no
atendido por los dos grupos es la *reglamentación del derecho mismo* a
la información. Esta reglamentación se encuentra pendiente en el país.
Los grupos analizados no se han pronunciado a este respecto.

De acuerdo con lo anterior, ambos grupos se encuentran lejos de la tesis que Przeworki establece a este respecto. Este autor sostiene que la
aprobación de los ciudadanos a las autoridades para gobernar no debe
incluir la decisión de ocultarles información. La democracia requiere
de un régimen de información libre. La ciudadanía tiene derecho a toda
la información oportuna y veraz que garantice decisiones informadas.
Por ello, debe contar con la información suficiente y necesaria para
evaluar a sus gobernantes. Disponer de información no debe depender
de lo que los gobiernos quieran divulgar (Dun, citado por Przeworki,
1999: 231, 241 y 251).

Esta falta de intervención de ambos grupos para que se reglamente
el derecho a la información contrasta con la práctica, común entre sus
integrantes, de estar al pendiente de lo que sucede en el ámbito político
del Área Metropolitana de Guadalajara (AMG), a través de los diferentes
medios (prensa, radio y TV), en grados superiores al de la mayoría de la
población. En particular, es significativo el hecho (ya aludido) de que el
núcleo de personas de la tercera edad del GCAC se reúne semanalmente
para comentar lo que, acerca de la política local, han destacado los
diferentes medios. Esta práctica es significativa en Guadalajara. En
nuestra opinión, los miembros de otros movimientos sociales locales no
la llevan a cabo, ni siquiera los miembros de partidos políticos.

El derecho de proponer o formular planteamientos a los gobernantes

Las prácticas llevadas a cabo por los dos grupos analizados en este
campo se dan a dos niveles. El primero es la utilización de *canales
informales y directos*. Ello tiene lugar, a título personal o grupal, mediante pláticas directas o llamadas telefónicas a los gobernantes y funcionarios. En consecuencia, estas intervenciones poseen escaso carác-

ter público. Esta situación es posible debido a los frecuentes contactos que ambas organizaciones mantienen con los gobernantes. Ello les facilita disponer de elementos suficientes para opinar y, en esta medida, también para proponer sin recurrir a los desplegados o a los espacios públicos. El ex alcalde de Guadalajara nos explicó que esto funciona gracias a la representatividad que las líderes tienen, lo cual les brinda confianza a los gobernantes para proporcionarles información, apoyar sus demandas y tener en cuenta sus propuestas. Ello permite que el uso de estos canales informales y directos sea relativamente normal para ambos grupos.

El segundo nivel de intervención se realiza mediante *espacios institucionales públicos,* especialmente a través de la intervención en foros y consultas, convocados por el gobierno, y también en los espacios propuestos por movimientos ciudadanos de carácter nacional. En estos ámbitos se han formulado varias propuestas. Por ejemplo, la dirigente del GCAC participó en la consulta nacional de Alianza Cívica, realizada en 1995, sobre el EZLN y respondió al cuestionario correspondiente. Sin embargo, no asistió a las reuniones, convocadas en Guadalajara en 1999 por miembros del Frente Zapatista de Liberación Nacional (FZLN), para establecer contactos con la sociedad local. Por su parte, el CMPMPM organizó un foro de encuentro con la delegación de zapatistas que visitaron Guadalajara.

En los foros de municipalización o consultas públicas, llevados a cabo como parte de la reforma política local de 1997, el GCAC presentó propuestas sobre la reforma política, la seguridad pública y la contaminación ambiental. El CMPMPM formuló también planteamientos sobre seguridad pública, contaminación y, asimismo, acerca del cambio de lugar de una escuela.

Una oportunidad —única hasta el momento en el país— para la formulación de propuestas ciudadanas, ha sido la iniciativa popular contra la violencia intrafamiliar, promovida en Jalisco en 1999. Es la primera que se lleva a cabo en el país. El CMPMPM participó en la recabación de firmas para su aceptación. Obtuvieron 1 000 (de un total de 40 000) promoviéndolas incluso fuera de la ciudad, por ejemplo en Chapala. La iniciativa se presentó el 26 de marzo de 1999 ante el Congreso del estado y fue aprobada en diciembre de ese año. La dirigente de este grupo la promovió también en su columna semanal del periódico local *Mural* (22 de marzo de 1999). Por su parte, los miembros del GCAC la apoyaron con su firma para que se presentara a su aprobación en la Cámara de Diputados. Pero su dirigente decidió no respaldarla, porque tiene restricciones o reservas acerca del concepto de familia que se establecía en la iniciativa. En este caso, se planteaba que lo eran quienes se hacen responsables de un niño, independientemente del carácter legal de la relación existente entre ellos. En realidad, esta dirigente incorporó las críticas que, basadas en principios morales conservadores sobre la familia, el cardenal Sandoval externó contra dicha iniciativa. Prevaleció su posición conservadora sobre el apoyo a la puesta en marcha de una iniciativa legislativa popular.

Además, en el periodo de estudio, surgió en la ciudad un debate relacionado con el ejercicio de los derechos políticos de intervención. Giró en torno a la posible reglamentación de las manifestaciones callejeras de los ciudadanos. La dirigente del GCAC admite la vigencia del derecho a la manifestación. Sin embargo, sin pronunciarse acerca de su reglamentación, en el caso de las que realizó recientemente El Barzón en el centro histórico de la ciudad, expresó que "no tienen por qué estarse ahí los señores una semana, ni un mes ni cinco" (entrevista).

De acuerdo con los datos anteriores, es claro que los dos grupos analizados ejercieron el derecho de propuesta; y asimismo que, para su formulación, combinaron la utilización de los canales informales con el recurso a las formas institucionalizadas para ello e incluso a las no aprobadas todavía en la Constitución de la República, como las consultas efectuadas por el movimiento ciudadano nacional Alianza Cívica. En el conjunto de estas prácticas propositivas, destaca la utilización de las vías informales y directas así como la capacidad de respaldo a una iniciativa legislativa popular, medida a través del número de firmas recolectadas. No contamos con información para ponderar el contenido o el carácter de las propuestas realizadas *directamente* por estos dos grupos. Al final de este inciso, consideramos su relevancia para la consolidación de la sociedad civil.

La contraloría ciudadana a los gobernantes

Los criterios bajo los cuales los dos grupos ejercen la fiscalización de las autoridades son los siguientes: "Queremos buenos gobernantes. Por eso los vigilamos [...] cuando hay algún problema, para que hagan bien lo que prometieron. Y damos seguimiento sobre cómo está actuando el gobierno". Con base en lo anterior, aprueban los aciertos del gobierno, es decir, cuando se lo ha ganado: "Apoyamos todo lo positivo que haga el gobierno del partido que sea". Y, por el contrario, critican lo incorrecto o negativo. Incluso interpelan al gobierno, cuando es requerido. Como expresa una informante del CMPMPM: "No somos agresivas, pero sí muy directas. Les hablamos claro [...] Hay un diálogo fuerte pero con respeto. Les decimos las fallas, cuando es necesario. Denunciamos la corrupción. Y cuando las autoridades regresan al foro (semanal), se les recuerda si cumplieron o no". Como es manifiesto, son claros pero relativamente generales los argumentos utilizados por ambos grupos para justificar la vigilancia ciudadana sobre el ejercicio que las autoridades realizan acerca de las funciones que les competen.

La contraloría que llevan a cabo las agrupaciones estudiadas, especialmente el CMPMPM, tiene un carácter informal y se efectúa fundamentalmente al interior de dichos grupos. Los alcances o consecuencias prácticas que la fiscalización realizada tiene para los funcionarios implicados son limitados, ya que se reducen al juicio que dichas organizaciones emitan sobre ellos. Debe destacarse también que, debido a la limitada formación política con que cuentan sus miembros, a veces, los datos que presentan los gobernantes y funcionarios son suficientes para que sus acciones queden justificadas ante ellos. Sus integrantes no muestran fuerza argumentativa suficiente para cuestionar o rebatir los razones exculpatorias que presentan las autoridades.

El GCAC realiza esta contraloría en menor grado. Por lo ya expresado, predomina la labor de apoyo al gobierno y a su actuación. Sus críticas a la actual administración han versado sobre la inseguridad pública reinante, la falta de información proporcionada a los ciudadanos acerca de los logros obtenidos por los gobernantes, la inadecuada relación que establecen con los medios de comunicación y la no pertinencia del horario de verano establecido en la entidad. Pero, por parte de ambos grupos, no reciben mayor revisión crítica asuntos en los que las intervenciones gubernamentales están siendo limitadas en sus planteamientos o actuación. De este tipo son: la política ambiental, la todavía no formulada planeación metropolitana, las políticas hacia la mujer, los jóvenes y niños, el reducido rendimiento de cuentas, la escasa relación mantenida con las principales organizaciones independientes de la sociedad, etc. Lo anterior indica el incipiente nivel de la fiscalización que los dos grupos practican sobre la acción gubernamental.

Además, la aplicación de los principios que ambos grupos formulan no es sistemática, como lo demuestra su comportamiento en tres casos: el del ex presidente municipal de Zapopan, la ex presidenta del DIF Guadalajara y los recientes indicios de corrupción existentes en la aprobación de los permisos de construcción en dos municipios metropolitanos.

El primer caso giró en torno a la inculpación que se realizó contra D. Ituarte, por la Cámara de Diputados, a causa de irregularidades registradas en su administración. Por esta razón, se le decretó juicio político, aunque después la Cámara de Diputados, que en ese momento contaba con mayoría panista, lo exculpó. El inculpado renunció a la alcaldía, pero meses después fue nombrado secretario de Seguridad Pública del estado. En este asunto, el GCAC prefirió no intervenir y el CMPMPM tampoco externó opiniones o pronunciamientos.

El segundo caso fue el de Maribel Alfeirán, ex presidenta del DIF y esposa del ex alcalde de Guadalajara (C. Coll). A solicitud de F. Ramírez Acuña, actual presidente municipal de Guadalajara, la Comisión de Vigilancia de la Cámara de Diputados le exigió que presentara los comprobantes faltantes de su ejercicio del presupuesto. Es decir, lo que estaba en juego era la presentación de los respaldos necesarios. Pero M. Alfeirán y C. Coll reclamaron que se trataba de una campaña de difamación en su contra. Y los dos grupos estudiados tomaron decididamente partido por su integridad. El CMPMPM, a través de su presidenta, envió una carta de apoyo a un periódico con esta misiva: "Manifestamos nuestra inconformidad ante la denuncia que se ha orquestado contra M. Alfeirán, y defendemos su eficiencia, don de servicio e integridad moral" *(Mural*, 23 de junio de 1999). En ella argumentaba que se trataba de una maniobra política del actual alcalde panista de Guadalajara para desprestigiarla y también, como efecto colateral, a C. Coll, su esposo, quien aspiraba a la gubernatura del estado, al igual que el solicitante de los comprobantes. A nombre del GCAC, su dirigente envió otra carta de apoyo. En la entrevista realizada, considera que es correcto pedir cuentas a la *presidenta* del DIF, pero que la culpa es de la *directora* del DIF, no de la primera. Parte de la documentación comprobatoria faltante ha sido ya entregada, pero otra todavía no lo ha sido. En ambos casos, los dos grupos no lograron separar a la persona de la funcionaria pública o de la administradora de una dependencia de gobierno. Es decir, los dos grupos optaron por M. Alfeirán como mujer y por su fama personal y, en menor medida, por la aclaración de su función pública. No tomaron distancia para ayudar a dilucidar el asunto y deslindar responsabilidades en el ejercicio de la función pública implicada.

En el tercer caso, llama la atención que Ana María Arias, del GCAC, reconozca que actualmente existe corrupción en los municipios de Guadalajara y Zapopan, para el otorgamiento de permisos de construcción. Su intervención ha consistido en pedir pruebas a los constructores y en informar a las autoridades respectivas. Ambas acciones demuestran una actitud responsable para comprobar el hecho. En términos realistas, quizá su fiscalización no podía llegar más lejos. Pero quizá los hechos documentados podían motivarla a ser menos proclive a la defensa del gobierno panista. La legitimidad que éste ha ganado en las urnas debe ser respaldada por la transparencia de su administración. Y ésta no se encuentra garantizada para ningún gobierno.

En conjunto, estos tres casos evidencian que cuando están en juego funcionarios que son cercanos social e ideológicamente, se opta por el silencio o el apoyo.[6] Y cuando existe una maniobra política, no se ayuda a deshacerla con la asignación legal de responsabilidades. Como principio, un ciudadano competente y fiscalizador debe ser capaz de deslindar la persona de la función pública. Y respetando a la primera, intervenir en la aclaración de la segunda.

Admitiendo las limitaciones de que adolecen estas formas de contraloría, debe reconocerse la relevancia de la evolución por la que los miembros de estos grupos han pasado en este terreno. Antes no estaban interesados en llevar a cabo ninguna fiscalización de las acciones de gobierno y menos aún un seguimiento de ellas. Actualmente, vigilan el ejercicio que las autoridades realizan acerca de los recursos públicos, la legitimidad o pertinencia de las decisiones del gobierno, el cumplimiento de los compromisos de campaña, la corrupción gubernamental, etc. Ésta es también la medida en que contribuyen a la afirmación de la sociedad civil en este campo.

La educación cívica

La educación cívica consiste en formar al ciudadano para que participe activamente en la sociedad democrática. Implica la adquisición de conocimientos, habilidades, actitudes y valores necesarios para la intervención en la vida pública. Su objetivo central es la formación del ciudadano *competente,* que se define por la capacidad que posee para influir en las decisiones políticas (Almond y Verba, 1963).

En los dos grupos estudiados, es común el interés por lograr que sus integrantes cuenten con conocimientos y actitudes políticas correspondientes a una cultura participativa. Su nivel más básico consiste en informarse acerca de las instancias o dependencias adecuadas a las cuales deben acudir los ciudadanos para tramitar diferentes asuntos de carácter público. Los dos grupos señalaron que ésta ha sido una de sus tareas iniciales de formación ciudadana. En el caso del CMPMPM,

---

[6] La señora Maribel Alfeirán de Coll fue una de las principales líderes de las campañas de moralización de AFOP, donde conoció a Ana María Arias de Cordero, la dirigente del GCAC.

fue uno de los motivos para la creación del grupo. A esta formación elemental se sumaron pronto otras más complejas: "Decidimos crear un
grupo para capacitarnos y ser propositivas [...] Nuestra meta es poten-
cializar y comprometer a la mujer por medio de la información y la
capacitación y, a través de ella, hacer una ciudadanía diferente" (entrevista a M. Moguel). Este objetivo es planteado bajo las modalidades de:
"terminar con la manipulación de los ciudadanos, informar acerca de los
derechos políticos, crear conciencia sobre ellos (despertar la conciencia
ciudadana) y lograr una ciudadanía participativa". Considerando los
grupos por separado, esta actitud es más significativa en el caso de
CMPMPM. Marisela, su presidenta, afirma: "Nos dimos cuenta de la gran
falta que teníamos de conocimientos en aspectos políticos. Por eso decidimos organizar los foros sobre asuntos de tipo político o ciudadano"
(entrevista). Por su parte, M. Marván, asesora del grupo, lo define
como "un grupo de señoras con un interés muy marcado por la política;
en primera instancia, por entender y aprender; y, poco a poco, se ha ido
transformando en un interés por participar" (entrevista). Según esta
informante, la educación cívica la entienden como "que les importe lo
que pasa en su país [...] despertar interés por todo lo que tiene que ver
con las elecciones, los partidos, la ley, el proceso electoral, la reforma
política" *(ibid.)*. A este respecto, es creciente el conocimiento que los
miembros de este grupo han logrado sobre estos asuntos.

Por su parte, el GCAC lamenta "la falta de valores cívicos, la apatía,
así como la pereza en muchos de los ciudadanos tapatíos" (carta a
Siglo 21, 6 de agosto de 1994). Este grupo es identificado por los gobernantes "como que se mete en lo cívico-político [...] que hace una función de despertar, de involucrar realmente a muchas señoras [...] busca esa educación cívica que les faltó o que se les olvidó e involucrarlas
en actividades en pro de la sociedad" (entrevista a C. Coll, ex presidente municipal). Como ya dijimos, sus reuniones formativas son menos
frecuentes (entrevista a A. M. Arias).

Ambos grupos vinculan el ejercicio de los derechos políticos con la
mayor educación cívica. A este respecto, han realizado una autocrítica
sobre el limitado ejercicio de una ciudadanía comprometida y corresponsable que los miembros de sus organizaciones llevan a cabo. Asimismo,
constituye otro objetivo común el logro de una ciudadanía flexible y
tolerante. Y concuerdan en la búsqueda de la justicia, la honestidad y el
respeto a la dignidad del ciudadano. Los planteamientos sobre otras
actitudes (valores o virtudes) a mantener en la relación con otros ciudadanos (confianza, imparcialidad, etc.) son menos explícitos. No aluden a la solidaridad, como virtud cívica, aunque el CMPMPM ha realizado

acciones asistenciales a favor de sectores sociales pobres y, sobre todo, existe un discurso incipiente sobre la solidaridad de género. Pero, a diferencia de otros proyectos ciudadanos del país (por ejemplo, el de Alianza Cívica), articulan en escasa medida los recursos educativos utilizados (foros, campañas, periodismo político en prensa o radio) con la puesta en marcha de acciones ciudadanas. Es decir, no los vinculan entre sí.

Llama también la atención que a este objetivo *explícito* de educar ciudadanamente a los integrantes de los grupos, no corresponda la realización de talleres sistemáticos de formación en este campo. En otros términos, los grupos analizados no cuentan con un "programa *ex profeso* de educación política", por ejemplo, sobre los derechos o responsabilidades, el oficio de ciudadanía, las virtudes o valores ciudadanos, etc. En cuanto a los foros, principal instrumento de acción de los grupos, especialmente del CMPMPM, predominan los de información política general sobre los de educación ciudadana. Y asimismo prevalece el interés por la autoeducación interna del grupo sobre el de influir en la educación cívica de la sociedad.

A partir de los datos, ya expuestos, acerca de la aportación de los grupos analizados a la *creación de un espacio de interlocución,* entre sectores de la ciudadanía y gobernantes en el AMG, resulta claro que dicha contribución es relevante. En el contexto político de Guadalajara, sus frecuentes encuentros y foros con los gobernantes y funcionarios públicos significan la creación de un ámbito público casi inexistente. Este aporte es quizá el más destacable en las dos organizaciones estudiadas, especialmente en el caso del CMPMPM. Su limitación obvia estriba en el alcance de estas experiencias innovadoras, puesto que todavía involucran a segmentos reducidos de la sociedad. Debido a ello, cabe calificar a ese espacio, ya existente, como semipúblico.

De acuerdo con los datos y los comentarios anteriores, un balance realista obliga a destacar tanto el avance subjetivo logrado por los dos grupos en el terreno de la educación cívica de sus integrantes, como las limitaciones de que todavía adolece su formación. Asimismo hay que admitir que, siendo real la contribución que los dos grupos realizan al desarrollo ciudadano de la sociedad local, resulta problemático precisar el nivel de su impacto. Es decir, las acciones llevadas a cabo por estas organizaciones y, en particular, por sus dirigentes (cartas a la prensa, colaboraciones en periódicos, programas radiofónicos, etc.), tienen una influencia educativa en la sociedad, pero es difícil medir su alcance. Y en la investigación realizada no establecimos procedimientos para acotarlo.

Vinculación a la sociedad

Dos factores centrales para precisar la incidencia que los dos grupos estudiados tienen en la consolidación política de la sociedad son la repercusión que estos grupos poseen en la articulación de la propia sociedad y en la creación de un espacio público.

Respecto al primer asunto, es claro que los dos grupos estudiados no representan ni tienen vínculos con el conjunto de la ciudadanía de la AMG. En el caso del GCAC, incorpora fundamentalmente a simpatizantes de un sector del PAN y, en particular, del actual gobernador. Pero en las manifestaciones que organiza en apoyo a éste, logra una convocatoria más amplia de la sociedad en términos numéricos y clasistas. En el caso del CMPMPM, sus vinculaciones sociales y su radio de acción son más extensos. Y su preocupación por el papel de la mujer en la sociedad así como por la inseguridad pública y la violencia social lo llevan a participar en distintas campañas e iniciativas en las que mantienen contactos y alianzas puntuales, tanto con grupos de empresarios como con la red de ONG populares y en el Consejo Técnico Estatal de ONG. Estas experiencias le han abierto un nuevo horizonte de acción, no previsto inicialmente. Éste es el de ser puente entre la red de organizaciones populares y la derecha empresarial. Es decir, su acción contribuye no sólo a abrir canales de participación entre ciudadanía y gobierno, sino también a establecer contactos entre segmentos de la sociedad que se definen en función de intereses distintos y que frecuentemente se encuentran distanciados. Es bajo este aspecto que interviene en el fortalecimiento del tejido social.

Por otra parte, es obligado reconocer que la dimensión de género, que está presente en CMPMPM, constituye, por sí misma, un factor de innovación societal. Como sostiene enfáticamente A. Touraine, el movimiento feminista es potencialmente el más revolucionario, en el sentido de que es el que transforma más profundamente la sociedad (Touraine, 1997: 191-195), pues introduce cambios sustanciales en el esquema patriarcal dominante en la estructura social. En este caso, las demandas de género pueden ser un elemento constitutivo de una política ciudadana. En el caso del CMPMPM existe una búsqueda de *feminizar la política;* los roles tradicionales de la mujer se revaloran y resignifican como parte de su estrategia para recuperar o conquistar un espacio femenino en la vida pública. Éste es un rasgo identitario de su acción, que se diferencia del de las feministas en cuanto que éstas "combaten los estereotipos femeninos" y adoptan la política masculinizada, que se impone como modelo autorizado para ingresar al campo y que muchas mujeres incorporan a sus formas de verse, hablar y actuar con el fin de ser aceptadas en el medio político (Alicia I. Martínez, 1998).

Por ejemplo, las participantes consideran que la labor de educación cívica más importante de la mujer está al interior del hogar, pues junto con ellas, sus maridos y los hijos van adquiriendo nuevos valores cívicos. Esto implica transportar la confianza y la convivialidad del espacio familiar, al ámbito de la comunidad política, para que dichas virtudes existan en el trato entre ciudadanos y entre éstos y gobernantes. Al respecto, hablan de educar ciudadanamente a los gobernantes. Una madre de familia expresaba con orgullo que su niña ha incorporado en sus juegos infantiles el "jugar al Círculo de Mujeres". Ella lo considera una contribución a la formación ciudadana de su hija, pues a su edad aprende a jugar como mujer en la política. Frente al ambiente político y empresarial, cuya cultura es esencialmente masculina y cuyos comportamientos son más oficiosos y ceremoniosos, la nueva presencia de estas mujeres en esos espacios marca un estilo diferente para relacionarse con los políticos: más familiar, espontáneo, y menos formal y servilista. En términos políticos implica tratar a las autoridades republicanamente, es decir, igual que a cualquier otro ciudadano. Como ejemplo de ello, comentan que en un evento de la campaña de Madrazo por la precandidatura del PRI con empresarios locales, en la que la asistencia era mayoritariamente de hombres, "al llegar Madrazo todos se levantaron a echarle porras y a aplaudirle. Nosotras seguimos sentadas. Madrazo se detuvo en nuestra mesa a saludarnos una por una". Ellas valoran esta actitud como una forma de crear conciencia, en los empresarios y en los políticos, de que el trato entre funcionarios y ciudadanos debe ser más horizontal, con más sencillez: "Por nuestra parte, significa verlos de igual a igual". Es interesante que la feminidad, asociada únicamente a la coquetería y belleza, es valorada por estas mujeres como un rasgo de la mujer al que no debe renunciar en la política, como algunas feministas acostumbran hacerlo (Lipovetsky, 1999). Por el contrario, es un recurso para saber hacer política sin asumir maneras masculinas, y de esa manera no tener que avergonzarse de ser muy femeninas en la acción política. Estas actitudes implican rescatar valores tradicionales de la mujer, para conquistar nuevos espacios en el ámbito público. A través de ellas, se descubre una capacidad innovadora del rol social de la mujer, manteniendo sus atributos de feminidad tradicionales. Al respecto, aunque también en el GCAC las mujeres son mayoría, la identidad femenina no es determinante de su acción.

La concepción que los dos grupos mantienen respecto a las funciones realizables por la sociedad la resume, de manera sintética y tajante, un miembro de la mesa directiva del CMPMPM. Al respecto, afirma que "la sociedad tiene capacidad para organizarse y actuar por sí misma". Opina que, "en ocasiones, rebasa a los partidos y al mismo gobierno". Y sostiene que "participar desde la ciudadanía es mejor que hacerlo desde los partidos" (entrevista). Estas afirmaciones denotan su posición a favor de la consolidación de la sociedad civil.

Considerando, en conjunto, los cinco elementos de análisis utilizados en este inciso para acotar la influencia de los dos grupos en la afirmación política de la sociedad civil del AMG, resaltan varias situaciones. En primer lugar, es claro su perfil cívico y su desvinculación orgánica respecto de los partidos. Asimismo, su valoración de la democracia procedimental y su apoyo a la observación electoral redundan en el ejercicio y la defensa de los procesos electorales. En el campo de los derechos políticos de intervención, ejercen tres modalidades fundamentales de ellos: el derecho a la información, la fiscalización a los gobernantes y la educación cívica. Estas prácticas son novedosas en el ámbito local y contribuyen a la educación política de la sociedad. Finalmente, ambas organizaciones intervienen en la consolidación del tejido social y en la creación de un espacio público local.

Ciertamente, en cada uno de estos campo, los dos grupos tienen limitaciones. Todavía no son ciudadanos suficientemente competentes. Su formación democrática es básica. Es escasa la socialización que realizan acerca de la información que obtienen de los funcionarios en los foros. Su capacidad de propuesta sobre asuntos de interés general es reducida. El nivel de fiscalización que realizan sobre los gobernantes es incipiente. Predomina la autoeducación política sobre la influencia en el avance político de la sociedad local. Y es parcial su aportación a la consolidación política de la sociedad y a la creación de un espacio público local.

Para explicar estas limitaciones es decisivo recordar dos hechos básicos: la experiencia política de ambos grupos es incipiente (nacieron entre 1994 y 1995) y asimismo adolecen de cuadros profesionales en este terreno (no contaban con experiencia política previa). El logro de avances significativos en cada uno de los cinco campos analizados pasa por la existencia, al interior de las organizaciones cívicas, de profesionales altamente capacitados. Su ausencia redunda en prácticas y propuestas insuficientes en el terreno de la política ciudadana. Este fenómeno no es exclusivo de estos dos grupos. Ocurre también en organizaciones mucho más complejas, como lo es Alianza Cívica, la cual posee carácter nacional, cuenta con larga experiencia previa y dispone de dirigentes altamente calificados, incluso académicamente. Asuntos abordados por este movimiento político, a través de una consulta nacional o de un programa específico, como lo fueron la formulación de una política económica alternativa o la fiscalización del presupuesto público, fracasaron debido a la complejidad técnica y la carencia de un equipo humano especializado.

En el caso de las dos organizaciones objeto de estudio, las limitaciones registradas no invalidan la disposición simbólica para la innovación política que se detecta en ellas, tampoco los avances grupales logrados ni la contribución realizada a la afirmación de una sociedad civil autónoma en cada uno de los ámbitos analizados.

La gobernabilidad panista y los grupos conservadores

La gobernabilidad democrática implica la existencia de autoridades capaces de dialogar con la sociedad, así como responsables, que se apeguen a la ley y se interesen en la resolución de los problemas públicos (Arbós-Giner, 1993; Camou, 1995, Hewitt, 1998; Lechner, 1995; Ziccardi, 1995, y Olvera, 1999). En términos normativos, se trata de un concepto que permite diferenciar los elementos de un gobierno que constituyen innovaciones relevantes para la profundización de la democracia, de aquellos que son factores de continuidad o readaptación del autoritarismo (Olvera, 1999: 5). Normalmente se enfatiza en este concepto la dimensión que remite a la actuación de los gobernantes. Bajo este supuesto, se afirma que la gobernabilidad es la característica de un buen gobierno. Pero la gobernabilidad tiene también una dimensión relacional y, como tal, involucra a los gobernados. Esta vertiente exige que los ciudadanos y las organizaciones sociales se comprometan y participen en el logro de un nivel aceptable de gobernabilidad. Este involucramiento es una derivación o expresión de la corresponsabilidad ciudadana. Aparentemente esta actitud esperable de los ciudadanos representa una contradicción, porque en una fase en que los gobiernos adolecen de limitaciones de gobernabilidad, si los ciudadanos no ejercen presión, parecen no existir expectativas de que la situación prevaleciente pueda cambiar. Es decir, procedería más la exigencia ciudadana que la colaboración. La salida a esta contradicción parece encontrarse en el diálogo y en la práctica deliberativa, es decir, en la formación discursiva de la opinión y la voluntad políticas entre ciudadanos y gobernantes (Habermas, 1998: 633).

En este inciso analizamos los gobiernos panistas de Jalisco y del

AMG en relación con los cuatro componentes mencionados de la gobernabilidad. Obviamente se consideran, en primer término, las acciones gubernamentales en este terreno. Pero, por las razones aducidas, se analiza también la implicación en dichas acciones por parte de dos grupos estudiados. Puesto que la información básica a utilizar en este análisis ha sido ya presentada en los incisos anteriores, la argumentación que utilizaremos es más esquemática.

Interlocución del gobierno con la sociedad

Como aludimos en la Introducción, los candidatos panistas al gobierno de Jalisco y del AMG obtuvieron en 1995 un triunfo electoral con gran legalidad y apoyo ciudadano. Con base en él, la alternancia lograda está implicando el ejercicio del poder en una situación de legitimidad sin precedentes en la entidad. Obviamente esta nueva situación no modificó la estructura social y, en particular, las inercias corporativas y clientelares. Por ello, los gobernantes panistas manifiestan desconfianza hacia las organizaciones sociales preexistentes y, en particular, las heredadas del priismo. En su estrategia de gobierno subrayan dos ejes centrales: la afirmación de la institucionalidad democrática y el freno a las influencias de los grupos corporativos y de las prácticas clientelares. En consecuencia, para entablar contactos con la sociedad prefieren las vías formales e institucionales. Las que utilizan son de cinco tipos: *a)* consejos ciudadanos sectoriales (de Seguridad Pública, de Cultura, etc.); *b)* comités vecinales; *c)* foros públicos consultivos; *d)* "Miércoles ciudadanos" o contactos públicos entre autoridades municipales y usuarios de servicios, y *e)* encuestas y sondeos a la población. Estas vías permiten el establecimiento de contactos con ciudadanos insertos o participantes en dichas instancias. Sin embargo, los gobernantes panistas carecen de un proyecto o estrategia específica para relacionarse con los sectores sociales, principalmente medianos y pequeños empresarios, profesionistas, trabajadores y campesinos. Además, acusan dificultades para vincularse con las expresiones organizadas de la sociedad que son independientes, como las ONG y los movimientos sociales. Incluso, algunos de los funcionarios temen que establecer contactos con grupos sociales conlleve a "crear organizaciones desde arriba, es decir, imponer la participación y mantener o crear relaciones corporativas" (entrevista con Fernando Guzmán, secretario General de Gobierno). Este temor es infundado puesto que las organizaciones corporativas son priistas y, en consecuencia, ni el PAN establece nexos con ellas ni éstas buscan a ese partido. En el caso de las organizaciones autónomas, éstas defienden su independencia y, en principio, evitan los nexos corporativos. Pero los gobernantes panistas siguen asociando a la organización social con el PRI o con el PRD.

En este contexto, son significativos tanto los contactos que los gobernantes y funcionarios panistas establecieron con los dos grupos estudiados como el rol que éstos juegan para el avance en la interlocución entre autoridades y sociedad. Como ya explicamos, en el medio local son relevantes los encuentros logrados (mensuales por parte del GCAC y semanales en el caso del CMPMPM).

Considerando en conjunto las actitudes que el mismo gobernador y, en particular, los presidentes municipales y los principales funcionarios asumen ante los grupos estudiados, cabe preguntarse: ¿hasta qué punto extienden dicha interlocución hacia el conjunto de la población, especialmente hacia las expresiones organizadas autónomas y, sobre todo, admiten la existencia y actuación de una política ciudadana independiente y crítica? El análisis realizado evidencia que la relación que las autoridades panistas entablan con estos grupos es en parte privilegiada, ya que no muestran la misma disponibilidad para reunirse con otro tipo de organizaciones autónomas. Y esta preferencia ha sido facilitada, en buena parte, por la identidad de clase existente entre ambos, así como por la proximidad o afinidad ideológico-política. La dirigente del GCAC sostiene que actualmente hay más apertura del gobierno estatal hacia los ciudadanos, aunque no tanto de parte de los municipales (entrevista). De acuerdo con los resultados globales de esta investigación, consideramos que la segunda parte de este juicio es correcta; y que la validez de la primera es parcial.

Visualizada esta interlocución desde los dos grupos estudiados, obliga a interrogar: ¿Permiten los encuentros analizados reestructurar las relaciones existentes entre gobierno y sociedad? ¿Implican el fortalecimiento y autonomía, así como la complementariedad entre ambos? Por ejemplo, ¿están cambiando las estructuras comunicativas entre ellos? ¿Está aumentando la capacidad de la sociedad para influir sobre las decisiones políticas centrales? Los datos obtenidos indican que las transformaciones logradas por los dos grupos son reales pero incipientes y que poseen fundamentalmente un valor simbólico. Indican qué tipo de diálogo puede establecerse entre gobierno y sociedad.

Responsabilidad del gobierno ante la ciudadanía

La generación y circulación de información pública se enfrenta a serios problemas en un régimen político basado en la desconfianza. La autoridad que la origina y difunde se cuida, de antemano, acerca del uso que pueden hacer de ella sus opositores políticos. Y en esta tensión entre gobierno y oposición, el ciudadano (que es el que tiene el derecho a la información) es quien sale perdiendo. Por su parte, los medios son los principales receptores y difusores de la información y, en menor medida, generadores de ella. En el ámbito local, durante el gobierno priista había disciplina institucional respecto a la información que se proporcionaba a los medios y, asimismo, acuerdos no escritos acerca de la que éstos podían emitir. A partir de los conflictos locales habidos desde 1992, ambos principios se flexibilizaron. Y los medios comenzaron a asumir una posición más crítica respecto a los gobernantes priistas. Es decir, la actitud más exigente de los medios hacia el gobierno no sólo afecta al panista.

Las autoridades panistas cumplen la obligación del rendimiento de cuentas fundamentalmente a través de las medidas reglamentarias u obligatorias. Las principales son: los informes (estatales y municipales, de carácter anual) y los boletines y gacetas en los que mensualmente se proporcionan los rubros o grandes partidas del ejercicio del presupuesto, así como la información general sobre las obras públicas realizadas. Obviamente, a través de estos datos, los ciudadanos no logran tener un conocimiento suficiente acerca del estado que guarda la cuenta pública ni de la forma como se desempeña el gobierno y la administración estatal o municipal. Incluso al inicio de la presente administración panista, los funcionarios públicos mostraban recelo a proporcionar los informes oficiales aludidos. Actualmente se puede consultar por Internet. Es decir, ha habido un avance en el acceso a la información que el gobierno considera *consultable*. Pero el cambio *es menor* respecto de la información *socialmente necesaria* para juzgar con conocimiento de causa a los gobernantes.

En nuestra opinión, la relación de las autoridades con los medios forma parte de la necesaria rendición de cuentas. Al respecto, los gobernantes panistas de Jalisco manifiestan que existe una estrategia de desprestigio en su contra. Incluso en las opiniones no favorables de los periodistas ven campañas desestabilizadoras y conjuras en su perjuicio. Sin que pueda afirmarse la existencia de dichas campañas en sentido estricto, la actitud de los medios, en particular, durante los cien primeros días de gobierno panista en la entidad, fue crítica de su actuación. Pero, asimismo, las relaciones que las autoridades panistas han establecido con la prensa han sido problemáticas. El GCAC es enfático en este punto, a pesar de los apoyos que les proporciona. Reconoce que el gobierno panista carece de una estrategia adecuada con la prensa. Señala gráficamente que va detrás de ella: aclarando y exculpando; en vez de ir delante: invitando, proporcionando información, exponiendo y promoviendo sus proyectos y logros (entrevista). Y frente a la disciplina y acuerdos existentes en la etapa priista, a los medios ahora llega información filtrada por miembros del propio gobierno.

Por su parte, como ya asentamos, los dos grupos estudiados propician que los gobernantes cumplan parcialmente la rendición de cuentas, invitándoles a foros para que informen sobre sus actividades. En ellos, formulan juicios acerca de la actuación de las autoridades. Llevan a cabo el seguimiento de los compromisos públicos (o formulados en reuniones previas ante ellos mismos). Y, en caso de incumplimiento, realizan los reclamos correspondientes. Como declara el CMPMPM: "Les llamamos a que nos informen. Les hablamos claro y les pedimos cuentas" (entrevista). En estos foros, la relación que establece el CMPMPM con los gobernantes es menos personalizada y más crítica que la que mantiene el GCAC. La dirigente del CMPMPM afirma: "Aquí [en el grupo] hemos aprendido que ellos [los gobernantes] son los servidores públicos [...] que no tenemos que estarlos vanagloriando [sic] y diciendo que todo lo que hacen está bien" (entrevista colectiva).

Puesto que las reuniones del GCAC con los gobernantes son menos frecuentes, resuelven en menor grado la obligada rendición de cuentas. Además, a pesar del juicio negativo que realiza sobre la estrategia panista ante la prensa, este grupo se pone del lado de los gobernantes en sus conflictos con ella. Considera que los medios no son informantes objetivos ni imparciales. Su dirigente, A. M. Arias, reconoce que "la primera manifestación [de cuatro efectuadas a la fecha] la organizamos en contra de los medios de comunicación, por los ataques agobiantes [contra A. Cárdenas]" (entrevista). Y en la cuarta manifestación de apoyo a Cárdenas, los asistentes (haciéndose eco de las posturas de los gobernantes panistas) criticaron duro y, de hecho, agredieron verbalmente, a los medios, en especial a la TV.

Como valoración de conjunto, reiteramos que el rendimiento de cuentas por parte de los gobernantes panistas de Jalisco y de los municipios conurbados del AMG cumple los requisitos institucionales, pero no es lo bastante innovadora. En cuanto a los dos grupos estudiados, la información que obtienen en los foros sobre la actuación de la autoridades es relevante. Pero responde sólo parcialmente a la publicidad inherente a este tipo de datos, porque es conocida fundamentalmente al interior de los grupos. Y, además, el GCAC muestra reticencias a los juicios que sobre los gobiernos panistas difunde la prensa, cuando ello forma parte de la información que debe circular en un régimen democrático. Como afirma un columnista local, la función de los medios no es estar a favor o en contra del gobierno sino hablar, desde la sociedad y por la sociedad y ante el gobierno, de hechos que son significativos para ambos. Esa función se inscribe dentro de los contrapesos indispensables que la esfera gubernamental debe tener en un sistema democrático, republicano y plural (Doñán, *Público*, 19 noviembre 1999).

Legalidad y transparencia gubernamentales

En sus campañas como candidatos, las actuales autoridades panistas del estado de Jalisco y del AMG ofrecieron a la población el cambio, que traducían por honestidad y eficacia. En conjunto, su honestidad se ha visto sometida a menos denuncias que las enfrentadas por los gobiernos priistas locales. Sin embargo, en el transcurso de la actual administración estatal, así como de las municipales panistas inmediatamente anteriores y de las presentes, se han documentado acciones que requirieron intervenciones de la Comisión de Vigilancia de la Cámara de Diputados. Ya detallamos que en un caso, ameritó una declaratoria de juicio político contra el ex presidente municipal de Zapopan, misma que posteriormente fue declarada no procedente. Otros dos casos se ventilaron también en la Cámara de Diputados. Y un cuarto no transcendió a la prensa.

Paralelamente, en varias ocasiones, han demostrado que poseen insuficientes conocimientos y habilidades en el manejo de la legislación, reglamentación, administración y planeación públicas. Por ello, han cometido irregularidades administrativas y procedimentales. Con base en estos hechos, algunos analistas afirman que dichas autoridades gobiernan con un enfoque gerencial o empresarial y que administran las instituciones públicas como si fueran oficinas o negocios privados (R. Martín, *Público*, 19 de noviembre de 1999; A. Díaz A., 1999). Los gobernantes se defienden argumentando que son honestos. Pero obviamente, aun en los casos en que en verdad lo sean, esto no les exculpa de sus errores como funcionarios y administradores públicos. Porque es responsabilidad del gobernante la correcta administración de las instituciones públicas a su cargo. Y forma parte de su ámbito de competencias ejercer la supervisión o vigilancia requeridas sobre el personal que trabaja con ellos.

Admitido lo anterior, en los problemas relativos a la honestidad durante la administración panista, existen dos diferencias fundamentales respecto de la priista. En primer lugar, no se ha confirmado la existencia de enriquecimiento ilícito, corrupción o malversación de fondos, sino de irregularidades administrativas o procedimentales. Y, por otra parte, estos asuntos se han ventilado abiertamente y se han aplicado sanciones a los responsables. Estos dos factores marcan una diferencia respecto al pasado priista. En su materialización ha influido tanto la fiscalización realizada por los diputados y regidores de los partidos de oposición como la de los representantes del partido en el gobierno (Ramírez Sáiz, 1998).

Por su parte, como ya hemos aclarado, la contraloría ciudadana que ejercen los dos grupos estudiados muestra algunas inconsistencias respecto de las irregularidades panistas. Pero, en conjunto, redunda en la vigilancia de las autoridades, en la fiscalización acerca de la legitimidad o pertinencia de las decisiones del gobierno y en el seguimiento de los compromisos de campaña. Estas prácticas poseen también un valor simbólico indudable.

Interés gubernamental en la resolución de problemas

Para la construcción de la gobernabilidad, es decisiva la forma como las autoridades enfrentan los problemas sociales y atienden las demandas provenientes de los ciudadanos. Al respecto, en un estudio reciente se comprobó que, en Jalisco y el AMG, la actual eficacia panista en torno a los servicios urbanos es similar a la priista. Asimismo se detectó que en la atención a las demandas, formuladas por los ciudadanos, en ambas administraciones (priistas y panistas) predominan las no resueltas totalmente ni de manera adecuada. Pero el procedimiento utilizado en la panista es más institucional y, a diferencia de la priista, suele eliminar la intermediación corporativa (Ramírez Sáiz, 1998).

Considerando los problemas y las demandas en el contexto de las relaciones existentes entre autoridades panistas y la sociedad local así como sus expresiones organizadas, los principales cambios reales operados son los siguientes:

- reducción y eliminación práctica del control, persecución y represión (previamente existentes) a la oposición política y a los grupos independientes,
- atención parcial a las demandas individuales y, en menor grado, a

las grupales. En las administraciones priistas prevalecía la desatención a los grupos no corporativos y, en especial, a las organizaciones *independientes,*

• rechazo a la presión colectiva o la manifestación pública de protesta, como medios para que las demandas sean atendidas, y
• diálogo selectivo con grupos de la sociedad civil.

De estas tendencias, las dos primeras implican la eliminación de lastres autoritarios y corporativos. Las dos restantes manifiestan que son limitados los indicios que demuestren la *construcción de un modelo nuevo* de relaciones para la resolución de los problemas sociales.

Al respecto, el anterior presidente municipal panista de Guadalajara y actual secretario de Administración del estado realizó una evaluación de conjunto acerca de la eficacia y vinculación con la sociedad por parte del actual gobierno, en los siguientes términos: "Yo siento que el gobierno panista escucha las causas o demandas antes de que se levanten mucho [...] [pero] la evolución de la sociedad nos rebasó [...] y es el principal reto que tenemos los gobernantes" (entrevista).

Los datos anteriores manifiestan que la eficacia de los gobiernos panistas es limitada en la resolución de los problemas de Jalisco y de la metrópoli tapatía. Y asimismo que preferentemente aplican la prevención (atender las demandas antes de que se levanten). Obviamente la prevención es necesaria. Pero muchos conflictos sociales no son previsibles. Y frente a ellos parecen necesarios el diálogo, el encuentro y la concertación.

En este terreno, los dos grupos estudiados no plantean al gobierno demandas *reivindicativas* propias ni de otros grupos y menos aún generales de la sociedad. Y asimismo no intervienen en la negociación ni resolución de los conflictos. Esto no los exime de actuar en el espacio público, en especial en asuntos directamente relacionados con la política ciudadana. Al respecto, les solicitamos nos informaran acerca de la posición que habían tomado y de la contribución que habían realizado en torno a algunos temas y problemas que habían sido objeto de debate amplio en la sociedad de 1995 a 1999. De entre ellos, destacaron tres: la polémica entre el cardenal de Guadalajara, Juan Sandoval, y la Comisión Estatal de Derechos Humanos (CEDH), las críticas realizadas al bajo nivel de eficacia del Consejo Electoral del Estado (CEE) y las políticas de seguridad pública. En el primer caso, estaba de por medio el significado social acerca de la defensa de los derechos humanos y el juicio sobre la actuación de la Comisión correspondiente; en el segundo, las garantías necesarias en torno a los procesos electorales, y en el tercero, la orientación social de la seguridad pública. En la primera ocasión, únicamente la dirigente del GCAC envió una carta a un periódico local en apoyo a la presidenta del CEDH discrepando públicamente de la posición asumida por el cardenal y pidiéndole que "tenga la humildad de reconocer que se equivocó" (17 de enero de 1999). Así aludía al error en que éste incurrió al juzgar que la CEDH se dedicaba a defender delincuentes. Esta recomendación al cardenal, proveniente de un grupo profundamente católico, implica una toma de posición comprometida ante la Jerarquía y en defensa de los derechos humanos. En relación al tercer asunto, el CMPMPM criticó la posición planteada por los empresarios porque implicaba un endurecimiento de la seguridad pública sin contemplar las dimensiones sociales y políticas que estaban involucradas. En el segundo de los conflictos aludidos, ambos grupos, como tales, se abstuvieron de tomar partido. No ayudaron a fijar la posición de la sociedad ni a influir en la resolución favorable que el gobierno debía darle. El tema ha trascendido a los medios. Entre los sectores sociales informados, existe una actitud crítica ante el CEE. En este caso, la falta de pronunciamiento e intervención por parte de los dos grupos no refleja ni es acorde con su interés en defensa del voto y en la observación de los procesos electorales, a los que ya hemos aludido. Nuestra opinión es que se trata de un asunto técnico complejo en el que los grupos no cuentan con competencias para aportar una solución.

En conjunto, los datos de este inciso sobre las cuatro dimensiones de la gobernabilidad evidencian varios hechos significativos.

La interlocución que llevan a cabo los gobernantes panistas con la sociedad es menos autoritaria que la priista, pero no es todavía suficientemente incluyente. Por otra parte, se muestra desconfiada respecto de las organizaciones autónomas. Los dos grupos estudiados abren espacios de diálogo que son reducidos pero poseen localmente un alto valor simbólico.

Los gobernantes panistas cumplen los requisitos que establece la rendición de cuentas. Pero son poco innovadores en este terreno y no han logrado establecer una relación funcional con los medios. Los dos grupos piden y obtienen de los gobernantes información importante, pero la socializan fundamentalmente a través de la presencia de sus dirigentes en los medios.

La honestidad de los gobernantes panistas está siendo menos cuestionada que la de los priistas, y efectivamente los actos de corrupción no son generalizables. Aunque eso no les exime de irregularidades administrativas, que a diferencia del periodo priista tienden a ventilarse públicamente, pero sólo la minoría de los casos han sido penalizados. En la fiscalización realizada por los dos grupos existen algunas inconsistencias, pero predomina su sentido simbólico en torno a la contraloría que los ciudadanos deben ejercer ante el gobierno.

Para la resolución de problemas, los panistas eliminan lastres autoritarios y corporativos. Sus respuestas son más preventivas, pero quizá no son bastante concertadoras. Los dos grupos no son reivindicativos ni cuentan con competencias para intervenir en la resolución de los conflictos locales.

En conjunto, los gobernantes panistas aportan una mayor gobernabilidad democrática, pero insuficiente innovación. Y respecto a los dos grupos, no se puede afirmar que el efecto social que logren sea todavía significativo para la construcción de una gobernabilidad más democrática, pero posee un indudable significado simbólico. Sería plausible que la posición de los dos grupos ante la alternancia política fuera asumida por la sociedad en la perspectiva en que ellos expresamente la ubican: "Éste es el cambio que nosotros quisimos. Vamos a apoyarlo. Y vamos también a darle línea (a los gobernantes) como sociedad. Vamos a decirles hacia dónde queremos que lleve a Jalisco... Yo pedí un cambio. Yo participo en el cambio. Yo aplaudo el cambio. Pero yo exijo en el cambio" (G. Ortega B. del grupo GCAC).

Conclusiones

Un balance global acerca de los dos grupos estudiados debe resaltar tanto sus limitaciones como aciertos. Bajo el primer aspecto, dos elementos son centrales: el alcance de su acción y el nivel de sus propuestas. Es innegable el carácter circunscrito de su experiencia. Se trata de dos organizaciones de pequeña escala y cuyo impacto sociopolítico es real pero limitado al mundo de sus redes personales, familiares, amistosas, sociales y políticas. Los momentos en que su accionar transciende a la sociedad local en su conjunto son significativos pero puntuales. Por otra parte, su interés por construir una política ciudadana es innegable e innovador, pero la capacidad propositiva es incipiente. La construcción de esa política posee una complejidad que rebasa las competencias con que cuentan actualmente. En este terreno, el aprendizaje individual y grupal logrado es relevante. Pero, como sucede en otros grupos cívicos y ONG, se requiere elevar el nivel de profesionalización para generar propuestas competentes en torno a la politización de la sociedad y su contribución a la gobernabilidad democrática.

Los aportes básicos de los grupos estudiados se dan en tres niveles:

a) innovación organizacional; *b)* contribución a la afirmación política de la sociedad civil, y *c)* exigencia de mayor gobernabilidad democrática.

Respecto al primer asunto, ambos grupos conforman nuevas modalidades de organización ciudadana, que no son homologables a las ONG progresistas, pero tampoco a los grupos reivindicativos, ni a los movimientos sociales en sentido estricto. Las razones de ello estriban, respectivamente, en que son grupos conservadores, pero no grupos de interés ni, en sentido estricto, tienen una propuesta alternativa a los conflictos de la sociedad. Pero tampoco son equiparables a los grupos conservadores o confesionales tradicionales que fundamentalmente operan en torno a la defensa de los valores morales o religiosos. Obviamente mantienen nexos, comparten valores y forman parte de redes más amplias de carácter conservador, como son los grupos religioso-parroquiales, la derecha política y las organizaciones empresariales. Pero poseen rasgos y actitudes que los diferencian de éstos. Se distinguen de los grupos católicos locales porque su principal campo de acción no es la moral, ni la religión sino la política ciudadana, que se da en el terreno de la democracia, tanto procedimental como participativa. Estas intervenciones políticas implican actuar no sólo con base en creencias, sino también en valores políticos, que tienen un campo y lógica propios de actuación, distintos del moral y religioso. Asimismo, las posiciones de estos grupos se distinguen de las que adoptan las organizaciones empresariales de Guadalajara, porque rechazan que éstas asuman la representación y se autopropongan como portavoces de la sociedad en su conjunto. En consecuencia, no aceptan que el proyecto empresarial pueda ser considerado como proyecto general de la sociedad. Debido a esta autonomía respecto de la jerarquía católica y del empresariado, adoptan posturas políticas que responden a intereses en los que pueden coincidir sectores más amplios de la sociedad.

Sus objetivos o campos propios de acción no se reducen a los valores tradicionales aludidos. La especificidad de estos grupos estriba en su dimensión cívica, en su accionar prodemocrático, en la creación de nuevos actores políticos (especialmente entre las mujeres de clase media y alta) y en motivación de segmentos de la sociedad hacia esos valores. Es decir, a pesar de ser conservadores, innovan la sociedad y la política ciudadana.

Su aportación al fortalecimiento político de la sociedad estriba en vincular sus redes propias (personales, familiares o grupales) con diferentes ONG y con otros sectores de la sociedad, que entre sí normalmente no mantienen contactos. Hacen más denso el entramado social a varios niveles pues sirven de puente entre grupos de clases sociales e intereses diferentes. Facilitan contactos entre sectores de la sociedad civil y los grupos de poder político y económico. Son capaces de convocar, mediante sus redes, a las asociaciones intermedias (escuelas, clubes sociales, grupos profesionales y confesionales). Y, sobre todo, defienden la vigencia de lo cívico ante lo partidario, las dimensiones de la democracia, la educación cívica y la articulación de la propia sociedad. Debido a su corta experiencia en el terreno cívico, estos grupos no cuentan todavía con las competencias para formular proyectos y soluciones propios. Sin embargo, buscan establecer contactos con grupos que tienen capacidad propositiva, con el fin de sumarse y apoyar sus proyectos a través de alianzas puntuales. El resultado de esta actuación es el redescubrimiento y afirmación políticos de segmentos de la propia sociedad.

En el terreno de la gobernabilidad democrática, las aportaciones de los dos grupos son diferentes pero ambas importantes. La del CMPMPM consiste en entablar prácticas de interlocución casi sistemática entre sociedad y gobierno. También le plantea la exigencia del rendimiento de cuentas, la legalidad y transparencia en su actuación así como la eficacia en la solución de los problemas sociales. Por su parte, el GCAC, además de estos roles, apoya y defiende al gobierno, en la medida que es legítimo. Bajo este aspecto, hace efectiva la corresponsabilidad ciudadana. Esta posición no se basa en un respaldo incondicional, sino que se apega a la legitimidad. Dicha contribución ciudadana suele ser vista con sospecha porque puede derivar en una colaboración acrítica y sistemática, pero, en este caso, es la resultante de una ciudadanía republicana.

En síntesis, estas tres dimensiones de los grupos estudiados establecen bases para un nuevo tipo de ciudadanía, de actuación política de la sociedad y de gobernabilidad democrática.

BIBLIOGRAFÍA

Ai Camp, Roderic (1998), *Cruce de espadas. Política y religión en México,* Siglo XXI Editores, México.
Almond y Verba (1970), *La cultura cívica*, Madrid.
——— (1980), *The Civic Culture Revisited*, Little Brown and Company.
Arbós, X., y S. Giner (1993), *La gobernabilidad. Ciudadanía y democracia en la encrucijada mundial,* Siglo XXI, España.
Balandier, Georges (1994), *El desorden. La teoría del caos en las ciencias sociales*, Gedisa, Editorial Barcelona.

348   CONSERVADURISMO, SOCIEDAD CIVIL Y GOBERNABILIDAD

Bartra, Roger (1983), "Viaje al centro de la derecha", *Nexos*, núm. 64, México, pp. 15-24.

Beltrán, U., *et al.* (1996), *Los mexicanos en los noventa*, IIS-UNAM, México.

Bobbio, Norberto (1991), *El tiempo de los derechos*, Ed. Sistema, Madrid.

——— (1995), *Derecha e izquierda*, Taurus, Madrid.

Camou, Antonio (1995), *Gobernabilidad y democracia*, IFE, México.

Cortés, M. A. (1999), *Razón práctica y ciudadanía*, tesis de doctorado, U. de G., Guadalajara.

Cortés, M. A. y Cecilia S. Soto (1999), *Los valores de los jaliscienses. Encuesta estatal de valores*, U. de G., Guadalajara.

De la Torre, Renée (1998), "El conservadurismo católico: ¿defensa o intolerancia a la otredad?", *Religiones y Sociedad*, núm. 4, septiembre-diciembre.

Dworkin, R. (1983), *Los derechos en serio*, Ariel, Barcelona.

Garretón, M. A. (1999), "Transformaciones sociales y reconstrucción de los estados nacionales", en R. Bayardo y M. Lacarrieu (comps.), *La dinámica local/global*, Ediciones CICCUS, Buenos Aires.

Granados, M. A. (1995), en N. Lechner, *Cultura política y gobernabilidad democrática*, IFE, México.

Habermas, J. (1998), *Facticidad y validez. Sobre el derecho y el estado democrático de derecho en términos de teoría del discurso*, Barcelona, Trotta.

———, R. Dworkin, y Gunther (1998), "¿Impera el derecho en la política?", en *La política*, núm. 4, Paidós, España.

Held, D. (1992), *Modelos de democracia*, Alianza Editorial, México.

Hewitt, C. (1998), "Use and Abuses of the Concept of Governance", *International Social Science Journal*, núm. 155, UNESCO, Blackwell Publishers.

Lechner, Norbert (1995), *Cultura política y gobernabilidad democrática*, IFE, México.

Lipovetsky, Gilles (1999), *La tercera mujer*, Anagrama, España.

Martínez, Alicia Inés (1997), "Cultura política en cuerpo de mujer", en Rosalía Winocur (comp.), *Culturas políticas a fin de siglo*, FLACSO/Juan Pablos Editor, México.

Melquior, José Guilherme (1993), *Liberalismo viejo y nuevo*, FCE, México.

Nino, C. S. (1997), *La constitución de la democracia deliberativa*, Gedisa, Barcelona.

Nisbet, R. (1998), "Conservadurismo", en Tom Bottomore y Robert Nisbet (comps.), *Historia del análisis sociológico*, Amorrurtu Editores, Buenos Aires.

Olvera, A. (1999), *Sociedad civil y gobernabilidad en México. Ejes conceptuales y apuntes metodológicos*, Xalapa, Veracruz, mimeografiado.

Przeworki, A. (1999), "Democracia y representación", *Metapolítica*, núm. 10, CEPCOM, México.

Ramírez Sáiz, Juan Manuel (1998), *¿Cómo gobiernan Guadalajara, Demandas ciudadanas y respuestas de los ayuntamientos*, Porrúa, México.

――― (1998a), "Y usted, ¿ya es ciudadano? El modelo nacional de 'Alianza Cívica' y su aplicación en el área metropolitana de Guadalajara", "La Colección de Babel", *Revista de la Universidad de Guadalajara*, 13, invierno.

――― (1999), "La restructuración política de Guadalajara, 1995-1998: ¿Cambio de pacto o de modelo societal?", *Sociológica*, UAM-A, año 14, núm. 39, enero-abril.

――― (1999a), "Gobernabilidad y ciudadanía en las áreas metropolitanas", *Espiral*, núm. 16, CUCSH, U. de G., Guadalajara.

Reed, Suzan (1997), "Educación cívica", *Sociedad Civil*, vol. 1, núm. 2.

Touraine, A. (1997), *¿Podremos vivir juntos? Iguales y diferentes*, FCE, México.

Ziccardi, A. (1995), "Governance and Gobernability: One or Two Concepts?", en R. H. Wilson, y R. Cramer, *International Workshop on Good Local Government*, The University of Texas, Austin.

ENTREVISTAS

Círculo de Mujeres por México y para México (CMPMPM)

Marisela Moguel de Cruz (presidenta), Guadalajara, 7 de octubre de 1998.

Leticia Rivera (mesa directiva), Guadalajara, 2 de noviembre de 1998.

Gabriela del Río (mesa directiva), Guadalajara, 10 de noviembre de 1998.

Marta Ogarrio (socia), Guadalajara, 15 de octubre de 1998.

Rebeca Valverde (socia), Guadalajara, 9 de noviembre de 1998.

Rafaela Valencia (socia), 17 de noviembre de 1998.

Dolores Alcalá (asistente al foro), Guadalajara, 8 de febrero de 1998.

María Marván Laborde (asesora), Guadalajara, 9 de marzo de 1999.

María de los Ángeles González (informante externo), Guadalajara, 15 de abril de 1999.

Entrevista grupal con mujeres del CMPMPM, Guadalajara, 6 de octubre de 1999.
Entrevista con Marisela Moguel, Guadalajara, 6 de octubre de 1999.

Grupo Cívico de Apoyo al Cambio (GCAC)

Gabriela Ortega Becerril, Guadalajara, 15 de octubre de 1998.
Ramón Ortega Becerril, Guadalajara, 27 de octubre de 1998.
Entrevista grupal con las damas del Grupo Madero, Guadalajara, noviembre de 1998.
Ana María Arias de Cordero, Guadalajara 15 de octubre de 1998.
Entrevista grupal con las damas del Grupo Madero, Guadalajara, 8 de octubre de 1999.
Ana María Arias de Cordero, Guadalajara, 15 de noviembre de 1999.
Ana María Arias de Cordero, Guadalajara, 17 de noviembre de 1999.

Entrevistas con funcionarios públicos

Ingeniero César Coll Carabias, ex presidente municipal de Guadalajara, Guadalajara, marzo de 1999.
Licenciado Fernando Guzmán Peláez, secretario general de Gobierno del estado de Jalisco, Guadalajara, 21 de septiembre de 1999.

MOVIMIENTOS SOCIALES PRODEMOCRÁTICOS, DEMOCRATIZACIÓN Y ESFERA PÚBLICA EN MÉXICO: EL CASO DE ALIANZA CÍVICA

ALBERTO J. OLVERA[1]

INTRODUCCIÓN

La política de la sociedad civil es la política de la influencia, es decir, la presión indirecta sobre el sistema político que se ejerce apelando a la crítica, a la movilización y al convencimiento (Cohen y Arato, cap. x, 1992). Esta forma de acción política construye espacios públicos múltiples (Olvera, 1999a), tantos como diversos sean los actores, temas e intereses en juego. Los espacios públicos más importantes en términos de su capacidad de generación de ciudadanía son aquellos que se conforman como interfases entre la sociedad civil y el sistema político, es decir, como formas de contacto entre actores sociales y políticos, o entre individuos dotados de derechos e instituciones estatales.

En el prolongado y no concluido proceso de transición a la democracia que vive México, el papel de los movimientos sociales prodemocráticos en la construcción de nuevos espacios públicos y en la creación de una ciudadanía efectiva ha sido fundamental. Estos movimientos han contribuido a la relativa democratización de la vida pública poniendo en juego diversas formas de la política de la influencia. En efecto, las luchas sociales en torno a los procesos electorales han constituido la principal arena de conflicto político en la década de los años noventa en México. De ellas, las que los propios partidos de oposición dirigieron fueron las que más movilización popular implicaron.[2] Estas movilizaciones dieron inicio en 1983 en Chihuahua y se extendieron después a Nuevo León, Sinaloa y Guanajuato. En 1988 el fraude electoral contra Cuauhtémoc Cárdenas en las elecciones presidenciales de ese año provocó el más grande ciclo de movilizaciones populares en México en varias décadas. La continuidad de esta tendencia a principios de la década de los noventa obligó al gobierno a reconocer, gradualmente, los

---

[1] Agradezco la cooperación de Sharon Lean en la realización de esta investigación.
[2] Véase al respecto Gómez Tagle, 1997.

351

triunfos de los partidos de oposición en elecciones municipales y estatales.

Los movimientos prodemocráticos independientes de los partidos políticos empezaron a surgir en 1989, cuando por primera vez se llevó a cabo una pequeña observación de las elecciones locales de Yucatán. Después, esta práctica se realizó en las elecciones estatales en San Luis Potosí y Michoacán de 1991, estableciéndose como un modelo de acción civil frente el sistema político. En 1994 se formó la Alianza Cívica como una articulación de los diversos movimientos regionales y de las principales redes de ONG del país. La Alianza Cívica organizó uno de los más grandes experimentos de observación electoral integral que se hubiera llevado a cabo hasta esa fecha en el mundo. La defensa de los derechos políticos desde fuera del sistema político mismo era una absoluta novedad en el país.

Este nuevo tipo de luchas por la democratización en México creó nuevos espacios públicos, tanto en los medios de comunicación nacionales y locales como en términos de foros públicos. Su fundamento moral y legal fue un concepto de los derechos políticos ligado a una noción amplia de los derechos humanos, lo cual fue el resultado de un aprendizaje normativo en el campo de las ONG especializadas en los derechos humanos. La práctica de la observación electoral introdujo una innovación cultural adicional, que fue la práctica del pluralismo y la tolerancia políticas dentro de los movimientos sociales. Históricamente, en México los movimientos sociales habían estado altamente politizados por la influencia de líderes vinculados a corrientes y partidos políticos excluyentes. La Alianza Cívica extendió progresivamente su acción a otros campos de la lucha política, como la vigilancia del ejercicio de gobierno y la construcción de agendas ciudadanas, introduciendo así otras innovaciones en la cultura y la práctica política de la sociedad civil mexicana. Sin embargo, su ciclo de innovación y movilización ha concluido como consecuencia de su propio éxito. La alternancia en el poder lograda en julio de 2000 ha cambiado radicalmente el panorama político y el carácter de los movimientos sociales prodemocráticos.

En este capítulo se hará una primera aproximación al análisis de la experiencia de la Alianza Cívica como movimiento social y como organización civil de carácter nacional. Las experiencias de las alianzas cívicas estatales no son analizadas en profundidad, como merecerían, debido a falta de tiempo y espacio. En este documento se evalúan las innovaciones político-culturales, los aportes técnicos y en las formas de acción colectiva, las limitaciones políticas y las características específi-

cas de la organización interna de la Alianza Cívica. El texto se divide
en seis partes. En la primera se presenta una breve síntesis de los procesos políticos de índole nacional que crearon el ambiente propicio
para el desarrollo de los movimientos sociales prodemocráticos en
México. En la segunda se explica el origen y desarrollo de la Alianza
Cívica en su vertiente principal de acción, la observación electoral; en
la tercera se analiza la experiencia de la Alianza Cívica en el campo de
las "consultas ciudadanas"; en la cuarta se presenta el caso del programa "Adopte un Funcionario", que fue una iniciativa novedosa en el
campo del control ciudadano del ejercicio del gobierno; en la quinta se
analiza el desempeño político y organizativo de la Alianza Cívica en el
periodo que anticipa la alternancia, 1997-2000; en la sexta, que es una
especie de complemento, se aportan breves notas sobre la diversidad
regional de la Alianza Cívica, concentrando la atención en los tres
estados donde la permanencia y la importancia políticas de la Alianza
han sido mayores: Yucatán, Sur de Sonora y Coahuila. Finalmente, se
ofrece una breve conclusión.

El contexto político-cultural de los recientes movimientos civiles

Tres procesos político-culturales definen los orígenes de los movimientos prodemocráticos en México. En primer término, la evolución del
discurso social de la Iglesia Católica, ya que en las instituciones y procesos abiertos por el Concilio Vaticano II está el origen de buena parte
de las Organizaciones No Gubernamentales (ONG) mexicanas.[3] En
segundo lugar, el proceso de radicalización política de buena parte de
la juventud universitaria nacional a partir de la represión del movimiento estudiantil de 1968, lo cual dio origen a una oleada de activismo radical en los movimientos sociales populares.[4] Finalmente, la lenta pero continua liberalización política de los años setenta y ochenta,
que ayudó a constituir un sistema de partidos y a canalizar hacia la
arena electoral parte del descontento social generado en los tiempos
del ajuste neoliberal.[5]

Fueron los procesos políticos abiertos por el largo ciclo de la liberalización política (1973-1988) los que definieron el contexto en el que se
produjo la emergencia de la sociedad civil contemporánea en México.
En los años setenta la activación de los movimientos sociales popula-

[3] Véase Blancarte (coord.), 1995; Muro, 1994.
[4] Véase Zermeño, 1974; Olvera, 1998.
[5] *Idem.*

res se extendió a casi todo el país, y por primera vez surgieron organizaciones empresariales independientes de carácter nacional. El movimiento estudiantil se expandió por toda la república, pero en el plano de la política partidaria no se experimentaron cambios sustanciales. Hubo más espacio para la movilización social, pero no para la acción político-electoral. En 1977 se da la primera señal de apertura hacia la izquierda partidaria con la reforma electoral impulsada por Jesús Reyes Heroles, que otorga facilidades para entrar a las cámaras por la vía de la representación proporcional.

La crisis económica que inició en 1981 activó a todos los sectores de la sociedad (Monsiváis, 1987). Los empresarios y las clases medias del norte, los más afectados por la macrodevaluación que inició la crisis, tuvieron que actuar por primera vez abiertamente en la arena política, y a través del Partido Acción Nacional (PAN), el partido histórico de la derecha, lucharon por las alcaldías y los gobiernos estatales en varias entidades (Chihuahua, Sonora, Baja California, Guanajuato, Sinaloa, San Luis Potosí). Los actores de izquierda intentaron también incursionar en la arena electoral, aunque con muy poco éxito. Las organizaciones civiles existentes, mientras tanto, prosiguieron con su política de mantenerse al margen de la arena política electoral. Los grupos de derechos humanos estuvieron concentrados en la solidaridad con los pueblos centroamericanos y poco tuvieron que ver con la problemática interna.

La crisis de los ochenta cambió las condiciones que habían permitido el despliegue de los movimientos populares, los cuales poco a poco fueron perdiendo su capacidad de movilización hasta acumular una derrota estratégica en el movimiento sindical independiente y en buena parte del movimiento campesino. Sólo la enorme activación del movimiento urbano-popular en la ciudad de México cambió este panorama después del terrible terremoto de 1985.

La división interna del partido oficial (PRI) en 1987, causada por la salida de la Corriente Democrática de Cuauhtémoc Cárdenas y Porfirio Muñoz Ledo, replanteó la centralidad de la arena electoral como una posible vía para la transformación democrática del régimen. En 1988 la desesperación popular se expresó en forma masiva en las urnas conduciendo a una probable victoria de Cuauhtémoc Cárdenas (bloqueada mediante un monumental fraude)[6] y a un crecimiento notable, en escala nacional, del Partido Acción Nacional, el cual se nutrió de nuevos cuadros emanados de los sectores conservadores de la sociedad civil.

---

[6] Véase Barberán, 1988.

Poco a poco, y a través de un altísimo costo en términos de movilizaciones sociales y políticas, la liberalización se extiende a la arena electoral y empieza a haber competitividad auténtica. Al mismo tiempo se conforma un sistema de partidos de dimensión nacional en el cual el PAN se posiciona como un partido democrático de centro-derecha, mientras el Partido de la Revolución Democrática (PRD) surge en 1989 como un partido de centro-izquierda que aglutina en su seno a las viejas corrientes populistas del PRI, a la mayor parte de la izquierda partidaria organizada y a una pequeña parte de los líderes sociales y civiles existentes, especialmente a los del movimiento urbano popular y de un pequeño sector de los movimientos campesino y estudiantil. La parte de la sociedad civil representada por las organizaciones no gubernamentales no se incorpora en esta fase a la política partidaria ya que la mayoría de ellas decide mantener su autonomía política y organizacional.

El periodo 1988-1994 se caracteriza en los planos económico y político por el desarrollo de un atrevido proyecto de autotransformación del régimen (Olvera, 1998). Por un lado se inicia un acelerado proceso de apertura económica que culmina con la firma del Tratado de Libre Comercio (TLC) con Canadá y los Estados Unidos, el cual entra en vigor en enero de 1994. Se privatiza la banca nacionalizada, se pone fin a la reforma agraria, se cierran las empresas paraestatales vinculadas al campo y se financia esta modernización mediante el endeudamiento masivo con el exterior. Por otra parte, en el plano político, se busca reconstituir al PRI mediante el Programa Nacional de Solidaridad (Pronasol) y la eliminación de los dirigentes más conspicuos del corporativismo oficial. Al mismo tiempo, se pretende administrar casuísticamente el avance de los partidos de oposición en las regiones, lo cual acentúa la inestabilidad política (Cansino, 2000).

En este periodo las organizaciones no gubernamentales florecen en todo el país. Se incrementan en número, se diversifica su acción y aumenta notablemente su visibilidad al grado de elevar la calidad de su acción y de crear redes de coordinación nacional que les permiten articular acciones y ganar reconocimiento y presencia pública (Olvera, 1998). Este crecimiento se explica en parte por el ocaso del radicalismo estudiantil, el fin del crecimiento de las universidades públicas, el desencanto abierto por la caída del socialismo real y un cierto desánimo ante las limitadas posibilidades de participación electoral independiente a través de los partidos de oposición. Otros dos factores fueron determinantes en este proceso: en los años ochenta, el acceso creciente de las ONG al financiamiento internacional, y en los noventa, la sustitución paulatina del viejo concepto de servicio a los movimientos populares por una creciente profesionalización y una orientación a la definición de políticas sociales alternativas (Aguilar, 1997). Esta conjunción de factores permite la cuadruplicación del número de organizaciones no gubernamentales,[7] la formación de redes temáticas de organizaciones civiles, así como el surgimiento de redes nacionales como el Foro de Apoyo Mutuo (1992) y la Convergencia de Organismos Civiles por la Democracia (1991).[8]

Mientras tanto, los movimientos populares por la democracia se expresan básicamente como luchas poselectorales contra el fraude, dirigidas por los propios partidos políticos [J. Alonso y J. Tamayo (coords.), 1994]. Sin embargo, la idea de una presión social contra el fraude antes y durante la jornada electoral empieza a tomar fuerza a raíz de las experiencias de diversos movimientos cívicos regionales. Entre ellos se cuenta el encabezado por el Frente Cívico Familiar de Yucatán en 1989, la observación de las elecciones locales en Michoacán en 1991 y, ante todo, la lucha por la democracia y contra el fraude en San Luis Potosí en 1991, la cual condujo a la formación del Movimiento Ciudadano por la Democracia (1992). Esta organización civil constituye en sí misma un frente de las ONG y movimientos civiles regionales. Otros grupos civiles (intelectuales, artistas) se forman también para promover la causa de la democracia electoral, como la Asamblea Democrática por el Sufragio Efectivo (Adese), e incluso organizaciones de investigación como la Fundación Arturo Rosenblueth ayudan a darle sistematicidad a los esfuerzos de observación electoral en los estados (Calderón, E. y D. Cazés, 1994).

Este cambio en el patrón de acción colectiva en la primera mitad de los noventa es de gran importancia para entender la emergencia de la Alianza Cívica. En el imaginario colectivo de los activistas de las corrientes progresistas de la iglesia y de la izquierda social de los setenta y ochenta se produce un cambio de paradigma. De la idea de la revolución propiciada por actores populares colectivos se pasa a la aceptación de que la democratización de la vida pública y la participación en política electoral es la única vía práctica para resolver en el largo plazo los problemas nacionales (Tamayo Flores-Alatorre, 1999; Olvera, 1998). El cambio en el imaginario colectivo fue, sin embargo, más un

---

[7] De acuerdo con las cifras del Centro Mexicano para la Filantropía, había en 1993 más de 3 000 ONG en México. Sergio García (1997) considera que hay más, pues cerca de 40% de este tipo de asociaciones carece de registro legal.

[8] Este proceso está excelentemente descrito en Reygadas, 1998, libro imprescindible para entender el desarrollo de las ONG en México, así como de sus redes y movimientos.

resultado de las circunstancias históricas que de un aprendizaje colectivo, que siempre ha ido atrás de los procesos sociales reales. De un lado, la derrota de los actores populares de los setenta y ochenta, aplastados por el neoliberalismo y por la rutinización de los movimientos urbano-populares; de otro, la caída del socialismo. Más importante aún, la ciudadanía decidió por ella misma recurrir a la arena electoral para propiciar un cambio de régimen. La insurrección electoral de 1988 y las subsecuentes luchas poselectorales demostraron que la lucha por el respeto de los derechos políticos había adquirido centralidad en todo el país.

Entre las ONG se produjo un cambio simbólico importante cuando las organizaciones de derechos humanos extendieron este concepto al campo de los derechos políticos (Concha Malo, 1995). Este reconocimiento justificó el creciente activismo de la Academia Mexicana de Derechos Humanos en este campo, y en general de numerosas ONG. Este giro hacia un imaginario democrático-liberal era un reconocimiento del fin de las viejas utopías, una adaptación a las necesidades sentidas de la población y una expresión de un aprendizaje colectivo en el terreno normativo. Este imaginario incorporó también como elemento constitutivo una perspectiva republicana: sólo la acción colectiva de los ciudadanos organizados obligaría al régimen a aceptar la democratización de la vida pública. La creciente adopción en este sector de una identidad colectiva como "sociedad civil" reflejaba precisamente el principio de que la defensa de los derechos políticos individuales exigía la acción colectiva y actores organizados más o menos permanentes (Olvera, 1999b). Este aprendizaje era también un reflejo de la propia acción de las ONG, que en este nuevo imaginario estaban sustituyendo el protagonismo que antaño se había asignado a los movimientos populares.

La emergencia del Ejército Zapatista de Liberación Nacional (EZLN) en enero de 1994 modificó dramáticamente el panorama de la transición política. La rebelión indígena constituyó un choque moral para la sociedad y condujo a la formación de un movimiento nacional de apoyo a las luchas de los pueblos indígenas, el cual se expresó en grandes movilizaciones masivas espontáneas de las clases medias urbanas.[9] Este proceso aumentó la urgencia de una salida pacífica a la crisis política del país, acentuada por el asesinato del candidato presidencial del PRI en marzo de 1994.

Una de las vías emergentes que el gobierno implementó para evitar

---

[9] Sobre este proceso en 1994, véase Hernández Navarro, 1995.

la total falta de credibilidad en el proceso electoral de 1994 fue ceder en una demanda largamente planteada por la oposición y por los movimientos civiles prodemocráticos: la autonomía de los organismos electorales, que en México dependían hasta entonces directamente del gobierno. A este proceso se le denominó "ciudadanización" del Instituto Federal Electoral, el organismo público encargado de organizar las elecciones. Este proceso fue más simbólico que real, pues los seis nuevos "Consejeros Ciudadanos" nombrados en abril de 1994 encontraron todo preparado para las elecciones federales de agosto, cosa comprensible dada la cercanía del proceso. Poco pudieron hacer para evitar que la elección presidencial fuera manipulada por el gobierno.[10] Fue en este contexto que la Alianza Cívica emergió en 1994.

La Alianza Cívica y los aportes de la observación electoral

La Alianza Cívica fue en su origen un pacto temporal de las principales organizaciones civiles prodemocráticas existentes: Convergencia de Organismos Civiles por la Democracia, el Movimiento Ciudadano por la Democracia (ambas redes de grupos civiles), la Academia Mexicana de Derechos Humanos (ONG), el Acuerdo por la Democracia, el Instituto Superior de la Cultura Democrática, la Asamblea por el Sufragio Efectivo (pequeños grupos de miembros de las élites político-culturales de la ciudad de México) y la Fundación Arturo Rosenblueth (ONG de investigación). Esta composición otorgaba a la Alianza una notable capacidad técnica, una presencia en los medios a través de periodistas reconocidos, una influencia entre las organizaciones no gubernamentales por medio de sus redes y un contacto con las élites intelectuales. Su misión única era observar las elecciones presidenciales de 1994. Así, la Alianza Cívica se funda el 25 de abril de 1994, fecha en la que también se registra legalmente como asociación civil[11] con la firma de cinco de los principales dirigentes de las organizaciones civiles constituyentes.[12] El registro era necesario para que la nueva organización pudiese recibir financiamiento nacional y extranjero.[13] La base firme de esta

[10] Véase Fernández, Alvarado y Sánchez (coord.), 1995.

[11] Una asociación civil se registra legalmente ante un notario público y se notifica a la Secretaría de Relaciones Exteriores, la cual sólo vigila que el nombre elegido no se repita y que no participen en la asociación extranjeros sin permiso de residencia.

[12] Sergio Aguayo, Luz Rosales, Enrique Calderón Alzati, Daniel Cazés, Martha Pérez.

[13] La escasez de financiamiento extranjero a las ONG prodemocráticas mexicanas era sorprendente en comparación con la abundancia de recursos enviados a las ONG de Europa del Este (Aguayo, 1998, p. 179).

organización civil era la experiencia adquirida en los años anteriores por sus grupos constituyentes, la seguridad de contar con un cierto financiamiento para sus actividades y la disposición de miles de ciudadanos a apoyar iniciativas civiles que garantizaran la legalidad de una jornada electoral que se percibía como decisiva.

El 24 de mayo del mismo año la Alianza presentó el primer informe sobre la cobertura de las campañas electorales realizada por los medios de comunicación, en el que se denunció la enorme parcialidad de los principales noticieros de televisión. Esta línea de monitoreo sobre los medios fue introducida por la Academia Mexicana de Derechos Humanos, a iniciativa de Sergio Aguayo, su presidente. Se creó así el principio de que los ciudadanos pueden exigir a los medios el cumplimiento de sus responsabilidades públicas. Esta línea fue exitosa en la medida que el Instituto Federal Electoral exhortó inmediatamente a los medios a actuar con equidad y objetividad.

El 29 de junio del mismo año se dieron a conocer los resultados de una encuesta de opinión que analizaba las expectativas de los ciudadanos frente al proceso electoral. Esta línea de análisis centrada en encuestas representativas fue en su momento una innovación técnica introducida por la Fundación Arturo Rosenblueth, la cual, a través de su presidente, Enrique Calderón Alzati, constituyó el soporte técnico de casi todas las observaciones electorales posteriores y diseñó la mayoría de las consultas a la ciudadanía que habrían de llevarse a cabo en el futuro. La propia fundación introdujo también la idea de hacer un conteo rápido en las elecciones federales de 1994, lo cual fue también una innovación técnica.

El 23 de julio la Alianza inició un proceso de verificación simbólica, a través de una muestra del padrón electoral en cinco de las principales ciudades del país, usando una metodología de la Fundación Rosenblueth y aprovechando la capacidad organizativa de que ya disponían las organizaciones ciudadanas integradas a la Alianza. Al mismo tiempo, la organización procedía a registrar legalmente a más de doce mil observadores en todo el país.

La Alianza Cívica diseñó un programa especial para zonas rurales llamado "Ponte Vivo" a través del cual 4 500 observadores fueron enviados a zonas rurales críticas. Al mismo tiempo, la Alianza coordinó la visita de 420 observadores internacionales provenientes de 24 naciones.

El 19 de agosto la Alianza presentó un informe sobre las condiciones previas a la jornada electoral en el que informó de un total de 398 denuncias por prácticas de inducción y coacción del voto. Esto era el resultado de una investigación realizada entre el 18 de julio y el 18 de agosto en diez entidades del país a través de registros de prensa y de trabajo de campo.

La Alianza Cívica dedicó mucha de su escasa capacidad organizativa a cumplir los complejos requisitos legales para registrar ante el Instituto Federal Electoral a 11 800 observadores (Alianza Cívica, 1994). Para ello organizó cursos de capacitación para coordinadores estatales, quienes a su vez replicaron el curso con los coordinadores regionales, y éstos con el ejército de observadores. Elementos del IFE daban fe de esta capacitación y después se debían presentar copia de la credencial de elector, una solicitud y una constancia de capacitación para obtener el registro.[14]

Se diseñó además una guía de observación, que contenía evaluaciones de todos los aspectos del desarrollo de la jornada electoral, desde la apertura del centro de votación hasta su cierre (Cazés y Calderón Alzati, *op. cit.*). Se montó también un sistema de conteo rápido, que para 1994 constituyó una gran innovación nacional, y que exigió un sistema de comunicación que incluía centros de concentración de información regionales y por estado, todo ello con la colaboración de miles de voluntarios *(ibid).*

Por todo ello, la observación de la jornada electoral del 21 de agosto fue una operación extraordinariamente complicada desde el punto de vista técnico. La Fundación Rosenblueth diseñó una muestra estratificada y representativa de 2 400 casillas, las cuales fueron vigiladas por un ejército de 18 000 ciudadanos (de los cuales 12 000 estaban legalmente registrados como observadores) movilizados en una acción cívica sin precedentes en el país (A. C., 1994). Si bien la operación fue centralmente planeada, la ejecución de la acción fue descentralizada, pues los grupos locales en 30 de los 31 estados de la República se encargaron de organizar la observación en sus estados con la ayuda de grupos diversos en el nivel municipal. La observación fue de naturaleza cualitativa y cuantitativa. Se registraron los incidentes que podían afectar el voto libre de los ciudadanos, empezando por los procedimientos de instalación y apertura de las casillas, siguiendo después a lo largo de la jornada con el estudio de la presencia de agentes de los partidos políticos en las mismas, presión a los votantes, compra o coacción del voto, permitir a votantes no registrados votar, para terminar con el recuento y registro de votos en las actas. Además, se informó de inme-

---

[14] Lo complejo de este procedimiento de registro indica que el gobierno no deseaba tener ningún tipo de vigilancia ciudadana sobre el proceso electoral.

[15] En efecto, la Alianza ofreció antes que nadie resultados tentativos muy cercanos, en porcentaje, a los resultados reales de la elección.

diato a la oficina central de los resultados de la votación para llevar a cabo el conteo rápido, lo cual le permitió a la Alianza Cívica anticipar el resultado final.[15]

El secreto del éxito del movimiento radicó en la afortunada combinación de una dirección casi profesional con experiencia acumulada en materia electoral, y una masa de participantes espontáneos cuya educación y recursos les permitió ser eficientes en la acción y cumplir con las directrices y metodología emanadas de la dirección. La viabilidad de la Alianza Cívica fue reforzada por la disponibilidad de recursos que el gobierno de Salinas se vio obligado a otorgar a la ONU para que ésta a su vez los distribuyera a las organizaciones de observadores.[16] De esta forma se buscó legitimar una elección que corría el riesgo de arrojar resultados inaceptables para la población. La Alianza aceptó un donativo de cerca de dos millones de dólares bajo la hipótesis de que un buen trabajo nacional de observación, debidamente financiado, demostraría o bien la existencia de un fraude o legitimaría un triunfo de la oposición. La expectativa, como se vería, estaba errada.

En efecto, la observación tenía dos objetivos complementarios, aunque excluyentes: o bien se cerraban las puertas de un fraude masivo el día de la jornada electoral, permitiendo el triunfo de la oposición, o bien se demostraría la existencia de un tal fraude, impidiendo así la imposición. Ninguno de estos objetivos se cumplió. No hubo un fraude generalizado, pero la oposición no ganó. Tampoco se logró demostrar la existencia de patrones sistemáticos de violación de derechos. El informe de la Alianza Cívica subrayó que la elección había sido legal, pero ilegítima, pues se había fundado en una profunda iniquidad en la competencia electoral. El partido oficial había contado con incalculables recursos, una abrumadora cobertura en los medios y un manejo discrecional y clientelar de la política social. En el campo se había presentado una descarada y generalizada compra y coacción del voto.[17] Este diagnóstico apuntaba ya a las tareas futuras: la intervención civil en el control de las condiciones de la competencia electoral y una ampliación de la acción ciudadana hacia otras formas de monitoreo del ejercicio del gobierno.

[16] El presidente Salinas otorgó cinco millones de dólares a la Unidad de Observación Electoral de la ONU en mayo de 1994. La insurrección indígena y el asesinato del candidato del partido oficial a la presidencia en marzo del mismo año habían creado dudas sobre la legitimidad del proceso electoral. El antecedente del megafraude de 1988 complicaba aún más la situación. La promoción de la observación fue uno de los mecanismos a través del cual se quiso dar credibilidad al proceso electoral. La táctica fue exitosa.

[17] Véase "Informe final de la observación de las elecciones presidenciales", Alianza Cívica, 1994.

El éxito de la observación tuvo como contrapunto la victoria del PRI en las elecciones. La expectativa de los ciudadanos participantes en el movimiento de que elecciones limpias significarían el triunfo automático de la oposición se vino abajo. Ahora bien, quedó en claro que los derechos políticos de los mexicanos aún no eran plenos para un alto porcentaje de la población que se veía sometida a procesos de compra y coacción de su voto. Se entendió que la enorme ventaja que el PRI tenía sobre la oposición en términos de recursos económicos y acceso a medios significaba que las elecciones eran inequitativas y tendenciosas. Finalmente, empezó a comprenderse que los propios partidos de oposición no habían logrado ganar la suficiente credibilidad como para provocar un giro decisivo en las preferencias electorales. Todo lo anterior quedó expresado en el informe de la Alianza del 19 de septiembre y sobre todo en el del 21 de octubre, en los que se reconocía que el triunfo del PRI era legal, pero no legítimo.

El hecho de que la Alianza tuviera que reconocer el triunfo del PRI fue mal visto por los grupos políticos de izquierda, que esperaban una denuncia incendiaria de fraude electoral. Al no prestarse a este juego, la Alianza preservó su seriedad profesional y su autonomía de los partidos, con lo cual reforzó una imagen pública de imparcialidad.

Excurso sobre la composición del movimiento y la organización interna

El 30 de septiembre de 1994 se reunió la primera Asamblea Nacional de la Alianza Cívica, en la cual representantes de 27 estados decidieron continuar observando los procesos electorales y profundizar las líneas de acción que ya habían empezado a explorar en los meses previos: la democratización de los medios de comunicación, la conformación de organismos electorales autónomos e independientes en los niveles federal, estatal y municipal, así como lanzar sucesivas campañas de educación cívica de carácter popular, las cuales fueron vistas como el único antídoto posible a la compra y coacción del voto.[18] Esta decisión demostraba que aunque se habían visto frustradas las expectativas de los ciudadanos y grupos que habían participado en la observación electoral, existía una voluntad colectiva de continuar la lucha y una conciencia de su importancia futura.

Este hecho transformó un movimiento social que se había concebido a sí mismo como coyuntural en una organización civil dotada de per-

---

[18] Boletín de la Alianza Cívica, núm. 1.

manencia y un mínimo de institucionalización. Sin embargo, al ratificarse a la Dirección Nacional existente (Sergio Aguayo, Luz Rosales, Enrique Calderón, Daniel Cazés, Rogelio Gómez) y a Martha Pérez como secretaria ejecutiva, se creó un problema estructural de falta de correspondencia entre el carácter nacional, político y socialmente plural del movimiento, y el carácter centralizado y políticamente homogéneo de la dirección. Esta última estaba formada por representantes de ONG cuya trayectoria y composición eran relativamente compatibles. Se trataba de personajes con larga experiencia en el campo de las ONG, varios de ellos provenientes de los grupos progresistas de la iglesia católica y en general miembros de una élite de activistas sociales y políticos que habían construido relaciones de confianza mutua a lo largo de tres años de experiencia en la observación de elecciones locales.[19] En cambio, los grupos que componían la Alianza Cívica en la mayor parte del país tenían perfiles más variados tanto social como políticamente.

En el Distrito Federal mismo, la mayoría de los grupos movilizados provenían de la experiencia de la solidaridad con los indígenas de Chiapas o de redes ciudadanas informales que sólo en pocos casos se reconocían en las ONG existentes. Lo mismo puede decirse del Estado de México, el cual tenía una organización descentralizada debido a la dispersión de la población. En varios estados la Alianza era una sumatoria de redes de comunidades eclesiales de base, ONG y grupos de profesores y estudiantes de las universidades locales (Veracruz, Morelos, Oaxaca, Chiapas, Guerrero, Guanajuato, Querétaro, Michoacán, Chihuahua-Cd. Juárez, Jalisco). En otros, la Alianza era más bien la expresión de académicos y estudiantes y algunos grupos ciudadanos preexistentes (Sonora, Baja California Sur, Tamaulipas, Quintana Roo, Nayarit). En otros más la Alianza era una curiosa mixtura de grupos ciudadanos conservadores, académicos y activistas (Sinaloa, Nuevo León, Chihuahua-capital, Yucatán, San Luis Potosí, Durango). Aún en otros la Alianza era conformada por grupos de activistas sociales más identificados con la izquierda (Coahuila, Guerrero). En varias entidades había grupos en diversas ciudades que no siempre aceptaban participar de una coordinación estatal (Chihuahua, Sonora, Guanajuato, Chiapas).

En parte esta misma diversidad aconsejaba no integrar una Dirección Nacional representativa, pues bien a bien no se sabía quiénes permanecerían en el movimiento y quiénes no. Por otra parte, también

[19] Sergio Aguayo, Rogelio Gómez-Hermosillo, Daniel Cazés, Enrique Calderón Alzati, Martha Pérez, Luz Rosales.

había un desnivel de experiencia y conocimiento que la corta campaña de la observación del 94 no había logrado compensar. Finalmente, ante la falta de recursos económicos y el carácter voluntario de la organización, no había mucho interés entre los participantes por ocupar puestos de dirección.

Sin embargo, la ampliación de las tareas del movimiento y su extensión en el tiempo no se correspondió con una nueva forma de organización interna. Las coordinaciones nacional y estatales, pensadas sólo para una coyuntura específica, siguieron funcionando bajo una circunstancia totalmente diferente. La escasez de recursos hizo que se decidiera que sólo la Secretaría Ejecutiva contaría con personal profesional, mientras los estados se tendrían que basar en los recursos propios.

Este hecho determinó que la Alianza como una organización dotada de cierta permanencia y mínima institucionalización funcionara de una manera muy centralizada. La Secretaría Ejecutiva estaba en la ciudad de México y todos los miembros de la Coordinación Nacional residían allí. La coordinación seguía basándose en la idea de una representación paritaria de los grupos que habían fundado la Alianza, que para este momento ya era algo mucho más grande que la inicial coordinación de grupos preexistentes. El carácter nacional y ciudadano del movimiento no se reflejaba en sus órganos de dirección.

Durante 1995 y 1996 la Alianza Cívica mantuvo su perfil de movimiento civil nacional, alimentándose de la percepción generalizada de colapso del gobierno que trajo consigo la crisis económica causada por la devaluación de diciembre de 1994, la ruptura de las negociaciones entre el gobierno y el EZLN, la ausencia de una nueva reforma electoral, la continuidad de elecciones inequitativas en el plano local y la profundización de la confrontación interna entre las fracciones del régimen.

A fines de 1995 la Asamblea Nacional de la Alianza Cívica decidió reorganizar la Coordinación Nacional. Los dirigentes proponían la incorporación de figuras del mundo de las ONG para relanzar el proyecto de la Alianza Cívica como una especie de frente nacional de organizaciones civiles. Los representantes de provincia no se reconocían en ese proyecto, pues en buena medida no formaban parte de las redes de ONG, o bien, incluso si participaban en ellas, asumían el hecho de que el movimiento tenía una dinámica propia y una composición plural. Las bases activas de la Alianza Cívica estaban formadas por una mayoría de ciudadanos sin participación en ONG, aunque los dirigentes estatales y regionales, en su abrumadora mayoría, provenían de las filas de las organizaciones civiles. Según el estudio realizado por Sharon Lean (1996) sobre los miembros de la asamblea nacional, 34% de ellos participaba en otras ONG, 16% en algún otro tipo de asociación, 13% en algún grupo religioso, 21% eran profesores o investigadores universitarios, 10% miembro de algún sindicato y 10% militaba en algún partido político. Prácticamente todos (95%) tenían estudios universitarios, incluyendo a 21% con posgrado. Por tanto, la Alianza reflejaba la composición de la élite sociocultural que formaba la sociedad civil realmente existente en México, la cual por primera vez actuaba conjuntamente en la arena pública.

La decisión de la asamblea fue que en vez de invitar a líderes históricos del Distrito Federal había que reconocer la composición plural de la Alianza y ante todo darle un peso a las regiones, hasta alcanzar 50% de la Coordinación Nacional. Así se hizo, pero la gran mayoría de los representantes de provincia electos eran, lógicamente, viejos miembros de las redes de ONG, participantes simultáneos del Movimiento Ciudadano por la Democracia, de la Convergencia de Organizaciones Civiles y de la propia Alianza. Con todo, representaban otra visión de la política y ofrecían traer las agendas locales a la atención de los dirigentes nacionales. Sin embargo, el hecho de que estuvieran en lugares distantes y que no mantuvieran comunicación directa entre sí disminuía su potencial. Además, el alto costo de reunir a este grupo obligaba a que sus reuniones fueran esporádicas, por lo que su función de dirección era más bien de carácter estratégico y no operativo. La "coordinación cotidiana" que se reunía semanalmente era la misma dirección original, y seguía concentrando la información, los contactos y los recursos. Era una cuestión clásica de disponibilidad.

Una decisión estratégica de la dirección original que reforzó la centralización fue la de no dotar de recursos económicos a ninguna alianza estatal. Alegando disposiciones de los donantes, sólo se transfirieron recursos para la observación en coyunturas específicas, pero no hubo dinero para oficinas o personal, ni siquiera para gastos operativos como el teléfono y el correo. De esta manera se imposibilitaba la permanencia e institucionalización de las alianzas estatales, o se les condenaba a subsistir en condiciones de latencia, libradas a su propia capacidad de obtención de fondos, por lo general casi inexistente.

Como consecuencia de todo lo anterior, la relación entre el centro y las regiones siguió limitándose al envío de instrucciones, la organización de cursos de educación cívica, el apoyo a algunas iniciativas locales y eventualmente a la distribución de algunos escasos recursos. La Secretaría Ejecutiva, localizada en el D. F., se fue fortaleciendo con la contratación de personal y la continuidad de las relaciones con las redes nacionales de ONG y con las instituciones donantes.

Desarrollo y crisis de la observación electoral

El 20 de noviembre de 1994 iniciaron las observaciones de elecciones estatales, con el caso de Tabasco, en donde se hizo una labor muy completa, pues abarcó los mecanismos de compra y coacción del voto, el análisis de la Ley Electoral Estatal, el seguimiento de gastos de campaña y la calidad de la jornada electoral. La Alianza estatal denunció el escandaloso operativo clientelar y la iniquidad en la competencia, así como la cobertura tendenciosa de los medios.[20]

En el año de 1995 se observaron las elecciones estatales en Jalisco (febrero), en Yucatán y Guanajuato (mayo), Veracruz, Baja California Norte y Aguascalientes (agosto), Chiapas (octubre) y Michoacán, Oaxaca, Puebla y Tlaxcala (noviembre). En todos los casos se procuró hacer observaciones integrales. La mejor experiencia fue la de Yucatán, donde los estudios e informes fueron muy completos gracias a la experiencia acumulada por el Frente Cívico Familiar, pero en general en todos los casos se contó todavía con una gran participación ciudadana. En promedio 200 observadores participaron en cada proceso y se abarcaron los campos de observación ya mencionados en el caso de Tabasco.[21] El activismo civil resultó importante en casi todos los casos para garantizar el respeto a los triunfos de la oposición. En ese año el PAN ganó las gubernaturas de Jalisco, Guanajuato y Baja California Norte, así como muchas presidencias municipales en las demás entidades. El PRD ganó también numerosas alcaldías en Veracruz, Michoacán y Oaxaca.

A lo largo de 1995 la Alianza Cívica participó activamente, al lado de algunos Consejeros Electorales nacionales, dirigentes de partidos políticos, periodistas e intelectuales, en los encuentros informales que habrían de conducir a los Acuerdos del Castillo de Chapultepec.[22] Estos acuerdos sintetizaban los consensos a los que llegaron estos actores civiles y políticos relevantes en cuanto al contenido de una "reforma electoral definitiva". Si bien estos consensos, difícilmente logrados a través de largas discusiones, no comprometían a los parti-

---

[20] Véase "Informe de las elecciones estatales de Tabasco", Alianza Cívica de Tabasco, 1994.

[21] Véase el Boletín de la Alianza Cívica, núm. 1-3.

[22] El nombre deriva del lugar donde las reuniones se llevaban a cabo.

dos ni al gobierno a proponerlos como reformas a las leyes electorales ante el Congreso, lo cierto es que fue con base en ellos que a fines de 1996 se reformó la ley electoral.

Para impulsar dicha reforma, en 1996 la Alianza Cívica le dio prioridad a una campaña nacional por una "reforma electoral definitiva".[23] La coyuntura política era favorable porque en ese año se discutía en la Cámara de Diputados una nueva ley electoral. En este marco la Alianza Cívica organizó entre enero y marzo tres foros regionales por la reforma electoral, uno en Saltillo (región Norte), otro en Guanajuato (región Centro) y otro en Yucatán (región Sur).[24] Surge de esta iniciativa una serie de propuestas de reforma electoral que recogen la experiencia acumulada hasta esa fecha y que se centran en cuatro aspectos principales: la autonomía e imparcialidad de los órganos electorales; la equidad en el financiamiento de los partidos políticos y en el acceso a los medios de comunicación; la tipificación apropiada de los delitos electorales y medidas para contrarrestar la compra y coacción del voto. Este proceso implicó la realización de una gran campaña de educación cívica en la mayor parte del país. Se llevaron a cabo numerosas conferencias, foros y talleres sobre la legislación electoral en varios estados.[25]

En el campo de la observación electoral se trabajó en 1996 en Quintana Roo (febrero), Guerrero (octubre) y Coahuila, Estado de México e Hidalgo (noviembre). La experiencia más exitosa fue la de Coahuila, donde la Alianza Cívica logró la prohibición de un lema utilizado por el PRI por su semejanza con los anuncios de obra pública del gobierno del estado.[26]

En octubre de 1996 el Código Federal de Elecciones fue modificado, incluyéndose la mayoría de las demandas planteadas por la Alianza Cívica y otros grupos prodemocráticos. De hecho el nombramiento de nuevos consejeros electorales ciudadanos, petición central del momento, constituyó un gran avance al lograrse que se seleccionaran personalidades verdaderamente independientes.[27] La deseada autonomía del Instituto Federal Electoral, la institución encargada de organizar

[23] La inacabada y prolongadísima transición democrática mexicana se ha caracterizado por tener como eje central una estrategia de "reforma electoral permanente" por parte del régimen. Así, a través de reformas incrementales el gobierno ha administrado el ritmo y la profundidad de la apertura política.
[24] Véase el Boletín de la Alianza, núm. 4.
[25] *Idem.*
[26] "Informe de la observación de las elecciones estatales", Alianza Cívica de Coahuila, 1996.
[27] Fueron nombrados ocho nuevos consejeros electorales, y se ratificó a uno de los anteriores, José Woldenberg, quien pasó a ser el presidente del Instituto Federal Electoral.

las elecciones y de distribuir el financiamiento público a los partidos, parecía al fin alcanzarse.[28] El nuevo ordenamiento indicaba criterios más claros y equitativos para el financiamiento de los partidos, así como un monto casi escandaloso para tal fin; indicaba con mayor precisión la naturaleza de los delitos electorales y creaba un tribunal encargado de conocer de estos casos; establecía un mecanismo para el nombramiento en "cascada" de los consejeros electorales ciudadanos en los niveles estatal y distrital, quitándole así a la burocracia el control real del proceso electoral; otorgaba al IFE la capacidad de monitorear los medios de comunicación y hasta algunos programas sociales con potencial clientelar.[29] Estos principios habían sido defendidos por la Alianza Cívica y los partidos de oposición, por lo que la reforma electoral de 1996 fue un gran avance. Sin embargo, en el proceso de negociación de la reforma en la Cámara de Diputados la Alianza Cívica no fue reconocida ni consultada. La clase política decidió no otorgarle al movimiento un mayor prestigio público, reservándose para sí el mérito del momento.

En este contexto, la Alianza Cívica decidió continuar sus labores de investigación sobre el sistema electoral. Se hizo un análisis del funcionamiento de los organismos electorales estatales; otro más de los mecanismos de compra y coacción de votantes; asimismo, una investigación de la cobertura de las campañas en todos los medios y en el mayor número de estados; finalmente, se determinó incidir en la jornada electoral en zonas de alto riesgo y conflictividad para evitar el fraude vía compra y coacción del voto. Estos objetivos deberían de lograrse a través de la acción ciudadana, pero también por medio de una interlocución permanente y activa con los Consejeros Electorales, quienes eran considerados como personas comprometidas con la democracia.[30]

Las investigaciones de la Alianza Cívica fueron relativamente exitosas. El estudio comparado sobre el comportamiento de los medios de comunicación en 14 estados de la República fue realmente importante cuando demostró que los medios tendían a ser menos parciales que antes y que eran altamente sensibles al monitoreo ciudadano.[31] El estudio sobre compra y coacción del voto demostró que existían patrones sistemáticos de presión a los votantes, pero no pudo localizar programas específicos de orden federal que fueran usados con fines clien-

[28] Véase Becerra, 1998.

[29] Para una valoración crítica de la reforma electoral de 1996, véase Cansino, 2000; Becerra, 1998.

[30] Boletín de la Alianza Cívica, núm. 5.

[31] *Monitoreo de medios impresos y electrónicos, elecciones federales de 1997*, Alianza Cívica, 1998.

telares. En realidad la compra del voto se había descentralizado y disfrazado a través de múltiples canales particulares y en su manejo los gobiernos estatales jugaban un papel central.[32] Este estudio, que se presentó ante los Consejeros Electorales Nacionales el 29 de mayo, convenció a los mismos de que era necesario diseñar medidas y estrategias que evitaran esta forma de violación a los derechos políticos. Infortunadamente el Tribunal Federal Electoral consideró ilegal un programa del IFE a través del cual se pretendía monitorear la aplicación de la política social en una muestra de distritos electorales.[33]

Las elecciones de julio de 1997 fueron históricas porque por primera vez los partidos de oposición en conjunto lograron una mayoría en la Cámara de Diputados (257 vs. 243). El PRD arrasó en las elecciones del Distrito Federal y el PAN ganó las gubernaturas de Querétaro y Nuevo León. En el nivel municipal los avances de la oposición también fueron muy significativos, incluidos estados de vieja raigambre priista, como Veracruz, donde en las elecciones municipales de octubre de 1997 el PRI perdió la mayoría de los municipios por primera vez en la historia.

Este avance histórico de la oposición hizo olvidar que las elecciones seguían siendo inequitativas y marcadas por la compra y coacción del voto. Una parte de la dirección histórica de la Alianza Cívica consideró que dado que el IFE estaba ahora en manos de ciudadanos confiables y había logrado una verdadera autonomía, y dado que la oposición conseguía cada vez más triunfos y los medios eran cada vez menos imparciales, podía darse por concluida la principal misión de la Alianza Cívica, dando paso a nuevas organizaciones civiles más especializadas en los otros territorios de la acción ciudadana.

Las prácticas de agenda setting: *las consultas públicas*

La Alianza Cívica introdujo una innovación adicional en el repertorio de las formas de acción colectiva civil. Se trataba de abrir formas de consulta a la ciudadanía con el fin de crear corrientes de opinión que tuvieran que ser escuchadas por el gobierno y los partidos, dada su cerrazón política. Las asociaciones y movimientos civiles que formaron la Alianza Cívica en 1994 habían ya organizado en abril de 1993 la primera consulta ciudadana relativa a los derechos políticos en la ciudad de México, la cual formaba parte de una campaña por el reconocimien-

---

[32] *La compra y coacción del voto: una violación de los derechos políticos,* Alianza Cívica, 1997.
[33] Crespo, 1999.

to de los derechos de los habitantes de la capital federal, hasta ese momento conculcados al no permitírseles elegir directamente ni al gobernador de la ciudad ni a los delegados políticos (especie de alcaldes regionales). El relativo éxito de esta consulta, en la que participaron cerca de 400 mil personas, legitimó el recurso de la consulta independiente como mecanismo de presión simbólica de los ciudadanos hacia el gobierno (Ramírez Sáiz, 1997).

El 12 de diciembre de 1994, la Alianza Cívica creó el Sistema Nacional de Consultas, idea original de Enrique Calderón, presidente de la Fundación Rosenblueth, que constituyó la matriz de una nueva forma de participación ciudadana en la vida pública. Se trataba de generar una corriente de opinión que influyera en el sistema político en temas clave del acontecer nacional.[34]

El colapso económico de diciembre de 1994,[35] el enfrentamiento entre el presidente Zedillo y el ex presidente Salinas[36] y la ofensiva militar contra los zapatistas el 15 de febrero de 1995,[37] fueron factores que crearon de inmediato la urgencia y la oportunidad de llevar a cabo una primera consulta. El 26 de febrero de 1995 cerca de 16 mil personas cooperaron en la instalación de 3 491 mesas de consulta en las que 626 525 ciudadanos emitieron su opinión en torno a la necesidad de enjuiciar a Carlos Salinas, rechazar el paquete de créditos de los Estados Unidos que ponían en riesgo la soberanía del país y la necesidad de retomar la vía del diálogo para solucionar el conflicto en Chiapas. Esta consulta fue simbólicamente importante y consolidó la práctica que se había iniciado en marzo de 1993.

En junio de 1995 el Ejército Zapatista de Liberación Nacional solicitó a la Alianza Cívica y a la Convención Nacional Democrática[38] realizar una gran consulta nacional sobre el rumbo que el propio EZLN debería seguir en el futuro. El 27 de agosto de 1995 se llevó a cabo la Consulta Nacional por la Paz y la Democracia, solicitada por el EZLN,

---

[34] La información que sigue está tomada de los *Boletines* de la Alianza Cívica, núm. 1-6, y de mis propias notas personales.

[35] El 19 de diciembre de 1994 el peso sufrió una macrodevaluación catastrófica, que marcó el inicio de una recesión brutal con alta inflación durante los años 1995 y 1996.

[36] El ex presidente Salinas y el presidente Zedillo discutieron públicamente acerca de a quién correspondía la responsabilidad de la debacle financiera. Este enfrentamiento causó una división en el PRI y una sensación de ingobernabilidad.

[37] El presidente Zedillo había ofrecido inicialmente una mayor apertura en las negociaciones con el EZLN pero súbitamente lanzó una ofensiva militar y policíaca contra el EZLN que causó una gran crisis política.

[38] La Convención Nacional Democrática era una especie de comisión permanente directiva del movimiento de apoyo al EZLN nacida de una convención a la que los zapatistas llamaron a mediados de 1994.

en la que participaron como voluntarios cerca de 12 000 personas, quienes instalaron 8 652 mesas de consulta, al tiempo que más de 1 500 comunidades indígenas emitían también su opinión. Un total de 1 088 094 ciudadanos participaron en la consulta nacional, cuyo rasgo más significativo fue que una mayoría le pidió al EZLN convertirse en una fuerza política independiente. La necesidad de introducir en la constitución un capítulo de derechos indígenas fue plenamente apoyada también.

En el mes de junio de 1995 se formó una amplia coordinación de organizaciones sociales para realizar el llamado Referéndum de la Libertad, a través del cual se pretendía presionar al gobierno para que cambiara su política económica. Los convocantes fueron la Coordinadora Nacional de Organizaciones Cafetaleras, la Asociación Nacional de Industriales de la Transformación, la Red Mexicana de Acción Frente al Libre Comercio, El Barzón y la Unión de Organizaciones Regionales Campesinas Autónomas. Se trataba de organizaciones sociales con una significativa representación regional y sectorial. Frente a ellas, la Alianza Cívica era una especie de grupo facilitador, pues como organización no representaba a ningún sector social. La pretensión de este frente, que era promover una estrategia económica alternativa, rebasaba en mucho la misión de la Alianza Cívica y generaba tensiones a su interior, pues había grupos y sectores de la misma que no compartían la visión izquierdista de ese frente social. La posición de la Alianza era ambigua y difícil.

Entre septiembre y noviembre de 1995 se llevó a cabo una campaña de adhesiones en el marco del Referéndum de la Libertad, con la cual se buscó que la ciudadanía apoyara con su firma una Estrategia Económica Alternativa para el Desarrollo Nacional. En total 428 345 firmas fueron recabadas. El bajo número de adhesiones en la primera campaña prolongada en la que participó la Alianza Cívica demostró que el tema económico era más difícil de manejar frente a la ciudadanía y que la gran mayoría de las organizaciones convocantes carecía de la capacidad organizativa para implementar la consulta.

En septiembre de 1996 el mismo frente de organizaciones que había promovido el Referéndum de la Libertad realiza la Primera Jornada Nacional de Condena a la Política Económica del Gobierno. Se instalaron 1 950 mesas en 20 estados del país y 182 366 ciudadanos acudieron a presentar sus testimonios sobre los daños que les había causado la política económica del gobierno. Se trataba de una acción simbólica que buscaba llamar la atención de la opinión pública sobre el desastre social causado por la crisis y sobre la necesidad de cambiar el rumbo económico de la nación. El poco éxito de la iniciativa demostró una vez más que los temas económicos no eran el terreno de la Alianza y que las organizaciones sociales convocantes carecían de un verdadero poder de movilización. Aun así, como parte de este proceso, la Alianza Cívica presentó ante la cámara de diputados, junto con las demás organizaciones, una iniciativa de ley para reducir el Impuesto al Valor Agregado (IVA) de 15 a 10%. La Cámara ni siquiera discutió en comisiones la iniciativa.

Al principiar 1997 había al interior de la Alianza Cívica la idea de que las consultas habían llegado a un punto de agotamiento. Los ciudadanos no percibían que tuviesen un efecto práctico estas movilizaciones simbólicas, que por lo demás carecían de continuidad, es decir, no formaban parte de una estrategia a largo plazo. El EZLN no había hecho caso de la opinión ciudadana y mucho menos el gobierno. Tampoco los reclamos de una nueva política económica habían conducido a conformar un verdadero frente nacional. Ante ello, la Coordinación Nacional de la Alianza Cívica decidió que su labor en pro de la democratización de la vida pública debería adquirir un carácter más propositivo y al mismo tiempo más profesional. El primer objetivo debería alcanzarse a través de una agenda de carácter programático que expresara las necesidades más sentidas de la ciudadanía. El segundo, a través de un método técnicamente impecable de levantamiento de encuestas.

Con vistas a las elecciones legislativas de julio de 1997 se decidió, de forma un tanto precipitada, que el primer paso en esta dirección sería la consulta-ratificación de una "agenda ciudadana" para presentar a todos los partidos políticos para que éstos se comprometieran a asumir como propias las demandas ahí contenidas. En mayo de ese año, a través de una encuesta, se detectaron cinco bloques temáticos prioritarios para la población: bajos salarios y falta de empleo; inseguridad pública y violencia; insuficiente cobertura y mala calidad de la educación y del sistema de salud; ausencia de políticas efectivas para promover la equidad entre los géneros; incumplimiento de los compromisos con los indígenas mexicanos por parte del gobierno. Sobre cada uno de esos ejes temáticos se hicieron propuestas de carácter general para definir la orientación de las políticas públicas respectivas. Los días 6, 7 y 8 de junio de 1997 se llevó a cabo la Consulta Nacional para Apoyar la Propuesta Ciudadana. Un total de 11 300 voluntarios participaron en la organización y ayudaron a la instalación de 2 061 mesas en los 32 estados del país, si bien en al menos 12 de ellos la presencia fue más bien simbólica. Sólo 156 mil ciudadanos emitieron su opinión. El cuestionario era de obvia resolución y tenía más bien un carácter simbólico, pues se apoyaban grandes demandas que en realidad no creaban una agenda legislativa, sino una agenda temática de la cual podrían derivarse futuras leyes. Dada la poca participación y la escasa cobertura en los medios, la consulta resultó poco práctica y ratificó el agotamiento de esta forma de intervención ciudadana en la esfera pública.

Una excepción a esta tendencia fue la consulta organizada y promovida directamente por el EZLN en abril de 1999, a través de la cual los zapatistas realizaron una campaña de promoción de los derechos indígenas en todo el país. Se trató de un hecho inédito en el que 5 000 indígenas chiapanecos se presentaron en la gran mayoría de los municipios del país, contando con el apoyo descentralizado de miles de grupos locales sin conexión entre sí. El sorprendente resultado fue que más de 3 000 000 de personas acudieron a las urnas modesta y penosamente instaladas por ciudadanos para indicar su apoyo a los derechos indígenas y emitir una opinión mayoritaria respecto de que el EZLN debería convertirse en una movimiento de carácter político. En esta ocasión la Fundación Rosenblueth prestó su asesoría técnica, pero la Alianza Cívica en cuanto tal no tuvo una responsabilidad directa en la consulta, si bien sus miembros en todo el país apoyaron su realización. La consulta zapatista fue la más exitosa de cuantas se hayan realizado debido a que fue parte de una campaña de solidaridad con la causa indígena desde una opinión pública impresionada por la presencia en todos los rincones del país de miles de indígenas chiapanecos. Sin embargo, este éxito no se tradujo tampoco en un cambio de política por parte del gobierno federal ni por parte del propio EZLN. La campaña no tuvo continuidad política, y su impulso se perdió, si bien dejó sembrada la semilla que el EZLN habría de cosechar en febrero-marzo de 2001 en su gran gira nacional.

El "control del ejercicio del gobierno": una experiencia fracasada

Las primeras iniciativas en materia de vigilancia ciudadana sobre el ejercicio del gobierno fueron desarrolladas en la Academia Mexicana de Derechos Humanos. A principios de 1995 salieron de ahí dos proyectos, los cuales serían asumidos por la Alianza Cívica como propios. El primero fue "Adopta un Funcionario", que consistía en escoger a un político relevante y hacer un seguimiento de su desempeño. El segundo, derivado del anterior, fue un proyecto de seguimiento de las finanzas públicas. El primero carecía en realidad de una metodología propiamente dicha. Era más bien un ejercicio simbólico. Se buscaba averiguar la situación patrimonial del funcionario, el salario que percibía, y el personal bajo su mando directo. Cada grupo o sección que quería implementar el programa tenía que desarrollar sus propias estrategias de investigación. Por esta razón los resultados eran muy desiguales y nunca pudo concluirse debidamente ningún estudio de caso.

La primera y más relevante de estas experiencias fue la "adopción" del presidente de la República.[39] El objetivo era lograr que el presidente informara a la opinión pública el monto real del presupuesto de que disponía, la cantidad de personal que apoyaba sus funciones y el monto de los salarios que devengaba. Para ello se preparó un escrito petitorio, entregado en marzo de 1995, en el que la Alianza Cívica, amparándose en el derecho a la información (artículo 8 de la Constitución), solicitaba al presidente de la República que diera a conocer el organigrama de su oficina, cómo manejaba la "partida secreta", que de acuerdo con el presupuesto de egresos de la federación de 1995 abarcaba casi 25% del mismo, y que hiciera pública su declaración patrimonial.

Un año después, ante la absoluta falta de respuesta del presidente, la coordinación nacional de Alianza Cívica decidió emprender acciones legales para defender los derechos de petición e información, sentando un precedente en la jurisprudencia nacional. La Alianza Cívica pidió a un juez de distrito que ordenara al presidente dar la información requerida, pues la omisión representaba una violación al derecho de información, al mismo tiempo que la falta de respuesta significaba la conculcación del derecho de petición (artículo 9 de la Constitución). La juez quinto de distrito en materia civil falló inesperadamente a favor de la Alianza Cívica. La defensa de la presidencia interpuso diversos recursos de revisión hasta que finalmente un tribunal colegiado respaldó la decisión de la juez, quien amenazó a la presidencia con llevar el caso a la Suprema Corte de Justicia. Lamentablemente, en junio de 1997 la juez contradijo su fallo, pues pasó a considerar que los oficios de la Secretaría Particular de la Presidencia, negándole la información a la Alianza, eran prueba del respeto al derecho de petición, y que la información solicitada la tenía la Cámara de Diputados. Se cerraron así los recursos jurídicos al alcance de la Alianza. Fue evidente que la presión de la Presidencia sobre la juez la forzó a cambiar de opinión en un tema de enorme trascendencia nacional.

---

[39] La información que a continuación se ofrece está condensada en el siguiente documento interno de la Alianza Cívica: *Análisis de la trayectoria del programa "Adopte un Funcionario" y de las actividades de vigilancia ciudadana dentro de Alianza Cívica*, 1998.

En julio de 1996 la Alianza Cívica de Tabasco decidió retomar la metodología del seguimiento jurídico ensayada con el presidente para vigilar la gestión del gobernador Roberto Madrazo, campeón del autoritarismo y del uso discrecional de los recursos públicos. Se le presentó un escrito en el que además de solicitarle un organigrama completo de su oficina, se le pedía información sobre el ejercicio presupuestal de 1995 y sobre los criterios para definir el presupuesto de egresos de 1996. Ante la falta de respuesta del gobernador, la Alianza Cívica interpuso una demanda de amparo, la cual fue rechazada por el segundo juzgado de distrito aduciendo que la Alianza había recibido una respuesta de la contraloría estatal, la cual por cierto consistía únicamente en la sugerencia de que los demandantes consultaran el Diario Oficial de Tabasco (órgano oficial del gobierno), donde por supuesto no había ninguna información parecida a la solicitada.

En julio de 1996 la Alianza Cívica de Celaya, Guanajuato, decidió "adoptar" al alcalde de esa ciudad, para lo cual le solicitaron la misma información ya antes pedida a los otros funcionarios. Ante la falta de respuesta, la Alianza Cívica inició una demanda de amparo, que en este caso recibió una sentencia a favor del juez 5o. de distrito en febrero de 1997. El juez exigió al presidente municipal que respondiera en un plazo de 10 días, pero el funcionario nunca lo hizo. No obstante, el juez se negó a proseguir el caso.

Hubo otras acciones legales del mismo corte en Yucatán y en Saltillo, Coahuila. En el primer caso, la Alianza Cívica de Yucatán presentó el 25 de junio de 1997 una denuncia ante la Fiscalía Especializada en Delitos Electorales de la Procuraduría General de la República en contra de Tele Noticias, una empresa del gobierno estatal, por destinar recursos públicos para cubrir en forma casi exclusiva la campaña de los candidatos del PRI. Después de un largo proceso, la Fiscalía Especial recomendó en febrero de 1998 no ejercer acción penal contra los funcionarios que conformaban el consejo directivo del canal.

El fracaso de las acciones jurídicas contra los funcionarios públicos llevó a la Alianza Cívica a la decisión de recurrir a la Comisión Interamericana de Derechos Humanos de la Organización de Estados Americanos. En septiembre de 1997 la Alianza Cívica presentó una denuncia de violación de derechos políticos, específicamente los derechos de información y petición, cuyos responsables eran los tres distintos niveles del poder ejecutivo: el federal (presidencia), el estatal (gobernador de Tabasco) y el local (presidente municipal de Celaya). El objetivo en este caso era recurrir a una instancia externa para tratar de sentar un precedente jurídico internacional en el que se aceptara que los derechos políticos son también derechos humanos fundamentales. Sin embargo, en mayo de 1998 la Comisión Interamericana respondió diciendo que no había encontrado violaciones a la Convención Interamericana de Derechos Humanos en los hechos ya mencionados.

La experiencia aquí presentada indica que la vía del derecho ha demostrado ser inútil hasta ahora para obligar a funcionarios públicos electos en los tres niveles de gobierno a hacer pública su situación patrimonial, dar a conocer sus salarios y el personal que ocupan e incluso los criterios con los que definen y manejan el presupuesto público. La información solicitada era bastante elemental, pero el régimen autoritario ha conservado su capacidad de mantener en secreto información que debería de ser del dominio público. Aun contando con algunos jueces honestos, es posible ver que o bien la presión de la presidencia los obliga a retroceder o bien carecen de la posibilidad de obligar a los funcionarios a acatar sus decisiones. Todo lo anterior confirma la enorme debilidad del Estado de Derecho en México.

La paradoja del éxito: de la búsqueda de institucionalidad política a la crisis de Alianza Cívica

La acumulación de experiencias de observación y la apertura de nuevos campos de acción ciudadana le dieron a la Alianza Cívica una alta visibilidad en los medios de comunicación y un notable prestigio nacional. Para 1996 la Alianza Cívica era un movimiento social estabilizado en la forma de una organización relativamente informal, pero con una alta capacidad de movilización y con presencia nacional. La permanencia del autoritarismo priista y su profunda deslegitimación creaban un gran espacio de acción y una necesidad de intervención ciudadana en la vida pública orientada a cambiar la correlación de fuerzas a favor de los movimientos democráticos. A partir de fines de 1996 se sucedieron rápidamente una serie de acontecimientos que cambiaron las condiciones en que la Alianza Cívica venía actuando. La reforma electoral de ese año y las elecciones intermedias de 1997 modificaron el panorama político al permitir una competencia más equitativa entre los partidos y al poner en minoría al PRI en la Cámara de Diputados. Este éxito notable de la movilización civil planteaba a la Alianza Cívica nuevos retos y oportunidades, que no fueron claramente entendidos.

Entre las innovaciones de la ley electoral de 1996 estuvo la creación de una nueva figura jurídica, llamada Agrupaciones Políticas Nacionales, las cuales habrían de gozar de financiamiento público, siendo los objetivos señalados para ellas los de "promover una mayor cultura política entre los ciudadanos" y "abrir espacios para la participación ciudadana". El carácter ambiguo de estas formulaciones hizo pensar a algunos miembros de la dirección de la Alianza Cívica que era viable y deseable recurrir a esta forma de registro legal para lograr que el régimen político reconociera la importancia de las organizaciones civiles que promovían la participación ciudadana en la vida pública.

Esta alternativa fue detectada por algunos miembros de la dirección de la Alianza cuando faltaban sólo dos semanas para que se venciera el plazo de registro en noviembre de 1996. Ya otras ONG y grupos ciudadanos estaban impulsando su propio registro como APN. Tal era el caso de Causa Ciudadana (coalición de algunos reconocidos líderes político-civiles) y de Diversa (coalición de líderes feministas). En forma emergente, la dirección histórica de la Alianza hizo una rápida consulta telefónica con las Alianzas Cívicas Estatales para ver si había disposición para buscar el registro de la AC como APN.

Esta consulta se hacía en condiciones internas poco favorables. Hacia fines de 1996 había cierta insatisfacción en varios estados con el excesivo centralismo en la dirección política de la Alianza. Todas las consultas habían sido definidas desde arriba, diseñadas y difundidas por la dirección nacional. Con frecuencia se llamó a las Alianzas Estatales a participar en las consultas con muy poca anticipación. Las numerosas observaciones de elecciones estatales y municipales no habían tenido trascendencia nacional. Múltiples iniciativas locales no recibían apoyo de la oficina nacional y, sobre todo, no recibían difusión en los medios nacionales.

Así, cuando a partir de una consulta telefónica se toma una decisión tan trascendente como la de buscar el registro como APN, surge rápidamente un rechazo a la iniciativa en varios estados y en el propio Distrito Federal. En medio de la confusión, se promueve la adhesión de ciudadanos a la Alianza Cívica, APN, en la última semana de noviembre de 1996. Se logran reunir 7 691 cédulas en todo el país, de las cuales 28% son del Distrito Federal, obtenidas directamente por el personal de la oficina de la Secretaría Ejecutiva, contándose con otros apoyos significativos solamente en Yucatán, Quintana Roo, Coahuila, Veracruz y el Estado de México. En las demás entidades la participación fue mínima. Chiapas, Jalisco, Campeche, Nayarit, Querétaro, Puebla, San Luis Potosí, Sinaloa y Tamaulipas no participaron en absoluto, en parte porque las Alianzas Estatales ya no existían y en parte por oposición a la decisión (Querétaro, Jalisco, Sonora Centro, Nayarit y Baja California Sur).

En diciembre de 1996 la Alianza Cívica solicitó su registro como APN. En el mismo mes se celebró una Asamblea Nacional para debatir este asunto. La discusión fue muy intensa, siendo precedida por una serie de denuncias en la prensa del Distrito Federal acerca de una supuesta traición de la dirección histórica de la AC. El resultado final fue la aprobación *post factum* de la medida, pero con el rechazo explícito de Jalisco, Distrito Federal, Sonora Centro, Chihuahua Centro, Querétaro y algunas Alianzas Regionales de Guanajuato, Oaxaca y Chiapas. Uno de los miembros de la Coordinación de la Alianza del Distrito Federal fue expulsado de la organización por considerar que sus declaraciones a los periódicos habían puesto en riesgo el prestigio y la integridad de la Alianza Cívica. Este hecho condujo al alejamiento definitivo de lo que era hasta entonces la Alianza del D. F., y junto con ellos, de buena parte de la Alianza del Estado de México. Ambos grupos estaban dominados por dirigentes provenientes de la izquierda radical, quienes actuaban con plena autonomía de la Dirección Nacional.

La Alianza Cívica fue incapaz de explicar claramente a la opinión pública las razones de su opción política, por lo que perdió prestigio entre algunos sectores de la misma. Peor aún, la división interna provocó un desánimo general que fue muy difícil revertir. Para colmo, el IFE otorgó en enero a la Alianza Cívica un registro condicionado a que la organización retirara de sus estatutos el objetivo de la observación electoral. Esto equivalía a ceder en la esencia de la identidad colectiva de la Alianza. Si bien había quienes aconsejaban por pragmatismo retirar la expresión, la decisión fue que no se podía ceder en los principios. La AC se inconformó ante el Tribunal Federal Electoral, cuya decisión final fue que no sólo ratificaba la exigencia del IFE, sino que exigía una nueva modificación en los estatutos, esta vez para incluir un precepto acerca de la presentación de candidatos en los procesos electorales. Obviamente, esto era aún más inaceptable que lo anterior.

Ante esta derrota legal la Alianza Cívica decidió rechazar el registro, pues de otra manera habría tenido que aceptar su conversión en una especie de protopartido político. Quedó en claro a los miembros de la Alianza que lo que el IFE buscaba con la figura del APN era dar un lugar a los partidos políticos que habían perdido su registro y abrir una ventana para nuevos grupos que después trataran de formar partidos políticos. No había ningún espacio ni reconocimiento para la política ciudadana. El balance de la experiencia resultó en extremo negativo para la Alianza. Se dividió internamente, creó confusión entre sus bases, acentuó una cierta oposición entre la dirigencia histórica centralizada y las Alianzas Estatales y perdió parte de su prestigio ante la opinión pública. Con todo, logró salir adelante en la observación de las elecciones intermedias de 1997.

En diciembre de 1997 se llevó a cabo un taller de la Alianza Cívica en Cuernavaca, Morelos, donde la Coordinación Nacional, invitados especiales de otras organizaciones civiles y algunos personajes ayudaron a que la Alianza Cívica hiciera un balance de sus actividades y tomara una decisión respecto a si debía continuar como organización, si su misión estaba aún vigente y si había la disposición colectiva para mantener la organización. Previamente se había solicitado a todas las Alianzas que respondieran un cuestionario relativo a la evaluación de las actividades de la Alianza y a su futuro político.

Hubo coincidencia en que la Alianza Cívica contaba con grandes fortalezas derivadas ante todo de su prestigio acumulado, su posicionamiento público, su carácter nacional, su credibilidad, su acceso a medios de comunicación, su capacidad de convocatoria, su experiencia y conocimiento y su capacidad de innovación en materia de participación ciudadana en la vida pública. Se observaban, sin embargo, grandes debilidades en términos de escasez de recursos económicos y materiales y poca capacidad para conseguirlos; debilidad organizativa en varios estados, al grado de ya no existir en algunos; conflictos internos en algunos núcleos locales o estatales; desconfianza frente a la Coordinación Nacional; desgaste de las consultas dada la poca claridad de los resultados; baja calidad de la observación electoral reciente; nula articulación entre las agendas locales y la nacional.

Sólo uno o dos personajes hablaron de la conveniencia de desmembrar a la Alianza Cívica. Los demás insistieron en la actualidad de su misión. Sin embargo, esta perspectiva contenía altas dosis de voluntarismo y poca objetividad. En efecto, algunos insistieron en que la agenda electoral no estaba agotada en dos sentidos: por un lado, la "ciudadanización" de los organismos electorales era un proceso incompleto, puesto que la mayoría de las Comisiones Estatales Electorales seguía manipulada por los gobernadores, y que las Juntas Locales y las Comisiones Distritales distaban aún de tener garantizada su autonomía y un verdadero control del proceso electoral; por otro, la compra y coacción del voto seguía produciéndose en gran escala en todas las elecciones, y ello constituía un riesgo de involución tanto en el presente como en el futuro. Pero esto a su vez significaba que la Alianza tendría que desarrollar la capacidad de colocar en la agenda nacional los problemas locales, cosa que nunca había logrado.

La reunión concluyó con un nuevo pacto interno en el que los dirigentes históricos nacionales y locales de la Alianza Cívica ratificaron su voluntad de continuar con el movimiento, tratando de superar los errores detectados y buscando nuevas formas de participación ciudadana en la vida pública. Para ello habrían de tomarse varias medidas: *a)* reestructurar la coordinación nacional con la incorporación de líderes de la sociedad civil que contribuyeran a darle capacidad de dirección política a dicha instancia; *b)* reestructuración y fortalecimiento de las Alianzas Estatales, de las cuales nueve habían dejado de existir, 12 eran intermitentes y sólo 11 conservaban alguna capacidad de acción, y *c)* se elaborarían nuevos programas en áreas delicadas de la acción ciudadana: control sobre el ejercicio del gobierno, ante todo vigilancia del gasto público; combate a la compra y coacción del voto y posicionamiento de una agenda ciudadana.

En 1998 la Alianza Cívica se enfrentó a la dura realidad de que en vez de superar la calidad de su acción entró en una fase de agudo letargo. Dos problemas principales agudizaron la crisis interna:

a) En enero de ese año, Martha Pérez, la secretaria ejecutiva que había tenido la capacidad de suplir los vacíos de dirección y de darle continuidad a la Alianza en épocas de declive de la acción colectiva, se fue a trabajar al Gobierno del Distrito Federal en el Departamento de Participación Ciudadana. Varios de los cuadros profesionales que trabajaban con ella se fueron también al gobierno. Lo mismo sucedió con importantes cuadros de las ONG del Distrito Federal. En los estados se daba también un proceso similar, especialmente en el sur de Sonora y, en menor medida, en Chihuahua, Michoacán y Sinaloa.

b) La nueva Coordinación Nacional no logró funcionar y no llenó el vacío de dirección que se venía produciendo desde 1997. Los problemas ya detectados en el balance de diciembre de 1997 se reprodujeron y ampliaron, agravados por el hecho de que la nueva secretaria ejecutiva no tenía la capacidad política personal para cubrir los vacíos de dirección.

Además de estos factores, hay que anotar que dos de los dirigentes históricos de la Alianza Cívica, Sergio Aguayo y Rogelio Gómez-Hermosillo, se concentraron buena parte del año en sus actividades profesionales, dejando de apoyar a la secretaria ejecutiva en la forma como antes lo hacían. Tiempo atrás, por lo menos desde principios de 1997, otro dirigente histórico, Enrique Calderón Alzati, se había alejado también. Desde principios de 1996 Daniel Cazés y Luz Rosales se habían retirado, uno porque pensó que el proyecto de Alianza Cívica ya no era viable, otra porque decidió concentrarse en la dirección del Movimiento Ciudadano por la Democracia.

El 9 de febrero de 1998 la Coordinación Nacional propuso la inclusión de las siguientes personas: Alberto Arroyo (RMALC), José Antonio Crespo (periodista), Jaime González Graff (politólogo, consultor privado), Óscar González (nuevo presidente de la Academia Mexicana de Derechos Humanos), Rafael Reygadas (Convergencia), María Eugenia Mata (CAMPO-Oaxaca), Carlos Núñez (IMDEC-Guadalajara), Javier Reyes (ONG-Michoacán). Todos ellos aceptaron, reviviéndose así la idea original de que la Alianza debería de ser una especie de frente de organizaciones civiles para las tareas democráticas. Sin embargo, en las tres reuniones de Coordinación Nacional celebradas en dicho año sólo tres de los antes mencionados hicieron acto de presencia. Al mismo tiempo, cuando se fundó el Instituto Electoral del Distrito Federal, uno más de los dirigentes de la Alianza, Emilio Álvarez Icaza (CENCOS) dejó la organización al ser nombrado consejero electoral. Asimismo, otros miembros de la Coordinación asistían intermitentemente debido a sus compromisos de trabajo, en particular Rafael Lucero (Sonora) y Alberto Olvera (Veracruz), quienes habían pertenecido formalmente a la Coordinación desde fines de 1995.

Por tanto, la Alianza funcionaba sin dirección política, y en la práctica la mayor parte de la Coordinación Nacional había dejado de asumir sus responsabilidades. La nueva Secretaría Ejecutiva se concentró en labores propias de una ONG: fortalecimiento institucional, planeación de un programa de investigación electoral, planeación de un programa de vigilancia ciudadana de la gestión pública y diseño de un modelo organizativo de la Coordinación Nacional que incluía un proyecto de comunicación interna, un programa de visibilidad y posicionamiento público y un proyecto de atención a las agendas locales.

Estos proyectos tenían en común el hecho de que tendían a la profesionalización de la Alianza, reforzando así su perfil de las ONG. Los programas diseñados por el equipo ejecutivo eran todos excelentes, pero el problema era que no respondían a las dinámicas internas de los grupos reales que conformaban la organización, los cuales seguían actuando fundamentalmente en función de una lógica de movimiento y muy atados a agendas locales.

De hecho, la mayor parte de las Alianzas Estatales existentes no fueron capaces de aprovechar los cursos de capacitación que ofrecía la Secretaría Ejecutiva ni participar en los proyectos de investigación. A fines de 1998 la situación hizo crisis y la Alianza llegó a su nivel más bajo de presencia pública. En una reunión de Coordinación Nacional se acordó nombrar coordinador general de la Alianza Cívica a Rogelio Gómez-Hermosillo con el fin de que se encargara de la dirección política. El diagnóstico que parecía emanar de dicha reunión era que la Alianza necesitaba dirección. No se analizó a profundidad la contradicción interna entre movimiento y organización que siempre había caracterizado a la propia Alianza y que se expresaba, de una parte, en la tensión entre las exigencias de profesionalización y la imposibilidad de implementar las medidas tendientes a ello, y de otra, en la crítica al centralismo, que en realidad quería decir resistencia a los proyectos definidos por el personal ejecutivo, de los cuales los grupos locales no se sentían parte.

Desde el punto de vista contextual, las grandes expectativas que abrió el triunfo de Cuauhtémoc Cárdenas en el Distrito Federal y la existencia de una mayoría opositora en el Congreso Federal hicieron que la atención pública se concentrara en el sistema político. La mayoría de las ONG y de las redes nacionales dedicaron mucho de su energía a abrir negociaciones con el gobierno de la ciudad de México y tratar de participar en el diseño e implementación de políticas públicas.[40] Numerosos cuadros de las ONG pasaron a ocupar cargos administrativos o a cumplir funciones de asesoría. En general, los líderes de las organizaciones de la sociedad civil de la ciudad de México entraron en una fase de interacción intensa con el gobierno local y descuidaron notoriamente sus labores de crítica al poder y sus responsabilidades nacionales.

La coyuntura política abierta por las elecciones de 1997 se caracterizó así por haber definido una especie de "media transición a la democracia". El notable incremento de las posiciones de poder de la oposición condujo a la dispersión de la acción política de las ONG y a la absorción de muchos de sus cuadros en la administración pública. El caso más dramático en este sentido fue el del sur de Sonora, donde prácticamente todos los cuadros de la Alianza Cívica pasaron a ser funcionarios municipales. A mediados de 1999 este fenómeno fue analizado en una serie de eventos organizados por Alianza Cívica, haciéndose notar que la cooperación entre sociedad civil y gobierno en la forma de incorporación directa a la administración pública había creado confusión en la opinión pública, ausencia de capacidad crítica de la sociedad respecto del gobierno y pérdida de autonomía social.

La crisis de la Alianza Cívica en 1998 y 1999 tiene que ver con esta combinación de avance sustantivo en el ciclo de transición con el agotamiento de una forma de acción colectiva y de identidad ciudadana

---

[40] Véase en este mismo libro el capítulo sobre la ciudad de México.

que era sumamente significativa en la fase autoritaria. Los espacios de acción ciudadana que claramente detectó la Alianza Cívica como los más importantes en la nueva fase (control del ejercicio de gobierno, agenda ciudadana, reconocimiento legal de la política ciudadana) no podían ser llenados por un movimiento social masivo, sino por organizaciones especializadas en dichas tareas, que por su propia naturaleza requieren un mayor grado de profesionalización, permanencia organizacional y constancia en sus labores. En estas circunstancias, el movimiento social sólo podía ser levantado en coyunturas muy específicas y por demandas muy concretas, diversificadas regionalmente.

Sin embargo, la dirección de la Alianza Cívica no aceptó esta conclusión en la práctica y se empeñó en tratar de ocupar todos los espacios al mismo tiempo. La idea que se tuvo para volver a levantar un movimiento social fue diseñar los mecanismos que permitieran crear una agenda ciudadana que, como se trató de hacer en 1997, representara una especie de plataforma civil común frente a los partidos políticos. En este objetivo se coincidía con otras organizaciones muy cercanas a la Alianza, como la Red Mexicana de Acción frente al Libre Comercio, el Movimiento Ciudadano por la Democracia, Convergencia de Organismos Civiles por la Democracia, Causa Ciudadana y la Fundación Rosenblueth. De hecho, la dirección original de la Alianza Cívica se volvía a encontrar en este proyecto.

Contando con el apoyo de un sector del gobierno del Distrito Federal, se puso en marcha la campaña llamada "Poder Ciudadano", que en una primera etapa se llevó a cabo en los meses de septiembre y octubre de 1999. El objetivo expreso era reactivar las redes de ONG y de organizaciones sociales en todo el país en torno a la definición de una agenda política compartida. Para tal fin se hicieron 12 reuniones regionales[41] sobre la base de una serie de preguntas básicas cuyo núcleo era el incumplimiento de derechos fundamentales: políticos, sociales, económicos, humanos y colectivos de la nueva generación (minorías, grupos étnicos, mujeres, ecología, etc.). El proceso culminó en una gran asamblea en la que se formuló una agenda nacional que resumía las agendas regionales, junto con un plan de acción para posicionar a la sociedad civil frente a los partidos políticos.

Esta iniciativa, al igual que otras anteriores, surgió de un grupo promotor que para este momento estaba ya muy cercano al gobierno del Distrito Federal y al PRD, y que de hecho era la dirección histórica de la

---

[41] Las reuniones tuvieron lugar en Aguascalientes, Tijuana, San Cristóbal de las Casas, Chihuahua, ciudad de México, Guadalajara, Cuernavaca, Oaxaca, San Luis Potosí, Villahermosa, Jalapa y Zacatecas.

Alianza Cívica. A diferencia de la experiencia del Encuentro Nacional de Organizaciones Civiles en 1995,[42] en este caso se trataba de un grupo políticamente homogéneo que decidió no abrir la convocatoria a otras redes y grupos de organizaciones civiles. Por consiguiente, la representatividad sectorial de esta iniciativa era reducida.

El problema de Poder Ciudadano era que había una clara autorreferencialidad en la práctica política del grupo promotor. Para sus dirigentes, la movilización de la sociedad civil se concebía como la activación de las redes afines de ONG y no como la constitución de un auténtico frente social plural con la capacidad de colocarse más allá de los partidos, definiendo un nuevo y específico campo de lo civil.

Con todo, los trabajos de las redes de las ONG continuaron y resultaron en una agenda ciudadana en múltiples campos de la política social,[43] cada uno trabajado con desigual calidad y grado de politización. En el caso de la política económica, por ejemplo, se postuló un programa de izquierda, muy parecido al del PRD. En otras áreas las propuestas eran mucho mas concretas y viables, como en el caso de los derechos de minorías y en las políticas de adquisición de poder por parte de las mujeres. Así, se presentó la *Agenda* a los candidatos de la oposición, frente a la cual ellos deberían hacer un pronunciamiento y establecer un compromiso. De aceptar, se comprometían a llevar a cabo las medidas de política social recomendadas en el documento. Tanto Vicente Fox (quien incluso se permitió añadir nuevos compromisos) como Cuauhtémoc Cárdenas avalaron el esfuerzo, si bien no se establecieron mecanismos que permitieran hacer un seguimiento de esta agenda ni verificar su inclusión en las plataformas políticas de los candidatos.

Lo interesante de este proceso es que dio lugar a procesos regionales diversos que en algunos casos se tradujeron en experiencias duraderas de encuentro entre organizaciones civiles, movimientos sociales y gobiernos locales. Destaca el caso de Jalisco, donde el Instituto Tecnológico y de Estudios Superiores de Occidente (ITESO), a través de su Centro de Investigación y Formación Social, ha contribuido a desarrollar un ejercicio de planeación participativa en varios municipios de esa entidad, dándole permanencia a un proyecto que en el resto del país fue meramente coyuntural.

La posibilidad de una gran alianza de los partidos de oposición en contra del PRI, la cual se discutió entre los meses de septiembre y octubre de 1999,[44] fue una coyuntura decisiva en la cual pudo haberse creado

[42] Véase Carlos San Juan, 1999.
[43] *Poder Ciudadano: Una agenda de la sociedad civil*, México, 2000.
[44] En esos meses la presión de la opinión pública obligó al PAN y al PRD y a sus respec-

un frente político que facilitara la transición de régimen, al forzar a los dos principales partidos de oposición a establecer un programa y una candidatura comunes. Se trataba de una iniciativa civil apoyada por amplios sectores de la opinión publica, a la cual se sumó la Alianza Cívica. Sin embargo, al igual que otros grupos de la sociedad civil, la dirección política de la Alianza Cívica mostró un gran temor a promover decisivamente una presión civil sobre los partidos y los candidatos, especialmente Cuauhtémoc Cárdenas. Con esto se perdió una oportunidad única para obligar a los partidos de oposición a asumir su responsabilidad histórica y abandonar su dependencia de líderes personalistas. El principal aporte de AC en este proceso fue un estudio llamado "Proyecto Técnico-Organizativo de Factibilidad de las Elecciones Primarias", el cual proponía un método para resolver el principal problema de la alianza opositora: cómo elegir al candidato común. Infortunadamente, los candidatos, guiados por cálculos políticos de corto plazo, optaron por abandonar la idea de la alianza.

Esta pérdida de protagonismo y el agotamiento de su repertorio de acción condujo a que en varias regiones del país los grupos locales de la Alianza Cívica se concentraran en otras actividades y aprovecharan su prestigio para desarrollar agendas muy diversas. En Chiapas una coalición de activistas locales retomó la identidad de Alianza Cívica como un paraguas para el desarrollo de actividades de educación cívica; en Oaxaca y Guerrero el nombre Alianza Cívica era usado por activistas civiles cuando requerían garantizar para sí cierta protección política. En Tlaxcala la Alianza se transformó en un grupo de activistas civiles muy cercano al nuevo gobierno estatal perredista; sólo en Yucatán, Sonora, Sinaloa y Coahuila los frentes locales fueron capaces de mantener líneas de acción dentro de las tres áreas antes estudiadas y conservar una influencia y prestigio tales que siguen siendo actores fundamentales de la arena pública de sus estados. En el resto del país la Alianza Cívica casi había desaparecido para la fecha de las elecciones del 2000.

Parte de esta pérdida de visibilidad tenía que ver con un proceso que resultó decisivo para el éxito de las elecciones de julio de 2000. Hugo Almada, quien perteneció a la Coordinación Nacional de la Alianza Cívica, era en 1999 asesor de uno de los consejeros ciudadanos del IFE,

tivos candidatos a ponderar la conveniencia de una alianza para garantizar la derrota del PRI, que en esos momentos parecía imposible dada la división de la oposición. Tanto Cuauhtémoc Cárdenas como Vicente Fox torpedearon la iniciativa, que en su momento de mayor intensidad condujo a la formación de una comisión de personalidades civiles que evaluaron diversos métodos para decidir quién de los dos candidatos principales sería el candidato común. Incluso se discutió un programa único de oposición.

Jesús Cantú, quien tenía la responsabilidad de coordinar el nombramiento de los consejeros electorales locales, esto es, de quienes tendrían a su cargo la coordinación de las elecciones federales en cada uno de las estados de la República. Estos representantes simbólicos de la sociedad nombrarían a su vez, vía consultas con los partidos y con la sociedad, a los consejeros electorales distritales, quienes organizarían y vigilarían los comicios en cada uno de los 300 distritos electorales del país. Ellos a su vez debían vigilar el proceso de nombramiento de los funcionarios de casilla, su capacitación y su desempeño el día de la jornada electoral. El papel de los consejeros ciudadanos era decisivo, puesto que los miembros del servicio profesional electoral no eran confiables en su totalidad. Hugo Almada, al igual que otros encargados operativos de este proceso, recurrió a su conocimiento de las redes de ONG y a su cercanía con los participantes pasados y presentes de la Alianza Cívica para ubicar y nombrar a ciudadanos realmente independientes y experimentados como consejeros electorales ciudadanos en todos los niveles. En todo el país, cientos de quienes habían sido observadores electorales en el pasado pasaron a ser consejeros electorales ciudadanos, y su papel fue fundamental para garantizar la imparcialidad, objetividad y transparencia del IFE en el proceso electoral. Muchos de ellos evitaron anomalías graves en el nombramiento de funcionarios de casilla, forzaron a los partidos políticos a acatar la ley y cerraron los huecos a través de los cuales el partido oficial había hecho fraudes electorales en el pasado. El problema fue que esos cuadros ya no participaron de la observación electoral externa.

Para suplir este vacío, la dirección nacional de la Alianza Cívica aprovechó el impulso a las redes de ONG generado por la campaña de Poder Ciudadano para formar nuevos grupos de observadores y realizar la observación de las elecciones presidenciales de julio de 2000. La AC que se constituyó en 2000 fue sustancialmente diferente de la de 1994. Sólo los grupos locales de Yucatán, Coahuila y Sinaloa eran básicamente los mismos, mientras en Jalisco, Sonora, Guanajuato, Tabasco, Oaxaca, Michoacán y Baja California una parte de los grupos participantes provenía de la experiencia original. En el resto del país se trataba de una nueva generación de activistas vinculados a las ONG locales, quienes vieron en la observación una oportunidad de contribuir desde fuera del sistema político a una posible alternancia en el poder.

En esta ocasión se logró articular un frente políticamente plural de organizaciones civiles por primera vez en la historia. La Coordinación Pro Elecciones Limpias contó con la participación de la Confederación Patronal de México (Coparmex), la red de organizaciones civiles conservadoras Vértebra, el grupo Pro Democracia, la muy conservadora Asociación Cívica Femenina (Ancifem), y otras agrupaciones además de la propia Alianza Cívica. Esta coordinación posibilitó una mayor visibilidad a nivel de medios de comunicación de la intervención civil en el proceso electoral y una mayor atención de los actores políticos. Otra importante innovación fue que esta coordinación firmó un convenio de colaboración con la representación de los partidos políticos en el Congreso a través de la Comisión Especial 2000 de la Cámara de Diputados, cuyo fin era vigilar que los recursos públicos no fueran utilizados con fines electorales. Se trataba de un hecho histórico en términos de la cooperación entre organizaciones civiles y el poder legislativo. A través de este convenio se integraron 40 expedientes bien documentados por la AC sobre delitos electorales, de los cuales 24 fueron validados y turnados a las instancias correspondientes. Si bien este proceso no tuvo efectos inmediatos, la presión simbólica ejercida sobre el PRI limitó un poco sus anteriores excesos. Desde el punto de vista legal, los expedientes aún están abiertos.[45]

En la observación se usaron de nuevo los métodos aplicados en 1994, desde la definición centralizada de una muestra representativa hasta un conteo rápido. Esta vez el financiamiento fue limitado y la observación dependió mucho de la cooperación de los grupos locales. A pesar de que mucho del activismo de la primera generación de observadores ya se había trasladado a otros espacios de participación política, como los partidos o el IFE, se logró la colaboración de 2 416 observadores registrados y de otros 5 000 ciudadanos en 27 estados.[46]

La Alianza Cívica introdujo en esta ocasión la innovación de concentrar sus esfuerzos en el estudio de las condiciones previas a la jornada electoral. Se realizaron 43 proyectos de investigación local para detectar prácticas de compra y coacción del voto. Se levantaron encuestas y se dio seguimiento a las irregularidades detectadas. A pesar de recibirse 590 denuncias a nivel nacional, sólo fue posible integrar debidamente desde el punto de vista legal una denuncia completa, que fue presentada a las autoridades. Sin embargo, seis meses después de las elecciones, la Alianza Cívica no tenía respuesta a su demanda.[47] Este hecho demostraba que la ley electoral vigente deja en la indefensión legal a los ciudadanos afectados por el clientelismo político. Por si esto fuera poco, la vigilancia que se pretendía hacer a la Fiscalía Especializada

[45] Entrevista con Silvia Alonso, secretaria ejecutiva de la Alianza Cívica, México, 20 de marzo de 2001.
[46] Véase Alianza Cívica, 2000, informe al PNUD.
[47] *Idem.*

para la Atención de Delitos Electorales (FEPADE) no pudo realizarse dada la falta de cooperación de la propia institución. Infortunadamente, estas limitaciones se tradujeron en una baja visibilidad pública de la Alianza dada la falta de resultados concretos.

Lo que sí se pudo hacer fue cubrir una muestra de 1500 casillas en los 32 estados del país, la cual se orientó a las casillas con mayor riesgo de fraude. Se comprobó una vez más que las elecciones en las zonas rurales siguen caracterizándose por el ejercicio de diversas formas de compra y coacción del voto,[48] y que en las zonas urbanas había mayor respeto a la voluntad ciudadana.

El histórico triunfo de Vicente Fox en las elecciones del 2 de julio opacó un tanto la significación política de este esfuerzo. La Alianza Cívica logró al fin establecer una coordinación plural con otras organizaciones civiles, y una interlocución formal con el poder legislativo. Sin embargo, estos logros no se tradujeron en instituciones y prácticas estables. Está por verse cómo se expresa este espíritu plural en las nuevas circunstancias políticas.

La Alianza Cívica hizo un gran esfuerzo de observación en Chiapas unos meses después, para contribuir a evitar la imposición de un gobernador priista, lo cual hubiera creado pésimas circunstancias para el proceso de negociación de la paz con el EZLN. La AC envió a 234 observadores provenientes de 17 entidades, quienes sólo tuvieron recursos para vigilar las condiciones previas a la jornada electoral.[49] Por tanto, la labor de la AC fue más bien simbólica, pero puso presión sobre el PRI para evitar un gran fraude. El triunfo del candidato de la amplia coalición opositora, Pablo Salazar Mendiguchía, hizo que la opinión pública no valorara la importante labor desarrollada en este campo.

La alternancia en el poder lograda el 2 de julio de 2000 creó una situación política radicalmente distinta de aquella en la que la Alianza Cívica fue fundada. Si ya a fines de 1997 se venía venir un ciclo de caída del entusiasmo ciudadano en la observación electoral, era lógico que después de las históricas elecciones de 2000 ese potencial se desvaneciera, con la excepción de casos locales donde la alternancia en el poder aún no se ha dado (Yucatán, Tabasco). Las otras formas de participación ciudadana impulsadas por la Alianza Cívica, v. gr., el control y monitoreo del ejercicio del gobierno y la definición de agendas civiles, devienen más relevantes pero implican el desarrollo de capacidades profesionales hasta ahora ausentes de la Alianza como organización. El movimiento en su forma anterior ha llegado a su fin y está dando

[48] Alianza Cívica, 2000, informe al PNUD, doc. cit.
[49] Informe de AC al PNUD sobre las elecciones en Chiapas.

paso a una ONG que deberá especializarse y buscar su nicho de acción en las nuevas circunstancias históricas.

Notas sobre las alianzas estatales: un cuadro plural

Este estudio, de suyo parcial, estaría incompleto sin una breve mención a la diversidad y heterogeneidad de la composición de las Alianzas Cívicas estatales. Uno de los grandes aportes simbólicos y políticos de la Alianza Cívica ha sido precisamente su capacidad para integrar en un solo movimiento grupos locales de muy diverso origen social, cultural e ideológico, los cuales son el resultado de múltiples procesos de formación de actores civiles, inscritos en tradiciones y contextos locales altamente diferenciados. Las notas que siguen a continuación ofrecen una breve síntesis de las características de las tres alianzas locales más relevantes por su permanencia, activismo, influencia en la esfera pública y capacidad de innovación.

Coahuila[50]

El reconocimiento y prestigio nacional de la Alianza Cívica de Coahuila derivan de la gran constancia, capacidad propositiva y seriedad de las acciones de esta organización ciudadana. Sin recurrir a grandes movilizaciones públicas, las cuales no están dentro de sus posibilidades de acción, la AC de Coahuila se ha mantenido como un factor relevante en el espacio público local gracias a la capacidad política de su dirigencia y al hecho de que no existen otros actores sociales ocupando ese espacio. Las ONG de Coahuila se concentran, por tradición histórica, en el campo de la asistencia privada, y son prácticamente desconocidas para la población. Después de la derrota de las corrientes independientes y radicales en el sindicalismo de la rama minero-metalúrgica en la primera mitad de los años ochenta, no han emergido en Coahuila nuevos sindicatos autónomos grandes y los existentes no tienen presencia pública. No existen tampoco otros movimientos sociales importantes, con la excepción, a principios de los noventa, de organizaciones campesinas de la zona de La Laguna que lucharon por programas de rescate de la infraestructura de riego en la región.

Al igual que en otras partes de la República, en Coahuila el vacío

[50] Agradezco a Nelly Ruiz las conversaciones informales que sostuvo conmigo para la realización de este trabajo.

sociopolítico fue relativamente llenado por los partidos políticos de oposición, especialmente el PAN. Desde principios de la década de los noventa, el PAN obtuvo triunfos importantes en las principales ciudades de la entidad (Torreón, Monclova, Piedras Negras, Saltillo). El PRD nunca logró conformar una oposición viable, con excepción de dos o tres pequeños municipios de la zona de La Laguna. Mucho del descontento social de los años noventa se canalizó por la vía electoral, sin que esto afectara la continuidad de las prácticas corporativas y clientelares al interior de los sindicatos y de las organizaciones campesinas. En efecto, la resistencia sindical y los intentos de organización campesina autónoma han fracasado en esta entidad altamente industrializada y dotada de una agricultura moderna.

La paradoja de la modernidad productiva de Coahuila radica en el atraso de la cultura política local. Saltillo es aún una ciudad señorial, donde las élites económicas y políticas han gozado de gran prestigio social y han monopolizado los espacios públicos. Las ciudades industriales como Monclova y Ramos Arizpe han sido controladas por el corporativismo sindical, lo mismo que Torreón. El control estatal sobre la universidad pública ha sido total. Esta trayectoria histórica hace entendible la debilidad de la sociedad civil estatal y la carencia de espacios públicos autónomos y con alguna trascendencia local o estatal.

Este contexto explica también la composición de la AC de Coahuila. Su líder indiscutible es Nelly Herrera, una activista sindical que desde los años setenta impulsó la formación de sindicatos independientes y militó activamente en el Frente Auténtico del Trabajo (FAT), la organización obrera creada por la pastoral social de la Iglesia católica en los años sesenta, y que a partir de mediados de la década de los setenta se autonomizó y radicalizó convirtiéndose en una especie de central obrera, cuyos dirigentes visibles son abogados laborales experimentados. La señora Herrera fue despedida de una fábrica y está jubilada como trabajadora. Es soltera y ha mantenido su vocación por el activismo social por más de 25 años. Participó desde 1992 en la formación del Movimiento Ciudadano por la Democracia (MCD) y a través de sus vínculos con las comunidades eclesiales de base y la pastoral social conoció a diversos dirigentes de las ONG y trató con grupos de derechos humanos como parte de sus luchas de carácter laboral.

La señora Herrera fue invitada a formar la Alianza Cívica de Coahuila, lo cual ella aceptó. Se basó primero en su red de activistas sindicales distribuida en varias ciudades de la entidad y contó también con el apoyo de algunos profesores universitarios y algunas señoras de la clase media de Saltillo. Esta combinación de actores permitió que la AC de Coahuila contara desde su origen con el saber acumulado de activistas sociales, con contactos con los medios (facilitados por los universitarios) y la ayuda económica de algunos personajes distinguidos del medio local.

La experiencia en la negociación laboral adquirida por la señora Herrera la ha dotado de dos habilidades importantes para la AC. De un lado, un estilo cuidadoso y efectivo para negociar con los actores políticos. De otro, una formación jurídica que le ha permitido apelar a la ley en el transcurso de sus luchas. Este saber se ha combinado con la capacidad técnica de algunos profesores universitarios que, reconociendo el liderazgo de la señora Herrera, han ayudado a hacer los estudios de compra y coacción del voto y del transporte público en Saltillo, así como la mayoría de las propuestas de cambio a la legislación electoral estatal.

La Alianza Cívica de Coahuila ha llevado a cabo una gran variedad de acciones civiles en el contexto local, además de desarrollar de una manera ejemplar la observación de los procesos electorales municipales, estatales y nacionales. Asimismo, fue relevante su intervención en la realización de un estudio sobre los problemas del transporte público en el municipio de Saltillo, del cual emanó la demanda de la destitución del director de tránsito estatal y la propuesta de que los usuarios tuvieran representación en el Comité Municipal de Tránsito (agosto-septiembre de 1997). Esta actividad fue llevada a cabo a petición de numerosos habitantes de dicha ciudad, que no veían ningún otro actor capaz de realizar esa tarea.

La AC de Coahuila desarrolló también actividades vinculadas a los intereses económicos de los trabajadores. En mayo de 1995, esta AC se amparó en contra del incremento del impuesto al valor agregado (IVA) de 10 a 15 % que recién había acordado la Cámara de Diputados. Asimismo, la AC local ayudó en diversas ocasiones a grupos de trabajadores en la entidad a tramitar demandas laborales individuales y colectivas y usó sus nexos con los medios locales para publicitar este tipo de problemas. El entusiasmo que esta AC puso en la consulta de 1995 sobre los derechos económicos y en la campaña de condena a la política económica de 1996 denota también la cercanía que la dirigencia local tenía con grupos organizados de trabajadores.

El notable prestigio y reconocimiento públicos de la AC de Coahuila condujo a que en agosto de 1999 fuera convocada por el PAN y el PRD para fungir como garante de la transparencia y legalidad del proceso de selección de un candidato único de la Alianza Opositora a la gubernatura del estado. En los meses siguientes, la AC denunció enérgicamente la manipulación de la legislación electoral local que le permitió al gobierno y al PRI declarar ilegales las candidaturas de la Coalición Opositora en los principales municipios y distritos del estado.

El perfil ciudadano y popular, con una cierta afinidad de izquierda, de este grupo, es un caso especial dentro de la Alianza Cívica. Su campo de acción principal ha sido la defensa de los derechos políticos, pero también ha intervenido, así sea marginalmente, en la defensa de la libertad de asociación en los sindicatos industriales. Su participación en el problema del transporte público urbano en Saltillo abrió también el frente de la vigilancia ciudadana sobre el ejercicio del gobierno. En este último campo la AC de Coahuila participa actualmente en un proyecto de vigilancia del ejercicio del presupuesto público estatal.

Yucatán[51]

El caso de la Alianza Cívica en Yucatán se inserta en la historia del Frente Cívico Familiar de Mérida (FCF). La AC es de hecho uno de los rostros del FCF, que es una de las más antiguas organizaciones civiles existentes hoy día en el país y sin duda la más exitosa en términos locales. Por consiguiente, lo que sigue es más bien una reflexión breve sobre el FCF.

El FCF nace en diciembre de 1987 a raíz de una decisión de activistas del PAN y de ciudadanos de la élite meridana, alarmados por la multiplicación de problemas sociales en la península y especialmente por la elevación de las tarifas de la energía eléctrica, que son materia sensible en una entidad donde el aire acondicionado se ha convertido en una necesidad para los sectores medios y altos de la sociedad local. En realidad, en ese momento reaparecía una tradición de activismo civil de larga gestación en Yucatán. Ya en 1967 el PAN había logrado triunfar por primera vez en una ciudad importante al obtener la alcaldía de Mérida. El fenómeno no volvió a repetirse sino casi 30 años después, pero dejó como herencia una tradición opositora entre los sectores acomodados de las clases medias. En Yucatán la dominación corporativa del PRI se fundó en el dominio absoluto sobre los campesinos heneque-neros y sobre los sindicatos locales. La élite económica local nunca fue

[51] Agradezco la colaboración de Patricia McCarthy y de Juan Arrigunaga, quienes me permitieron entrevistarlos en mayo de 1999. Asimismo, la cooperación brindada por Lilian López y Alberto Arjona, quienes ayudaron a analizar el excelente archivo del FCF a Sharon Lean, mi asistente en esta investigación, y conversaron con ella dándole información muy valiosa, así como su amistad. El trabajo de Sharon Lean es la base del texto de esta sección.

integrada en el estado y la élite política era relativamente autónoma de la anterior. Un gran fraude electoral en las elecciones para gobernador en 1970 dejó una herida muy honda en las clases medias de Mérida. Asimismo, la continua inestabilidad política causada por las frecuentes pugnas internas del PRI causó hastío entre la ciudadanía yucateca e impidió un mayor desarrollo económico en la entidad.

Para dirigir el movimiento civil contra el alza de la electricidad fue convocado el profesor Guillermo Vela, director de una escuela privada de enseñanza media. El prestigio del profesor, un ex sacerdote marista, provenía de su capacidad profesional ampliamente reconocida, y de sus relaciones con las principales familias de la élite local. Guillermo Vela se abocó a organizar una serie de protestas públicas y de foros de debate con inusitado éxito. Era la primera vez, desde las luchas contra el fraude electoral de los setenta, que las clases medias se movilizaban abiertamente. Si bien no se logró una modificación de las tarifas, el movimiento consolidó la imagen del profesor Vela y convenció a muchos ciudadanos de la necesidad de tener una organización permanente que les permitiera luchar contra todas las formas del autoritarismo estatal. Fue por ello que se decidió crear el Frente Cívico Familiar, que desde su origen contó con una dirección colectiva formada por profesionistas (abogados, profesores, periodistas), todos bajo la dirección informal del profesor Vela, cuyo indiscutible liderazgo se fundaba en su creatividad para imaginar nuevas formas de lucha, en su capacidad de oratoria y en su compromiso y constancia.

El paso por Yucatán de Manuel Clouthier, el líder empresarial que era el candidato del PAN a la presidencia de la República en 1988, fue otro factor que catalizó la participación ciudadana. Las clases medias urbanas y buena parte de los sectores populares hastiados del caos creado por el PRI vieron en Clouthier un abanderado creíble. En esta región el cardenismo no tenía peso histórico debido al desprestigio de la reforma agraria que, desde el punto de vista de muchos, no había conducido más que a la corrupción, al clientelismo generalizado y a la dependencia total del campesinado. La derrota de Clouthier fue vista con sospecha y la conclusión que derivaron muchos ciudadanos de la gran agitación política de la época fue que era necesario quitarle el control del proceso electoral al gobierno. De Yucatán proviene originalmente la idea de la vigilancia ciudadana sobre el proceso electoral. Ya en 1989 el FCF observó por primera vez las elecciones locales en la entidad, práctica que continúa desarrollando hasta la fecha.

En esa época el FCF no tenía relaciones con otras organizaciones civiles del país ni tampoco con los escasísimos sectores progresistas de la iglesia local. Se trataba de un auténtico movimiento civil meridano cuya inspiración era el liberalismo democrático panista. Sin embargo, el profesor Vela y sus seguidores evitaron cuidadosamente inmiscuirse en las actividades del PAN, en parte por convicción y en parte porque la propia élite panista era sumamente cerrada. El FCF llenaba un vacío gigantesco en una entidad en la que no existía la sociedad civil y en la que no había espacios públicos independientes más allá de los círculos culturales de las élites económicas y profesionales locales. En un estado con una cultura política fuertemente localista y opuesta a casi todas las iniciativas venidas de afuera, el FCF tenía la extraordinaria legitimidad de ser un movimiento estrictamente yucateco, a pesar de que su dirigente visible era foráneo.

De 1988 en adelante el FCF participó prácticamente en todos los movimientos sociales de Mérida y apoyó muchos otros que se produjeron en la entidad. Sorprende el carácter plural de la agenda del Frente. En 1988 organizaron "apagones" y manifestaciones en protesta contra el alza de tarifas eléctricas. En 1989 hicieron la primera observación electoral y organizaron una gigantesca marcha ciudadana de 89 km para cambiar la ley electoral. También lanzaron una campaña para que en Mérida se cerraran las discotecas a las 3:00 A. M., evitando así riesgos para los jóvenes y molestias a los ciudadanos. En 1990 lanzaron una campaña contra la pornografía. En 1992 llevaron a cabo una campaña contra una clínica en la que se practicaban ilegalmente abortos. Éstos y otros movimientos similares forman parte de una agenda conservadora característica de las élites sociales yucatecas. En ese mismo año dieron su apoyo a un movimiento por la libertad de dirigentes campesinos presos a raíz de su oposición a la privatización de los ejidos. En 1993 realizaron otra gigantesca demostración, la "Marcha por la Dignidad", en protesta contra las leyes electorales y los abusos del gobierno estatal en el proceso electoral de ese año. A partir de 1994 el FCF organizó la solidaridad ciudadana con el movimiento indígena en Chiapas. El FCF organizó también una enorme campaña de ayuda a los damnificados por el huracán "Gilberto" y apoyó a diversos gobiernos municipales de oposición en sus conflictos con los gobiernos priistas.

Dentro de esa amplia agenda de movilizaciones ciudadanas, la lucha por los derechos políticos ha ocupado un lugar central. Al igual que para muchos otros movimientos ciudadanos locales, la lucha por elecciones limpias fue percibida como el eje estratégico que habría de garantizar la ampliación de las libertades ciudadanas y la solución de los principales problemas sociales. Ante el brutal autoritarismo priista, el FCF asumió como su principal misión la lucha por elecciones libres y legales. Así, desde 1989 empezó a observar elecciones y fue a partir de esta actividad que empezó a entrar en contacto con movimientos sociales prodemocráticos de otras partes del país y con organizaciones no gubernamentales que decidieron acompañar este proceso. En 1991 sus líderes fueron invitados a observar las elecciones en Michoacán, y lo mismo sucedió en 1991 y 1992 en las elecciones de San Luis Potosí y Chihuahua. A raíz de la resistencia al fraude electoral encabezada por el Dr. Salvador Nava en San Luis Potosí, se formó el Movimiento Ciudadano por la Democracia, del cual el FCF fue miembro fundador. Esta organización también se vinculó con la Convergencia de Organismos Civiles por la Democracia.

En diciembre de 1993 se celebraron elecciones para gobernador y presidentes municipales en Yucatán. Los diversos grupos civiles que venían trabajando en la observación electoral decidieron usar este proceso como un ensayo general de lo que intentarían hacer en las elecciones presidenciales de 1994. Lo que después habría de ser la Alianza Cívica se constituyó en la práctica en este proceso, en el cual ya se aplicó el instrumento de observación que iba a usarse en el 94 y se creó una coordinación operativa similar a la futura AC.

Desde su origen, el FCF contó con una extraordinariamente positiva cobertura de prensa gracias a los contactos del profesor Vela con los editores de *El Diario de Yucatán,* el principal periódico de la península. De hecho, este diario se convirtió en el foro de todos los grupos de oposición a los gobiernos priistas. El propio gobierno se vio forzado a crear un nuevo periódico en 1993 *(Por Esto)* para tratar de contrarrestar la tremenda influencia de *El Diario.* Desde entonces, *Por Esto* se dedicó a atacar directa y personalmente a los principales dirigentes del Frente y a los líderes y candidatos del PAN. En la radio y en la televisión locales nunca hubo espacios para las organizaciones civiles, y en las estaciones de radio y televisión del gobierno estatal se lanzaron ataques directos contra el Frente. Algunas estaciones de radio abrieron durante algunos periodos cortos programas de debate en donde los líderes del FCF expusieron sus ideas y publicitaron sus acciones.

A partir de 1994 el FCF y la AC fueron una y la misma cosa. La figura de la AC fue utilizada en todo lo que se refirió a problemas de índole electoral, como la observación, la interlocución con partidos políticos y con la cámara de diputados y las campañas de educación cívica en sus múltiples formas. La figura del FCF se mantuvo para otros tipos de movimientos ciudadanos, desde la solidaridad con Chiapas hasta la continua resistencia contra Telmex y la CFE.

La FCF-AC llevó a la práctica un estudio pionero sobre compra y coacción del voto en 1995, el cual constituyó la primera demostración estadística de las múltiples formas como los ciudadanos son obligados a votar por el partido oficial. Dada la carencia de relaciones del FCF con la academia local, este estudio fue contratado con investigadores universitarios yucatecos. Este hecho ilustra una de las limitaciones del FCF: nunca fue capaz de traducir la pluralidad de su agenda en pluralidad de su composición como movimiento. En efecto, la dirección se mantuvo en manos de Guillermo Vela hasta 1998, y los otros dirigentes visibles, Juan Arrigunaga y Patricia McCarthy, socios del primero en el plano profesional han seguido su misma trayectoria. Si bien formalmente en el FCF pueden participar libremente quienes así lo deseen, en la práctica su membresía real ha sido más bien pequeña y limitada a un círculo social restringido, del que no forman parte las élites económicas ni las culturales. No obstante, el FCF ha sido capaz de articular acciones unitarias con una gran diversidad de actores sociales sin perder por ello su imagen pública de organización más bien elitista y conservadora, por lo menos a los ojos de los sectores universitarios y de clases medias bajas.

Así, por ejemplo, en 1997 articularon acciones con la Federación Estatal de Colonos Urbanos de Yucatán, con el Frente Zapatista de Liberación Nacional y con El Barzón,[52] para protestar por la crisis económica, organizando un desfile alternativo al oficial el 1° de mayo. De hecho esta forma de protesta se realizó durante varios años consecutivos. El FCF trabajó también con el Grupo Plural Pro-Defensa de la Constitución y a fines de 1997 apoyó la lucha de padres de familia contra el despido injustificado del director de una escuela pública que había tratado de detener los abusos del sindicato de maestros.

De 1998 en adelante el FCF disminuyó un poco su activismo, sin por ello dejar de observar todas las elecciones nacionales y locales de una manera ejemplar, además de apoyar la observación en estados vecinos y las principales luchas sociales en la entidad. Los dirigentes principales han participado además en el Movimiento Ciudadano por la Democracia y han organizado muchas conferencias, talleres y seminarios relativos a los derechos políticos, los problemas del país y del estado y las alternativas disponibles para su superación. A través del periódico local han publicado artículos, reportajes y cientos de manifiestos, caricaturas y anuncios, constituyendo una verdadera esfera pública local independiente.

[52] El FZLN era la organización nacional de apoyo civil al EZLN. Se trataba ante todo de un grupo urbano, formado por jóvenes universitarios. El Barzón era un gran movimiento nacional de deudores de la bancos.

Un ejemplo de este carácter público de los debates políticos fue el caso del registro de la AC como APN, que encontró en Yucatán a sus más fervientes partidarios. En las páginas de *El Diario de Yucatán* y de *Por Esto* se mantuvo una amplio debate sobre los problemas y ventajas que implicaba este tipo de registro para la AC, un debate inigualado en el resto del país.

Guillermo Vela y los otros dos dirigentes principales pagaron caro en términos personales su activismo social. Fueron despedidos de sus empleos y se les cerraron los espacios locales en casi todos los campos. Hoy día estos tres personajes son empresarios exitosos de la cultura de la calidad total, pero se desempeñan básicamente fuera de la entidad. A pesar de ello conservan su influencia pública local y el FCF continúa siendo una referencia para la escasa sociedad civil yucateca.

La lucha por elecciones limpias tuvo su última y enorme batalla a principios de 2001, cuando se llevaron a cabo unas elecciones para gobernador que implicaron un gran conflicto político en torno al órgano electoral estatal, hasta entonces manejado absolutamente por el gobernador saliente y gran cacique político del estado, Víctor Cervera Pacheco, enemigo principalísimo del FCF. La derrota histórica del PRI en esas elecciones ha significado un cambio fundamental en la vida política del estado. El FCF organizó y participó en múltiples movilizaciones masivas cuyo fin era impedir que Cervera Pacheco pasara por encima de las decisiones del Tribunal Federal Electoral, que había ordenado el nombramiento de un nuevo Consejo Estatal Electoral. El triunfo de la democracia en Yucatán le debe mucho a la labor sostenida durante más de 13 años por el FCF.

Sonora[53]

En esta entidad se formaron dos Alianzas Cívicas desde 1994: la de Hermosillo y la del sur de Sonora, que abarcaba Ciudad Obregón, Guaymas y Navojoa. El primer grupo estaba constituido por académicos de la universidad estatal y activistas políticos y sociales muy vinculados a la izquierda. En 1996 dejaron la Alianza en desacuerdo con la decisión de registrarse como APN. El segundo grupo estaba constituido también por una mezcla de académicos y activistas sociales, igualmente cercanos a una posición de izquierda. Sin embargo, en el caso concreto de

[53] Agradezco la colaboración en la realización de esta sección de Rafael Lucero, Alejandro González, Víctor Espinoza y otros activos participantes en la AC de Ciudad Obregón.

Ciudad Obregón, el grupo local de la Alianza tenía ya un historial previo asociado a la lucha que un grupo de académicos despedidos del Instituto Tecnológico de Sonora libraba desde 1991. Se trataba de profesionistas a quienes el rector vitalicio de dicha institución castigó por haber intentado formar un sindicato independiente y por cuestionar el autoritarismo vigente.

Este grupo encontró empleo parcial y temporal en dos universidades privadas en Obregón, donde fue ampliamente reconocida su capacidad profesional. Siguieron actuando como grupo en tanto plantearon una demanda por reinstalación en su antiguo centro de trabajo, siendo muy activos durante esta etapa en la organización de conferencias en el área educativa. En 1994 la insurrección zapatista golpeó las conciencias de los miembros de este grupo, que hasta esa fecha no había mostrado una preocupación social. Esto es notable, pues el entorno regional muestra una larga historia de luchas agrarias que culminaron en 1976 con la expropiación de grandes extensiones de tierra en los valles del Yaqui y el Mayo. Desde entonces, las zonas rurales del sur de Sonora se caracterizaron por un cierto radicalismo político que incluso le permitió a la izquierda ganar algunos municipios pequeños. Entre tanto, las ciudades quedaron como el reducto de los remanentes de la oligarquía agro-exportadora, cuya hegemonía cultural y política casi no había sufrido mella. Sólo en 1988 Enrique *el Pelón* Rosas, un dirigente populista de derecha, había sido capaz de ganar la presidencia municipal de Obregón bajo las siglas del PAN. Sin embargo, no pudo volver a triunfar en las siguientes elecciones ni crear un movimiento civil permanente.

En febrero de 1994 el grupo de académicos despedidos de Ciudad Obregón decidió organizar una conferencia pública en un local municipal sobre la problemática indígena y la insurrección en Chiapas. El éxito fue inusitado, pues era la primera vez en la historia de la ciudad que se constituía un verdadero foro público autónomo afuera de los recintos universitarios. La sensación de estar creando algo nuevo fue compartida por la ciudadanía, la cual, a partir de entonces identificó al grupo de académicos como promotores de causas sociales en un espacio civil. Rápidamente el grupo de apoyo a Chiapas se interesó por participar en la observación de las elecciones federales de 1994, que coincidían con elecciones municipales en Sonora. El contacto con la Alianza fue Rafael Lucero, uno de los despedidos, quien tenía una trayectoria previa en Guadalajara como miembro de organizaciones no gubernamentales. A través de sus relaciones personales, había entrado en contacto con el Movimiento Ciudadano por la Democracia y fue el vehículo para promover la Alianza Cívica en la región.

La observación de 1994 fue muy exitosa en el sur de Sonora y, a diferencia del resto del país, en esta región los ciudadanos sintieron que algo habían ganado, pues la oposición avanzó significativamente en la cámara de diputados y en algunos municipios. El prestigio alcanzado por los ex académicos les permitió tener un acceso privilegiado a los medios locales y convertirse en una referencia necesaria para otras luchas y movimientos de protesta en la región. En 1995, ante la decisión del gobierno estatal de suspender el desfile del 1° de mayo, la Alianza Cívica se dedicó a la tarea de convocar a la ciudadanía en general a desfilar como una forma de protesta ante la grave crisis que vivía el país en ese momento. La Alianza tuvo la capacidad de mediar entre los distintos grupos políticos (PRI, PRD, PAN) y entre los diferentes grupos sociales (CTM, UNORCA, MUP), lo cual permitió que el desfile fuera el más grande de la historia de la ciudad. Este hecho inusitado marcó el fin de la hegemonía de la vieja oligarquía local y quitó al panismo tradicional la bandera de la defensa de la libertad política. La sociedad civil existía ahora como espacio autónomo de lo social.

En el proceso, los ex académicos incorporaron a la arena del activismo social a varios jóvenes que habían sido o eran sus estudiantes. Por lo menos tres de ellos ocupan hoy posiciones importantes en otros organismos civiles nacionales, y otros son funcionarios del nuevo ayuntamiento perredista. Éste es el único caso en todo el país en donde en efecto ha habido aunque sea una mínima formación de cuadros. No se trata solamente de que jóvenes estudiantes fueran llamados a cumplir tareas operativas. Al contrario, Rafael Lucero tuvo el buen tino de hacer rotativa la asistencia a las reuniones del MCD, de Convergencia y de la propia Alianza Cívica, organizaciones a las cuales pertenecían los diez activistas civiles principales. De esta manera un grupo relativamente amplio adquirió una visión nacional de los procesos políticos y se evitó la concentración personal del prestigio y de la representación, si bien Rafael Lucero siguió siendo la figura central del grupo.

La AC de Ciudad Obregón apoyó iniciativas de la AC de Hermosillo y de otros movimientos sociales estatales, como la lucha contra la apertura irregular de un confinamiento de residuos tóxicos en la costa (que hasta la fecha se mantiene en operación), así como acciones conjuntas para promover cambios en la Ley Electoral del estado de 1997, que llevó de facto a la desaparición de la figura de los observadores electorales.

Durante 1996 y 1997 la Alianza Cívica de Obregón llevó a cabo una gran variedad de actividades en apoyo al EZLN y a diversos movimientos sociales regionales y desarrolló un gran activismo en materia de educación cívica, además de cumplir cabalmente con todas las iniciativas nacionales. En el tema del APN ellos decidieron colectivamente apoyar esta vía, en contraste con sus compañeros de Hermosillo. La competencia regional determinó que no hubiera nunca una verdadera coordinación estatal, pero la fuerza y el prestigio del grupo de Obregón le dieron una presencia nacional que nunca tuvo el otro grupo.

Las elecciones municipales de 1997 cambiaron por completo el panorama político de la región. El PRD triunfó en Guaymas llevando como candidata a la coordinadora de la Alianza Cívica en la ciudad. El mismo partido ganó en Obregón, y de inmediato el presidente municipal les ofreció importantes puestos a los más destacados miembros de la Alianza Cívica local, quienes ya ocupaban posiciones menores dentro de la administración municipal. Rafael Lucero, por ejemplo, se convirtió en director del DIF municipal, mientras otros cuatro de sus compañeros se hacían cargo de todos los puestos de la Dirección de Comunicación Social del municipio, y hasta de la subdirección de Seguridad Pública.

Los medios locales y buena parte de la ciudadanía quedaron confundidos ante este hecho. La cultura política de la desconfianza hacia los partidos a que hemos aludido antes era muy fuerte también en la ciudad. Para algunos periodistas la participación en el gobierno implicaba una traición a los principios de la autonomía civil. Por otra parte, en verdad los activistas se vieron absorbidos por la gestión pública y no continuaron como antes con su labor civil, dejando un vacío notable que la escasa sociedad civil local resintió. No obstante, la AC local tuvo la capacidad de participar en todas las iniciativas nacionales de la AC y de continuar con sus labores de educación cívica. En 1998 apoyaron una protesta en Hermosillo, frente al presidente Zedillo, en contra del confinamiento de desechos tóxicos.

Esta experiencia demuestra que la absorción de la sociedad civil en el gobierno genera grandes vacíos simbólicos y desmoviliza a la sociedad, sobre todo ahí donde la sociedad civil es tan débil que no cuenta con los recursos y los liderazgos suficientes para sustituir a quienes cambian su función pública. La experiencia de la ciudad de México nos indica que aun ahí donde hay más recursos personales, económicos y simbólicos en la sociedad civil, también la absorción de militantes en el gobierno genera confusión en la opinión pública, vacíos en términos de espacio público y debilitamiento de la autonomía de la sociedad civil.

A manera de conclusión

La Alianza Cívica creó nuevas formas de política de la influencia en México, entre ellas la observación electoral en gran escala, las consultas públicas a la ciudadanía sobre temas de interés nacional y local y la vigilancia o monitoreo del ejercicio del gobierno. El conjunto de estas innovaciones nos indica que la Alianza Cívica fue un movimiento social prodemocrático que no sólo se ubicó en una perspectiva democrático-liberal de la defensa de los derechos políticos, sino también contribuyó a crear una cultura cívica moderna y a abrir espacios públicos y formas de acción ciudadana que fueron más allá de los derechos políticos formales e incidieron en la reconstrucción de las relaciones entre ciudadanos y gobierno. Emergió así un concepto de ciudadanía que trascendía los derechos políticos instituidos y devenía en un movimiento instituyente de prácticas y símbolos que contenían un nuevo reclamo de derechos.

La Alianza Cívica asumió en sus campañas una forma de representación simbólica de la sociedad civil que la distinguió de las formas tradicionales de representación de intereses. Su legitimidad estaba fundada en la defensa de derechos fundamentales y en el rescate de la moralidad pública. A este modelo de representación corresponde un tipo de acción colectiva situada en un campo de conflicto específico: el terreno de los principios y derechos políticos, un campo simbólico en el que se trataba de restablecer los vínculos entre la legalidad y la legitimidad. Este tipo de conflicto tiene una duración definida, un ciclo que se cierra cuando la percepción colectiva es que se ha alcanzado un umbral democrático. Esto empezó a pasar en 1997 y se ratificó en el 2000. Con ello el peso e influencia de la Alianza Cívica como movimiento social disminuyó hasta casi desaparecer, como un reflejo de su propio éxito.

Las contribuciones de la Alianza Cívica al desarrollo de la transición política fueron muy importantes. Como movimiento civil prodemocrático luchó por la defensa de los derechos políticos, la aplicación plena de la ley, la transparencia en el manejo de las instituciones electorales, la rendición de cuentas por parte de los gobernantes y el posicionamiento de la sociedad civil en la definición de la agenda pública. Sin embargo, en la práctica sus logros se limitaron al campo electoral. Este estudio de la Alianza Cívica demuestra que en los otros campos de acción que este movimiento decidió asumir como propios hubo pocos resultados trascendentes y duraderos. Con todo, la Alianza Cívica, junto con el Movimiento Ciudadano por la Democracia y otras ONG dejó establecidos los principios normativos y las bases conceptuales que justifican la acción civil en esos campos.

El movimiento civil prodemocrático contribuyó a la ampliación de la esfera pública y ejerció una presión simbólica sobre el sistema político, combinando la crítica de las prácticas ilegales del régimen con una serie de propuestas de reforma que deberían conducir a elecciones legítimas y legales. Ciertamente, este movimiento nunca tuvo una fuerza social detrás de sí. Fueron las luchas poselectorales de los partidos de oposición las que añadieron una presión social a la lucha por la democracia electoral. Como se indicó antes, la insurrección zapatista en 1994 constituyó también un factor determinante para que el régimen accediera a llevar a cabo las reformas básicas en materia electoral, al menos en ese año.

Las consultas públicas fueron movilizaciones simbólicas en torno a problemas graves de orden nacional en los años 1995, 1996 y 1997. Si bien resultaron eficaces para llamar la atención de la opinión pública sobre problemas como los derechos de los indígenas, la necesidad de cambiar la política económica neoliberal, y la conveniencia de ampliar la gama de los derechos sociales de los mexicanos, lo cierto es que su efecto fue coyuntural y no se conectó con un esfuerzo decidido de los partidos y del gobierno en esas materias. Las consultas pusieron de manifiesto que entre los sectores más activos de la sociedad civil y los actores políticos no había puentes de comunicación y que las consultas no eran parte de movimientos sociales nacionales lo suficientemente fuertes como para obligar al gobierno a acceder a las demandas ciudadanas. Esta falta de eficacia probó que la construcción de una agenda ciudadana en ausencia de grandes movilizaciones sociales no es políticamente viable.

El caso de los proyectos de monitoreo del ejercicio del gobierno, especialmente el programa "Adopte un Funcionario", demuestra que en ausencia de leyes e instituciones que obliguen a los gobernantes a ofrecer la información necesaria a los ciudadanos que la demandan, los recursos simbólicos y las técnicas de investigación básicas como las empleadas por la Alianza Cívica resultan insuficientes. No obstante que la Alianza Cívica apeló a los derechos constitucionales de petición e información, no fue posible obligar ni al presidente de la República, ni al gobernador de Tabasco ni al presidente municipal de Celaya a que dieran a conocer datos tan elementales como sus verdaderos ingresos y la cantidad de personal bajo su mando directo, o las partidas reales del presupuesto público.

En esta materia la falta de conocimientos legales, contables y técnicos en el campo civil se puso en evidencia, así como la ausencia de leyes y reglamentos que obliguen al gobierno a ejercer sus funciones de una manera transparente. La Alianza Cívica no tuvo la capacidad para proponer reformas legales en este campo, lo cual demuestra que el vacío jurídico no sólo es resultado de la cerrazón del régimen autoritario, sino de la falta de propuestas desde el campo civil.

La tarea del monitoreo del ejercicio del gobierno exige un grado mucho mayor de profesionalización y una técnica avanzada que no está al alcance de un movimiento social. La permanencia de la Alianza Cívica como organización no puede ser un fin en sí mismo, y lo más probable es que una vez agotada la fase electoral de la transición democrática mexicana, esta organización-movimiento dé paso a una nueva serie de grupos más especializados en distintas formas de intervención civil en la vida pública.

El caso de la Alianza Cívica demuestra así los alcances y limitaciones de los movimientos prodemocráticos. En coyunturas decisivas de la transición democrática, son muy importantes para impulsar eventos definitorios tales como elecciones fundacionales. Contribuyen grandemente al cambio en la cultura política por medio de la crítica a la violación de la ley, al clientelismo y a la corrupción, y definen asimismo los contenidos de una nueva cultura basada en el respeto a la ley, la aplicación efectiva de los derechos y el reconocimiento de la dignidad ciudadana. Impulsan a los medios de comunicación a actuar con mayor honestidad y objetividad y critican a los partidos políticos cuando no son capaces de defender las normas democráticas. Sin embargo, por sí mismos carecen del poder suficiente para obligar al sistema político a cambiar y su capacidad de propuesta en términos legales e institucionales es moderada. A su interior expresan las limitaciones organizacionales, económicas y culturales de sus propios miembros. La Alianza Cívica no estuvo exenta de errores de conducción y en su práctica ha expresado los alcances y limitaciones de la cultura política dominante entre las ONG de matriz cristiana-radical, especialmente los problemas de la centralización de las decisiones, la falta de transparencia en la gestión, y la incapacidad para convertir en parte de una agenda nacional los problemas y agenda locales y estatales.

El breve recuento de las experiencias regionales más exitosas de la Alianza Cívica nos indica que el potencial democratizador de los movimientos civiles depende en gran medida de su propia capacidad para poner en juego el prestigio público previamente acumulado por sus miembros, así como del carácter y densidad de sus redes de relaciones personales y con las élites económicas y políticas locales, y de su presencia y contactos en el ámbito de los medios de comunicación. Un movimiento cívico sin recursos simbólicos, económicos, organizacionales y sin liderazgos permanentes carece de poder y de influencia, como el caso de otros estados lo demuestra.

La pérdida de centralidad de la Alianza Cívica dentro del campo civil es ante todo una consecuencia de su propio éxito. En la medida en que los procesos electorales se han hecho más transparentes y legales, la urgencia del movimiento prodemocrático se ha ido desvaneciendo. Muchos de los participantes en el mismo se han incorporado a las instituciones electorales ciudadanizadas a lo largo y ancho del país y algunos más, en un ciclo hasta cierto punto natural, se han incorporado a los partidos políticos y/o a las funciones de gobierno.

En síntesis, las contribuciones de la Alianza Cívica a la construcción de la democracia electoral y a una cultura política tolerante y plural han sido muy importantes para garantizar finalmente la alternancia que vive México. Hoy el país construye poco a poco un nuevo régimen político sobre las bases que sentaron las luchas de miles de ciudadanos impulsados por una legítima aspiración democrática.

BIBLIOGRAFÍA

Aguayo, Sergio (1998), "Electoral Observation and Democracy in Mexico", en Kevin Middlebrook, Kevin (ed.), *Electoral Observation and Democratic Transitions in Latin America,* Center for U. S.-Mexican Studies, San Diego, University of California, La Jolla.

Aguilar, Rubén (1997), "Las ONG de desarrollo y la democracia interna: una aproximación", en J. Alonso y J. M. Ramírez, *La democracia de los de abajo en México*, La Jornada/CIIH-UNAM, México.

Barberán, J., *et al.* (1988), *Radiografía del fraude electoral*, Nuestro Tiempo, México.

Becerra, José (1998), "La reforma electoral de 1996", en César Cansino (coord.), *Después del PRI: Las elecciones de 1997 y los escenarios de la transición en México*, CEPCOM, México.

Blancarte, Roberto (ed.) (1995), *Religión, iglesias y democracia*, La Jornada Ediciones-CIIH-UNAM, México.

Calderón, E. y D. Cazés (1994), *Tecnología Ciudadana para la Democracia*, La Jornada Ediciones-CIIH-UNAM, México.

Cansino, César (2000), *La transición mexicana, 1997-2000*, CEPCOM, México.

Cohen, Jean L., y Andrew Arato (1992), *Civil Society and Political Theory*, The MIT Press, Cambridge.

Concha Malo, Miguel (1995), *Los derechos políticos como derechos humanos*, CIIH-UNAM/*La Jornada*/Siglo XXI, México.

Crespo, José Antonio (1999), *Los riesgos de la sucesión presidencial*, CEPCOM, México.

García, Sergio (coord.) (1997), *Organizaciones No Gubernamentales: definición, presencia y perspectivas*, Demos/IAP/FAM, México.

Gómez Tagle, Silvia (coord.) (1997) *1994: Las elecciones en los estados*, *La Jornada*/CIIH-UNAM, México.

Hernández, L. (1995), *Chiapas: la guerra y la paz*, ADN Editores, México.

Middlebrook, Kevin J. (coord.) (1998), *Electoral Observation and Democratic Transitions in Latin America*, Center for U. S.-Mexican Studies, UCSD, San Diego.

Monsiváis, Carlos (1987), *Entrada libre: crónicas de una sociedad que se organiza*, Era, México.

Morales, Rodrigo (1995), "La sociedad civil y las elecciones en México: observadores e interventores", en *La voz de los votos: un análisis crítico de las elecciones de 1994*, FLACSO, México.

Muro, Víctor Gabriel (1994), *Iglesia y movimientos sociales*, Red nacional de Investigación Urbana-El Colegio de Michoacán, México.

Olvera, Alberto J. (1998), "Cambios en los patrones de acción colectiva y el nuevo asociativismo en México", *Cuadernos de Trabajo*, núm. 4, Instituto de Investigaciones Histórico-Sociales de la Universidad Veracruzana, Jalapa.

—————— (1998b), "El concepto de organismo civil: una discusión sobre su contenido e implicaciones teóricas", en M. Canto Chac, *De lo cívico a lo político. Una discusión sobre las organizaciones civiles*, CAM, México.

—————— (1999a), *La sociedad civil: de la teoría a la realidad*, El Colegio de México, México.

—————— (1999b), "El concepto de movimientos sociales: un balance inicial sobre su empleo en México (1970-1996)", en Jorge Durand Arp-Niesen (comp.), *Movimientos sociales: desafíos teóricos y metodológicos*, Universidad de Guadalajara, Guadalajara.

Reygadas, Rafael (1998), *Abriendo veredas. Iniciativas públicas y sociales de las redes de organizaciones civiles*, UAM-Xochimilco, México.

San Juan, Carlos (1999), "Tendencias de la sociedad civil: la puja de la sociedad y el estado a fin de siglo", en A. Olvera (ed.), *La sociedad civil: de la teoría a la realidad*, El Colegio de México, México.

Tamayo Flores-Alatorre, Sergio (1999), "Del movimiento urbano popular al movimiento ciudadano", en Jorge Durand Arp-Niesen (comp.),

Movimientos sociales. Desafíos teóricos y metodológicos, U de G, Guadalajara.

Zermeño, Sergio (1974), *El movimiento estudiantil de 1968*, Siglo XXI, México.

BIBLIOGRAFÍA SOBRE ALIANZA CÍVICA

Chávez Sevilla, Alberto (1998), *Ciudadanía y cultura política. Alianza Cívica Guadalajara*, tesis de maestría en antropología social, CIESAS-Occidente, Guadalajara.

Lean McConnell, Sharon (1996), *Alianza Cívica: un nuevo actor no gubernamental en el ámbito político mexicano*, tesis de maestría en ciencias sociales, FLACSO, México.

López Aspeitia, Luis Ernesto (1998), *Imaginarios sociales y creación de ciudadanía. Las transformaciones identitarias en dos organizaciones sociales: Asamblea de Barrios de la Ciudad de México y Alianza Cívica*, tesis de maestría en sociología política, Instituto Mora, México.

Ramírez Sáiz, Juan Manuel (1997), *Movimientos ciudadanos y democracia: el caso de Alianza Cívica*, en J. Alonso y J. M. Ramírez Sáiz (coords.), *La democracia de los de abajo en México*, La Jornada/CIIH-UNAM, México.

—— (1998), "Y usted, ¿ya es ciudadano? El modelo nacional de 'Alianza Cívica' y su aplicación en el área metropolitana de Guadalajara", Colección La Torre de Babel 13, U. de G., Guadalajara.

—— (s. f.), "La política de y desde la sociedad. El movimiento mexicano por la democracia (MMD)", DESMOS-U. de G., Guadalajara.

—— (s. f.), "El asociativismo político en México. El caso de Alianza Cívica", DESMOS -U. de G., Guadalajara.

DOCUMENTOS INTERNOS

Alianza Cívica, "Organizaciones que conforman la Alianza Cívica Nacional", documento mimeografiado, 1994.

Alianza Cívica de Tabasco, "Informe de la Coordinación de la Alianza Cívica en el Estado de Tabasco", mimeografiado, s. f. (1994).

Alianza Cívica Nacional, "Asamblea Nacional (30 de septiembre-1° de octubre de 1994). Acuerdos", México, mimeografiado, 1994, 6 pp.

——, *Alianza Cívica*, boletín bimestral, núm. 1, vol. 1, mayo-junio de 1996; núm. 2, julio-agosto de 1996; núm. 3, septiembre-octubre de 1996; núm. 4, noviembre-diciembre de 1996.

Alianza Cívica Nacional, "Alianza Cívica", folleto de presentación, s. f.
———, "Calendario electoral de 1995 y participación de Alianza Cívica en la observación del proceso electoral", México, mimeografiado, s. f., 3 pp.
———, "Consulta Ciudadana, domingo 26 de febrero: informe de resultados", México, mimeografiado, s. f., 5 pp.
———,"Consulta Nacional por la Paz y la Democracia: resultados nacionales", México, mimeografiado, 4 de septiembre de 1995.
———, "Criterios y lineamientos para la utilización del financiamiento de la ONU para los estados", México, mimeografiado, 1994, 2 pp.
———, "Diagnóstico Alianzas Estatales 1998", México, D. F., 21 de abril de 1998, mimeografiado.
———, "Documento a discusión en la asamblea nacional", mimeografiado, marzo de 1998.
———, "Informe narrativo", proyecto de observación del proceso electoral presidencial de México de 1994, México, mimeografiado, s. f.
———, "Informe sobre la observación ciudadana del proceso electoral de agosto de 1994", México, mimeografiado, noviembre 1994, 38 pp.
———, "La calidad de la jornada electoral del 21 de agosto de 1994: Informe de Alianza Cívica /Observación 1994", México, mimeografiado, 19 de septiembre de 1994, 18 pp.
———, "Las elecciones presidenciales de agosto de 1994: entre el escepticismo y la esperanza. Un informe sobre las condiciones previas", Sergio Aguayo y Mony de Swaan (eds.), México, mimeografiado, 19 de agosto de 1994, 28 pp.
———, *Las violaciones al derecho a la información de los mexicanos. La demanda de amparo de Alianza Cívica contra la presidencia de la República*, 1995.
———, *Las violaciones al derecho a la información de los mexicanos. La demanda de amparo de Alianza Cívica contra la presidencia de la República*, 1995.
———, "Presentación", México, mimeografiado, 1995, 8 pp.
———, "Referéndum de la Libertad: resultados nacionales", México, mimeografiado, s. f.
———, "Referéndum de la Libertad: manual para coordinaciones estatales y coordinaciones locales", México, mimeografiado, 1995, 7 pp.
———, "Taller Nacional de Educación Cívica: memoria", México, D. F., 23 y 24 de junio de 1995, 27 pp.
———, "Orígenes-historia de Alianza Cívica", México, mimeografiado, s. f., 31 pp.
Alianza Cívica Veracruzana, "Encuesta de opinión sobre Alianza Cívi-

ca veracruzana", *Boletín Alianza Cívica,* 1-2, julio-agosto de 1996, pp. 16-18.

Alianza Cívica y Academia Mexicana de Derechos Humanos, "Adopte un Funcionario", México, folleto, s. f.

Coordinación de Alianza Cívica Coahuila, "Alianza Cívica gana denuncia ante el CEE: El PRI obligado a modificar su propaganda electoral", *Boletín Alianza Cívica,* 1-3, septiembre-octubre de 1997, p. 23.

Coordinación de Alianza Cívica de Tabasco, "Transparencia en la gestión pública", *Boletín Alianza Cívica,* 1-2, julio-agosto de 1996, pp. 14-15.

Coordinación de Alianza Cívica, Yucatán, "Denuncia contra el sistema estatal de noticias de Yucatán", *Boletín Alianza Cívica,* 1-6, septiembre-octubre de 1997, pp. 23-25.

Herrera, Nelly, "Demanda de amparo contra el incremento del IVA", *Boletín Alianza Cívica,* 1:1, mayo-junio de 1996, p. 18.

"Monitoreo de medios impresos en siete estados", *Boletín Alianza Cívica,* 1-5, mayo-junio de 1997, pp. 21-22.

Proyecto: Observación Ciudadana del Proceso Electoral Federal 2000, febrero 2001.

————, "Informe que presenta Alianza Cívica al Comité Técnico de Evaluación del Fondo de Apoyo a la Observación Electoral del Programa de las Naciones Unidas para el Desarrollo. Poder Ciudadano: una agenda de la sociedad civil, México, 2000.

————, "Presentación ante el IFE de la investigación de compra y coacción del voto", *Boletín Alianza Cívica* 1-6, septiembre-octubre de 1997, pp. 19-20.

HEMEROGRAFÍA

"1 725 casillas funcionarán el 6 de julio en Yucatán, informa el IFE", *El Diario,* Mérida, Yucatán, jueves 15 de mayo de 1997, pp. 1 y 11.

"Advierten sobre 'sospechosa' alza de votantes: El aumento en municipios de 'elevada' competencia", *El Diario,* Mérida, Yucatán, miércoles 14 de mayo de 1997, pp. 1 y 9.

Becerril, Andrea, "Confuso, el Código Electoral en Coahuila", *La Jornada,* sábado, 9 de noviembre de 1996, *El País,* p. 11.

Becerril, Andrea y David Brondo, "Coahuila: pelea cerrada entre PRI y PAN", *La Jornada,* noviembre de 1996, *El País,* p. 8.

Bocanegra, Cecilia, "Aunque lenta, la ciudadanía está respondiendo para actuar como observadores electorales", *Diario del Istmo Coatzacoalcos,* lunes 28 de abril de 1997, p. 1.

Camargo, Jorge, y Víctor Martínez, "Prevalece acarreo y compra de votos", *Reforma*, lunes 20 de octubre de 1997.

"Compra del voto y acarreos, denuncia la oposición en Veracruz", *La Jornada*, lunes 20 de octubre de 1997, *El País,* p. 8.

Coordinación Nacional de Alianza Cívica, carta al editor, "Alianza Cívica pide aclaraciones sobre carteles que le atribuyeron en Villahermosa", *La Jornada,* 8 de febrero de 1997, p. 2.

"Gobierno veracruzano y PRI buscan el fraude: Alianza Cívica", *La Jornada*, domingo 19 de octubre de 1997, *El País,* p. 55.

Jiménez, Raymundo, "En Veracruz, limitaciones en normas y organismos electorales: Alianza Cívica", *La Jornada*, domingo 19 de octubre de 1997, pp. 1, 58.

"Los usuarios del transporte urbano presentan problema de inseguridad", *El Siglo de Torreón,* viernes 5 de septiembre de 1997, p. 2G.

Marín, Carlos, "Impugnará oposición resultados por vía legal", *Reforma*, martes 21 de octubre de 1997.

Marín, Carlos, y Daniel Moreno, "Tabasco: un Estado polarizado" *Reforma*, domingo 19 de octubre de 1997. p. 14A.

Medina, Heriberto, "Señalan 'fallas' en Coahuila", *Reforma*, 13 de julio de 1997, p. 5A.

Rosado Sosa, Azucena, "Reconocen sus miembros la integración plural de ese organismo", *Diario del Istmo Coatzacoalcos*, lunes 27 de enero de 1997, p. 1.

Saldierna, Georgina, y René Alberto López, "No hay condiciones para comicios limpios en Tabasco: oposición", *La Jornada*, sábado 18 de octubre de 1997, *El País,* p. 50.

Sánchez, Ma. Elena, "Pide Rogelio Montemayor atender Pacto de Civilidad", *Reforma*, miércoles 30 de octubre de 1996, p. 6A.

"Tibieza del CEE de Veracruz ante irregularidades: ONG", *La Jornada*, viernes 17 de octubre de 1997, El País p. 54.

COMUNICACIONES PERSONALES

Arrigunaga, Juan M., y Patricia McCarthy Caballero, fax comunicación a la Alianza Cívica Nacional, 28 de junio de 1994.

Herrera Rodríguez, Nelly, coordinadora Estatal de Alianza Cívica, carta al licenciado José Luis Hernández Hernández, presidente del Consejo Local del IFE en el estado de Coahuila, Saltillo, 29 de mayo de 1997.

CONCLUSIONES Y PROPUESTAS

ALBERTO J. OLVERA

LA DERROTA DEL PARTIDO REVOLUCIONARIO INSTITUCIONAL en las elecciones presidenciales del 2 de julio de 2000 marcó el ocaso del régimen autoritario más duradero del siglo XX. Este cambio histórico fue el resultado de la prolongada movilización de la sociedad civil mexicana a favor de la democracia, lucha que constituyó el eje del desarrollo y fortalecimiento de la propia sociedad civil mexicana en los últimos quince años del siglo XX. Se ha abierto así una etapa en la cual se deberán reformar radicalmente las relaciones entre Estado y sociedad, desmontar las reglas, costumbres, prácticas e instituciones que permitían la reproducción del corporativismo y el clientelismo, y construir un verdadero Estado de Derecho.

Este estudio se ha concentrado precisamente en esta fase de la historia contemporánea de México. La composición, espacios de lucha, agenda de demandas y contribuciones a la gobernabilidad democrática de la sociedad civil mexicana han estado fuertemente determinadas, de una parte, por la centralidad de las luchas por la democracia electoral, y de otra, por la resistencia del régimen autoritario a las iniciativas civiles de reforma en las áreas laboral, agraria, social y en materia de derechos indígenas. Este proceso ha tenido lugar simultáneamente con la total implantación de una política económica neoliberal que rompió con los fundamentos materiales de los viejos arreglos clientelares y particularistas en que se fundaba el viejo régimen, pero que también destruyó formas de vida, de solidaridad y de sobrevivencia de las clases populares. El costo social del ajuste neoliberal ha sido enorme, pues ha incrementado la pobreza y la miseria en todo el país y ha polarizado aún más a una sociedad ya de por sí muy dividida.

La simultaneidad del ajuste neoliberal y de la transición a la democracia cerró algunos espacios de acción y abrió otros, cambiando la forma de la sociedad civil mexicana. Las luchas de los sectores populares, como sindicatos, organizaciones campesinas y movimientos urbano-populares, que habían sido centrales en los años setenta y primeros ochenta y dieran lugar a una sociedad civil popular, perdieron eficacia política y simbólica en la segunda mitad de los ochenta y especialmente en los noventa. Contrariamente, en ese mismo periodo las luchas electorales adquirieron centralidad, atrayendo a muy diversos componentes de la sociedad civil al campo de las luchas partidarias o a la formación de movimientos sociales prodemocráticos. Los éxitos de estas luchas permitieron que las élites emergentes provenientes de la sociedad civil accedieran a los gobiernos municipales y estatales, dando lugar al fenómeno, ya conocido en otros países, de traslación al campo de los nuevos gobiernos democráticos de los liderazgos e iniciativas de cambio que estaban en la sociedad civil.

En esta larga transición a la democracia dos dimensiones clásicas de la sociedad civil que emergen con mayor claridad en coyunturas de cambio de régimen político, destacan claramente: la autonomización de la sociedad respecto al Estado y la autolimitación de los propios actores sociales en sus respectivas formas de acción y en sus agendas políticas. En efecto, el hecho de que el régimen autoritario haya pasado por una larga fase de crisis interna desde 1982 y que este proceso se haya acompañado de un ciclo lento de liberalización progresiva y ulterior democratización electoral, condujo a que la emergencia de la sociedad civil se produjera como una demarcación de lo social frente a lo estatal en el contexto de luchas sociales dispersas en términos sociales y geográficos, pero cuya intencionalidad común era abrir espacios políticos nuevos, lograr el respeto a los derechos sociales y políticos de la ciudadanía y defender intereses materiales inmediatos por la vía de reformas sucesivas y negociaciones con el régimen.

Tanto el partido de derecha (PAN) como el de izquierda (PRD) llevaron a puestos en los gobiernos municipales y estatales, así como a los congresos estatales y federal, a los dirigentes de los sectores de la sociedad civil afines a su perspectiva programática. El PAN encontró en los líderes de asociaciones empresariales, de padres de familia y de grupos religiosos conservadores la fuente del nuevo personal político, creando de esta manera, un nuevo vínculo entre gobierno y sociedad civil local. La ausencia de relaciones con otros grupos sociales fue cubierta progresivamente a través de una política social no clientelista pero orientada a la formación de asociaciones ciudadanas basadas en el territorio cuya función sería facilitar la transmisión de demandas de la sociedad al gobierno, conservando siempre éste la capacidad de decisión e implementación de las políticas.

Por su parte, el PRD incorporó a los dirigentes de sus múltiples fracciones internas a los puestos de mando e intentó atraer a algunos dirigentes de organizaciones no gubernamentales a funciones directivas y de asesoría. En este caso la relación entre una parte de la sociedad civil realmente existente y los gobiernos perredistas tomó un carácter más orgánico debido a la militancia previa de los dirigentes de ciertos movimientos populares en el PRD. Los únicos actores sociales externos convocados fueron los líderes de algunas ONG, quienes sin embargo, entraron al gobierno a título personal y sin mediar acuerdos específicos con sus organizaciones de origen.

En ambos casos las innovaciones institucionales desarrolladas por los gobiernos municipales y estatales de partidos ajenos al PRI fueron escasas, si bien los avances en materia de respeto a los derechos ciudadanos y en la construcción de un estado de derecho fueron importantes. Estas dimensiones de la gobernabilidad democrática se correlacionan positivamente con una mayor transparencia en el ejercicio del gobierno, por lo cual la transición a la democracia puede interpretarse como un proceso de construcción de nuevas formas de gobierno aun en la ausencia de innovaciones institucionales de trascendencia nacional.

Cabe hacer notar que las relaciones entre la sociedad civil y la construcción de una *gobernabilidad* democrática son de naturaleza contingente y están determinadas por una gran variedad de factores que contienen dimensiones macro y microsociológicas, contextuales y procesales, así como determinaciones de orden cultural, legal y administrativo que varían de un país a otro. Tanto en el informe general como en los estudios de caso que hemos presentado hemos demostrado que la sociedad civil mexicana es altamente compleja y diversa, política y socialmente plural, con una agenda de demandas sumamente heterogénea y cuyos distintos componentes poseen capitales culturales, simbólicos y organizacionales muy diversos. Hablar de *una* sociedad civil es, por esta razón, problemático. Nos enfrentamos en realidad a un conjunto de actores sociales, instituciones y prácticas tan diverso, heterogéneo y plural que únicamente en un sentido altamente simbólico representa algún tipo de unidad analítica. En efecto, sólo por cuanto ese conjunto de actores se sitúa a sí mismo en una relación de independencia respecto al Estado y limita sus horizontes políticos a una relación de oposición o colaboración, pero nunca de sustitución o destrucción del propio Estado, es posible hablar de una sociedad civil.

Pasaremos ahora a analizar con mayor detalle las enseñanzas que se derivan de cada uno de los estudios de caso comprendidos en este volumen. Los ejes de este análisis son los siguientes: la naturaleza de los actores sociales y políticos estudiados; los espacios y las formas de interacción entre sociedad civil y gobierno; los efectos de esta relación en términos de aprendizaje colectivo de los actores y de la sociedad en general y en términos de innovación institucional con capacidad de permanencia; finalmente, las contribuciones a la construcción de la gobernabilidad democrática.

LECCIONES DE LOS ESTUDIOS DE CASO

La sociedad civil popular en el campo: la CNOC

El estudio de caso de la Coordinadora Nacional de Organizaciones Cafetaleras (CNOC) nos ha permitido entender la complejidad de la composición de la sociedad civil popular en las áreas rurales. En efecto, la tipología de los pequeños productores de café es muy extensa, al igual que la de sus organizaciones gremiales, que se diferencian en función de la composición étnica de sus miembros, el tamaño de las propiedades que poseen, los patrones de cultivo y su localización en regiones más o menos cercanas a grandes centros urbanos.

El caso de la CNOC demuestra que las grandes organizaciones campesinas nacionales surgen al calor de luchas sociales que tienen un enemigo común, en este caso, el gobierno, a través de una empresa paraestatal, el Inmecafé. Esta unidad de objeto y objetivos de la acción permitió que diversos grupos movilizados en los estados cafetaleros del país interactuaran y confluyeran políticamente en una organización notable por su pluralidad política, su dirección colectiva y su capacidad propositiva.

La pluralidad no sólo ha sido un mérito, sino una necesidad en una organización tan heterogénea en su composición. En efecto, participan desde microorganizaciones locales hasta grandes coordinadoras estatales, como la de Oaxaca (CEPCO), dentro de las cuales a su vez se expresan intereses políticos diversos. La dirección colectiva ha representado el equilibrio relativo de fuerzas entre sus principales organizaciones componentes. Además, el hecho de que los dirigentes reales principales hayan sido asesores profesionales con larga experiencia en las luchas de los cafetaleros, les forzó a diseñar un mecanismo que impidiera el protagonismo personal de alguno de ellos. Su capacidad de presentar propuestas de políticas públicas deriva precisamente de su formación profesional y de su larga experiencia. Estos asesores-dirigentes se cuentan entre los máximos especialistas nacionales en temas vinculados con el financiamiento, la comercialización y la venta del café, así como en la organización de los productores y en el carácter de las instituciones estatales que intervienen en el sector.

Esta combinación notable por su excepcionalidad en el contexto del agro mexicano oculta, sin embargo, una gran diversidad de formas de relación entre dirigentes y dirigidos. La democracia interna que se vive en la CNOC como frente de organizaciones no se expresa necesariamente en la democracia interna dentro de cada una de las mismas. Si bien los dirigentes principales se han preocupado por socializar de la manera más extensa posible la información y el conocimiento que ellos poseen, lo cierto es que en una organización conformada principalmente por campesinos indígenas con bajísimos niveles de educación, los asesores cumplen funciones de intermediarios culturales y, a veces, de *brokers* comerciales. A su vez, una capa de dirigentes campesinos vincula la macroorganización con las asambleas de comunidad, en un esquema parecido al de las organizaciones campesinas más tradicionales. Empero, en el caso de la CNOC resalta la autocontención de los dirigentes principales y la rotación relativa de los líderes campesinos regionales y locales.

Fernando Celis indica que las organizaciones gremiales representativas independientes tienen que combinar una capacidad profesional de gestión e investigación, garantizada en este caso por la permanencia de los asesores experimentados, con un cuerpo de dirigentes de base en rotación (lo cual evita la constitución de caudillazgos) y una tradición de movilización y de realización de asambleas que mantenga activadas a las bases y le dé fuerza social y prestigio a la organización, así como una capacidad de resolver problemas y demandas. Sólo esta combinación puede mantener la unión interna de la propia organización, legitimarla ante sus bases y permitirle reproducirse aun en el contexto desfavorable de un mercado mundial en crisis y una intervención estatal incoherente, desmovilizadora y con frecuencia políticamente opuesta a la CNOC.

En ninguna otra rama de la agricultura mexicana se ha producido una serie de reformas institucionales tan atrevidas como las que ha vivido la cafeticultura. El retiro súbito del Estado de su pasado papel hegemónico en la economía sectorial tuvo que verse compensado rápidamente por una variedad de esquemas compensatorios ante la magnitud inédita de la crisis mundial de la cafeticultura de 1990-1994.

Las instituciones que se diseñaron para tal fin fueron novedosas en términos que incorporaban en la planeación y gestión a casi todos los actores sociales de la rama. Los Consejos Operativos Regionales y las formas ulteriores de corresponsabilización en el ejercicio de la política pública hacia la cafeticultura fueron en este sentido una innovación sin precedentes en la agricultura mexicana. Sin embargo, el estudio de caso demuestra que las restricciones políticas impuestas por la necesidad del gobierno de mantener el control político de las organizaciones gremiales, llevó a la reproducción del clientelismo por otras vías. Además, la competencia entre las agencias federales y los gobiernos de los estados creó nuevos conflictos. En suma, lo que parecía una experiencia novedosa no logró construir un nuevo modelo de elaboración y gestión de políticas públicas en el sector, sino que se convirtió tan sólo en un instrumento para paliar una situación de emergencia y evitar un conflicto social en las regiones cafetaleras.

A lo largo de este proceso se creó una enorme diversidad de espacios de interacción en que las organizaciones de productores de café y los distintos niveles y agencias de gobierno confluyeron. Fernando Celis hace notar que la experiencia demostró que el gobierno no constituye una unidad armónica y coherente, sino que en su interior conviven lógicas y racionalidades distintas. Los intereses, políticas e instituciones de los diferentes niveles de gobierno: federal, estatales y municipales, difieren casi siempre debido a sus distintas necesidades de legitimación, cambiantes capacidades operativas y la correlación de fuerzas entre sus grupos y corrientes. Dentro del mismo gobierno federal Celis ha localizado diferencias considerables de diagnóstico, ejecución y objetivos de las políticas públicas aplicadas en el sector.

La definición y establecimiento de una política de desarrollo sustentable de la caficultura se enfrentó además a la oposición e incomprensión de los grupos corporativos campesinos vinculados al aparato estatal (como lo demuestra el caso de la CNC en Tlapacoyan, Ver.), a la baja profesionalización de las entidades estatales que intervinieron en el sector, a los intereses políticos de los gobernadores y a los intereses económicos de las empresas transnacionales que lograron controlar por completo la industrialización y la comercialización del café mexicano. Así, no obstante que la CNOC y las organizaciones independientes de pequeños empresarios privados propusieron una política cafetalera completa que podría haberle dado viabilidad a la rama en un mercado mundial hipercompetido, las restricciones políticas existentes anularon esta posibilidad. Por otra parte, las restricciones del mercado cafetalero hicieron inviable la subsistencia económica de las empresas campesinas, con la excepción de la CEPCO de Oaxaca y de pequeñas empresas de café orgánico.

La CNOC desarrolló alianzas coyunturales y permanentes con otras organizaciones de la rama, consciente de sus limitaciones frente a los grupos corporativos. Sin embargo, a pesar de ser la organización campesina más numerosa, organizada y autónoma que hubo en México en los años noventa, la CNOC no pudo forzar al gobierno a adoptar una política cafetalera racional y a reconocer la capacidad de las organizaciones campesinas para intervenir en la gestión del sector. Cabría preguntarse si la alternancia en el gobierno puede crear condiciones favorables a una interacción constructiva entre organizaciones campesinas y Estado. Parecería que no necesariamente será así, pues la inestabilidad política y organizacional en las instituciones públicas de la rama y la misma profundidad de la crisis global del sector han impedido que haya un proceso de aprendizaje en el gobierno federal y han creado obstáculos económicos formidables para la recuperación de la rama. Sería una gran tragedia para el país desaprovechar la capacidad y la experiencia de la CNOC en el momento que la caficultura vive la peor crisis de su historia.

Morelos: tres rostros de la sociedad civil

En el pequeño estado de Morelos, situado al sur de la ciudad de México, tuvieron lugar en un mismo periodo de tiempo tres procesos políticos de la mayor importancia. Primero, el pueblo de Tepoztlán enfrentó decididamente un proyecto de desarrollo local basado en la construcción de un exclusivo campo de golf y en un desarrollo inmobiliario adjunto. Después, en las elecciones municipales de 1997 el PAN logró ganar la alcaldía de la capital, Cuernavaca, gracias a la crisis del gobierno estatal priista, e intentó cambiar la naturaleza de las relaciones entre el gobierno y la sociedad. Finalmente, el gobierno estatal entró en una crisis de legitimidad al descubrirse que funcionarios de la procuraduría de justicia y de la policía estatal estaban involucrados en la ola de secuestros que asolaba a Morelos desde dos años antes. Criminales y policías pertenecían al mismo bando. La sociedad civil local organizó una gran campaña exigiendo la renuncia del gobernador, la cual se logró al fin cuando el gobierno federal decidió que las cosas habían ido demasiado lejos.

En Tepoztlán la movilización popular tuvo como base la identidad colectiva de "pueblo", recreándose así la narrativa fundacional de la unidad local frente al exterior, una unidad fincada en símbolos subyacentes de etnicidad compartida y autonomía histórica local. Esta identidad implicaba la exclusión *de facto* de los actores sociales no comunitarios de cualquier espacio de decisión, lo cual condujo a que las múltiples ONG asentadas en el municipio no pudieran participar en la definición de las orientaciones de acción ni tampoco en los planes de desarrollo municipal en el periodo de franca rebeldía política de la población. La cooperación se redujo básicamente a la solidaridad externa, sin duda importante para abrir un espacio político a la comunidad y para publicitar internacionalmente su lucha. Así, a pesar de la densidad de las ONG en la localidad, muy superior a cualquier otra semejante en el país, hubo poca incidencia de estas organizaciones en la definición de políticas públicas locales.

Esta experiencia nos demuestra que en condiciones de aguda contradicción política entre un municipio y los niveles superiores de gobierno, la necesidad de unidad identitaria refuerza el carácter localista de los actores comunales y hace que los actores externos sean vistos como apoyos coyunturales y no como compañeros solidarios en un proyecto a largo plazo. Ahora bien, todo parece indicar que las ONG presentes en la comunidad carecían de antemano de aceptación local y que fueron incapaces de integrarse en una lucha de resistencia y dotarla de un carácter más propositivo. En Tepoztlán, la resistencia popular fue exitosa en términos de bloquear un proyecto de desarrollo que le fue impuesto a la comunidad, pero no logró articular un proyecto alternativo.

Esta experiencia nos demuestra que la sociedad civil popular tiene el poder de resistir iniciativas modernizadoras impuestas desde afuera, pero encuentra difícil canalizar ese mismo poder a la transformación de las estructuras existentes, aun bajo condiciones favorables. Las élites locales emergentes lograron reafirmar su hegemonía frente a las élites regionales y nacional recurriendo a viejas tradiciones e identidades políticas (el pueblo como actor colectivo) y cerrando las puertas a una interacción constructiva con los actores externos ya presentes en la vida local.

El caso de Cuernavaca nos indica que la creación de instituciones modernas destinadas a favorecer la cooperación entre gobiernos locales y las ONG tampoco garantiza en forma automática el éxito del proyecto. Factores políticos, como el partido que gobierna, determinan la selectividad de la interlocución y el horizonte de los proyectos posibles. En Cuernavaca el PAN prefirió acercarse a organizaciones asistencialistas y a asociaciones tradicionales (padres de familia, asociaciones de colonos de clase media alta) y dejar de lado a las ONG con perfiles de izquierda. Éstas, a su vez, fueron poco propositivas y proactivas debido a factores de rechazo político y al reconocimiento de su relativa incapacidad para proponer políticas públicas alternativas a nivel municipal. Así, no obstante existir una dirección de cooperación con las ONG en el nuevo gobierno municipal, en la práctica las relaciones entre el gobierno y estas organizaciones estuvo determinada por las redes preexistentes, y no por un espíritu de apertura y cooperación. Más aún, el gobierno panista, ante la falta de interlocutores organizados en el espacio territorial, no resistió la tentación de promover desde arriba la formación de asociaciones de colonos con el fin de legitimar su propia política municipal y crear interlocutores que le permitieran oponerse a los actores corporativos y clientelares controlados por el partido oficial.

Este caso nos indica que aun existiendo alternancia en el poder local y voluntad política para interactuar con nuevos actores locales, como las ONG, no es posible lograr una cooperación exitosa a menos que barreras políticas, ideológicas y programáticas sean reconocidas y se formen instituciones que creen un marco de reglas claras y otorguen una atención profesional a las necesidades y proyectos de las organizaciones. Asimismo, esta experiencia enseña que en varios casos las ONG carecen aún del grado de profesionalización y del avance técnico y la política necesaria para negociar de igual a igual los gobiernos locales.

La activación de la sociedad civil como movimiento fue exitosa en el caso de la campaña contra el gobernador Carrillo Olea. El tamaño del movimiento se expresó en la gran consulta popular del 8 de marzo de 1998, que contó con 100 000 votantes (25% del padrón electoral). Morgan Quero ha demostrado que el papel de los medios de comunicación en esta campaña, al igual que en la resistencia en Tepoztlán, fue decisivo, al denunciar los abusos del gobernador y publicitar las acciones de protesta de los ciudadanos. Desde el punto de vista de la gobernabilidad democrática, la sociedad civil logró imponer criterios de legalidad y respeto al estado de derecho, así como introducir un espacio de rendición de cuentas de los gobernantes, así fuera *post factum*.

Pero este proceso se dio en el marco de una profunda crisis de legitimidad derivada de una falta de respeto extrema a la sociedad: la colusión entre delincuentes y autoridades. Es en estos casos donde la sociedad civil puede imponer límites al autoritarismo del régimen. Sin embargo, ese poder se limita al asunto crítico contra el cual se lucha, y no puede extenderse a otros temas, a menos que en el proceso la sociedad civil se dote de una organización más permanente y el sistema político sea incapaz de restablecer la institucionalidad.

En los tres casos el potencial democratizador de la sociedad civil se ha desplegado, creando espacios públicos relevantes, generando deliberación y propiciando la acción colectiva contra los abusos del mercado y del estado.

El gobierno de la ciudad de México y la participación ciudadana

La ciudad de México es el eje económico, político y cultural del país. Sus 8.5 millones de habitantes, a los que se suman otros 10 millones que viven en el área metropolitana, la convierten en la principal concentración demográfica del país. Sin embargo, desde el punto de vista legal, los habitantes de la ciudad habían carecido de derechos políticos hasta 1997, puesto que no podían elegir a su gobernador ni a sus mandos políticos inmediatos (delegaciones, antes municipios). Ciudadanos de primera desde el punto de vista económico, cultural y social, los habitantes de la ciudad de México eran ciudadanos de segunda en el ámbito político. Una tardía reforma constitucional les dio el derecho de elegir por primera vez a su jefe de gobierno en 1997, habiéndose formado antes una asamblea legislativa con poderes limitados. En el año 2000, al fin han logrado elegir también a los delegados. Sin embargo, la ciudad no es aún legalmente considerada una entidad federativa, por lo que su gobierno continúa careciendo de poderes plenos.

Como se ha visto en el capítulo respectivo, en 1997 Cuauhtémoc Cárdenas, el líder moral de la izquierda mexicana y de su partido, el PRD, obtuvo un arrollador triunfo en las primeras elecciones para jefe de gobierno de la ciudad. Este hecho histórico generó grandes expectativas, puesto que significaba una oportunidad única para la izquierda de demostrar su capacidad de innovación institucional y su voluntad de democratizar la vida pública. Sin embargo, el experimento resultó ambiguo, muy limitado en sus alcances y poco trascendente en la vida de la nación.

Si bien millones de ciudadanos votaron por Cárdenas en una coyuntura en la que había un hastío popular con el PRI y un ansia colectiva de innovación, no era fácil localizar actores sociales independientes de los partidos con capacidad real de intervención en la vida pública. A pesar de que en la ciudad de México se concentra casi 40% de las ONG del país, éstas no representaban una capacidad de articulación con otros actores sociales ni eran portadoras de nuevos proyectos alternativos de política pública, con la excepción de los derechos de la mujer, los derechos del niño y de otras minorías, y partes de una agenda pública en materia de vivienda y de ecología. Los sindicatos independientes brillaban por su ausencia y las organizaciones empresariales no eran favorables al nuevo gobierno. La densa red de asociaciones vecinales, grupos culturales, asociaciones de matriz religiosa y otras formas de asociacionismo civil se movían más bien en sus respectivos microespacios, con agendas sectoriales específicas, y no contaban con formas de articulación y generalización de intereses.

Si bien los viejos actores corporativos y clientelares estaban en crisis a raíz de la derrota del partido oficial, varios de ellos conservaban un poder extraordinario, como el sindicato de trabajadores de la ciudad, el gremio de los trabajadores de la basura, los grupos de vendedores ambulantes, el sindicato del Metro y una mirada de pequeños grupos de interés vinculados a la especulación urbana y a la administración de servicios esenciales a la población. Los sectores conservadores tenían como núcleo la Junta de Asistencia Privada, una extraña asociación de organizaciones asistenciales cuya dirección estaba estrechamente vinculada a la jerarquía católica.

Por su parte, la izquierda también tenía sus propios pactos corporativos con el movimiento urbano-popular de la ciudad a través de sus representantes políticos, convertidos casi todos en miembros de la asamblea legislativa a raíz del arrasador triunfo electoral del PRD.

El reto del nuevo gobierno consistía entonces en desestructurar los viejos arreglos corporativos todavía existentes y desarrollar una política pública no clientelar, abriendo al mismo tiempo nuevas avenidas de participación ciudadana en el contexto de las graves limitaciones presupuestales y legales heredadas del pasado autoritario. La tensión entre la necesidad de mantener la gobernabilidad y la urgencia de desarrollar nuevas formas de participación ciudadana en la vida política fue resuelta, contra las expectativas, a favor de la primera. Los riesgos a corto plazo que implicaba atacar sistemáticamente el poder de los grupos corporativos se consideraron demasiado altos dada la circunstancia de que el propio Cuauhtémoc Cárdenas sería el candidato presidencial del PRD para las elecciones del año 2000.

Lucía Álvarez y Cristina Sánchez Mejorada han demostrado que se hicieron varios experimentos innovadores, sobre todo en el área de política social, con la intención de demostrar a nivel experimental la viabilidad de nuevos proyectos, y que también se emitieron nuevas leyes que apuntaban precisamente al desarrollo de nuevas instancias de participación ciudadana. Sin embargo, los experimentos en materia de política social y de innovación legislativa fueron de reducida dimensión y no lograron incorporar plenamente a nuevos actores a la escena política.

El estudio apunta una débil relación entre las ONG y las organizaciones populares en la ciudad de México. Tanto en términos de agenda como de cooperación en proyectos específicos, las diferencias son notables y los obstáculos al trabajo conjunto, importantes. Del lado de las ONG, se encontró poca capacidad de propuesta y una baja capacidad de implementación, mientras que del lado de las organizaciones populares prevalece la cultura de la solución inmediata a las necesidades y se da muy poca atención a la innovación y a la participación ciudadana desde abajo. Excepción a esta tendencia fue el caso de Plataforma Ciudadana y del proyecto con Novib, la agencia holandesa, por cuanto se apoyaron algunos proyectos innovadores. Se trató de una experiencia a nivel microsocial que, siendo importante, no se tradujo aún en lecciones para una política pública más general.

La experiencia de los consejos consultivos, deliberativos y de asesoría que a diversos niveles creó el gobierno del Distrito Federal, demuestra también que existe un gran vacío jurídico en el área y que, dado que el gobierno conserva la capacidad de formar los consejos y designar a sus miembros a voluntad, en la práctica estas instancias terminan siendo un foro que permite recibir demandas y escuchar opiniones, mas no definir políticas públicas de una manera abierta y participativa. En razón de su composición, el caso del consejo de vivienda resultó más exitoso en esta materia, así como el de desarrollo social. Con todo, ni el gobierno reglamentó los consejos para hacerlos más representativos e institucionales ni los actores de la sociedad civil lo reclamaron. En la cultura política dominante, tanto los funcionarios como los actores sociales consideran todavía que es un derecho del gobierno la designación de quienes han de participar en las instancias de consulta y deliberación.

La nueva Ley de Participación Ciudadana, en torno a la cual hubo un largo debate público, creó la figura de los comités vecinales, con el objetivo declarado de descentralizar el poder y promover la mayor participación de ciudadanos en los asuntos públicos. Las autoras han hecho notar que el esfuerzo fue escasamente fructífero porque la figura legal de los comités resultó poco atractiva a la ciudadanía, pues carecía de poder real y sus capacidades de vigilancia del ejercicio del gobierno eran demasiado limitadas. El diseño institucional resultó muy tímido, incluso más limitado que el que el PRI había impulsado un par de años atrás a través de los llamados consejeros ciudadanos.

La izquierda demostró que carecía de un proyecto integral de redefinición de las relaciones entre gobierno y sociedad, lo cual, aunado al cerco político y financiero que le impuso el régimen, limitó su capacidad de innovación. Además, su actitud políticamente conservadora estrechó aún más sus espacios de acción. Por su parte, la sociedad civil de la ciudad de México, fuerte y compleja desde el punto de vista de su densidad asociativa, y dotada de los medios de comunicación más plurales del país, demostró no contar con ideas fuertes y creativas en materia de democratización de la vida pública, y carecer de los líderes y de las organizaciones apropiadas para negociar en un plano de igualdad con el nuevo gobierno, imponiéndose como resultado un patrón de relaciones bilaterales basadas en un particularismo grupal. La dependencia política de la mayoría de los dirigentes civiles respecto al grupo gobernante se manifestó en una incapacidad crítica y en poca energía en la promoción de iniciativas.

Si bien son pocos los avances en materia de participación ciudadana formal que pueden registrarse en el primer periodo de gobierno de la izquierda en la ciudad de México, lo cierto es que los actores sociales encontraron la manera de perseguir sus intereses en el nivel microlocal, negociando directamente con las delegaciones, o preservando sus espacios, privilegios y fueros a través de arreglos informales con las autoridades. El viejo orden, dotado de una gran capacidad inclusiva, demostró ser muy flexible a la vez que resistente a las iniciativas de cambio desde arriba.

Grupos civiles conservadores en Guadalajara

El estudio de los grupos conservadores en la segunda ciudad más importante de México, tiene el mérito de la originalidad, puesto que en nuestro país es un prejuicio común el pensar que los grupos conservadores no pertenecen al campo de la sociedad civil. Más aún, esos mismos grupos no han incorporado en su lenguaje identitario esta noción, puesto que para ellos su demarcación del estado era un rasgo propio de su naturaleza. En efecto, ese tipo de grupos tiene sus orígenes ideológicos y organizacionales en las corrientes tradicionales de la iglesia católica, las cuales se consideraron a sí mismas injustamente desplazadas por el régimen de la Revolución mexicana e incluso víctimas del anticlericalismo histórico de los gobiernos mexicanos desde la época del liberalismo decimonónico.

Esta condición de exclusión llevó a que la Iglesia mexicana tuviese poco poder económico y cultural en México en comparación con el resto de América Latina. Las escuelas dirigidas por órdenes religiosas han sido escasas en el país, al igual que pequeños los grupos que promueven activamente los valores tradicionales del catolicismo. Paralelamente a este tipo de grupos conservadores, han surgido en las tres últimas décadas otros de naturaleza más propiamente ideológica que abiertamente trataron de intervenir en la esfera pública, atacando a los principios ideológicos del régimen y promoviendo una agenda conservadora. Segmentos importantes de los empresarios grandes y medianos del occidente y norte del país, se formaron en este tipo de grupos y asumieron un creciente protagonismo público de 1975 en adelante.

En el caso de Guadalajara, los diversos grupos conservadores habían logrado convivir en una forma armónica con los gobiernos del PRI en tanto éstos no invadieron sus áreas de acción y respetaron sus intereses materiales y culturales. El PAN era francamente débil en el estado de Jalisco, al grado que, al principiar la década de los noventa, aún no había logrado triunfos electorales importantes en esta entidad, no obstante que desde por lo menos 1983 se habían registrado importantes luchas democráticas protagonizadas por grupos empresariales y conservadores en Chihuahua, Nuevo León, Guanajuato, Sonora, Sinaloa y Baja California.

La crisis política en Jalisco estalló a causa de una tragedia terrible: la explosión de un colector de drenaje en el centro de la ciudad en abril de 1992. Este acontecimiento activó a la sociedad civil local e hizo transparentes la ineficacia y la corrupción de los gobiernos estatal y municipal. Como parte de la respuesta social a esta crisis, los grupos conservadores adquirieron una dimensión pública y civil. Empresarios, líderes de opinión y religiosos se organizaron y compartieron foros públicos con algunos movimientos populares que surgieron simultáneamente.

El estudio demuestra la notable afinidad que hay entre el conservadurismo moral, el político, el económico y el social. Las élites de Guadalajara se reconocen conservadoras en cada una de esas dimensiones, pero hasta antes de 1992 habían actuado más que nada en el plano privado y no en el público. Después de esa fecha, acompañaron su discurso con el reclamo de la democracia, considerándola la única respuesta moral y posible a la debacle moral e ideológica del régimen. La derecha social se tornó así una derecha liberal-democrática. En 1995 el PAN ganó la gubernatura del estado y las presidencias municipales de las principales ciudades de la entidad.

En ese contexto, en realidad abierto a nivel nacional por la campaña electoral presidencial de 1994, empezaron a interesarse en la participación ciudadana mujeres de clase media y alta de la ciudad de Guadalajara que hasta ese momento habían permanecido en el ámbito privado. El estudio de caso demuestra que mujeres pertenecientes a grupos ultraconservadores tradicionales como Acción Católica y como el DHIAC convergieron en la iniciativa común de defender al recién electo gobernador panista de los ataques del viejo régimen. El objetivo particularista de apoyar a un gobernador, considerado un gobernante legítimo y un hombre que representaba las "buenas costumbres" defendidas por estas mujeres, llevó a la formación del Grupo Cívico de Apoyo al Cambio que, sin proponérselo explícitamente, construyó un nuevo tipo de espacio público a través del cual los nuevos gobernantes interactuaron con ese segmento de la sociedad civil, contribuyendo a transparentar el ejercicio de gobierno y a dar un reconocimiento simbólico al derecho a la información.

El estudio demuestra cómo este grupo de mujeres, totalmente ajeno a una agenda feminista, desarrolló en el camino movilizaciones y convocó a diálogos públicos a los gobernantes, procurando mantenerse al margen del PAN y de la vida política en el sentido estricto. Si bien hicieron uso de sus redes elitistas para conseguir sus propósitos, este grupo trascendió la mera legitimación del nuevo gobierno para convertirse en un interlocutor del mismo, permitiendo a sus miembros desarrollar ciertas habilidades para intervenir en la vida pública.

En cambio, el Círculo de Mujeres por y para México tuvo su origen en la activación de mujeres de clase media alta favorables al PRI, quienes procuraron construir una base social fundándose en una agenda de solidaridad de género interclasista e intergeneracional. Sin embargo, la llegada del nuevo gobierno panista y la creciente participación en el grupo de mujeres que simpatizaban con el PAN hizo que la agenda se ampliara a la idea de hacerle propuestas al gobierno y de exigirle información y cuentas de sus actos. El grupo convocó también a los funcionarios a hablar con ellas y los foros que organizaron fueron abiertos a la ciudadanía. Al mismo tiempo, las necesidades de las mujeres del sector popular y las demandas de otros sectores sociales fueron reconocidas y planteadas a través de este canal.

Los dos grupos estudiados representan uno de los tipos de la sociedad civil conservadora emergente: el conservadurismo civil liberal-democrático. Significan un avance en términos de la construcción de un nuevo concepto de interlocución del gobierno con la sociedad; de exigencia de legalidad y transparencia en el ejercicio del gobierno; de introducción de la idea de responsabilidad pública de la sociedad civil. Sin embargo, se trata de una fase inicial, casi intuitiva, en el desarrollo de un concepto moderno de civilidad. En realidad, estos grupos han hecho uso de sus redes y vínculos personales con el nuevo grupo gobernante para acceder a una interlocución pública con el mismo. En la práctica, han cumplido funciones de legitimación del nuevo gobierno, pero al hacerlo no sólo han aprendido el arte de la participación ciudadana, sino que han innovado las prácticas de los grupos conservadores, al dar visibilidad y transparencia a la interlocución y al servir de canal de transmisión de demandas de otros grupos sociales.

Sin embargo, su propia composición limita su capacidad propositiva. Tienen pocos conocimientos técnicos y legales, por lo que su interlocución con el gobierno es más bien simbólica. Los grupos reconocen hoy que requieren una mayor profesionalización para ser capaces de hablar de tú a tú con el gobierno. Por razones de origen social, están muy lejos de entender las demandas de otros grupos de la población. Sin embargo, llama la atención que estos grupos han sabido mantener una clara autonomía respecto a la jerarquía católica y las organizaciones empresariales, que son sus referentes naturales en los planos moral y social, respectivamente. El Grupo de Apoyo al Cambio ha sido capaz de criticar al propio cardenal de Guadalajara en forma pública ante sus posturas respecto a los derechos humanos, y el Grupo de Mujeres por y para México ha criticado actitudes y políticas promovidas por los empresarios.

En resumen, vemos en este estudio cómo se gesta en el nivel microsocial la formación de una conciencia y una organización civil fundada en los principios de autonomía, publicidad y capacidad crítica. Si bien estos grupos son muy pequeños como para lograr transformaciones sustantivas en el ejercicio de poder público, lo cierto es que han creado una práctica de interlocución en foros públicos y una idea de corresponsabilidad ciudadana con el gobierno que sienta un precedente positivo en el desarrollo de un conservadurismo democrático moderno.

Resaltan también las limitaciones de este componente de la sociedad civil. Es demasiado elitista, apela más a principios morales que a derechos, tiende más a legitimar que a criticar y encuentra difícil trascender la agenda de los valores morales conservadores. No logra conectarse con otros sectores de la sociedad, si bien ha aprendido a reconocerlos y, hasta cierto punto, a tolerarlos.

En un país donde el PAN ha ganado por la vía electoral el derecho a encabezar la transformación del régimen político, es importante reconocer que algunos sectores conservadores de la sociedad civil tienen el potencial de aprender en el plano normativo, es decir, de apropiarse de los principios de transparencia, legalidad y rendición de cuentas como rasgos esenciales de un gobierno democrático y participar en la implementación de los mismos. Lo importante en todo caso, dada la composición elitista de dichos grupos, es evitar que las prácticas democráticas se limiten a los componentes de la propia élite, que no sean capaces de generalizar e institucionalizar los principios democráticos por los cuales luchan y que pierdan la oportunidad de ampliar la agenda de sus demandas para incorporar la dimensión de la justicia social, sin la cual difícilmente puede pensarse en la estabilización de la democracia en el largo plazo.

La Alianza Cívica y los movimientos sociales prodemocráticos

Los movimientos sociales prodemocráticos habían aparecido esporádicamente en diversas ciudades de México en las décadas anteriores a la de los noventa, casi siempre como reacción a fraudes electorales descarados contra líderes opositores de gran prestigio local. Pero a partir de 1983, cuando por primera vez el régimen inició una relativa apertura política, los movimientos locales empezaron a extenderse poco a poco por todo el país. En el norte surgieron las primeras luchas populares poselectorales y los primeros movimientos civiles por la democracia del periodo de transición. Sin embargo, fue el macrofraude electoral de 1988, y la continuación de fraudes a escala estatal y municipal, lo que motivó a numerosos ciudadanos a pasar a la acción en la defensa de la democracia.

El estudio de caso demuestra que los movimientos prodemocráticos de los años noventa estuvieron formados mayormente por miembros de ONG, universitarios, participantes en grupos cristianos progresistas y algunos líderes sociales locales, entre ellos algunos miembros de las élites conservadoras de provincia. Los grupos más significativos en este periodo, la Alianza Cívica y el Movimiento Ciudadano por la Democracia, de hecho tuvieron un origen común, compartieron parcialmente su membresía y asumieron tareas parecidas. La Alianza Cívica, sin embargo, desarrolló un perfil de movimiento social, mientras que el MCD funcionó más como una ONG.

El estudio de caso demuestra que la urgencia de una salida democrática a la prolongada crisis política abierta por el fraude de 1988 y por la abrupta modernización neoliberal motivó a ciudadanos de todo el país a participar en forma masiva y sin precedentes en la observación de las elecciones de 1994. La creatividad de las ONG que inicialmente convocaron a esta movilización permitió que esta observación fuera integral y abarcara dimensiones hasta entonces no contempladas en la lucha por la democracia: el monitoreo de la cobertura electoral de los medios de comunicación; el monitoreo de los gastos de campaña; la revisión del padrón electoral; la crítica de la ley electoral vigente; la investigación de los mecanismos de compra y coacción del voto; y la vigilancia y denuncia de irregularidades del día de la jornada electoral.

Esta misma agenda fue aplicada en las elecciones estatales y municipales que posteriormente fueron observadas y sentó los parámetros normativos sobre los cuales se juzgó la pertinencia democrática de los procesos electorales. Esta agenda democrático-electoral, combinada con la de los partidos políticos de oposición, permitió que en 1995 se llevaran a cabo los Acuerdos de Chapultepec, una serie de reuniones en las que los partidos políticos, representantes de la sociedad civil y algunos consejeros electorales ciudadanos definieran la agenda de una reforma electoral definitiva que garantizara en el futuro la gobernabilidad democrática. De hecho, la reforma electoral federal de 1996 recogió los elementos básicos de estos acuerdos y consolidó la institución que habría de ser la garantía legal e institucional de las decisivas elecciones federales por venir: el Instituto Federal Electoral. La plena autonomía legal de esta institución había sido una de las demandas claves de los movimientos prodemocráticos, y el logro de esta demanda probó ser decisivo en la culminación de la transición. Más aún, el modelo de gestión autónoma del IFE, basado en un grupo de representantes "ciudadanos" con verdadera capacidad de decisión y gestión se constituyó en una de la mayores innovaciones políticas observadas hasta la fecha. Con base en esta nueva institucionalidad, la oposición logró alcanzar la mayoría en la Cámara de Diputados en las elecciones de 1997 y el triunfo en las elecciones presidenciales del año 2000.

El movimiento civil prodemocrático contribuyó con sus acciones a la ampliación de la esfera pública y ejerció una fuerte presión simbólica sobre el sistema político. El movimiento no tuvo una fuerza social detrás de sí. Su poder era moral y su influencia simbólica. Fueron las luchas poselectorales de los partidos de oposición las que añadieron una presión social a la lucha por la democracia electoral. Sin embargo, como se ha indicado en el estudio, la insurrección zapatista en 1994 fue el factor determinante para que el régimen accediera a llevar a cabo reformas trascendentes en materia electoral.

La larga transición mexicana a la democracia electoral fue incremental en tanto que el régimen autoritario decidió administrar las reformas electorales con el fin de evitar el mayor tiempo posible su derrota en las urnas. La larga duración del proceso permitió la relativa consolidación de los partidos de oposición, su crecimiento nacional y el aprendizaje colectivo de las normas y prácticas de una verdadera democracia electoral. En este proceso, el papel de los movimientos prodemocráticos como promotores de una educación cívica fue fundamental.

Las contribuciones del movimiento civil prodemocrático a la gobernabilidad democrática fueron notables, si bien se limitaron al campo electoral. En los otros campos de acción que este movimiento decidió asumir, v. gr., la creación de agendas ciudadanas a través de consultas públicas, y el control del ejercicio del gobierno por medio del monitoreo ciudadano, tuvo muy pocos resultados trascendentes y duraderos. Sin embargo, creó un precedente simbólico central, del cual se nutrieron otros grupos y movimientos que han continuado estas formas de intervención ciudadana en la vida pública.

Las consultas públicas fueron eficaces para crear una corriente de opinión crítica sobre problemas sociales fundamentales del país. Las consultas demostraron que entre los grupos más críticos de la sociedad civil y los partidos y el gobierno no había comunicación, ya que éstos no tomaron en cuenta sus resultados. Esta falta de eficacia indicaba que la construcción de una agenda ciudadana al margen de grandes movimientos sociales nulifica su poder simbólico.

Los intentos de monitoreo del ejercicio del gobierno, todos ellos carentes de resultados concretos, demostraron que para lograr una verdadera fiscalización ciudadana del ejercicio del poder político es necesario contar o con la colaboración del gobierno o con instrumentos legales que lo obliguen a transparentar la información que genera. Más aún, se requiere contar con avances técnicos y analíticos que no estaban al alcance de la Alianza en ese momento. A ello se debe que la lucha por el derecho a la información es central en el proceso de construcción de la gobernabilidad democrática, y debe estar en el centro de la urgente reforma del estado.

La Alianza Cívica localizó otro vacío jurídico que limita el desarrollo de las organizaciones civiles prodemocráticas: la inexistencia de formas de reconocimiento jurídico para los grupos que hacen política desde la sociedad civil. El caso del fallido registro de la Alianza Cívica como Agrupación Política Nacional puso de manifiesto estas limitaciones, que sin embargo son generales para todas las ONG, las cuales operan también en un vacío jurídico. Si bien es cierto que cuentan con una forma de registro legal (la llamada asociación civil), no existen formas legales de reconocimiento a su capacidad profesional ni prerrogativas para su desempeño. Este problema es parte de un debate nacional necesario sobre la pertinencia de apoyar a las ONG en tanto son grupos que promueven proyectos innovadores en materia de política social, defienden nuevos derechos sociales y atienden a sectores desprotegidos prestando servicios que el sector público no logra ofrecer.

A pesar de su composición social, la Alianza Cívica no ha sido un paradigma de democracia interna. El estudio de caso demuestra que a su interior existieron tensiones muy fuertes entre una dirección política centralizada y una militancia heterogénea y dispersa en el territorio nacional; que algunas decisiones importantes se tomaron sin generar los consensos necesarios y que los proyectos y acciones de la Alianza fueron en su mayoría concebidos sin una participación activa de sus bases. La tensión entre movimiento y organización que es natural a este tipo de acciones colectivas se tradujo en este caso en el agotamiento de la confianza por parte de algunos grupos regionales, en el alejamiento de otros y en la concomitante disminución del tamaño e influencia nacional de la propia Alianza.

Ahora bien, la pérdida de centralidad de la Alianza Cívica dentro del campo civil ha sido también una consecuencia de su propio éxito. En la medida en que los procesos electorales se hicieron más transparentes y legales, hasta permitir la alternancia en el poder federal, la urgencia del movimiento prodemocrático se desvaneció. Muchos de los participantes en el mismo se incorporaron a las instituciones electorales ciudadanizadas a lo largo y ancho del país y algunos, en un ciclo hasta cierto punto natural, se unieron a los partidos políticos.

El monitoreo del ejercicio del gobierno exige un grado de profesionalización y un conocimiento técnico que no puede desarrollar un movimiento social. Es por ello factible pensar que en cuanto termine por completo la fase electoral de la transición democrática, la Alianza Cívica dará paso a nuevos grupos más especializados en el seguimiento y evaluación de la gestión pública.

La Alianza Cívica fue una especie de síntesis del activismo civil de los noventa. Contribuyó decisivamente a crear las instituciones electorales que permitieron la culminación de la transición. Propició un cambio en la cultura política nacional al demostrar la inmoralidad del fraude y la simulación electorales, y al educar en materia de derechos políticos a muchos ciudadanos. Creó una forma poderosa de intervención ciudadana en la esfera pública al monitorear a los medios de comunicación y forzarlos a ser plurales y menos parciales. Desarrolló una estrategia creativa de incidencia en la generación de agendas ciudadanas. Trató de monitorear el ejercicio del gobierno, creando la noción de que los gobernantes deben rendir cuentas de sus actos. Educó a cientos de activistas a trabajar conjuntamente en un ambiente de respeto a la pluralidad. Un movimiento social simbólicamente poderoso, políticamente decisivo, metodológicamente preparado, pero organizacionalmente frágil, demasiado centralizado en su dirección, y con dificultades para adaptarse a las necesidades reales de sus participantes de provincia. Eso fue la Alianza Cívica. Un movimiento social que al devenir en organización empezó a perder el contacto con sus bases fundadoras. Pero un movimiento que completó su ciclo con éxito para bien del país.

PROPUESTAS PARA FORTALECER LA SOCIEDAD CIVIL E IMPULSAR
LA GOBERNABILIDAD DEMOCRÁTICA

Como hemos indicado en la introducción de este libro, la sociedad civil se compone de tres elementos correlacionados: un sistema legal e institucional que establece, protege y actualiza los derechos ciudadanos; un conjunto de movimientos sociales y de asociaciones civiles que son social, política e ideológicamente heterogéneas; una cultura política anclada en una diversidad de espacios públicos, favorable a la tolerancia y al respeto mutuo y proclive a una relación crítica con el estado y el mercado.

Las contribuciones de la sociedad civil a la construcción de una gobernabilidad democrática se sitúan en cada una de esas tres dimensiones. A continuación analizaremos este fenómeno separando por razones metodológicas esos tres niveles. Agregaremos una cuarta perspectiva que se refiere a los factores internos, a las organizaciones civiles que deben ser tomados en cuenta en este proceso. Con frecuencia las recomendaciones de política pasan por alto aquellos cambios tendientes a la democratización de la vida pública que abarcan también necesariamente a las propias organizaciones de la sociedad civil.

Las propuestas que se presentan aquí no por obvias y conocidas son menos relevantes. La idea de concluir este libro con esta recapitulación de las condiciones que propician el fortalecimiento de la sociedad civil y al mismo tiempo crean una gobernabilidad democrática, es subrayar el carácter integral del proceso de democratización de la vida pública y evitar así el lamentable reduccionismo que en años recientes ha llevado a entender el "fortalecimiento de la sociedad civil" como el mero impulso a la profesionalización de las ONG.

El sistema legal-institucional

Construir un estado de derecho

Como se ha visto en los estudios de caso, una demanda recurrente de los movimientos y organizaciones civiles es la existencia de un estado de derecho operativo. Si bien los derechos civiles, políticos y sociales emanados de la modernidad están reconocidos en la constitución y en las leyes secundarias, lo cierto es que los derechos no se cumplen o se aplican parcial y segmentadamente. Este fenómeno tiene su origen en el autoritarismo histórico mexicano y es resultado del alto grado de discrecionalidad con que contó el régimen para decidir cuándo respetar la ley y cuándo violarla. Sin un estado de derecho no hay manera de darles estabilidad, predictibilidad y seguridad a los ciudadanos y a la vida pública en general. Esta exigencia es además el eje de acción que todos los sectores de la sociedad civil comparten, independientemente de sus diferencias ideológicas, sociales y culturales.

Lograr una verdadera separación de poderes

El régimen autoritario anuló la separación de poderes. Por esta razón el poder legislativo no pudo funcionar como una verdadera mediación entre el estado y la sociedad ni el poder judicial pudo garantizar los derechos ciudadanos. Establecer claramente esta separación es imprescindible para abrir los espacios de acción de la sociedad civil, creando una interlocución múltiple con los poderes del estado y protegiendo legalmente su acción. La alternancia en el poder que actualmente se vive está impulsando este proceso, que sin embargo, está apenas en sus inicios.

Hacia una descentralización del poder

La descentralización del poder es otro requisito para el empoderamiento de la sociedad civil. La centralización condujo al cierre de espacios de negociación a escala local y estatal y concentró de tal manera los recursos públicos en el gobierno federal que todos los actores sociales se vieron forzados a dirigir hacia él su acción, lo cual los colocaba en una posición de desventaja estratégica. La descentralización debe permitir la multiplicación de los espacios de encuentro entre sociedad y gobierno y darle a la sociedad civil una mayor capacidad de influencia en el diseño y supervisión de políticas públicas en espacios locales y regionales que están al alcance de sus propias fuerzas. Por supuesto, el aprovechamiento de esta ventaja depende de que haya una sociedad civil fuerte en esos planos de la realidad.

Profesionalización y desclientelización
de los aparatos y las agencias del Estado

La improvisación, la incoherencia, los conflictos internos y la fragmentación que han caracterizado históricamente la acción de las agencias del estado era funcional desde el punto de vista de la dominación política particularista que ejercía el gobierno autoritario. Ello condujo a una enorme ineficacia operativa, al desperdicio de recursos y a la sobrepolitización de las políticas públicas. En este marco es comprensible, pero imperdonable, que en México aún no exista un servicio civil de carrera. La creación de una burocracia moderna, que en teoría debió haber llevado a cabo la tecnocracia neoliberal, fue imposible por razones políticas. Una burocracia profesional y responsable de sus actos era antitética al carácter clientelar del régimen autoritario.

Innovaciones legales que permitan a los ciudadanos
exigir la rendición de cuentas a los gobernantes

El presidente de la República, los gobernadores y los presidentes municipales cuentan con un marco de prerrogativas legales y extralegales que les permiten burlar los derechos constitucionales de información y petición. Se requiere de innovaciones legales e institucionales para garantizar el acceso a la información a todos los ciudadanos y la rendición de cuentas. Este principio debe aplicarse también a los poderes legislativo y judicial en todos los niveles, pues en el contexto de la democracia todos los funcionarios públicos, electos y designados, deben rendir cuenta de sus actos.

Creación de nuevas instituciones híbridas o mixtas
de carácter ciudadano-estatal como forma de abrir
espacios de participación ciudadana en la vida pública

En las áreas de contacto directo entre gobierno y sociedad deben crearse organismos híbridos o mixtos entre gobierno y ciudadanos, al estilo del Instituto Federal Electoral en México, la Defensoría del Pueblo en Colombia, el Presupuesto Participativo en Brasil y las Audiencias Públicas en Argentina. Como intermediarios entre la sociedad y el gobierno, se necesitan instituciones con capacidad de representar simbólicamente a los ciudadanos frente al Estado, dotadas de autonomía legal y presupuestal, con personal profesional capacitado, y en cuyo seno se tomen decisiones vinculantes que se ejecuten con transparencia, rindiendo cuentas a la sociedad. Estas instituciones tendrían la triple función de desclientelizar las políticas públicas, promover la participación ciudadana y garantizar la vigencia y aplicación real de los derechos ciudadanos.

La red asociativa y de movimientos sociales

Garantizar la libertad de asociación

Uno de los principales mecanismos a través de los cuales el régimen autoritario sometió a amplios sectores de la sociedad civil fue la anulación *de facto* de la libertad de asociación, ante todo en los sindicatos de trabajadores urbanos y rurales, en las asociaciones patronales o de empresarios y en las asociaciones profesionales, pero también en el caso de las organizaciones e instancias de representación de los campesinos. El control estatal del registro legal de estas asociaciones fue el filtro que le permitió al gobierno imponer representantes y líderes fieles al corporativismo oficial. Un cambio en las leyes laborales, agrarias y de asociaciones es urgente y necesario para permitir el florecimiento de una sociedad civil popular.

Crear nuevas formas de reconocimiento jurídico a las organizaciones civiles

Las organizaciones civiles que trabajan en la promoción de derechos, la implementación de proyectos de desarrollo y en actividades asistenciales carecen de formas de reconocimiento al interés público de sus actividades. Éste es un problema general del mundo de las ONG en México, las cuales se ven obligadas a trabajar en pequeña escala al carecer de apoyos y financiamiento públicos. Sólo las organizaciones más antiguas o más cercanas a las fundaciones extranjeras logran mantener un perfil de visibilidad y contar con un campo de acción amplio. En México la primera ley de este tipo, la de la ciudad de México, ha resultado ser muy vaga y general y aún no encuentra formas concretas de aplicación. Evitando los riesgos de la discrecionalidad y el favoritismo, una institucionalidad apropiada debe apoyar la transparencia y claridad en la asignación de apoyos públicos a las organizaciones civiles, las cuales deben a cambio someterse al escrutinio y evaluación públicas.

Garantizar el acceso público a los medios de comunicación

En países tan desiguales como México los movimientos sociales y las organizaciones civiles carecen de los recursos para pagar publicidad y difundir sus acciones. Asimismo, los ciudadanos en general y sus organizaciones encuentran muy difícil manifestar sus opiniones y publicitar sus propuestas y proyectos. En México no existen leyes de acceso público a los medios, ni las condiciones técnicas y políticas para hacerlo. Parte sustancial de la democratización de la vida pública será la democratización del acceso a los medios. Si bien la transición a la democracia ha llevado a los medios a ser más plurales y abiertos, la propiedad de éstos está altamente oligopolizada y no existe ninguna regulación de sus actividades. Tanto desde el punto de vista legislativo como desde el institucional hay mucho por hacer en este terreno.

Los aspectos culturales

Generalizar el acceso a la educación

Los abismales diferenciales de acceso y de calidad en la educación que reciben los niños y jóvenes de acuerdo al ingreso de sus familias, al hecho de vivir en las ciudades o en el campo, o por tradición religiosa, generan una distribución desigual del capital cultural que pone en desventaja a los sectores más pobres de la población, quienes con frecuencia desconocen sus derechos más elementales. La tradición del clientelismo y del corporativismo se ha fundado en la dependencia, tanto personal como colectiva, de los pobres hacia los intermediarios culturales que eran, al mismo tiempo, agentes del estado. Romper esta dependencia exige, entre otras cosas, una mejor distribución del conocimiento.

Realizar campañas masivas de educación cívica

El exitoso ejemplo de la Alianza Cívica y del IFE como promotores de una cultura de respeto a los derechos políticos indica que los derechos en general tienen que enseñarse a la población, al mismo tiempo que se crean las condiciones para su aplicación o respeto. El desconocimiento de los derechos es un fenómeno alarmante en México. El régimen autoritario hizo aparecer el cumplimiento de derechos como una concesión o como una prebenda, y no como una obligación del estado. Es necesario revertir esta situación.

Mejorar la distribución del ingreso a través de políticas sociales no clientelistas

Este factor parece ajeno al campo de la cultura. Sin embargo, está estrechamente vinculado con ella. La pobreza conduce a la pérdida de autoestima y a la necesidad de vender la lealtad política a cambio de pequeños beneficios económicos que son esenciales para la sobrevivencia. En México la creciente miseria ha llevado incluso a la desintegración familiar y a la emigración masiva, la cual debilita el tejido social. La pobreza es el mejor caldo de cultivo del clientelismo. Una política agresiva de redistribución del ingreso ayudaría a fortalecer una cultura de la autonomía individual y colectiva, sobre todo si se evita la focalización compulsiva y el clientelismo que puso en práctica el régimen anterior.

Generalizar una cultura de la tolerancia

La intolerancia de todo tipo, básese en factores religiosos, ideológicos o políticos, o en jerarquías de género o generacionales, constituye una cultura profundamente incivil. Deben diseñarse leyes e instituciones que combatan la intolerancia, especialmente a través de la garantía del respeto y aplicación universal de los derechos. Las élites políticas, culturales y sociales tienen que asumir actitudes tolerantes y predicar con el ejemplo.

Sobre el carácter de las organizaciones de la sociedad civil

Los cambios macropolíticos, legales y culturales que pueden ayudar a la consolidación y empoderamiento de la sociedad civil no garantizan per se el desarrollo de ésta. Factores internos a las organizaciones civiles pueden ser uno de los grandes obstáculos a la cooperación con el gobierno, a la inserción en la sociedad de las propias organizaciones y al debido uso de las condiciones favorables a su desarrollo. La sociedad civil realmente existente expresa también en su interior las limitaciones históricas que ha padecido y las condiciones en que se ha desarrollado.

Las organizaciones civiles y sociales deben ser democráticas y transparentes a su interior

Como se ha visto en los estudios de caso, con frecuencia las organizaciones civiles reproducen a su interior los mismos vicios que critican al Estado. Los sindicatos y organizaciones campesinas independientes suelen ser paradigmáticamente verticales y poco transparentes, y concentran decisiones y visibilidad en sus dirigentes. En realidad este problema es generalizado en casi todas las organizaciones de carácter gremial. Si bien hay restricciones organizacionales que explican en parte este fenómeno, sin duda influye también la inexistencia de una cultura de la democracia entre los trabajadores urbanos y rurales. Lo mismo vale para muchas ONG, que igualmente trabajan en medio de la informalidad y bajo el control unipersonal o de pequeños grupos de personas. Por elemental congruencia es necesario que lo que ONG y organizaciones gremiales demandan al sistema político lo cumplan ellas mismas a su interior.

Debe lograrse un mayor grado de institucionalidad
y formalización en las organizaciones civiles y sociales

Buena parte de las ONG y de las organizaciones gremiales trabajan sin respetar sus estatutos internos y sin que funcionen sus órganos formales de dirección. Las finanzas no siempre son transparentes y las relaciones laborales al interior casi nunca se fundan en las leyes aplicables. En el caso de las ONG, durante años la precariedad económica y política de su existencia explicaba la informalidad e improvisación de su vida interna. Pero la continuidad de este estilo de trabajo en la década de los noventa, cuando al menos para las organizaciones más importantes hubo mayores recursos, no se justifica. Este estilo de trabajo lleva a la imposibilidad de formar nuevos cuadros, a la rutinización de las organizaciones, a la personalización de su dirección, y, con frecuencia, a su conversión en una especie de empresas privadas de consultoría.

Debe crearse una cultura de la tolerancia
y la pluralidad al interior de las organizaciones civiles y sociales

Como lo ha señalado el capítulo introductorio de este libro, en México las ONG de izquierda y los movimientos sociales prodemocráticos trataron de retomar para sí la identidad de sociedad civil de manera exclusiva a lo largo de los años noventa. Este uso simbólico de la identidad de sociedad civil excluía otras fuerzas y sectores sociales. El desconocimiento de los sectores conservadores, de las organizaciones gremiales y profesionales, de los grupos culturales, reflejaba una falta de tolerancia y de pluralidad. Más aún, dentro del propio campo de las ONG se han presentado algunas veces conflictos por áreas de influencia, por la mayor influencia sobre las fundaciones que financian y por el liderazgo. Esta situación está cambiando rápidamente y la alternancia política ha dado lugar a nuevos esfuerzos de articulación plural en este tipo de organizaciones. Sin embargo, aún queda mucho por hacer en este campo. En las organizaciones gremiales el problema es más grave, pues no existe ninguna tradición de respeto a la pluralidad política a su interior. El ejemplo de la CNOC, que ha logrado conciliar la unidad de acción gremial con el respeto a la pluralidad política, debería generalizarse en las organizaciones populares.

Debe avanzarse en la profesionalización de las organizaciones de la sociedad civil

Al igual que el gobierno, las organizaciones sociales y civiles que aspiran o han logrado la permanencia y el reconocimiento público, deben estabilizar un cuerpo profesional de empleados que les permita dotarse de una mayor capacidad de proposición, de análisis y de intervención. La inestabilidad laboral que priva en el sector y la informalidad y localismo como métodos de allegarse de personal deben ser superados si se desea adquirir la capacidad de interactuar con el gobierno en un plano de igualdad. Hoy día hay una contradicción entre la demanda de interlocución y la relativa incapacidad de propuesta.

Debe recuperarse la relación entre las ONG y movimientos y organizaciones populares

En México la mayoría de las ONG cercanas a posiciones de izquierda surgieron con la vocación de ayudar a los movimientos populares en sus luchas contra el régimen autoritario. Sin embargo, como se ha señalado a lo largo del libro, a partir de la crisis de los sectores populares de la sociedad civil en los años ochenta se dio un proceso de autonomización de las ONG respecto a su viejo *ethos*, y en la década de los noventa la democratización de la vida pública condujo a este sector a privilegiar su interlocución con los distintos niveles de gobierno. De esta manera las ONG desplazaron su misión original y dejaron un enorme hueco en el campo de la educación cívica y de transmisión de conocimientos y habilidades técnicas y organizacionales desde las clases medias hacia los sectores populares. En un país tan desigual como México, es imprescindible que los sectores organizados de la sociedad civil contribuyan a la organización y al aprendizaje colectivo en el seno de los sectores no organizados. La política social del estado no puede suplir esta misión, pues no se pueden crear organizaciones civiles auténticas desde arriba, como lo señala repetidamente la experiencia.

Palabras finales

En resumen, el desarrollo de la sociedad civil exige acciones y cambios institucionales en los niveles macro y micro político, legal y organizacional, y cultural. Asimismo, implica la crítica y transformación de los vicios y tradiciones propios de la sociedad civil realmente existente. Concentrarse solamente en alguno de estos aspectos no resolverá el problema de conjunto.

La relación entre los distintos componentes de la sociedad civil y los diferentes niveles de gobierno es múltiple, compleja y altamente diferenciada. No puede asimilarse a un modelo único, puesto que funcional y sustantivamente su carácter varía en cada espacio de interacción. No es lo mismo la relación de las organizaciones gremiales con los aparatos económicos del estado que la relación de las ONG con las instancias de definición de políticas públicas. Es por ello que una estrategia de fortalecimiento de la sociedad civil orientada a la democratización de la vida pública tiene que abarcar todas las dimensiones antes mencionadas.

El discurso de la sociedad civil no debe hacernos olvidar que la gobernabilidad democrática se construye en los órdenes político, jurídico, institucional y cultural y no sólo en el campo específico de los encuentros entre gobierno y sociedad civil. De hecho, tanto la teoría como la experiencia internacional confirman el carácter holístico del proceso de democratización y, concomitantemente, del surgimiento y consolidación de la sociedad civil.

México tiene hoy la oportunidad de avanzar sustantivamente en la construcción de la gobernabilidad democrática y en el fortalecimiento de la sociedad civil. Pero como en todas las cosas de la vida, la oportunidad no significa inevitabilidad ni necesidad. Para actualizar el potencial hoy existente será necesario que tanto los actores sociales como los políticos sean autocríticos y constructivos simultáneamente, y que la democracia se extienda progresivamente a todos los órdenes de la vida social.

BIBLIOGRAFÍA GENERAL

Aguayo, Sergio (1998), "Electoral Observation and Democracy in Mexico", en Middlebrook, Kevin (ed), *Electoral Observation and Democratic Transitions in Latin America,* Center for U. S.-Mexican Studies, San Diego, University of California, La Jolla.

Aguayo, Sergio, y Luz Paula Parra (1995), *Los organismos no gubernamentales de derechos humanos en México,* México, manuscrito.

Aguayo, Sergio, y María Luisa Tarrés (1995), *Las enigmáticas* ONG *mexicanas: una caracterización,* México, manuscrito.

Agüero, Felipe, y Jeffrey Stark (eds.) (1998), *Fault Lines of Democracy in Post-transition Latin America,* North-South Center Press University of Miami, Miami.

Aguilar Camín, Héctor (coord.) (1985), *Interpretaciones de la Revolución mexicana,* Nueva Imagen, México.

Aguilar, Rubén (1997), "Las ONG de desarrollo y la democracia interna: una aproximación", en J. Alonso y J. M. Ramírez, *La democracia de los de abajo en México,* La Jornada/CIIH-UNAM, México.

Ai Camp, Roderic (1998), *Cruce de espadas. Política y religión en México,* Siglo XXI Editores, México.

Alexander, Jeffrey C. (1998), *Real Civil Societies,* International Sociological Association-SAGE Publications Ltd., Londres.

Almond y Verba (1970), *La cultura cívica,* Euroamérica, Madrid.

—————— (1980), *The Civic Culture Revisited,* Little Brown and Company.

Alvarado, Arturo (1996), "Los gobernadores y el federalismo mexicano", *Revista Mexicana de Sociología,* núm. 3.

Álvarez, Lucía (coord.) (1997), *Participación y democracia en la Ciudad de México,* CEIICH-UNAM/*La Jornada,* México.

—————— (1998), *Distrito Federal, sociedad, economía, política y cultura,* CEIICH-UNAM, México.

Álvarez, Lucía, y Cristina Sánchez Mejorada (2002), "La política gubernamental en materia de participación ciudadana en la reciente administración", en *¿Una ciudad para todos? Balance de la experiencia del primer gobierno electo en la ciudad de México 1997-2000,* UAM/UNAM/INAH, México, en prensa.

Anderson, Benedict (1993), *Comunidades imaginadas. Reflexiones sobre el origen y la difusión del nacionalismo,* FCE, México.

Arato, Andrew (1994), *The Rise, Decline and Reconstruction of the Concept of Civil Society, and Directions for Future Research,* manuscrito.

————, (1999), "Surgimiento, ocaso y reconstrucción del concepto de sociedad civil y lineamientos para la investigación futura", en Alberto Olvera, *La sociedad civil: de la teoría a la realidad,* El Colegio de México, México.

Arbós, X., y S. Giner (1993), *La gobernabilidad. Ciudadanía y democracia en la encrucijada mundial,* Siglo XXI, España.

Arias, Patricia, y Lucía Bazán (1979), *Demandas y conflicto (El poder político en un pueblo de Morelos),* Nueva Imagen-Instituto Nacional de Antropología e Historia, México.

Arredondo Ramírez, Vicente (1998), "Participación ciudadana y gobernabilidad", en *Sociedad civil. Análisis y debates,* vol. II, núm. 3, Demos, IAP, FAM, México.

Avritzer, Leonardo (ed.) (1994), *Sociedade civil e democratizaçao,* Del Rey, Belo Horizonte.

Ayuntamiento Municipal de Tepoztlán y Comisión de la Asamblea General de Desarrollo Municipal (1997), *Tepoztlán: un municipio digno, una ciudadanía fuerte. Plan de Desarrollo Municipal 1997-2000,* Tepoztlán, mimeografiado.

Azuela, Antonio (1997), "Pluralismo jurídico y cambio institucional", en L. Álvarez (coord.), *Participación y democracia en la Ciudad de México,* CEIICH-UNAM/*La Jornada,* México.

Balandier, Georges (1992), *Le pouvoir sur scènes,* Balland, París.

———— (1994), *El desorden. La teoría del caos en las ciencias sociales,* Gedisa Editorial, Barcelona.

———— (1995), *Anthropologie politique,* PUF, París.

Barber, Benjamin R. (2000), *Un Lugar para todos. Cómo fortalecer la democracia y la sociedad civil,* Paidós, Barcelona.

Barberán, J., *et al.* (1988), *Radiografía del fraude electoral,* Nuestro Tiempo, México.

Bartolomé, Miguel (1997), *Gente de costumbre y gente de razón. Las identidades étnicas en México,* Siglo XXI, México.

Bartolomé, Miguel, y Alicia Barabas (1998), *Autonomías étnicas y estados nacionales,* Conaculta-INAH, México.

Bartra, Roger (1983), "Viaje al centro de la derecha", *Nexos,* núm. 64, México, pp. 15-24.

Bassols R. Mario (s. f.), "De la asamblea de representantes a la legislativa", en *La Ciudad de México en el fin del segundo milenio,* México.

Becerra, José (1998), "La reforma electoral de 1996", en César Cansino (coord), *Después del* PRI: *las elecciones de 1997 y los escenarios de la transición en México,* CEPCOM, México.

Beck, Ulrich (1992), *La sociedad del riesgo. Hacia una nueva modernidad,* Paidós, Barcelona.

——— (1998), *¿Qué es la globalización? Falacias del globalismo, respuestas a la globalización,* Paidós, Barcelona.

Beltrán, U., *et al.* (1996), *Los mexicanos en los noventa,* IIS-UNAM, México.

Birch, A. H. (1971), *Representation,* Pall Mall Press, Londres.

Bizberg, Ilán (1990), *Estado y sindicalismo en México,* El Colegio de México, México.

——— (1990), "La crisis del corporativismo mexicano", en *Foro Internacional* 4.

Blancarte, Roberto (ed) (1995), *Religión, iglesias y democracia,* La Jornada Ediciones, CIIH-UNAM, México.

Bobbio, Norberto (1989), *Estado, gobierno y sociedad. Por una teoría general de la política,* FCE, México.

——— (1991), *El tiempo de los derechos,* Ed. Sistema, Madrid.

——— (1995), *Derecha e izquierda,* Taurus, Madrid.

Boehm, Brigitte (1987), *El municipio en México,* El Colegio de Michoacán, México.

Boltvinik, Julio, y Enrique Hernández Laos (1999*), Pobreza y distribución del ingreso en México,* Siglo XXI Editores, México.

Boudon, Raymond (dir.) (1992), *Traité de sociologie,* PUF, París.

Bresser Pereira, Luiz Carlos (1999*), Reforma de Estado para la ciudadanía. La reforma gerencial brasileña en la perspectiva internacional,* Eudeba/Universidad de Buenos Aires-Centro Latinoamericano de Administración para el Desarrollo, Buenos Aires.

Cabrero Mendoza, Enrique (1995), *La nueva gestión municipal en México,* CIDE/Miguel Ángel Porrúa, México.

Calderón, E., y D. Cazés. (1994), *Tecnología ciudadana para la democracia,* La Jornada Ediciones-CIIH-UNAM, México.

Calhoun, Craig (ed.) (1992), *Habermas and the Public Sphere,* MIT Press, Cambridge.

Camou, Antonio (1995), *Gobernabilidad y democracia,* IFE, México.

——— (1998*), "Sociedad civil, Estado y mercado en la encrucijada: ¿hacia una nueva cultura política de la gobernabilidad democrática?", Sociedad Civil. Análisis y Debates,* México, vol. II, núm. 3.

Cansino, César (2000), *La transición mexicana 1997-2000,* CEPCOM, México.

Canto Chac, Manuel (1998), "Las organizaciones civiles en la transición", en Manuel Canto Chac (coord.), *Las organizaciones civiles en la transición. Programa de análisis de la realidad y alternativas*, Red de Centros y Organismos Ecuménicos de Latinoamérica y el Caribe, México.

—— (coord.) (2000), *Evaluación de la relación entre el gobierno del Distrito Federal y las organizaciones civiles en torno al desarrollo social*, Centro de Estudios Sociales y Culturales Antonio Montesinos, CAM, A. C., México, mimeografiado.

—— (coord.) (2000), *Entre lo cívico y lo gubernamental. Análisis de la relación entre el gobierno y las organizaciones civiles en el Distrito Federal*, Centro de Estudios Sociales y Culturales Antonio Montesinos, CAM, México.

Carbot, Alberto (1989), *Fausto Cantú Peña: café para todos*, Grijalbo, México.

Cárdenas, Cuauhtémoc (1997), *Una ciudad para todos. Distrito Federal 1997-2000*, Gobierno de la Ciudad de México, México.

Castoriadis, Cornelius (1999), *L'institution imaginaire de la société*, Seuil, París.

Castro Gómez, Santiago, y Eduardo Mendieta, (coords.) (1998), *Teorías sin disciplina. Latinoamericanismo, poscolonialidad y globalización en debate*, Porrúa y University of San Francisco, México.

Celis C., Fernando (1999), "Apuntes sobre la CNOC y la cafeticultura mexicana", Xalapa, Ver., mecanografiado.

Centro de Encuentros y Diálogos (1998), *Informe narrativo anual*, CED, Cuernavaca.

Chávez Sevilla, Alberto (1998), *Ciudadanía y cultura política. Alianza Cívica Guadalajara*, tesis de maestría en antropología social, CIESAS-Occidente, Guadalajara,

Chevalier, François (1989), "La libertad municipal, antigua y permanente reivindicación mexicana" *Revista Mexicana de Sociología*, núm. 2.

—— (1993), *L'Amérique Latine. De l'indépendance à nos jours*, PUF, París.

Cisneros, Armando (1993), *La ciudad que construimos*, UAM-A, México.

Cisneros, Isidro H. (1998), "Tolerancia y gobernabilidad", *Sociedad Civil. Análisis y Debates*, México, vol. II, núm. 3.

Cohen, Jean (1985), "Strategy or Identity: New Theoretical Paradigms and Contemporary Social Movements", *Social Research*, vol. 52, núm. 4.

Cohen, Jean, y Andrew Arato (1992), *Civil Society and Political Theory*, MIT Press, Cambridge.

Cohen, Jean, y Andrew Arato (2000), *Sociedad civil y teoría política*, FCE, México.

Concha Malo, Miguel (1995), *Los derechos políticos como derechos humanos*, CIIH-UNAM/*La Jornada*/Siglo XXI, México.

Connolly, P., E. Duhau y R. Coulomb (1991), *Cambiar de casa pero no de barrio. Estudios sobre la reconstrucción de la Ciudad de México*, CENVI/UAM-A, México.

Constant, Benjamin (1988), *De la force du gouvernement actuel de la France et de la nécéssité de s'y rallier. Des réactions politiques. Des effets de la terreur,* Flammarion, París.

Constitución política del estado de Morelos (1996), Ed. Salas, Cuernavaca.

Córdova, Arnaldo (1972), *La formación del poder político en México,* Era, México.

Corrales, Irma (1982), "Heterogeneidad del Estado y conflictos regionales. Desaparición de poderes en Hidalgo", *Revista Mexicana de Sociología,* núm. 1.

Correa Villanueva, José Luis (1997), "Morelos", en Silvia Gómez Tagle (coord.), *1994: las elecciones en los estados,* vol. II, *La Jornada* Ediciones/UNAM, México.

Cortés, M. A. (1999), *Razón práctica y ciudadanía,* tesis de doctorado, U. de G., Guadalajara.

Cortés, M. A. , y Cecilia S. Soto (1999), *Los valores de los jaliscienses. Encuesta estatal de valores,* U. de G., Guadalajara.

Cosío Villegas Daniel (1975), *La sucesión presidencial,* Joaquín Mortiz, México.

—————— (1982), *El sistema político mexicano. Las posibilidades de cambio,* Joaquín Mortiz, México.

Crespo, José Antonio (1999), *Los riesgos de la sucesión presidencial,* CEPCOM, México.

Cuéllar, Angélica (1993), *La noche es de ustedes, el amanecer es nuestro,* UNAM, México.

Cunill, Nuria (1991), *La participación ciudadana,* Centro Latinoamericano de Administración para el Desarrollo (CLAD), Caracas.

—————— (1997), *Repensando lo público a través de la sociedad,* Nuevas formas de gestión pública y representción social-CLAD, Editorial Nueva Sociedad, Caracas.

Davis, Diane (1999), *El Leviatán urbano. La Ciudad de México en el siglo XX,* FCE, México.

De la Torre, Renée (1998), "El conservadurismo católico: ¿defensa o intolerancia a la otredad?", *Religiones y Sociedad,* núm. 4, septiembre-diciembre.

Derrida, Jacques (1998), *Políticas de la amistad; seguido de El oído de Heidegger,* Trotta, Madrid.

Diamond, Larry (1994), "Rethinking Civil Society", *Journal of Democracy,* vol. 5, núm. 3.

Díaz Cárdenas, S., H. Cortés Santollo y Benigno Padrón Rodríguez (1995), *Sistema agroindustrial de café en México,* Universidad Autónoma de Chapingo, México.

Dobry, Michel (1986), *Sociologie des crises politiques. La dynamique des mobilisations multisectorielles,* Presses de la FNSP, París.

Dresser, Denisse (1994), "Bringing the Poor Back in: National Solidarity as a Strategy of Regime Legitimation", en Cornelius, Craig y Fox (comp.), *Transforming State-Society Relations in México,* University of California, San Diego, Cal.

Duhau, Emilio, y Lidia Girola (1990), "La ciudad y la modernidad inconclusa", *Sociológica,* año 5 núm. 12, enero-abril, UAM-A, México.

Dunkerley, James (ed.) (2001*), Journal of Latin American Studies,* vol. 33, primera parte.

Dworkin, R. (1983), *Los derechos en serio,* Ariel, Barcelona.

Early, Daniel K. (1992), *Café: dependencia y efectos,* INI, México.

Ejea, Gabriela (comp.) (1991), *Cafetaleros: la construcción de la autonomía,* Cuadernos de Desarrollo de Base 3, Fundación Interamericana, México.

Falk, Richard (1995), *On Humane Governance: Toward a New Global Politics,* The Pennsylvania State University Press, University Park, PA, Pennsylvania.

Favela, Alejandro, y Javier Santiago (1997), "La competencia electoral y el sisema de partidos en 1997", *El Cotidiano,* núm. 85, septiembre-octubre, UAM-A, México.

Flota, Enrique (2002), "Tres años en la construcción de un gobierno propio: aportaciones del primer gobierno electo, 1997-2000", en ¿*Una ciudad para todos? La experiencia del primer gobierno electo en la Ciudad de México 1997-2000,* UAM/UNAM/INAH, México, en prensa.

Foucault, Michel (1991), "La gubernamentalidad", en *Espacios de poder,* Ed. de La Piqueta.

———— (1988), *La verdad y las formas jurídicas,* Gedisa, Barcelona.

Fox, Jonathan (s. f.), "Organizaciones rurales de base *versus* la ley de hierro de la oligarquía", en Fox y Hernández, *La Unión de Ejidos Lázaro Cárdenas,* Cuadernos de Desarrollo en Base 1, Fundación Interamericana, México.

Fox, Jonathan (1994), "Targeting the Poorest. The Role of the National Indigenous Institute in México's Solidarity Program", en Cornelius,

Craig y Fox (comps.), *Transforming State-Society Relations in Mexico,* University of California, San Diego, Cal.

Franco, Carlos (1998), *Acerca del modo de pensar la democracia en América latina,* F. Ebert, Lima.

Fromm, Erich, y Michael Maccoby (1973), *Sociopsicoanálisis del campesino mexicano. Estudio de la economía y la psicología de una comunidad rural,* FCE, México.

Gaceta Legislativa, año II, núm. 13, junio de 1998, Ed. Salas, Cuernavaca.

García Barrios, Raúl y Luis, y Elena Álvarez-Buylla (1991), *Lagunas. Deterioro ambiental y tecnológico en el campo semiproletarizado,* El Colegio de México, México.

García, Sergio (coord.) (1997), *Organizaciones No Gubernamentales: definición, presencia y perspectivas,* Demos/IAP/FAM, México.

Garretón, M. A. (1999), "Trasformaciones sociales y reconstrucción de los estados nacionales", en R. Bayardo y M. Lacarrieu (comps.), *La dinámica local/global,* Ediciones CICCUS, Buenos Aires.

Garrido, Luis Javier (1986), *El Partido de la Revolución Institucionalizada,* Siglo XXI, México.

Geertz, Clifford (1997), *La interpretación de las culturas,* Gedisa, Barcelona.

Gellner, Ernest (1997), *Antropología y política. Revoluciones en el bosque de lo sagrado,* Gedisa, Barcelona.

Gómez-Hermosillo, Rogelio (1998), "Identidad, perfil y principios de Alianza Cívica", en Manuel Canto Chac (coord.) *Las organizaciones civiles en la transición. Programa de análisis de la realidad y alternativas,* Red de Centros y Organismos Ecuménicos de Latinoamérica y el Caribe, México.

Gómez Tagle, Silvia (coord.) (1997), *1994: Las elecciones en los estados,* La Jornada/CIIH–UNAM, México.

González Casanova, Pablo (1969), *La democracia en México,* Era, México.

González, Edgar (1994), *Cómo propagar el sida. Conservadurismo y sexualidad,* Colección Era del Vacío, Ed. Rayuela, México.

González Rosales, Margarita (1996), "Construyendo la democracia: cultura política y resocialización en organizaciones campesinas", en Tejera Gaona (coord.), *Antropología política,* INAH, México.

Granados, M. A. (1995), en N. Lechner, *Cultura política y gobernabilidad democrática,* IFE, México.

Guerra, François (1989), *México: del Antiguo Régimen a la Revolución,* 2 vols., FCE, México.

Guerra, François-Xavier (ed.), "Teoría y método en el análisis de la Revolución mexicana", *Revista Mexicana de Sociología.*

Guerra, François-Xavier, Annick Lampérière *et al.* (1998), *Los espacios públicos en Iberoamérica. Ambigüedades y problemas. Siglos XVIII-XIX*, FCE, México.

Guerrero, Omar (1999), *Del Estado gerencial al Estado cívico*, Universidad Autónoma del Estado de México/Miguel Ángel Porrúa, México.

Habermas, Jürgen (1991), *The Structural Transformation of the Public Sphere*, MIT Press, Massachusetts,.

—— (1998), *Facticidad y validez. Sobre el derecho y el estado democrático de derecho en términos de teoría del discurso*, Trotta, Madrid.

—— (1998), *L'intégration républicaine. Essais de théorie politique*, Fayard, París.

Habermas, Jürgen, R. Dworkin y Gunther (1998), "¿Impera el derecho en la política?", en *La política*, núm. 4, Paidós, España.

Hall, John (1995), *Civil Society. Theory History Comparison*, Polity Press, Cambridge.

Held, D. (1992), *Modelos de democracia*, Alianza Editorial, México.

Heller, Agnès, y Ferenc Fehér (1998), *Políticas de la posmodernidad. Ensayo de crítica cultural*, Península, Barcelona.

Hernández, Alicia (1993), *Anenecuilco. Memoria y vida de un pueblo*, FCE, México.

Hernández, L. (1990), "Las convulsiones rurales", *El Cotidiano*, año 7, núm. 34.

—— (1995), *Chiapas: la guerra y la paz*, ADN Editores, México.

Hernández Navarro, J., y Fernando Celis C. (1992), "Pronasol y la Caficultura", *El Cotidiano*, junio-agosto, UNAM, México.

Hernández Navarro, Luis (1994), "Targeting the Poorest. The Role of the National Indigenous Institute in México's Solidarity Program", en Cornelius, Craig y Fox (comps.) *Transforming State-Society Relations in Mexico*, University of California, San Diego, Cal.

—— (1995), *Chiapas: la guerra y la paz*, ADN Editores, México.

Hewitt, C. (1998), "Use and Abuses of the Concept of Governance", *International Social Science Journal*, núm. 155, UNESCO, Blackwell Publishers.

Higuera, Claudia (2001), "Participación ciudadana en el Distrito Federal. El caso concreto de la Delegación Azcapotzalco", tesina para obtener el grado de licenciada en sociología, UAM-A, México.

Hirschman, Albert O. (1977), *Salida, voz y lealtad. Respuestas al deterioro de empresas, organizaciones y Estados*, FCE, México.

—— (1986), *El avance en colectividad. Experimentos populares en la América Latina*, FCE, México.

Hopenhayn, Martín (1995), *Ni apocalípticos, ni integrados. Aventuras de la modernidad en América Latina*, FCE, México.

Keane, John (1998*), Civil Society. Old Images, New Visions*, Stanford University Press Stanford.

Knight, A. (1990), "Historical Continuities in Social Movements", en J. Foweraker y A. Craig (eds.), *Popular Movements and Political Change in Mexico*, Lynne Rienner Publishers, Boulder.

Kymlicka, Will (1996), *Ciudadanía multicultural. Una teoría liberal de los derechos de las minorías*, Paidós, Barcelona.

Lamas, Marta (1997), "El movimiento feminista en la Ciudad de México", en Lucía Álvarez (coord.), *Participación y democracia en la Ciudad de México*, CEIICH-UNAM/*La Jornada*, México.

Lander, Edgardo (1998), "Límites actuales del potencial democratizador de la esfera pública no estatal", en Luiz Carlos Bresser Pereira y Nuria Cunill Grau (ed.) (1998), *Lo público no estatal en la reforma del Estado*, Paidós y CLAD, Buenos Aires.

Lean McConnell, Sharon (1996), *Alianza Cívica: un nuevo actor no gubernamental en el ámbito político mexicano*, tesis de maestría en ciencias sociales, FLACSO, México.

Lechner, Norbert (1995) "La(s) invocación(es) de la sociedad civil en América Latina", en *Partidos políticos y sociedad civil*, H. Congreso de la Unión, México.

—————, *Cultura política y gobernabilidad democrática*, IFE, México.

León, Samuel, y Germán Pérez (1988), *De fuerzas políticas y partidos políticos*, UNAM/Plaza y Valdés, México.

Lewis, Oscar (1951), *Life in a Mexican Village: Tepoztlan Restudied*, University of Illinois Press, Illinois.

————— (1960), *Tepoztlán. Village in Mexico*, Holt, Rinehart and Winston, Stanford.

————— (1993), *Les enfants de Sánchez. Autobiographie d'une famille mexicain*, Gallimard, París.

————— (1993), *Campesino zapatista*, SEP, México.

Linz, J., y A. Stepan (1996), *Problems of Democratic Transition and Consolidation: Southern Europe, South America and Post-Communist Europe*, John Hopkins University Press, Baltimore.

Lipovetsky, Gilles (1999), *La tercera mujer*, Anagrama, España.

Llorens, Carmen (1996), "El Consejo Consultivo de la Ciudad de México: mito o realidad", *El Cotidiano*, núm. 11, mayo-junio, UAM-A, México.

Loaeza, Soledad (1988), *Clases medias y política en México*, El Colegio de México, México.

Lomnitz, Claudio (1995), *Las salidas del laberinto. Cultura e ideología en el espacio nacional mexicano,* Joaquín Mortiz, México.

────── (1999), *Modernidad indiana. Nueve ensayos sobre nación y mediación en México,* Planeta, México.

López, Adriana (1986), *La lucha por los ayuntamientos: una utopía viable,* Siglo XXI, México.

López Aspeitia, Luis Ernesto (1998), *Imaginarios sociales y creación de ciudadanía. Las transformaciones identitarias en dos organizaciones sociales: Asamblea de Barrios de la Ciudad de México y Alianza Cívica,* tesis de maestría en sociología política, Instituto Mora, México.

López, Valentín (1995), *La mujer morelense en la política,* s. e., Cuernavaca.

Luhmann, Niklas (1998), *Complejidad y modernidad. De la unidad a la diferencia,* Trotta, Madrid.

Luján Ponce, Noemí (1992), *El régimen jurídico-político del Distrito Federal,* tesis para obtener el grado de maestría en sociología política, Instituto de Investigación Dr. José María Luis Mora, México.

Luna Ledesma, Matilde (1992*), Los empresarios y el cambio político. México, 1970-1987,* Instituto de Investigaciones Sociales de la UNAM, Ediciones Era, México.

March, James G., y Johan P. Olsen (1995*), Democratic Governance,* The Free Press, Nueva York.

Marques-Pereira, Bérengère, e Ilán Bizberg (1995), *La citoyenneté sociale en Amérique Latine,* L'Harmattan-CELA.IS, París.

Martínez, Alicia Inés (1997), "Cultura política en cuerpo de mujer", en Rosalía Winocur (comp.) *Culturas políticas a fin de siglo,* FLACSO/Juan Pablos Editor, México.

Marván, María (2000), "Contestación social y responsabilidad gubernamental en México: el caso del estado de Jalisco", en J. M. Ramírez Sáiz y J. Regalado, *Cambio político y participación ciudadana en México,* CEPCOM, México.

Medina, Luis (1995), *Hacia el nuevo Estado. México 1920-1994,* FCE, México.

Melucci, Alberto (1996), *Challenging Codes,* Cambridge University Press, Cambridge.

──────, *The Playing Self,* Cambridge University Press, Cambridge.

Melquior, José Guilherme (1993), *Liberalismo viejo y nuevo,* FCE, México.

Méndez, Juan E., Guillermo O'Donnell y Paulo Sérgio Pinheiro (eds.) (1999), *The (Un) Rule of Law and the Underprivileged in Latin America,* University of Notre Dame Press, Notre Dame.

Merino, Mauricio (1998), *Gobierno local, poder nacional. La contienda por la formación del Estado mexicano,* El Colegio de México, México.

Meyer, Lorenzo (1997), "El municipio mexicano al final del siglo XX. Historia, obstáculos y posibilidades", en Mauricio Merino (coord.), *En busca de la democracia municipal. La participación ciudadana en el gobierno local mexicano,* El Colegio de México, México.

Middlebrook, Kevin (1995), *The Paradox of Revolution,* The Johns Hopkins University Press, Baltimore y Londres.

———— (coord.) (1998), *Electoral Observation and Democratic Transitions in Latin America,* Center for U. S.-Mexican Studies, UCSD, San Diego.

Moctezuma, Pedro (1993), *El Cotidiano,* núm. 57, agosto-septiembre, UAM-A, México.

Moguel, Julio (1987), *Los caminos de la izquierda,* Juan Pablos, México.

Moguel, Julio, C. Botey y L. Hernández (coords.) (1992), *Autonomía y nuevos sujetos sociales en el desarrollo rural,* Siglo XXI/CEHAM, México.

Molinar Hoscasitas, Juan (1998), "Renegociación de las reglas del juego: el Estado y los partidos políticos", en Mónica Serrano y Víctor Bulner Thomas, *La reconstrucción del Estado: México después de Salinas,* FCE, México.

Monsiváis, Carlos (1987), *Entrada libre: crónicas de una sociedad que se organiza,* Era, México.

Morales, Rodrigo (1995), "La sociedad civil y las elecciones en México: observadores e interventores", en *La voz de los votos: un análisis crítico de las elecciones de 1994,* FLACSO, México.

Moreno, Ma. Eugenia (1985), "Programa de Descentralización y Desconcentración del Departamento del Distrito Federal", *Revista de Administración Pública Departamento del Distrito Federal,* núm. 61/62, enero-junio, INAP, México.

Moreno Pedro (2002), "Los retos del desarrollo social para un gobierno de izquierda", en *¿Una ciudad para todos? La experiencia del primer gobierno electo en la Ciudad de México 1997-2000,* UAM/UNAM/INAH, México, en prensa.

Moulian, Tomás (1998), *Chile actual: anatomía de un mito,* LOM-ARCIS, Chile.

Muro, Víctor Gabriel (1994), *Iglesia y movimientos sociales,* Red Nacional de Investigación Urbana/El Colegio de Michoacán, México.

Needler, Martin C. (1995), *Mexican Politics. The Containment of Conflict,* Praeger, Westport-Londres.

Nieto Montesinos, Jorge, y Rosario Robles Berlanga (comps.) (1999),

Democracias participativas y culturas de paz. El gobierno de las ciudades en América Latina y el Caribe, UNESCO, Gobierno de la Ciudad de México, DEMOS, México.

Nino, C. S .(1997), *La constitución de la democracia deliberativa,* Gedisa, Barcelona.

Nisbet, R. (1998), "Conservadurismo", en Tom Bottomore y Robert Nisbet (comps.) *Historia del análisis sociológico,* Amorrurtu Editores, Buenos Aires.

O'Donnell, Guillermo (1988), *"Accountability horizontal", La Política,* núm. 4, octubre, Poder Ejecutivo del Estado de Morelos, *Plan mínimo de acción del gobierno de reconciliación,* Cuernavaca, mimeografiado.

——— (1999), *Counterpoints: Selected Essays on Authoritarianism and Democratization,* University of Notre Dame Press, Notre Dame.

O'Donnell, Guillermo, y Philippe Schmitter (1986), *Tentative Conclusions about Uncertain Democracies,* Johns Hopkins University Press, Baltimore.

Offe, Claus (1984), *Contradictions of the Welfare State,* The MIT Press, Cambridge, Massachusetts.

Olvera, Alberto, y L. Avritzer (1992), "El concepto de sociedad civil en el estudio de la transición democrática", *Revista Mexicana de Sociología,* núm. 4.

Olvera, Alberto, y Cristina Millán (1994), "Neocorporativismo y democracia en la transformación institucional de la cafeticultura", *Cuadernos Agrarios,* nueva época núm. 10.

Olvera, Alberto (1995), *Regime Transition, Democratization and Civil Society in Mexico,* Ph. D. Dissertation in Sociology, New School for Social Research, Nueva York.

——— (1996), "Neocorporativismo y democracia en la democratización del campo mexicano: el caso de la reconversión de la cafeticultura en Veracruz", en Tejero Gaona (coord.) *Antropología política,* INAH, México.

——— (1997), "Transformaciones económicas, cambios políticos y movimientos sociales en el campo: los obstáculos a la democracia en el mundo rural", en Jorge Alonso y J. M. Ramírez Sáiz (coords.), *La democracia de los de abajo en México, La Jornada*/Ediciones-CIIH-UNAM, México.

———, *et al.* (1997), "Identidades fragmentadas: formas, actores y espacios de la modernización en el campo. El caso de la cafeticultura veracruzana", en Sergio Zermeño (ed.), *Movimientos sociales e identidades colectivas,* Siglo XXI /CIIH-UNAM, México,

Olvera, Alberto, y Martín Aguilar Sánchez (1997), "Veracruz", en Silvia

Gómez Tagle (coord.) *1994: Las elecciones en los estados, La Jornada* Ediciones-CIIH-UNAM, México.

Olvera, Alberto, (1998), "Cambios en los patrones de acción colectiva y el nuevo asociativismo en México", *Cuadernos de Trabajo,* núm. 4, Instituto de Investigaciones Histórico-Sociales de la Universidad Veracruzana, Jalapa.

—— (1998), Proyecto de investigación "Sociedad civil y gobernabilidad en México", Xalapa, mimeografiado.

—— (1998b), "El concepto de organismo civil: una discusión sobre su contenido e implicaciones teóricas", en M. Canto Chac, *De lo cívico a lo político. Una discusión sobre las organizaciones civiles,* CAM, México.

—— (1999b), *Sociedad civil y gobernabilidad en México. Ejes conceptuales y apuntes metodológicos,* Xalapa, Veracruz, mimeografiado.

—— (ed.) (1999), *La sociedad civil: de la teoría a la realidad,* El Colegio de México, México.

—— (1999), "El concepto de movimientos sociales: un balance inicial sobre su empleo en México (1970-1996)", en Jorge Durand Arp-Niesen (comp.), *Movimientos sociales. Desafíos teóricos y metodológicos,* U de G, Guadalajara.

—— (1999), "Apuntes sobre la esfera pública como concepto sociológico", *Metapolítica,* revista trimestral de teoría y ciencia política, vol. 3, núm. 9, CEPCOM, México.

Oxhorn, Philip (1995), *Organizing Civil Society. The Popular Sectors and the Struggle for Democracy in Chile,* The Pennsylvania State University Press, University Park, Pennsylvania.

Pacheco, Guadalupe (1997), "La competencia electoral y el sistema de partidos en 1997", *El Cotidiano,* núm. 85, UAM-A, México.

Pérez Díaz, Víctor (1993), *La primacía de la sociedad civil,* Alianza Editorial, Madrid.

—— (1997), *La esfera pública y la sociedad civil,* Taurus, Madrid.

Peruzzotti, Enrique (2001), "The Nature of the New Argentine Democracy. The Delegative Democracy Argument Revisited", *Journal of Latin American Studies,* vol. 33 primera parte, Cambridge University Press, Cambridge.

Pizzano, Diego, y Roberto Junguito (coords.) (1993), *El comercio exterior y la política internacional del café,* Fondo Cultural Cafetalero 9, Santa Fe de Bogotá, Colombia.

Poder Ejecutivo del Estado de Morelos (1998), *Plan mínimo de acción del gobierno de reconciliación,* Cuernavaca, mimeografiado.

Polanyi, Karl (1989), *La gran transformación. Crítica del liberalismo económico,* Las ediciones de La Piqueta, Madrid.

Poniatowska, Elena (1980), *Fuerte es el silencio,* Era, México.

Potter, Jonathan (1998), *La representación de la realidad. Discurso, retórica y construcción social,* Paidós, Barcelona.

PRI-Morelos (1998), *Diagnóstico político estatal,* Cuernavaca, mimeografiado.

Przeworki, A. (1999), "Democracia y representación", *Metapolítica,* núm. 10, CEPCOM, México,.

Quero, Morgan (1999), *Gobernabilidad y representación política en Morelos,* CRIM-UNAM, Cuernavaca, mimeografiado.

Rabotnikof, Nora (1999), "La caracterización de la sociedad civil en la perspectiva del BID y del BM", en *Perfiles Latinoamericanos,* revista de la sede académica de México de la Facultad Latinoamericana de Ciencias Sociales, año 8, núm. 15, México,

Ramírez Sáiz, Juan Manuel (1998), *¿Cómo gobiernan Guadalajara. Demandas ciudadanas y respuestas de los ayuntamientos,* Porrúa, México.

——— (1998a), "Y usted, ¿ya es ciudadano? El modelo nacional de 'Alianza Cívica' y su aplicación en el área metropolitana de Guadalajara", La Colección La Torre de Babel, núm. 13, U de G, Guadalajara.

——— (1999), "La reestructuración política de Guadalajara, 1995-1998: ¿cambio de pacto o de modelo societal?", *Sociológica,* UAM-A, año 14, núm. 39, enero/abril.

——— (1999a), "Gobernabilidad y ciudadanía en las áreas metropolitanas", *Espiral,* núm. 16, CUCSH, U de G, Guadalajara.

Randle, Michael (1998), *Resistencia Civil. La ciudadanía ante las arbitrariedades de los gobiernos,* Paidós, Barcelona.

Redfield, Robert (1974), *Tepoztlán: A Mexican Village,* University of Chicago Press, Chicago.

Reed, Suzan (1997), "Educación cívica", *Sociedad Civil,* vol. 1, núm. 2.

Reilly, Charles (comp.) (1994), *Nuevas políticas urbanas. Las ONG y los gobiernos municipales en la democratización latinoamericana,* Fundación Interamericana, Virginia.

Renard, Marie-Chistine (1999), *Los intersticios de la globalización,* Centro Francés de Estudios de México y Centroamérica, México.

Reygadas, Rafael (1998), *Abriendo veredas. Iniciativas públicas y sociales de las redes de organizaciones civiles,* UAM-Xochimilco, México.

Rivera, Cuauhtémoc (1988), "El movimiento estudiantil en la Universidad Nacional Autónoma de México", en Jorge Alonso (coord.), *Los movimientos sociales del Valle de México (II),* Ediciones de la Casa Chata-CIESAS, México.

Rivera Sánchez, Liliana (1997), "Participación social, participación ciudadana: dilemas y perspectivas de los gobiernos locales", ponencia presentada en el Primer Encuentro Nacional de Análisis de la Coyuntura Política Nacional. Red Nacional de Investigación Urbana-Universidad Autónoma de Guerrero.

———— (1998), "El discurso de la participación en las propuestas de desarrollo social. ¿Qué significa participar?", *Sociedad Civil. Análisis y Debates*, vol. III, núm. 7.

Rodríguez Kuri, Ariel (1996) "El año cero: el ayuntamiento de México y las fracciones revolucionarias (agosto 1914-agosto 1915)", en C. Illades y A. Rodríguez (comps.), *Ciudad de México, instituciones, actores sociales y conflictos políticos, 1774-1931,* El Colegio de Michoacán/ UAM-A, México.

Rosas, María (1997), *Tepoztlán. Crónica de desacatos y resistencia*, Era, México.

Rubin, Jeffrey W. (1996), "Decentering the Regime: Culture and Regional Politics in Mexico", *Latin American Research Review*, 3.

Sader, Eder (1988), *Quando novos personagens entraram em cena,* Paz e Terra, Sao Paulo.

Said, Edward (1996), *Cultura e imperialismo,* Anagrama, Barcelona.

San Juan, Carlos (1999), "Tendencias de la sociedad civil: la puja de la sociedad y el estado a fin de siglo", en A. Olvera (ed.) *La sociedad civil: de la teoría a la realidad,* El Colegio de México, México.

———— (2000), "Agenda ciudadana en el Distrito Federal. Instituciones y organizaciones en la Ciudad de México: 1997-2000", México, mimeografiado.

————, "Ciudad de México, instituciones y sociedad civil. Experiencias de una ciudad en transición", *Cuadernos de la Sociedad Civil,* núm. 4, Universidad Veracruzana, Jalapa.

Sánchez Mejorada, Cristina (1997), "Emergencia y participación de la sociedad civil en la Ciudad de México", en Coulomb y Duhau (coords.), *Dinámica urbana y procesos socio-políticos. lecturas de actualización sobre la Ciudad de México,* UAM-A/CENVI, A. C., México.

————, "Las elecciones de consejeros ciudadanos en el marco de la reforma política del D. F.", en Coulomb y Duhau (coords.), *Dinámica urbana y procesos socio-políticos 2, Investigaciones recientes sobre la Ciudad de México,* OCIM/CENVI, A. C., México.

———— (2000), "El caso del Distrito Federal", en *Definición de criterios para la formulación de una política gubernamental orientada a las organizaciones de la sociedad civil,* GDF, México, mimeografiado.

———— (2001), "Política y gestión urbana en el Distrito Federal 1940-

1952", tesis para optar por el grado de doctora en diseño, especialidad historia urbana, C y A D-UAM-Azcapotzalco, México.

Sánchez Mejorada, Cristina (1993), "Emergencia y participación de la sociedad civil en la Ciudad de México", en Coulomb y Duhau (coords.), *Dinámica urbana y procesos socio-políticos. Lecturas de actualización sobre la Ciudad de México,* UAM-A/CENVI, A. C., México.

—— (1993), "Las ZEDEC y la participación de la sociedad civil", *Ciudades,* núm. 20, RNIU, México.

Sánchez Mejorada, Cristina, y J. Durán (1997), "Las elecciones de consejeros ciudadanos en el marco de la reforma política del D. F.", en Coulomb y Duhau (coords.), *Dinámica urbana y procesos socio-políticos 2. Investigaciones recientes sobre la Ciudad de México,* OCIM/CENVI, A. C., México.

—— (2000), "El caso del Distrito Federal", en *Definición de criterios para la formulación de una política gubernamental orientada a las organizaciones de la sociedad civil,* GDF, México, mimeografiado.

—— (2001), "Política y gestión urbana en el Distrito Federal 1940-1952", tesis para optar por el grado de doctora en diseño, especialidad historia urbana, C y A D-UAM-A, México,

Sánchez Ruiz, Gerardo (1999), *La Ciudad de México en el periodo de las regencias 1929-1997,* UAM-GDF, México.

Sarmiento, Sergio (1997), *Morelos. Sociedad, economía, política, cultura,* CIICH-UNAM, México.

Schmitter, P., W. Streeck y G. Lehmbruch (1992), *Neocorporativismo I y II. Más allá del Estado y el mercado,* Alianza Editorial, México.

Seligman, Adam (1992), *The Idea of Civil Society,* Princeton University Press, Princeton.

Serrano, Enrique (1999), "Modernidad y sociedad civil", en J. Alberto Olvera, *La sociedad civil: de la teoría a la realidad,* El Colegio de México, México.

Serrano Salazar, Oziel (2002), *La reforma política del Distrito Federal,* CENAM/Plaza y Valdés, México.

Sfez, Lucien (1993), *La politique symolique,* PUF, París.

Sierra, Jerónimo de (1994), *Democracia emergente en América del Sur,* UNAM, México.

Silva-Herzog M., Jesús (1999), *El antiguo régimen y la transición en México,* Editorial Planeta Mexicana, México.

Solomon, Lester, y Helmut Anheier (1995), "En busca del sector no lucrativo I: la cuestión de las definiciones", *Umbral XXI,* núm. especial 1, Universidad Iberoamericana, México.

Suárez Pareyón, Alejandro (2000), "El ejercicio de la planeación urbana participativa", ponencia presentada al Coloquio sobre la Ciudad de México: La Experiencia del Primer Gobierno Electo, Dirección de Estudios Históricos, INAH, México.

Tamayo Flores-Alatorre, Sergio (1999), "Del movimiento urbano popular al movimiento ciudadano", en Jorge Durand Arp-Niesen (comp.) *Movimientos sociales. Desafíos teóricos y metodológicos,* U de G, Guadalajara.

Tapia, Luis (1999), *Turbulencias de fin de siglo. Estado-nación y democracia en perspectiva histórica,* IINCIP, La Paz.

Tarrés, María Luisa (1992), *La voluntad de ser. Mujeres en los 90,* El Colegio de México, México.

Taylor, Charles (1993), El multiculturalismo y "la política del reconocimiento", FCE, México.

Thompson, John (1995), *Media and Modernity,* Polity Press, Cambridge.

Tironi, Eugenio (1999), *La irrupción de las masas y el malestar de las élites,* Editorial Grijalbo, Santiago de Chile.

Tokman, Víctor E., y Guillermo O'Donnell (comps.) (1999), *Pobreza y desigualdad en América Latina,* Paidós, Buenos Aires.

Torres, Gabriel, y Guadalupe Rodríguez (1994), "El Barzón: un nuevo movimiento social", *Cuadernos Agrarios,* núm. 10, México.

Touraine, Alain (1986), "Los movimientos sociales", en F. Galván (comp.) *Touraine y Habermas: ensayos de teoría social,* UAP/UAM-A. México.

——— (1997), *¿Podremos vivir juntos? Iguales y diferentes,* FCE, México.

Trejo, Raúl (1976), "El movimiento de Spicer", *Cuadernos Políticos,* núm. 8, abril-julio.

——— (1979), "El movimiento obrero: situación y perspectivas", en Pablo González Casanova y Enrique Florescano (coords.), *México hoy,* Siglo XXI, México.

Tuñón, Esperanza (1975), *Mujeres en escena: de la tramoya al protagonismo,* UNAM-FCPYS, México.

Turner, Víctor (1997), *La selva de los símbolos. Aspectos del ritual ndembu,* Siglo XXI, México.

Villa Fuerte Solís, Daniel (coord.) (1994), *El café en la frontera sur,* Instituto Chiapaneco de Cultura, Tuxtla Gutiérrez.

Villasante, Tomás (1995), *Las democracias participativas. De la participación ciudadana a las alternativas de sociedad,* Ediciones Hoac, Madrid.

Walzer, Michel (1992), "The Civil Society Argument", en Chantal

Mouffe (ed.), *Dimensions of Radical Democracy: Pluralism Citizenship, Community,* Verso, Londres.

Warman, Arturo (1976), *Los campesinos en la tierra de Zapata. Política y conflicto,* Secretaría de Educación Pública-Instituto Nacional de Antropología e Historia, México,

Womack, John (1994), *Zapata y la revolución mexicana,* Siglo XXI, México.

Young, Oran R. (ed.) (1997), *Global Governance,* The MIT Press, Cambridge, Massachusetts,

Zavaleta, René (1986), *Lo nacional-popular en Bolivia,* Siglo XXI, México.

Zermeño, Sergio (1974), *El movimiento estudiantil de 1968,* Siglo XXI, México.

———— (1996), *La sociedad derrotada. El desorden mexicano de fin de siglo,* Siglo XXI, México.

Zermeño, Sergio, Saúl Gutiérrez, y Luis López (2001), "La democracia impertinente", *Revista Mexicana de Sociología,* México, en prensa.

Ziccardi, Alicia (1995), "La tarea de gobernar las ciudades y la gobernabilidad", en *La tarea de gobernar: gobiernos locales y demandas ciudadanas,* IIS-UNAM/Miguel Ángel Porrúa, México,

———— (1995), "Governance and Gobernability: One or Two Concepts?", en R. H. Wilson y R. Cramer, *International Workshop on Good Local Government,* The University of Texas, Austin.

———— (1998), *Gobernabilidad y participación ciudadana en la ciudad capital,* Instituto de Investigaciones Sociales de la UNAM-Grupo editorial Miguel Ángel Porrúa, México.

———— (2000), "Un primer balance sobre la participación ciudadana en los programas parciales de desarrollo urbano en la Ciudad de México", México, mimeografiado.

ÍNDICE

Este libro se terminó de imprimir y encuadernar en febrero de 2003 en los talleres de Impresora y Encuadernadora Progreso, S. A. de C. V. (IEPSA), Calz. de San Lorenzo, 244; 09830 México, D. F. En su tipografía, parada en el Taller de Composición Electrónica del FCE, se emplearon tipos New Century de 11, 10:12, 9:11 y 8:9 puntos. La edición, de 2 000 ejemplares, estuvo al cuidado de *Manlio Fabio Fonseca Sánchez.*